IL Y A DE LA JOIE.

FABIEN SIMON

IL Y A DE LA JOIE.

Novembre - Décembre 2017.

Édition : BoD – Books on Demand

12/14 rond-point des Champs-Élysées

75008 Paris.

Imprimé par BoD – Books on Demand, Norderstedt

ISBN : 978-2-3221-4491-4

Dépôt légal : Juin 2018

Veuillez excuser les imprécisions, fautes, absences, pertes de données et autres imperfections imputables aux inspections et perturbations dans mon environnement professionnel et familial. Sans commentaires.

Citations : "**D**e tout temps la beauté a été ressentie par certains comme une discrète insulte." **Claude Debussy** (1862-1918). **& :** "**L**'homme ne règle pas sa vie sur ses opinions." **Pierre Bayle** (1647-1706), philosophe français.

2006 : **C**annelle, dernière ourse native des Pyrénées, est tuée par un chasseur lors d'une battue au sanglier. La présence d'ours dans la région est dorénavant garantie par l'introduction de spécimens originaires de Slovénie.

Nice-matin : "**A**ttaque à New York. Au moins 8 morts. Un pick-up fonce sur des cyclistes en plein Manhattan. Un premier bilan fait état de 8 morts et d'une douzaine de blessés. La piste terroriste privilégiée. Un terrible scénario qui rappelle les attentats de Nice et Barcelone". *Le Monde* : "**T**rump cerné par l'enquête sur l'affaire russe". *L'Union* : "**C**inq morts dans un carnage familial. La consternation régnait hier à Nouvion-et-Catillon, où un couple et ses trois enfants ont été retrouvés morts, tués par balles. Le père serait à l'origine de la tragédie". *La Voix du Nord :* "Ces photos qui accablent Clarebout Potatoes". Aisne : "Une femme originaire de Cysoing et ses enfants assassinés". *On vous en dit plus :* "Les féministes reprennent l'habit de sorcière". *La Dépêche du Midi,* "**A**ZF : vers un quatrième procès. La Cour d'appel de Paris a condamné hier l'ancien directeur d'AZF et la société Grande Paroisse. Mais la défense a annoncé un pourvoi en cassation". Joggeuse de Bouloc : "Le suspect bientôt en liberté ?". Toussaint : "La tradition toujours vivante". *Le Télégramme,* "**C**onducteurs agressés : l'escalade". *La Provence :* "**I**l y a un mois, c'était l'attentat de la gare Saint-Charles. Terrorisme : et maintenant ?". Agriculture : "Coup de chaud sur les oliviers !". Harcèlement : "Spacey dans la tourmente". *Aujourd'hui en France :* "**D**isparition d'Alexia. L'émotion d'un village". Loisirs : "Les jeux vidéo, secteur qui a le vent en poupe". *La Tribune :* "**L**'avenir de la banque passera-t-il par les néobanques ? Climat : L'ONU appelle à investir davantage dans la technologie". **_L'éditionfrance par Ouest-France_**, **"M**aroc : le travail des enfants perdure. Merah : "La défense demande l'acquittement". Télévision : "La Nouvelle Star fait son retour sur M6". **_Le Revenu, L'hebdo Conseil Bourse et Placements_** : "**B**ourse. Suivez les activistes". **_L'Opinion_** : **"V**ieux partis politiques cherchent second souffle". **_Presse Océan_** : **"L**e roi des cimetières. Nantes, hier : le chrysanthème est la fleur de la Toussaint ; tous les ans, Thierry Terrien, maraîcher à St-Julien-de-Concelles, le vend à l'entrée des cimetières". **Sud Ouest** : **"P**lus d'un français sur trois veut être incinéré". Bordeaux : "Une école pour les agents de footballeurs au Matmut en 2018". **_La Montagne Corrèze_** : **"P**ompadour tremble pour Halloween". **_Le Parisien_** : **"L**es naufragés du RER A. Transports. Une erreur de forage a provoqué une coulée de boue paralysant le RER A jusqu'à nouvel ordre. Une enquête est ouverte. XIIIe : Ils ouvrent le premier restaurant naturiste de France. PSG - Anderlecht 5-0 : Paris s'offre un nouveau récital". **_Le Figaro_** : "**L**'Afrique du Sud mieux placé que la France pour accueillir le Mondial 2023". **_L'Équipe_**, **"F**ootball, Ligue des Champions : Utile et agréable. Après cette nouvelle large victoire, marquée par un triplé de Layvin Kurzawa, les Parisiens sont déjà qualifiés pour les huitièmes de finale". Équipe de France : "Deschamps restera aux manettes". Tennis, Rolex Paris Masters : "Deux français dans le vent. Jo-Wilfried Tsonga et Lucas Pouille, en lice aujourd'hui, peuvent encore décrocher leur billet pour le Masters de Londres, du 12 au 19 novembre". **_Les Inrockuptibles_** : **B**enzema l'interview. Dans un entretien exclusif, l'attaquant du Real Madrid déclare : "J'ai envie de revenir en équipe de France". "Notre enquête : comment la codéine transforme le rap". "James Baldwin, héros et martyr de la littérature américaine". **_À nous Paris_** : "**L**e tour du monde en 80 pixels. Invader, star du musée en Herbe".

Afghanistan : **U**n adolescent s'est fait sauter hier dans la "zone verte" de Kaboul, tuant 5 personnes, 5 mois après l'attentat au camion piégé, le plus meurtrier dans la capitale afghane depuis 2001, responsable de 150 morts. **Syrie** : **D**ans une ville assiégée de la Ghouta orientale, région rebelle à l'est de Damas où les enfants souffrent de maladies et de malnutrition, au moins 6 écoliers ont été tués par un tir d'obus du régime syrien. **Harcèlement : L**es scandales sexuels continuent d'agiter Hollywood. Kevin Spacey, héros oscarisé (pour American Beauty ou Usual Suspects) de la série House of cards, s'est attiré de nombreuses critiques après s'être excusé d'avoir harcelé un acteur adolescent en 1986, révélant ainsi son homosexualité. Netflix a choisi avec la société productrice de la série, d'arrêter la production de House of Cards "jusqu'à nouvel ordre". L'entreprise américaine souhaite "se donner le temps d'examiner la situation et de répondre à toute inquiétude des acteurs et de l'équipe." **Allemagne : A**ppelant au pardon et à l'unité, lors notamment d'un office en présence de la chancelière Merkel, protestants mais aussi catholiques célébraient hier le 500e anniversaire de la Réforme, à Wittenberg, berceau de la rébellion fondatrice de Martin Luther. Selon la tradition, c'est de la porte d'une église gothique de cette ville, qu'est partie la remise en cause de l'Église catholique, l'un des plus grands séismes théologiques du christianisme. **États-Unis : G**oogle, Twitter et Facebook se sont engagés, hier, devant le congrès américain à tirer les leçons de la campagne présidentielle 2016 et empêcher les acteurs étrangers (comme la Russie) à interférer de nouveau dans la vie politique du pays. **Kenya : R**aila Odinga, leader de l'opposition, a promis hier "de ne pas en rester là" après la "parodie d'élection" du 26 octobre, qu'il a boycottée. Il affirme vouloir poursuivre le combat dans le but d'obtenir une élection libre et transparente dans le pays.

Consommation : Le gouvernement a lancé le nouveau dispositif d'étiquetage nutritionnel "Nutri-score", pariant sur son adoption volontaire par les professionnels et sa capacité à faire face à un concurrent lancé par des géants internationaux de l'agroalimentaire. 5 lettres (A, B, C, D et E) seront accolées avec le logo sur le devant des produits, assortis d'un dégradé de couleur allant du vert au rouge. **Économie : S**elon l'INSEE, la croissance est de 0,5 % au 3e trimestre. Cette dynamique a été rendue possible par la consommation des ménages (notamment en achat de services). **Finances : P**our rembourser une partie de la taxe sur les dividendes instaurés sous le quinquennat Hollande, mais invalidée par le Conseil constitutionnel, le gouvernement a décidé d'imposer aux 300 plus grandes entreprises de France une surtaxe exceptionnelle. **Politique : L**es Républicains ont "exclu" hier les 4 ministres et les responsables "Constructifs" mais également "acté le départ" d'Édouard Philippe, après des semaines de confusion. Ces pro-Macron sont désormais libres de créer un nouveau parti politique. **Technologie : 6**2 % des plus de 80 ans envoie des mails, et près d'un tiers sont inscrits sur les réseaux sociaux, selon une étude de la Fondation Korlan pour le Bien Vieillir.

AZF : L'ex-directeur de l'usine de Toulouse, Serge Biechlin, a été condamné en appel à quinze mois de prison avec sursis et 10 000 euros d'amende pour homicides involontaires. La société Grande Paroisse, gestionnaire du site où s'est déroulé l'explosion en 2001, responsable de 31 morts et 8 000 blessés, a été condamnée à 225 000 euros d'amende. Les condamnés ont annoncé leur souhait de se pourvoir en cassation. **Procès Merah : La** défense d'Abdelkader Merah s'est engouffrée hier dans les failles de ce dossier sans preuves et des approximations du réquisitoire prononcé la veille. L'avocat du frère de Mohamed Merah, Éric Dupond-Moretti demande l'acquittement de son client, à rebours des peines maximales demandées par l'avocat général. **Bruxelles : D**ans l'enquête sur l'attaque du Thalys Amsterdam-Paris survenue en août 2015, 2 belges ont été inculpés, accusés de participation aux activités d'un groupe terroriste. **Allemagne : U**n Syrien de 19 ans a été interpellé hier matin par la police. En "contact avec des djihadistes" mais agissant seul, il est soupçonné de préparer un grave attentat islamiste à l'explosif dans ce pays.

Football, Ligue des champions, PSG - Anderlecht : 4 victoires. 17 buts marqués. 0 encaissé. Record battu. En 1998-1999, Manchester United avait marqué 16 fois... Avant de devenir plus tard dans la compétition, champion d'Europe. **& : L**ayvin Kurzawa est le premier défenseur de l'histoire à réaliser un triplé, qui plus est un coup du chapeau, dans cette compétition. Le joueur a invité ses détracteurs à se taire lors de la célébration de son premier but. Dans le second match du groupe B, le Bayern s'est imposé sur la pelouse du Celtic Glasgow. Les allemands, comme le PSG sont qualifiés. **& :** L'Atlético Madrid a été tenu en échec par le Qarabag Agdam (1-1), lorsque l'AS Rome dominait Chelsea (3-0). Antoine Griezmann et ses coéquipiers sont en très mauvaise posture dans cette poule dominée les Romains et les Londoniens. Dans le groupe A, Manchester United (vainqueur 2-0 de Benfica), caracole en tête. **Besiktas - Monaco, Eurosport :** "Et si Monaco était finalement plus dépendant de Lemar que de Falcao ?". **Ski alpin : À** 40 ans, l'Américain Bode Miller, 4 fois champion du monde, a annoncé qu'il mettait un terme à sa retraite sportive. Il sera commentateur pour une chaîne télévisée américaine lors des JO 2018 de Pyeongchang. **Équipe de France : D**idier Deschamps a été prolongé dans ses fonctions jusqu'à l'Euro 2020, gage de la confiance accordée par la fédération française. **Basketball, NBA, Eurosport.** "Cavaliers, Warriors : la surprenante décompression." **Résultats de la nuit : L**e Big 3 d'Oklahoma City a pris le meilleur sur Giannis Antetokounmpo sur le parquet de Milwaukee. Devin Booker (Phoenix) est sortie victorieux de son duel avec D'Angelo Russell (Brooklyn). Après avoir battu les Warriors et les Clippers, Detroit s'est largement inclinés face aux "modestes" Lakers.

Musique : L'album *La fête est finie* du rappeur Orelsan réalise un excellent départ. Il est devenu le plus écouté en streaming en France en une journée. Tous ses titres se glissent dans le top 20 des meilleures ventes fusionnées de singles (ventes physiques + streaming). **Mick Jagger : L'**artiste de 74 ans serait en couple avec une productrice, Noor Alfallah, de seulement 22 ans. Une source anonyme ajoute que le chanteur des Stones se serait séparé de la mère de son huitième enfant, Mélanie Hamrick, 32 ans. **TV : U**ne ancienne journaliste de France 2 a porté plainte pour "harcèlement sexuel et moral" contre Éric Monier, actuel directeur de la rédaction de LCI. L'accusé clame son innocence.

En salles : *Daddy Cool* (pour reconquérir son ex, Vincent Elbaz décide de monter une crèche à domicile) ; *Carbone* (polar avec un "bon" Benoît Magimel, Gérard Depardieu, Laura Smet) ; *The secret man* (Liam Neeson) ; *Mise à mort du cerf sacré* (Nicole Kidman, Colin Farrell) ; *Les conquérantes* ; *La Fidèle* (Matthias Schoenarts, Adèle Exarchopoulos) ; *Jeune femme* (Coup de cœur Le Parisien - Aujourd'hui en France, avec Laetitia Dosch) ; *Carré 35* (documentaire français) ; *D'après une histoire vraie* (de Roman Polanski avec Emmanuelle Seigner, Eva Green, Vincent Perez) ; *Geostorm* (film catastrophe avec Gérard Butler, des satellites contrôlent le climat) ; *Jigsaw* (8e épisode de *Saw* avec Matt Passmore, Laura Vandervoort, Calum Keith Rennie, Clé Bennett, Hannah Emily Anderson).

Au programme : *Toy Story* ; *Envers et contre Trump* ; *Shaun le mouton* ; *Le grand jeu* (Melvil Poupaud, André Dussolier). *Top gear France : Road trip en Amérique du Sud* ; *Nouvelle Star* (présentée par Shy'm avec Benjamin Biolay, Cœur de pirate, Nathalie Noennec, Danny Synthé) ; *Secret story* ; *Docteur Dolittle 5*.

Météo : Ciel voilé.

Proverbe : "C'est dormir toute la vie que de croire à ses rêves".

.... Jeudi, 02 Novembre 2017.

Citation : "La gourmandise commence quand on a plus faim". **Alphonse Daudet** (1840-1897), romancier français.

1439 : Une ordonnance promulguée à Orléans par Charles VII donne naissance à l'Impôt permanent en France. Il est destiné à financer l'entretien d'une armée royale permanente afin de pouvoir repousser définitivement les Anglais hors du pays.

Libération : "Attentat de New York. Daech après Daech. L'attaque de mardi rappelle que l'effondrement du "califat" n'entame pas la campagne de terreur de l'État islamique, qui reste présent dans de multiples zones du Sahel à l'Asie du Sud-Est". *Le Télégramme :* "*L*'identification faciale arrive !". *La Provence* : "Que faire des revenants de Daech ?". **Marseille** : "Proxénète violent... et encore mineur". Travaux : "Noël avant l'heure rue du Paradis". *La Croix :* "*L*a mort pas si taboue. Selon un sondage exclusif "La Croix", deux tiers des Français pensent à leur mort ou à celle de leurs proches". France : La trêve hivernale, répit pour des milliers de locataires. *Les Échos,* "Croissance : l'Europe double les États-Unis". & : "La gestion des organismes HLM mise en cause". *L'Humanité,* "Dette grecque : le juteux profit des créanciers". New York : "Trump se trompe de cible et vise la green card. États-Unis. Une attaque meurtrière a fait 8 morts à Manhattan. Pour toute réponse, le président américain annonce qu'il veut mettre fin au visa de travail... attribués au moyen d'une loterie". *Challenge* : "Immobilier. Les transactions explosent". *Le journal du Centre :* "La cigarette et moi, c'est du passé". *La Courrier Picard* : "Feu vert pour Orange Bank. Orange lance sa banque en ligne aujourd'hui. Et présente ce même jour son centre d'appel installé à Amiens". *La Voix du Nord* : "On vous observe ! Internet. Un site russe utilise une faille de sécurité pour diffuser les images de webcams de la région". Nord-Pas-de-Calais. "Made in France et innovation : le textile se porte mieux". *Midi Libre* : "Les éleveurs dans la gueule du loup. Une étude de l'Inra en Aveyron pointe l'impossibilité économique de protéger les brebis". *Corse-matin* : "l'autonomie fait irruption à l'Assemblée nationale. La question d'un député nationaliste corse ravive le débat. Le gouvernement se dévoile". "Folleli : un homme victime de tirs dans la nuit". *La Dépêche du Midi :* "Joggeuse assassinée. Alexia : la traque du tueur". "Assises. Procès Merah : aujourd'hui le verdict". "Sondage. Économie : les Français retrouvent le moral". *L'Indépendant catalan,* "Saint-Laurent-de-Cerdans : un homme tué par son chien. La victime a été mordue à la cuisse, l'artère fémorale a été vraisemblablement touchée". *Le Parisien - Aujourd'hui en France* : "Neymar - Emery. Je t'aime... moi non plus. Football. Les relations entre la superstar du PSG et son entraîneur sont tendues. Explications". "New York face au retour du terrorisme". "Politique : la longue marche du député Manuel Valls". *L'Équipe :* "Ligue des champions. Besiktas 1-1 Monaco. Un point qui entretien l'espoir". "Tottenham 3-1 Real Madrid. Le Real en crise". "Tennis, Rolex Paris Masters : Pouille, nouveau roi de France ?". "Dopage : le labo de Châtenay plombé par les culturistes". *Le Figaro,* "Légion d'honneur : Macron impose de nouvelles règles. Le Conseil des ministres doit entériner ce jeudi une réduction du nombre de décorations et un retour au critère du seul mérite pour établir les prochaines promotions". "Espace : le cerveau des astronautes modifié après de longs vols". "Loisirs : avec Nintendo et Sony, le Japon revient en force dans le jeu vidéo". *"Presse Océan : l*e vert est dans la ville. En terrarium ou en micro-potager, le jardinage urbain est en plein essor depuis quelques années ; une tendance de fond bien plus qu'une mode". *01net :* "Doxing. Tout savoir sur tout le monde. Les techniques". *Auto moto :* "BMW X2. Mi-berline mi-SUV. Deux fois plus de chance de séduire". "Audi A8. La limousine du futur". *Bilba.* "Test. Êtes-vous trop dans l'émotion ?". *Stylist :* "Tiffany Haddish est la licorne la plus drôle d'Hollywood". *Oh my mag* ! "Tendances mode. On apprivoise le léopard". Porno : "Pourquoi on est toutes accros !". "Enquête : La mode s'habille en plagiat". "Low beauty : La banane au secours de ma peau". *Regard bouddhiste :* "S'éveiller (ici et maintenant)". *Le Point :* "Philosophie de vie, concentration, santé... Les arbres. Leurs surprenants bienfaits. Les secrets des forêts dévoilés par la science. Les découvertes de la sylvothérapie". & : "Qu'est-ce que le talent ?".

Planète : Selon l'ONU, le bilan climatique mondial est "catastrophique". Erik Solheim, directeur du Programme des Nations Unies pour l'environnement (elle publie son rapport annuel) a souligné que "les engagements actuels des États couvrent à peine un tiers des réductions d'émissions nécessaires, creusant un écart dangereux". "Gouvernement, secteur privé, société civile doivent combler cet écart catastrophique". "Un an après l'entrée en vigueur de l'accord climat de Paris, nous sommes loin de faire ce qu'il faudrait". "C'est le 8e rapport et chaque année la conclusion est la même : il faut agir urgamment"... **"Le débat du jour", p**ar Jean-

Michel Bretonnier. *La Voix du Nord*. "À New York comme ailleurs, le terrorisme s'est installé". **New York : L**'homme, à bord d'une camionnette, qui a foncé mardi sur les piétons et les cyclistes à New York était un Ouzbek qui planifiait depuis des semaines, "au nom de l'État islamique", cet attentat. L'attaque (la plus grave depuis celle du 11 septembre 2001 à New York) a fait 8 morts et 12 blessés. Donald Trump a demandé l'arrêt d'un programme d'octroi de visas par loterie dont le djihadiste aurait bénéficié. **Tunisie : U**n jeune Tunisien, "adepte de la pensée extrémiste" selon les autorités, a poignardé hier 2 policiers à Tunis, blessant grièvement l'un d'eux avant d'être arrêté. **Yémen : U**ne trentaine de personnes ont été tuées hier dans le nord du pays, dans un raid aérien attribué par les réelles chiites houthis à l'aviation de guerre saoudienne. **Inde : A**u moins 16 personnes ont été tuées et des dizaines blessées hier, lors d'une explosion dans une centrale électrique au charbon dans le nord du pays. **Japon : L**a police a découvert 9 corps mutilés et décapités dans un appartement de la banlieue de Tokyo. Un homme de 27 ans a avoué avoir tué ses victimes sur une période de deux mois. **Diplomatie : T**éhéran et Moscou se sont félicités hier de leur coopération sur la question syrienne à l'occasion d'une visite de Vladimir Poutine en Syrie. Une occasion de resserrer les liens économiques entre la Russie et l'Iran, deux pays ostracisés par Washington. "Grâce à nos efforts conjoints, ainsi qu'aux efforts de la Turquie, la situation sur le territoire (syrien) se développe très positivement en matière de lutte contre le terrorismes", a estimé le président russe. **Palestine : L**e Hamas, au pouvoir depuis une décennie à Gaza, a cédé hier à l'Autorité palestinienne le contrôle des ponts de passage vers l'Égypte et Israël. **États-Unis : L**a CIA a rendu publiques hier d'importantes archives d'Oussama Ben Laden, saisies lors du raid américain de 2011 au cours duquel le chef d'Al-Quaïda a été tué. Des documentaires susceptibles d'apporter de nouveaux éclairages sur le réseau extrémiste. **Grande-Bretagne : S**oupçonné de harcèlement sexuel, le ministre britannique de la Défense Michael Fallon a démissionné hier. Il avait été accusé d'avoir posé sa main sur le genou d'une journaliste en 2002. **Espagne : C**arles Puigdemont, le dirigeant indépendantiste catalan destitué et installé à Bruxelles, ne se rendra pas à la convocation de la justice espagnole qui a couvert contre lui une enquêté pour sédition et rébellion.

France : Le corps découvert lundi dans un bois près de Gray en Haute-Saône a été identifié hier Côme, comme étant celui d'Alexia Daval, âgée de 29 ans, disparue samedi pendant son jogging. De grands moyens ont été déployés depuis plusieurs jours par les enquêteurs pour tenter de retrouver l'assassin et éviter une psychose dans la région. Trouvé, caché sous des feuillages, le corps a été "volontairement brûlé par l'auteur des faits" et transporté jusqu'au bois de Velet-Esmoulin, près de Gray, où il a été découvert lundi. **Assemblée nationale :** Les députés ont voté dans la nuit de mardi à mercredi, le budget de la justice, l'un des rares en hausse en 2018. Cette hausse n'est cependant pas suffisante pour la gauche. L'augmentation devrait être de 3,9 % (260 millions d'euros) et devrait être accompagnée de la création de 1 000 emplois. Ce budget, également limité pour Les Républicains (presque entièrement absents de l'Hémicycke), atteindra 7,11 milliards d'euros en 2018. La France reste "une mauvaise élève" dans l'Union européenne sur ses dépenses et ses effectifs pour la justice, ont observé les trois groupes de gauche. **Sécurité :** Le ministre de l'Intérieur, Gérard Collomb, a déclaré qu'en cas d'attentat de masse, la France pourrait de nouveau avoir recours à l'état d'urgence.

Antisémitisme : La stèle posée à Bagneux (Hauts-de-Seine) en hommage à la mémoire d'Ilan Halimi, jeune juif de 16 ans tué en 2006 par le "gang des barbares", a de nouveau été profané. **Accident :** Un sexagénaire est décédé d'une hémorragie hier à Saint-Laurent-de-Cerdans (Pyrénées-Orientales), après avoir été mordu par ses deux chiens de race Border Collie. **Cisjordanie :** En ce jour du 100e anniversaire de la déclaration Balfour (le gouvernement britannique avait déclaré considérer "favorablement l'établissement en Palestine d'un foyer national pour le peuple juif"), des étudiantes palestiniennes ont manifesté hier à Ramallah, en Cisjordanie occupée, dans le cadre d'une campagne appelant la Grande-Bretagne à s'excuser pour cette déclaration. **Afrique du Sud :** Le parquet sud-africain va demander demain une peine plus lourde pour l'athlète paralympique Oscar Pistorius, jugeant scandaleusement clémente" sa condamnation à 6 années de réclusion pour le meurtre de sa campagne. Dans la nuit de la Saint-Valentin 2013, Pistorius avait abattu de quatre balles le mannequin Reeva Steenkamp, enfermée dans les toilettes de sa maison. Assurant qu'il était persuadé qu'un voleur s'était introduit dans sa résidence, le sextuple champion paralympique a toujours plaidé la méprise. Condamné en 2016 à six ans de prison, cette sentence est inférieure à la peine plancher de 15 ans.

Airbus. L'avionneur a été contraint de signaler aux États-Unis des "inexactitudes" dans les informations nécessaires à l'obtention de licences d'exportation de matériels militaires. Alors que son action en Bourse enregistre la deuxième plus forte hausse du CAC 40 et que son carnet de commandes n'a jamais été aussi empli, Airbus voit donc son horizon s'assombrir. Datant de fin 2016, cette auto-dénonciation n'a été révélée que mardi. Elle fait suite à un événement du même type du groupe, aux autorité britanniques et françaises sur certains contrats civils. Le groupe assure que les affaires ne sont pas liées et qu'à l'heure actuelle, aucune enquête américaine n'est ouverte. En cas d'enquête, Airbus aurait tout à craindre de l'intervention du Department of Justice, rendu célèbre pour avoir infligé à BNP Paribas ou Total, des amendes de plusieurs centaines de millions de dollars.
Distribution, *La Voix du Nord* : "L'enseigne H&M accusée de brûler 12 tonnes de vêtements par an. Des journalistes danois ont découvert que la célèbre enseigne suédoise H&M brûlait 12 tonnes de vêtements par an. Une révélation qui met à mal l'image de "mode durable" dont se prévaut la marque. En France, les vêtements jetés représentent la somme de 442 millions d'euros". "(...) en France aussi... En mai 2016, un documentaire de France 5 intitulé "Vêtements, n'en jetez plus !", dénonçant le gaspillage vestimentaire. Selon le travail des journalistes, sur les 700 000 tonnes de textile achetées en France par an, moins d'un quart de ces achats aboutissent dans les filières de recyclage. Autre chiffre édifiant, chaque foyer renfermerait l'équivalent de 114 € se vêtements

utilisés. À l'échelle de l'Hexagone, les vêtements jetés représenteraient la somme de 442 millions d'euros ! La France a donc des progrès à faire en termes de recyclage mais aussi de comportement". **Technologie : 1**,2 milliard d'iPhone ont été vendus depuis 2007. Pour son dixième anniversaire l'iPhone X sort officiellement demain, au prix de 999 dollars aux États-Unis. Il sera lancé simultanément dans 50 pays. Plusieurs sites doutent néanmoins d'une sortie ce vendredi et révèlent que les magasins français n'auraient pas de stocks ; pour une raison sécuritaire, les attroupements poseraient des risques dans un contexte de menace terroriste élevée.

Football, Ligue des Champions : Auteur d'un nul 1 partout sur le terrain de Besiktas, Monaco se rapproche de l'élimination. Porto a dominé Leipzig. Groupe F : Naples - Manchester City... 2-4. Groupe H : Tottenham - Real Madrid... 3-1. Le Real, relégué à 8 points du Barça en Liga, est au plus mal. **Équipe de France :** L'attaquant vedette du Pays de Galles, Gareth Bale, a été convoqué dans le groupe qui doit notamment affronter la France en match amical le 10 novembre. Le joueur du Real Madrid, blessé, n'a plus joué depuis fin septembre. **Sanctions :** Les nombreux fumigènes allumés par le virage Auteuil lors de PSG - Nice, vendredi dernier, exposent le club de la capitale à des sanctions ce soir devant la commission de discipline de la Ligue. En réaction, le PSG a déjà fait part de son mécontent à ses ultras. Ils pourraient même être privés de déplacement samedi à Angers. **Transferts :** Guedes (en prêt) aimerait rester à Valence. **Tennis, ATP :** Grâce à sa victoire sur Chung-Hyeon 7-5 6-3, Rafael Nadal est assuré de terminer à la première place mondiale. Quel que soit le résultat du Masters, le Majorquin ne peut plus être rattrapé par Roger Federer. **WTA :** Kristina Mladenovic a concédé un 11e revers consécutif, battue 7-5 1-6 7-6 à Zhuhai par Magdalena Rybarikova, dès son entrée en lice au Masters bis (12 joueuses de la 10e à la 21e place au classement). **Rugby, Coupe du Monde :** L'Afrique du Sud en tête des critère d'évaluation pour organiser le Mondial 2023, a demandé aux deux autres pays en lice d'accepter leur défaite. "Espérons que la France et l'Irlande, comme nous l'aurions fait, auront l'élégance de se retirer", a déclaré Jurie Roux, directeur exécutif de la Fédération sud-africaine. **Basketball, NBA :** Indiana s'est imposé face à Cleveland. La franchise de l'Ohio, 13e de la Conférence Est, est une des défenses des plus faibles du championnat. La Conférence est dominée par les jeunes loups de Boston menés par l'ancien Cavalier, Kyrie Irving. Les Français Evan Fournier (Orlando) et Rudy Gobert (Utah) ont été décisifs.

Loisirs, *Le Parisien* : "On a testé le ciné-karaoké." **Harcèlement :** Une femme en stage lors d'un tournage en 1985, accuse Dustin Hoffman à son tour. Anna Graham Hunter était alors âgée de 17 ans. Brett Ratner, réalisateur de la série de films Rush Hour, est de son côté, accusé de harcèlement sexuel par 6 femmes, et de viol par l'une d'entre elle.

Au programme : *Le Pôle express* (film d'animation de Robert Zemeckis avec Tom Hanks). *Secrets d'histoire : Agatha Christie, l'étrange reine du crime ; Erin Brockovich, seule contre tous* (de Steven Soderbergh avec Julia Roberts) ; *Mansfield Park* (Billie Piper, Haley Atwell) ; *Bienvenue en Sibérie ; The American* (George Clooney, Thekla Reuten) ; *Jet Set* (de Fabien Onteniente, avec Samuel Le Bihan) ; *Olé !* (Gad Elmaleh). Football : *UEFA Europa League, Vitória Guimarães / Olympique de Marseille ; Repas de famille.*

Météo : Ciel très nuageux.

Sondage LeParisien.fr : "La pénurie de beurre vous inquiète-t-elle ? Non : 83,6 %".

Proverbe : "Celui qui connaît l'art de vivre avec soi-même, ignore l'ennui".

... Vendredi, 03 Novembre 2017.

Citations : "**L**'honneur est d'autant plus cher qu'il est rare." **Matthieu Verrier.** *La Voix du Nord.* **& :** "**I**l n'y a de sacrifices valables que ceux sur lesquels on se tait". **Henry de Montherlant** (1895-1972), écrivain français.

1957 : Laïka, une petite chienne du programme spatial soviétique, est le premier être vivant mis en orbite autour de la Terre. Installé dans un compartiment pressurisé de l'engin spatial Spoutnik 2, l'animal ne survivra pas plus de 7 heures à ce premier voyage.

Le Figaro : "L'étau se resserre sur les indépendantistes catalans". & : "Une mystérieuse cavité découverte dans la pyramide de Kheops. Grâce à des détecteurs de rayons cosmiques, des chercheurs français, égyptiens et japonais bouleversent notre connaissance du plus fascinant des édifices funéraires de l'Égypte antique". "États-Unis : Trump réclame la peine de mort pour le terroriste de Halloween". *Libération,* **Laurent Berger :** "**L**es syndicats sont mortels, comme les partis politiques". Dans une interview à "Libération", le leader de la CFDT critique les ordonnances, s'inquiète de la faible mobilisation des salariés et craint une disparition du syndicalisme face à un gouvernement qui cherche à contourner ses représentants. "Procès Merah : Le frère condamné à 20 ans de prison". "Syrie : Dans la Ghoufa assiégée et affamée". *Le Monde.* "Nouvelle-Calédonie : le gouvernement obtient un accord sur le référendum". & : "Les hommes sont-ils prêts à l'égalité avec les femmes ?". *La Provence :* "**V**illa Méditerranée. Dix vérités sur un fiasco". "Assises : Boul-Bel-Air. 15 ans pour avoir violé deux handicapées". "Tourisme : 45 000 croisiéristes attendus en 2 jours". *La Dépêche du Midi :* "**L**es ennuis judiciaires d'Airbus se poursuivent aux États-Unis. Aéronautique. Les problèmes s'accumulent pour Airbus. Dernier en date, des "inexactitudes" dans les exportations militaires". Sexualité. "Toulouse : une école de l'érotisme. Décorations : Vers une Légion d'honneur plus sélective". *L'humanité des débats :* "**E**t si le Nouveau Monde s'inventait en

Afrique ?". *L'éditionfrance par Ouest-France* : "La population africaine aura doublé en 2050". *Le Parisien - Aujourd'hui en France* : "Netflix crève l'écran. Phénomène. En quelques années, la plate-forme américaine de vidéo à la demande a révolutionné notre manière de regarder films et séries". Provence-Alpes-Côte d'Azur : "Les sangliers sont entrés dans Marseille". Société : "Les dons de sperme, trop rares en France". *La Tribune.* "Taxe sur les dividendes : 320 groupes mis à contribution". Défense : "En Europe, l'armée française est l'une des plus féminisées". *Les Échos* : "Trump lance son big bang fiscal". *Sud Ouest* : "Alimentation. Le pari d'une agriculture en ville". **Corse-matin : "E**n Corse, la charité se moque de l'hôpital". *L'Équipe* : "Insupportable. Ligue Europa. Guimaraes 1-0 Marseille. Avant le début du match contre Guimaraes, Patrice Évra a frappé un des supporters marseillais qui le provoquaient. Le carton rouge de trop pour l'ancien capitaine des Bleus : il va être très lourdement sanctionné". Football, "Lyon 3-0 Everton : En fusion avant le Chaudron". Équipe de France : "Pavard, la surprise du chef". Tennis, Rolex Paris Masters : "Magique Benneteau". *Midi Olympique week-end :* "Le Mondial de la peur. Comment Word Rugby peut-elle privilégier le choix de l'Afrique du Sud quand on sait les violences qui accablent aujourd'hui le pays où l'on ne dénombre pas moins de 52 morts par jour". *La Voix du Nord :* "Vive la gentillesse... C'est bon pour la santé". Football : "Benjamin Pavard, l'enfant de Jeumont, appelé chez les Bleus". *Marianne* : "Les complices du Tartufe islamiste. L'affaire Tariq Ramadan par Caroline Fourest. Ces irresponsables qui lui ont déroulé le tapis rouge". Laurent Wauquiez : "Le nouveau démago de la droite". *La Tribune,* **hebdomadaire :** "Autosolisme [otosolism] n. m. - (jusqu'au début du XXIe siècle) : Attitude (ringarde) consistant à utiliser seul sa voiture. Solution : autopartage, vélo, transports en commun...". *Les Échos week-end* : "Ils le rendent fou. Depuis son élection, il y a un an, les deux journaux les plus respectés d'Amérique, le "New York Times" et le "Washington Post" gâchent la vie de Donald Trump. Et retrouvent une nouvelle jeunesse". *Première* : "Studios Idéfix. Quand Goscinny rêvait de devenir Walt Disney". *Le Parisien - Aujourd'hui en France (week-end) :* "Naturelles et rebelles. Marie Gillain s'engage et pose sans maquillage". *Elle* : "Violences conjugales. Tolérance zéro. Numéro exceptionnel. Elles s'en sortent et témoignent". *Madame Figaro* : "Isabelle Adjani. Sublime. Son regard sur l'époque & sa nouvelle vie". *Cosmopolitan* : "Mais comment font les couples qui durent ? **Nina Dobrev, l**a star qui monte". *Closer* : "Baby George. Menacé par Daech".

Inde : Le bilan d'une explosion dans une centrale thermique au charbon en Inde est désormais de 29 morts. **Syrie : L**'Observatoire syrien pour les Droits de l'Homme a indiqué hier que l'armée syrienne appuyée par son allié russe, a repris la ville de Deir Ezzor au groupe État islamique. **Tunisie : L**'un des 2 policiers poignardés mercredi par un "extrémiste" devant le Parlement, est mort hier de ses blessures. **États-Unis : 3** personnes ont été tuées mercredi soir par des tirs d'arme à feu dans un supermarché Walmart du Colorado. **Attentat de New-York : D**onald Trump a demandé la peine de mort envers l'auteur de l'attentat, un Ouzbek de 29 ans. Cet homme s'est radicalisé progressivement après plusieurs années difficiles dans le pays. **Outre-mer : 3** personnes sont mortes et 3 autres sont portées disparues après le naufrage d'un kwassa-kwassa (petite embarcation) en provenance des Comores. **Honduras : C**ensée être une réserve pour les poissons et les bébés tortue de mer, une zone située entre les îles Roatan et Cayos Cochinos, est recouverte sur des kilomètres de déchets en plastique. **Espagne : U**n juge d'instruction espagnol a placé hier en détention provisoire 8 membres du gouvernement catalan destitués. Un mandat d'arrêt européen a également été émis à l'encontre de Carles Puigdemont et de 4 ministres qui se trouvent en Belgique. Des milliers de manifestants se sont rassemblés à Barcelone, criant : "Ce n'est pas une justice, c'est une dictature !" ou encore "honte à l'Europe !". **Royaume-Uni : L**e gouvernement a annoncé hier la nomination de Gavin Williamson, 41 ans, comme ministre de la défense en remplacement de Michael Fallon, emporté par un scandale de harcèlement sexuel. **Pyramide de Khéops : C**ette cavité est "tellement grande", c'est comme "un avion de 200 places en plein cœur de la pyramide", a expliqué le co-directeur du projet ScanPyramids à l'origine de la découverte, Mehdi Tayoubi. Pour trouver cet espace au sein de l'une des 7 merveilles du monde, les scientifiques se sont aidés de particules cosmiques (des muons).

Finances publiques : L'État a cédé hier les actions du constructeur automobile Renault acquises il y a deux ans par le ministre de l'Économie, Emmanuel Macron. La plus-value est de 55 millions d'euros. **Gouvernement : S**elon un document repéré par le *Canard Enchaîné*, la rémunération brute mensuelle des conseillers ministériels est de 9 186 euros (7 624 pendant le quinquennat Hollande). Le budget des cabinets ministériels est cependant en baisse (117 millions contre 152 l'an passé) en raison de la réduction à 10 collaborateurs du nombre maximal de conseillers employés. **Présidence Macron *Le Parisien* :** "Peut-on encore parler au président ?". **Servicepublic.fr : L**e simulateur permettant de calculer les indemnités en cas de licenciement abusif, mis en ligne sur le site officiel, indigne les syndicats de salariés.

Crise migratoire : Lundi, une Calaisienne de 36 ans a été violée alors qu'elle rentrait du travail. En garde à vue, l'agresseur présumé, un Érythréen, a reconnu l'avoir menacé d'un couteau avant de la violer. Après la mise en examen du migrant, la présidente du Front National, Marine Le Pen, sur le coup, était à Calais hier. **Procès Merah : L**e frère aîné de Mohamed Merah et son coaccusé, ne sont pas complices, selon la Cour d'assises, des meurtres de Toulouse et Carcassonne. Elle condamne cependant, Abdelkader Merah, à la peine maximale de vingt ans pour "association de malfaiteurs terroriste". Fettah Malki, 35 ans, fournisseur du pistolet mitrailleur Uzi utilisé par Mohamed Merah à l'école juive Ozar Hatorah, écope de quatorze années de réclusion. **Agression sur mineure : U**n homme a été interpellé à l'étranger, suspecté d'avoir violé une petite fille tibétaine de 11 ans à Trappes (Yvelines), le 13 octobre. **Accident : U**n couple et un enfant d'une dizaine d'années sont décédés hier dans une collision entre un train et une voiture près de Deauville dans le Calvados.

Football, Équipe de France : Pour les matchs contre le Pays de Galles et l'Allemagne, Didier Deschamps a choisi d'ouvrir son groupe et d'appeler deux nouveaux joueurs, Benjamin Pavard (Stuttgart, 21 ans, arrière droit / central voir milieu défensif) et Steven Nzonzi (FC Séville, 28 ans, milieu défensif). Sidibé blessé, Pavard a été préféré à Souquet (Nice) ou Corchia (FC Séville). Son profil de "couteau-suisse" a grandement contribué à sa sélection. Anthony Martial et Nabil Fékir auront une nouvelle chance de se mettre en valeur et espérer jouer la prochaine Coupe du monde. **Ligue Europa, La Voix du Nord : "Q**uand Évra se prend pour Cantona... ". **Bayern Munich : W**illy Sagnol, ex-entraîneur adjoint du Bayern Munich, a été remercié par le club, un mois après Carlo Ancelotti. **Ligue 1, L'Équipe, José Mourinho : "L**a L1 est finie parce que le PSG est trop fort." **Ligue 2 : N**icolas Douchez a été "mis à pied à titre conservatoire" par le RC Lens, pour des violences présumées envers une femme le 26 octobre à Paris. Le gardien a de son côté, déposé une plainte contre X pour violation du secret de l'instruction. **Tennis, Rolex Paris Masters : I**l n'y aura qu'un seul Français en quart de finale. Julien Benneteau a vaincu, à bientôt 36 ans, le n°10 mondial, le Belge David Goffin (6-3, 6-3). Déception pour Lucas Pouille, légèrement blessé, éliminé par l'Américain Jack Sock. **Classement ATP : L**e Serbe Novak Djokovic, 30 ans, va sortir pour la première fois depuis 10 ans, du top 10 mondial. Blessé au coude le détenteur de 12 titres du Grand Chelem, n'a pas joué depuis son abandon en quarts de finale de Wimbledon en juillet. **Argent : A**près sa victoire lors du tournoi de Bâle, Roger Federer a cumulé le chiffre record de 94,2 millions d'euros de gains en carrière. **Rugby, Transferts : L**'ailier ou arrière irlandais du Munster, Simon Zebo rejoindra le Racing 92 la saison prochaine. Il devra sûrement renoncer à être sélectionné au sein du XV du Trèfle, qui privilégie les joueurs évoluant sur l'île. **Équipe de France : L**e joueur du Racing Virimi Vakatawa a déclaré forfait pour le match de l'équipe de France contre la Nouvelle-Zélande le 11 novembre. Il reste menacé par une suspension après son carton rouge reçu contre Bègles-Bordeaux. **Coupe du monde 2019 : L**es Bleus affronteront l'Argentine lors de leur premier match de poule lors du Mondial. Ils seront ensuite opposés aux États-Unis, au Tonga et à l'Angleterre. **Basketball, NBA : A**près avoir été menés de 19 points en moins de 10 minutes, les Warriors ont aisément dominé les Spurs (112-92). Damian Lillard, fidèle à sa réputation, a offert la victoire aux Blazers d'un tir à 3 points. Le meneur est à créditer de 32 points, 6 rebonds et 5 passes, lors du succès de Portland sur les Los Angeles Lakers (113-110). Lonzo Ball (0 point, 3 rebonds, 4 passes) a été inexistant. **Blessure : N**ouveau coup dur pour Cleveland. Blessé au mollet gauche, le pivot Tristan Thompson sera absent 3 à 4 semaines.

Livre : *13 à table ! Des écrivains s'engagent pour les Restaurants du cœur.* Édition Pocket. 283 pages. 5 €. Le produit des ventes permettra de distribuer un million de repas. **Musique :** "**E**n plein Solaar. Après dix ans d'absence, MC Solaar revient avec un album aussi inespéré qu'enthousiasmant". *Géopolitique.* Play Two. **TV : A**près les abonnés de SFR, c'est au tour de ceux de Canal + de ne plus avoir accès au replay de TF 1 (faute d'accord financier, la 1ère chaîne demandant de plus importants droits de diffusion). **Victoria Secret : L**e mannequin brésilien Lais Ribeiro portera le nouveau Fantasy Bra estimé à 2 millions de dollars, pièce phare du célèbre défilé annuel de cette marque lingerie.

Au programme : *Qui prendra la suite ; les sirènes de Levanzo* (téléfilm suisso-italien) ; *Les animaux fantastiques* (Eddie Redmayne, Colin Farrell) ; *Bienvenue aux Edelweiss* (Claire Keim, Marie-Anne Chazel) ; *Cut* (*Plus belle la vie* à la Réunion) ; *Jaune Iris* ; *La Belle et le Clochard 2, l'appel de la rue.*

Météo : La grisaille sera moins marquée sur la Côte d'Azur.

Proverbes : "**N**e jugez pas le grain de poivre d'après sa petite taille, goûtez-le et vous sentirez comme il pique." **& :** "**C**hien qui aboie ne mord pas".

Citation : "La méchanceté ne consiste pas à faire du mal mais à mal faire." Jean Grenier (1898-1971), philosophe et écrivain français. **&** : "Vivre sans espoir, c'est cesser de vivre." Fiodor Dostoïevski (1821-1881), romancier russe.

1830 : Après la révolution belge du 25 août, l'Angleterre, l'Autriche, la France, la Prusse et la Russie se rassemblent à Londres pour une conférence. L'indépendance de la Belgique par rapport aux Pays-Bas est reconnue publiquement par ces grandes puissances.

Libération, **"l'info est un combat"** : "Trump. Un an, que c'est dur. Provocations, mensonges, conservatisme... Douze mois après son élection, le président des États-Unis a confirmé toutes les craintes suscitées par sa victoire". Éducation : "Un bac lifté en 2021 ? Moins d'épreuves, fin des filières ? Le gouvernement lance une consultation sur la réforme du baccalauréat, avec d'alléger l'examen". Musiques. "Japon-Corée, la guerre de la pop". *Le Figaro* : "Les États se rebiffent contre les géants du Net. Diffusion de fausses informations, optimisation fiscale... la puissance grandissante et les méthodes des Gafam (Google, Apple, Facebook, Amazon et Microsoft) commencent à être contestées aux États-Unis et en Europe". Voile : "Les bateaux volants à l'assaut de la Transat Jacques Vabre". Télévision : "Les chaînes 100 % e-sport deviennent réalité". *Le nouvel économiste* : "Le retour des émergents. Après quelques années chaotiques, les marchés émergents ont gagné en maturité et en résilience. Mais une partie de leur dynamisme a été emportée dans la bataille". Vérité des chiffres. "Les fonctionnaires travaillent 150 heures par an de moins que les salariés du secteur privé. Si on met à part les enseignants, la durée annuelle la plus faible est celle des agents des collectivités territoriales (1574 heures)". *La Tribune.* "Climat des affaires : la France doit mieux faire". *L'éditionfrance par Ouest-France* : "Les villages privés de distributeurs de billets". "Catalogne : un rêve qui s'effondre". "Étranger. Le Mali se bat contre le désert". *La Voix du Nord* : "Pêche. Sale temps pour la crevette grise". Consommation :

"Bonne nouvelle, le montant de notre chariot test continue de baisser". *Midi Libre*. "Écusson : la mort absurde de Joachim. L'étudiant de 20 ans a été poignardé, jeudi, par un inconnu pour un motif dérisoire". "Commerces. Chasse sauvage aux voleurs sur les réseaux sociaux". "Occitanie : Carole Delga dénonce "le mirage Macron". "Affaire Merah : Le parquet fait appel, il y aura un deuxième procès". *La Dépêche du Midi*. "Merah : pourquoi un second procès ? Le parquet général a fait appel hier, visant notamment l'acquittement d'Abdelkader Merah de complicité d'assassinats". "Toulouse : Un GPS intelligent. Eyelights, la start-up toulousaine qui a inventé le GPS tête haute pour motards, le commercialise depuis une semaine. Et c'est déjà un succès...". "Rugby, Top 14, Toulouse - Bordeaux-Bègles. Toulouse : un derby pour se relancer". *Presse Océan* : "D'ex-préfets nantais dans la tourmente. Limogeage après une attaque meurtrière, condamnation pour fraude fiscale, soupçons de trafic d'influence... d'ex-préfets nantais sont impliqués dans diverses affaires". "Football. Futur stade : ça avance". *Corse-matin*, "Sécheresse : Négociations en vue entre agriculteurs et État". *L'Indépendant catalan* : "Villeneuve/Rivière. Au cœur de l'éco parc catalan". "Rugby à XIII : Les Bleus la tête quand même haute". *Le Parisien - Aujourd'hui en France* : "Permis de conduire. Attention aux faux moniteurs. Enquête. De plus en plus d'automobilistes s'improvisent moniteurs de conduite et font payer leurs services. Une pratique illégale et dangereuse". Football : "La carrière de Patrice Évra est-elle finie ?". Bande dessinée : "À 70 ans, Picsou s'offre un anniversaire en or". *La Provence* : "Evragate. Stop ou encore ?". *L'Equipe :* "Eyraud malgré lui. Marseille. Après le coup de sang de Patrice Évra contre un supporter de l'OM, le président du club, très proche de son défenseur, l'a pourtant déjà mis à pied". "Ligue 1 : Rennes 1-0 Bordeaux. Létang remplace Ruello". Tennis, Rolex Paris Masters : "Incroyable Benneteau". *Le Courrier Picard* : "La Licorne prête dans dix jours. Les travaux de sécurisation du stade seront achevés le 14 novembre". *L'Equipe, le magazine* : "Le Kid. Dix huit ans, une pression énorme, un statut de phénomène. Kylian Mbappé a pourtant connu quelques soubresauts dans son ascension vertigineuse. Des bancs de l'école jusqu'au PSG, retour sur l'itinéraire d'un gamin au sourire désarmant, mais pas toujours docile". *La Croix* : "**L**'exemple des compagnons de la Libération. L'ordre créé en 1940 cherche comment transmettre la mémoire de ces hommes, dont dix seulement sont encore en vie". *Sud Ouest*, "**C**inéma : le géant UGC inquiète les petites salles". *Grazia* : "**G**énération Daho. Réussir sa vie. **L**es secrets des anciens cancres qui cartonnent". *Amina mag, le magazine de la femme africaine et antillaise :* "**R**ihanna. Au top avec Fenty". *L'automobile magazine :* "**D**ossier spécial. SUV & 4X4. 1er essai. VW T-ROC. Enquête vérité 2018". "Le meilleur et le pire du SAV. Dacia en pole, les allemands s'essoufflent". Top Santé : "La meilleure alimentation anti-âge. Le régime nordique ! En Scandinavie on vit longtemps et en bonne santé !".

Syrie : Neuf personnes ont été tuées hier dans l'explosion dans une voiture piégée dans un village contrôlé par le régime syrien sur le plateau du Golan, non loin de la ligne de démarcation avec Israël. & : "Le groupe djihadiste État islamique (EI) a perdu en 24 heures 2 importants fiefs en Syrie et en Irak, dont Deir Ezzor, la dernière grande ville sous contrôle dans ces deux pays voisins. Retranchés dans une zone à cheval entre l'Est de la Syrie et l'Ouest de l'Irak les combattants de l'organisation ultra radicale font face à des offensives des deux côtés de la frontière" (VdN). **Somalie : L**es États-Unis ont annoncé hier, y avoir mené 2 frappes contre le groupe État islamique faisant plusieurs morts. **Venezuela : L**'hypothèse d'un défaut de paiement ne cesse de se renforcer au Venezuela qui a annoncé une restructuration de sa dette extérieure évaluée à 155 milliards de dollars. Le pays a donné rendez-vous à ses créanciers le 13 novembre à Caracas. **Italie : D**es millions de pastilles d'une drogue synthétique d'une valeur d'environ 50 millions d'euros ont été saisies en Italie dans le cadre d'un trafic organisé par le groupe État islamique. **Nations Unies : L**'ONU et la Colombie, principal producteur mondial de cocaïne, ont passé un accord portant sur le versement de 270 millions d'euros pour aider à l'éradication et à la reconversion des plantations de coca. **Allemagne : L**e constructeur automobile BMW a annoncé hier un rappel d'environ 1 million de véhicules en Amérique du Nord pour parer un risque d'incendie, n'excluant pas la possibilité que d'autres marché soient affectés. **Espagne :** Madrid a lancé un mandat d'arrêt européen contre Puigdemont. **États-Unis : D**e nouvelles accusations de harcèlement sexuel et de viol vise Kevin Spacey et place l'acteur américain dans une position de plus en plus compromise. **Parti démocrate : L**e Parti américain était sous la coupe d'Hillary Clinton, avant même qu'elle ne remporte l'investiture présidentielle en 2016, selon une ancienne présidente intérimaire du parti confirmant les accusations de Bernie Sanders.

Le débat du jour, La *Voix du Nord* : "La voie, toute tracée, de son maître. Christophe Castaner, porte-parole du gouvernement, est le seul candidat pour prendre la tête du parti La République en Marche". **Société : "D**epuis hier, 11 h 44, les femmes travaillent gratuitement". **France, L**a *Voix du Nord* : "23. C'est le nombre de mois ininterrompus de l'état d'urgence en France. Un record pour ce régime d'exception, créé en 1955 durant la guerre d'Algérie. Selon le bilan définitif du ministère de l'Intérieur, quelques 4 469 perquisitions administratives, 754 assignations à résidence ont eu lieu. 19 lieux de culte ont fermé. Cinq attentats ont été perpétrés, faisant 92 morts (...). Treize tentatives d'attentat ont été menées et trente-deux attentats ont, au total, été déjoués".

Affaire Merah : Le parquet général a annoncé hier qu'il faisait appel du verdict de la cour d'assises de Paris, qui a condamné hier à 20 ans de prison Abdelkader Merah, pour association de malfaiteurs terroriste, mais ne l'a pas jugé complice de sept assassinats commis par son frère Mohamed. L'appel du parquet général concerne également son coaccusé Fettah Malki, condamné à 14 ans de prison pour avoir vendu l'arme et le gilet pare-balles à Mohamed Merah. **Politique : L**e sénateur du Tarn-et-Garonne Yvon Collin (ex-PRG) a été condamné hier à deux ans de prison, dont un avec sursis, dans une affaire de corruption remontant à 2010. L'élu de 73 ans, qui siège dans le groupe RDSE au Sénat, était poursuivi pour "trafic d'influence passif". Il a écopé de 50 000 euros d'amende et d'une interdiction, pendant 3 ans, d'exercer une fonction publique. Le tribunal a aussi ordonné la confiscation d'une somme de 40 000 euros, que la justice reprochait au sénateur d'avoir perçu pour financer une campagne électorale en 2010. **Justice : 5** ans de prison avec sursis ont été requis hier à l'encontre d'un octogénaire jugé devant les assises de l'Isère, à Grenoble, pour avoir étouffé son épouse atteinte d'Alzheimer en 2015. **Procès : D**ésirant livrer 4 téléphones portables dans la cour d'une maison d'arrêt avec un drone, qu'il n'est pas parvenu à faire fonctionner, un homme a été condamné hier à 3 mois de prison par le tribunal correctionnel de Grasse. **Attaque de Marseille : A**nis Hanachi, frère du Tunisien qui a tué deux cousines de 20 ans, le 1er octobre à Marseille, a été mis en examen hier pour "association de malfaiteurs terroriste en vue de la commission d'un crime d'atteinte aux personnes" et écroué.

Football, Ligue 1 : Rennes - Bordeaux... 1-1. **Ligue 2 : N**îmes - Quevilly Rouen 4-1. L'attaquant turc, Umut Bozok s'est offert un 2e triplé d'affilée lors du quatrième succès de rang du second de L2. Il compte désormais 10 buts en championnat. Paris FC (5e) - Lorient (4e) ... 1-1. AC Ajaccio (3e) - Châteauroux... 1-2. **Sanction : M**is à pied par l'Olympique de Marseille après avoir donné un coup de pied à un supporter jeudi, le latéral gauche est également convoqué à un entretien préalable à une éventuelle sanction disciplinaire. *Le Parisien* : "Les turbulences de Tonton Pat". **Blessures : A**bsent depuis le 21 octobre, Radamel Falcao, meilleur buteur du championnat avec 13 buts, est encore indisponible. **Accident : "F**in des travaux à la Licorne mi-novembre". **Allemagne : L**e Borussia Dortmund, en difficulté et avec des problèmes dans toutes ses lignes, reçoit ce soir le Bayern Munich. **Olympisme : F**rankie Fredericks a été mis en examen, jeudi, pour corruption passive et blanchissement de corruption dans le cadre de l'enquête, en France, sur des soupçons d'achats de voix dans l'attribution des JO de Rio. Membre du Comité international olympique, l'ex-sprinteur namibien est dans le collimateur de la justice française à cause, notamment, d'un versement de 262 000 euros provenant de la société du fils de l'ancien président de la Fédération internationale d'athlétisme. **Rugby. L'**ailier Virimi Vakatawa, forfait en raison d'une entorse du genou pour le premier test-match du XV de France, le 11 novembre contre la Nouvelle-Zélande, a écopé d'une suspension de cinq semaines pour un plaquage dangereux avec le Racing 92 en Top 14. Il ratera donc les deux tests suivants contre l'Afrique du Sud et le Japon. **Tennis : D**irecteur du Master 1 000 de Paris, Guy Forget, se dit inquiet en voyant les vedettes courir le cachet, actions qui mettent en péril la survie de tournois comme le sien. **Rolex Paris Masters : L**e Français Julien Benneteau, 35 ans, a dominé le Croate Marin Cilic 7-5 7-5, 5e joueur mondial, pour accéder aux demi-finales. **WTA : K**ristina Mladenovic s'est inclinée contre Julia Görges 6-2 7-6 à Zhuhai pour sa seconde rencontre des Masters bis. La Nordiste clôture ainsi sa saison par un douzième revers d'affilée, qui l'éjecte du Top 10. **Sports mécaniques : L**a Scuderia Ferrari a répondu par une menace de retrait au groupe américain Liberty Media, souhaitant proposer davantage de spectacle afin de relancer les audiences TV, par le biais de modification des règles de la discipline (moteurs uniformisés pour toutes les écuries, budgets limités, plus grand nombre de courses, suppression des séances de roulage le vendredi). **Basketball, NBA : É**norme performance de LeBron James. Le King, auteur de 57 points (11 rebonds, 7 passes, 3 interceptions, 2 contres...), a permis à Cleveland de s'imposer 130 à 122 contre Washington. Boston vainqueur d'Oklahoma, a engrangé une 7e victoire consécutive. Le rookie de Philadelphie, Ben Simmons est de nouveau entré dans l'histoire en réalisant son deuxième triple double depuis ses débuts en NBA. Kristaps Porzingis (New York) a franchi pour la 6e fois, avec 37 points, la barre des 30 unités. **Classement Conférence Est : 1**. Boston Celtics, 2. Orlando Magic, 3. Detroit Pistons... 13. Brooklyn Nets, 14. Chicago Bulls, Atlanta Hawks. **Conférence Ouest : 1**. Los Angeles Clippers, 2. Houston Rockets, 3. Golden State Warriors... 13. Phoenix Suns, 14. Sacramento Kings, 15. Dallas Mavericks. **Sports mécaniques, F1, *Eurosport*.** "Pas de changement, pas de Ferrari à partir de 2020 : le coup de pression de la Scuderia sur la F1". **Emploi, *GQ* :** "Être trop séduisant pourrait vous porter préjudice".

***La Voix du Nord*, O**n vous en dit plus : "Du miel dans ma cuisine". **People : « O**uch. Dans son livre Pas né pour ça : Ma vie avec les stars, le producteur Jean-Claude Camus livre des anecdotes sur plusieurs artistes. Il n'est pas tendre avec Lara Fabian, qui selon lui, a eu un comportement et pris des décisions qui ont "lassé son public", "saboté son talent" et "mis sa carrière en l'air". Rien que ça ». **Le Monde à l'envers : "D**es orques au large du Pays basque". "Macron adresse un petit poème à une ado britannique". **L'image du jour : "D**es sikhs indiens fêtent Guru Nanak, à Amritsar, dans l'État du Pendjab, et s'adonnent à leur art martial traditionnel, le (...). Ici, il s'agit de casser une noix de coco posée sur les parties génitales, avec une batte de base-ball". **TV : T**F 1 dément avoir retiré MYTF1 aux clients Canal+. **Livre : L**e songe du photographe de Patricia Reznikov. Édition Albin Michel. **Loisirs, *Le Parisien* : "C**es tableaux ont beaucoup voyagé. Le musée des Beaux-arts de Rennes accueille une exposition retraçant l'épopée des tableaux, saisis dans les églises pendant la Révolution et dispersés au Québec." & : "7**0 ans et tous ses sous ! **BD : N**é en 1947 aux États-Unis, *Oncle Picsou* fascine petits grands depuis sept décennies". "Toujours côté en kiosque". "Plus fort que les forts, plus malins que les malins".

Au programme : *NRJ Music Awards 2017, 19e édition ; *Mes années bonheur* ; *Commissaire Magellan* ; *Infiltrator* (Bryan Cranston, Diane Kruger) ; *Les énigmes de l'âge de pierre* ; *Les lentilles : le remède à la faim dans le monde* ; *Leeb Show* (Michel Leeb) ; *Les Franglaises* (spectacle) ; *Le Zap d'Halloween* ; *Du goût et des couleurs* ; *CrossFit Championnat du Monde* ; *Fais pas ci, fais pas ça* ; *L'ombre d'un doute le poids du passé tout un monde*.

Sondage *Le Parisien.fr* : "La peine infligée à Merah vous semble-t-elle juste ? Non : 74 %".

Météo : Un temps aigri.

Harcèlement : "Un véritable agresseur ne s'excuse jamais." **Proverbe : "D**éfiance est mère de sûreté".

Citation : "L'homme n'était pas nécessaire". **Louis Guilloux** (1899-1980), écrivain français. Depuis 1983, un prix littéraire porte son nom. **& : "L**'avenir est quelque chose qui se surmonte. On ne subit pas l'avenir, on le fait." **Georges Bernanos** (1888-1948), écrivain français.

1922 : L'égyptologue anglais Howard Carter et son équipe découvrent la sépulture de Toutânkhamon. Le tombeau du pharaon est resté célèbre pour tous les trésors qu'il renfermait et la malédiction qui aurait poursuivi certains membres de l'équipe d'archéologie.

Le Monde : "**D**onald Trump, la diplomatie du chaos". & : "Les États-Unis dans le piège djihadiste au Niger". "Politique : Au Front National, intimidation et harcèlement moral". "Santé : La malnutrition ne cesse de gagner du terrain. Les pays développés ne font pas exception". "Corse : L'ombre de la "mafia" et l'impuissance de la justice dans l'affaire de la CCI d'Ajaccio". "Énergie : Retour des profits dans le pétrole. Rap : La fin de l'éclipse pour MC Solaar". *L'éditionfrance par Ouest-France* : "**U**n an après, Trump divise toujours les USA". "COP23 : Une école réfugiée climatique". "Faits divers : Les joggeuses face à la peur". *Le Journal du Dimanche* : "**L**e plan d'économies secret des députés". *L'Humanité Dimanche* : "**R**ussie, Chine, Venezuela, regards sur Octobre 1917". "PS. Le Chantier de la reconstruction en panne". *Le Parisien - Aujourd'hui en France* : "**L**e tueur de l'étudiant était multirécidiviste". "Santé : La vaccination en pharmacie, ça marche". "Politique : Pour DSK, le PS n'a plus aucun avenir". Dijon : Qui se cache derrière le "commando" raciste ? Angers - PSG 0-5. La nouvelle démonstration de force. **Corse-matin : "U**n entrepreneur assassiné à Soccia". "Ajaccio : À daurades royales, poissonnières impériales". *La Provence* : "**O**M - Caen. Esprit es-tu là ?" "Salon du tatouage : Marseille dans la peau". "Musique, NRJ Music Awards : Nouvelle consécration pour Soprano". "Télévision, C8 : Mélissa Theuriau envoie le premier ministre au tableau". *La*

Dépêche du Midi : "Climat. La Terre au bord de l'explosion". "NRJ Music Awards : "Duo de l'année", un nouveau sacre pour les frérots toulousains Bigflo et Oli". Rugby/Top 14 : "Le Stade au bout de la folie !". "Agressions sexuelles : Tariq Ramadan a-t-il abusé de mineures ?". ***Sud Ouest*** : "**À** Toulouse, l'UBB méritait beaucoup mieux". "Rugby/Top 14. L'Union s'est fait passer devant en fin de match et perd d'un petit point (37-38)". "Égypte/Khéops : Le nouveau mystère de la grande pyramide". ***La Montagne Clermont Ferrand*** : "**I**l n'y a plus de saison pour manger des huîtres". ***La Voix du Nord*** : "**C**oup de jeune sur les camping-cars". Région : "Il n'y a pas de pénurie de beurre", ont expliqué hier les agriculteurs". ***Presse Océan.*** "**D**éménagements : gare au low-cost". Football : "Le FC Nantes se relance. Nantes : La plus grande librairie de SF". ***Midi Libre.*** "**A**beilles sacrifiées : Le SOS des apiculteurs". Santé : Les Ehpad au bord de "l'asphyxie financière". Pédophilie : "Flavie Flament, son combat pour aider les victimes de viol". Rugby à XV. "Montpellier accueille Clermont : un choc et des inconnues". **L'Équipe** : "**A**ngers 0-5 Paris-SG. Monaco 6-0 Guingamp". "Paris et Monaco se régalent". Football, Ligue 1, "Saint-Étienne-Lyon : Le match qui compte le plus". "Tennis, Rolex Paris Masters : Benneteau, rêve brisé".

État islamique. L'EI se retranchait hier dans la ville syrienne de Boukamal, où doit se jouer l'ultime bataille contre l'organisation djihadiste chassée de la majeure partie des zones occupées pendant trois ans en Syrie et en Irak voisin. En 24 heures, l'État Islamique a perdu deux importants fiefs : du côté irakien, Al-Qaïm, et surtout du côté syrien, Deir Ezzor, dernière grande ville sous son contrôle dans les deux pays voisins. Pris au piège des violences, de nombreux civils cherchent à fuir les dernières zones djihadistes. "Ces dernières semaines, près de 350 000 personnes, dont 175 000 enfants, ont risqué leur vie pour pouvoir se mettre à l'abri", selon l'ONG *Save the Children*. Il ne reste désormais plus aux forces irakiennes qu'à s'emparer de la localité voisine de Rawa et des environs désertiques pour reprendre à l'EI la totalité des territoires occupés depuis 2014 mais cela ne signifiera ni la défaite définitive ni l'éradication de l'organisation djihadiste. **Asie : S**ur fond de très fortes tensions avec la Corée du Nord, Donald Trump débute aujourd'hui le plus long voyage en Asie depuis un quart de siècle pour un président des États-Unis en exercice. Il visitera le Japon, la Corée du Sud, la Chine, le Vietnam et les Philippines. **Affaires Weinstein et Spacey : D**epuis début octobre, plus de 100 femmes ont accusé l'ancien géant du cinéma américain de harcèlement, d'agression sexuelle ou de viol. Kevin Spacey, est à son tour accusé depuis vendredi. Au fil des témoignages, se dessine le portrait accablant d'un homme incapable de contrôler ses pulsions, dirigé essentiellement vers de jeunes hommes, qu'il n'hésitait pas à toucher ou agripper sans leur consentement, voire davantage. L'acteur avait été écarté lundi par Netflix, de la série *House of Cards*. **Liban : A**ffirmant craindre pour sa vie, le premier ministre Saad Hariri, a annoncé de manière inattendue sa démission hier, accusant le mouvement armé Hezbollah et son allié iranien de "mainmise" sur le Liban. Cette annonce intervient dans un contexte de fortes tensions sur plusieurs dossiers entre les deux poids lourds de la région, l'Arabie Saoudite sunnite, qui soutient Hariri et l'Iran chiite grand allié du Hezbollah. Des analyses ont mis en garde contre les répercussions de cette démission sur le Liban, pays fragilisé par des crises politiques répétition, des assassinats, des guerres entre Israël et le Hezbollah et le conflit chez son voisin syrien. **Chine : 4**0 000 spectateurs étaient réunis à l'occasion de la dernière manche des championnats du monde de *League of Legends*, l'un des jeux vidéo les plus joués de la planète, qui se disputait hier dans le "Nid d'oiseau" de Pékin, emblématique stade Olympique des JO de 2008 (1,5 millions d'euros de récompense à l'équipe gagnante). **Russie : L**'ancien ministre français, Jean-Pierre Chevènement, a été décoré hier de l'ordre de l'amitié par le président russe Vladimir Poutine, lors d'une cérémonie au Kremlin à Moscou. **Moyen-Orient : L**'Arabie Saoudite a intercepté et détruit un "missile balistique" provenant du Yémen en guerre au nord-est de sa capitale Ryad. Les rebelles houthis au Yémen, soutenus par l'Iran, ont revendiqué avoir lancé le missile pour viser l'aéroport.

Société, *La Voix du Nord*. Par Jean-Michel Bretonnier. "Le Débat du jour. Le (bon) contre-exemple de la Nouvelle-Calédonie. Partisans et opposants à l'indépendance cherchent déjà le ciment qui permettra aux perdants d'accepter leur défaite". **Éducation nationale :** Présenté par Jean-Michel Blanquer et promis par Emmanuel Macron, le dispositif "devoirs faits", doit permettre aux collégiens dès demain de faire la majorité de leurs devoirs avant de rentrer chez eux. **Martinique :** Édouard Philippe a entamé hier une tournée de 3 jours aux Antilles, consacré principalement à la reconstruction de Saint-Martin et Saint-Barthélémy, ravagées par le cyclone Irma il y a 2 mois. L'ouragan Irma a causé des dégâts évalués à 3,5 milliards de dollars. **Politique. Dominique Strauss-Kahn : "**Macron, il n'est ni de gauche ni de droite. Je voudrais qu'il soit et de gauche et de droite". En marge de la Word Policy Conference, hier à Marrakech, l'ancien patron du FMI a ajouté : " Si Emmanuel Macron saisit bien sa chance, il peut faire en 5 ans beaucoup de changements en France qui n'ont pas existé pendant les 30 précédentes années".

Faits divers, Affaire Merah, Éric Dupont-Moretti : "On plaide ce qu'on est, on est ce qu'on plaide !". "Certains médias voulais mettre en scène le chagrin des victimes. C'est un sensationnalisme dans lequel j'ai du mal à me reconnaître." "J'ai découvert les réseaux sociaux à l'occasion de ce procès. Cela peut aussi être une poubelle. Le déversoir ignoble des sentiments les plus vils". **Marche Blanche : D**es centaines de personnes ont rendu hommage à Alexia Daval en courant hier dans plusieurs villes de France, notamment à Gray (Haute-Saône), en présence de la famille de la joggeuse de 29 ans retrouvée morte, lundi, dans un bois, étranglée. À Gray, les coureurs tous vêtus d'un brassard blanc, ont parcouru 10 km, dont un tronçon commun à celui que la jeune femme avait l'habitude d'emprunter. **Drogue : P**rès de 750 kilos de cocaïne ont été saisis, vendredi, sur le port commercial de Jarry en Guadeloupe, sur un conteneur en provenance de Paramaribo (Suriname) et à destination d'Anvers (Belgique) pour une valeur de 30 million d'euros. **Blocage : Le** bras de fer continue entre les autorités et le roi des forains, Marcel Campion, qui protestent contre la suppression du marché de Noël sur les Champs-Élysées et fait planer la menace de blocage à Paris et aux alentours dès demain. Soutenu par les syndicats du secteur, le promoteur historique des fêtes foraines parisiennes, 77 ans, bataille depuis des mois contre la décision du Conseil de Paris, votée à l'unanimité début juillet, de ne pas reconduire ce marché créé en 2008 sur la plus célèbre avenue du monde.

Football, Ligue 1, *Le Parisien* : "Oui, Paris a de la marge !" Angers - PSG... 0-5. Monaco - Guingamp... 6-0. Montpellier - Amiens... 1-1. **Ligue 2 :** Nancy - Lens... 1-1. **Allemagne :** Borussia Dortmund - Bayern Munich... 1-3. Le Bayern, au tiers de la saison et après son mauvais début de saison, se dirige vers un 6e sacre national de rang. Le Borussia n'a pris qu'un seul point en 5 journées et a concédé 2 nuls en *Ligue des champions* qui entraîneront probablement son élimination. **Au classement : 1.** Bayern (26 pts), 2. RB Leipzig (22 pts), 3. Borussia Dortmund (20 pts), 4. Shalke 04 (20 pts). **Angleterre :** West Ham - Liverpool... 1-4. **Espagne :** FC Barcelone (1) - FC Séville... 2-1. Valence CF (2) - Leganès... 3-0. La Corogne - Atlético Madrid (4) ... 0-1. **Tennis, ATP :** L'Américain Jack sock a mis fin à l'étonnant parcours de Julien Bénéteau en le battant en demi-finale du Masters 1000 de Paris-Bercy 7-5 6-2. Il sera opposé en finale au surprenant Serbe Philippe Krajinovic, qui a écarté contre toute attente, l'Américain John Isner 6-4 6-7 7-6. **Basketball, NBA :** Les Warriors, faciles vainqueurs de Denver, semblent avoir retrouvé leur jeu et prennent la seconde place de la Conférence Est. Leaders au début de la journée, les Clippers (défaits sur leur parquet par Memphis) sont désormais 5e. Dallas, battu par Minnesota ne compte toujours qu'une victoire. Ce bilan représente pour les Texans leurs plus mauvais début de saison depuis 1993-1994. Detroit vainqueur à Sacramento, est deuxième à l'Est. Les Kings enregistrent de leur côté leur 7e défaite consécutive. **Pro A :** Vainqueur du leader Le Mans, la semaine dernière, le champion de France, Chalon, n'a pas confirmé ce succès, rechutant à domicile contre Bourg-en-Bresse. L'Elan reste en dernière position. **Classement : 1.** Le Mans, 2. Monaco, 3. Pau Orthez, 4. Bourg-en-Bresse, 5. Nanterre... 16. Cholet, 17. Boulazac, 18. Chalon. **Voile,** *La Voix du Nord* : "Transat Jacques-Vabre, façon expresso !". **Boxe : S**égolène Lefebvre a conservé son titre mondial des super coq WBF 10 x 2 avec panache, en battant la mexicaine Naroyuki Koasicha aux points. **Sports mécaniques, F**1 : Le Brésilien de Williams, Felipe Massa, va mettre un terme à sa carrière en Formule 1 à la fin de la saison. Le vice-champion du monde 2008, âgé de 36 ans, avait déjà annoncé la fin de sa carrière l'année passée mais avait consenti à la demande de son écurie, à rempiler une saison supplémentaire. **Handball : À** la dernière seconde, Montpellier s'est imposé à domicile en Ligue des Champions contre Sporting Portugal. Grâce à cette 6e victoire en 6 matchs, les Montpelliérains continue de faire la course en tête dans le groupe D. **Patinage artistique : G**abriella Papadakis et Guillaume Cizeron sont devenus les premiers danseurs sur glace à franchir la barre des 200 points au Grand Prix de Chine à Pékin, totalisant 200,43 points exactement après un programme libre sur la sonate Au clair de Lune de Beethoven récompensé par un excellent score de 119,33 points (record). Ils répondent avec manière à leurs principaux rivaux et partenaires d'entraînement, les Canadiens Tessa Virtue et Scott Moir, auteurs d'une marque de référence à 199,86 points, il y a une semaine au Canada. **Rugby, Test matchs : D**eux nouveaux joueurs ont déclaré forfait pour les tests d'automne du XV de France, le centre Rémi Lamerat et le pilier droit Antoine Guillamon. Ces deux nouvelles absences s'ajoutent à celles de l'ailier Virimi Vakatawa et du 2e ligne Félix Lambey pour toute la tournée, ainsi qu'au forfait du 3e ligne, Fulgence Ouedraogo, au moins pour le 1er test face à la Nouvelle-Zélande. Top 14, Classement : 1. Lyon, 2. La Rochelle, 3. Montpellier, 4. Toulouse, 5. Racing... 12. Agen, 13. Oyonnax, 14. Brive.

Télé-réalité : Tout juste éliminé de Koh-Lanta Fidji, le suisse tatoué Fabian souhaite rebondir après son passage sur TF1. Interrogé par *Gala*, il explique avoir changé de métier et être en train de monter une entreprise de team building. Il annonce qu'il va sortir son "autobiographie dans les mois à venir". **Solidarité : B**eyoncé a fait don du chapeau qu'elle portait lors de sa tournée *Formation*, à une vente aux enchères au profit du *Lung Transplant Project*, association qui œuvre pour les patients en attente de greffe de poumons. Le chapeau, qui porte un autographe de la chanteuse est estimé à 2 000 dollars. *La Voix du Nord, Le Monde à l'envers* : "**U**n ascenseur transformé en (fausse) boutique Apple". "Boire ou monter à cheval, il faut choisir". "L'image du jour : Des centaines de lanternes sont lancées dans le ciel, à l'occasion du festival traditionnel Yi Peng, à Chiang Mai, en Thaïlande, vendredi soir. Organisé en l'honneur de Bouddha, cet événement attire de nombreux touristes." **Sortir :** *Musée Miniature et Cinéma*. Lyon. **Jeux vidéo :** *Gran Turismo Sport ; Forza Motorsport ; Gear.Club Unlimited. Super Mario Odyssey.* **Console, Le Parisien :** "**L**a Xbox One X montre ses muscles." Annoncée par Microsoft comme "la <u>console</u> la plus puissante au monde", au prix de 499 €. **Salon, *Le Parisien* :** "**D**ernier jour pour la Paris Games Week". **Histoire,** Napoléon : "C'est avec des hochets qu'on mène les hommes". « **Président déshonoré. E**mmanuel Macron veut réduire le nombre de Légions d'honneur décernées. En 1887, "l'affaire des décorations", un juteux trafic organisé depuis l'Élysée, avait tomber Jules Grévy". **NRJ Music Awards. R**évélation francophone : Lisandro Cruxi. Révélation internationale : Rag 'N' Bone Man. Groupe / duo francophone : Bigflo et Oli. Groupe / duo international : Imagine Dragons. Artiste masculin francophone : Soprano. Artiste masculin international : Ed Sheeran. Artiste féminine francophone : Louane. Artiste féminine internationale : Selena Gomez. Clip: Ed Sheeran. *Shape of you.* Dj : Kungs. Chanson internationale : Louis Fonsi ft. Daddy Yankee et Justin Bieber. *Despacito.* NRJ Music Awards d'honneur. U2, Indochine et The Weeknd. Chanson francophone : Amir. On *dirait*.

Au programme. *Le Hobbit : la bataille des cinq armées* (de Peter Jackson) ; *Pour elle* (thriller avec Diane Kruger, Vincent Lindon) ; *Un bonheur n'arrive jamais seul* (Sophie Marceau, Gad Elmaleh). *Les enquêtes de Vera : l'ange noir ; Le vinaigre à toutes les sauces ; Wall Street* (de Oliver Stone avec Michael Douglas) ; *Au tableau !* (Émission présentée par Mélissa Theuriau et Caroline Delage) ; Robin des bois, la véritable histoire (avec Max Boubil) ; *Robin des bois* (de Ridley Scott, avec Russell Crow, Cate Blanchett) ; *SOS ma famille a besoin d'aide* (Pascal Soetens) ; *Jeux d'enfants* (Guillaume Canet) ;

Rire et châtiment. Bataille de la Somme : les dossiers révélés. Scènes de crime (André Dussolier, Charles Berling).

Météo : L'hiver vient.

Top 100 Singles Acharts, SNEP. Top 20 & more : 1. *Katchi*. Ofenbach and Nick Waterhouse. **2.** *Dusk till dawn*. Zayn and Sia. **3.** *Perfect*. Ed Sheeran. **4.** *What about us*. P!nk. **5.** *Feel it still*. Portugal The Man. **6.** *No roots*. Alice Merton. **7.** *Mwaka Moon*. Kalash and Damso. **8.** *Havana*. Camila Cabello and Young Thug. **9.** *Feels*. Calvin Harris ft. Pharrell Williams, Katy Perry and Big Sean. **10.** *Si t'étais Là*. Louane Emera. **11.** *Rockstar*. Post Malone and 21 Savage. **12.** *All stars*. Martin Solveig and Alma. **13.** *Too good at goodbyes*. Sam Smith. **14.** *Dommage*. BigFlo & Oli. **15.** *États d'amours*. Amir. **16.** *Despacito*. Luis Fonsi and Daddy Yankee. **17.** *Basique*. Orelsan. **18.** *Réseaux*. Niska. **19.** *Mon précieux*. Soprano.**20.** *Shape of you*. Ed Sheeran. **26.** *What lovers do*. Maroon 5 and SZA. **31.** *Wolves*. Selena Gomez and Marshmello. **34.** *I feel it coming*. The Weeknd and Daft Punk. **36.** *Chandelier*. Sia. **41.** *Ma fierté*. Dadju ft. Alonzo and Maître Gims. **44.** *Thriller*. Michael Jackson. **49.** *Soldat*. Rohff.

Proverbe : "Il est plus simple de croire que de s'enquérir".

... Lundi 06 Novembre 2017.

Citations : "S'il y a une chose impardonnable, c'est de ne pas pardonner". **Romain Gary** (1914-1980). Aviateur, diplomate et romancier français. **& :** "Quelle vanité que la peinture qui attire l'admiration pour la ressemblance des choses dont on n'admire point les originaux." **Blaise Pascal** (1623-1662). Mathématicien, physicien, inventeur, philosophe, moraliste et théologien français. **+ :** "S'il y a une chose impardonnable, c'est de ne pas pardonner."

Romain Gary (1914-1980), aviateur, diplomate et romancier français.

1860 : Abraham Lincoln devient le premier candidat républicain à remporter les élections présidentielles américaines. 16e président de l'histoire des États-Unis, il sera réélu 4 ans plus tard pour un second mandat.

Le Monde, **"P**aradise Papers : Les 350 milliards cachés de l'évasion fiscale". "Politique : Macron, la technocratie au pouvoir". "États-Unis : Une nouvelle fusillade fait 26 morts dans une église au Texas". Consommation : "Enquête sur le grand bluff de la pénurie de beurre". *Midi Libre,* **"P**aradis fiscaux : les grands de ce monde éclaboussés. Élisabeth II, des proches de Trump, Trudeau, Poutine, Le Vatican. Des médias révèlent un nouveau scandale". **Climat, A**ttali : "Manque d'eau et réchauffement climatique vont générer des guerres". *La Dépêche du Midi.* **"T**exas : massacre dans l'église". **L'Indépendant catalan : "M**assacre en pleine messe au Texas". *L'Humanité :* **"L**a loi du profit pollue le climat de la COP23". "Politique : En Marche ! déçoit aussi ses militants". "Transat : tout se joue dès les premiers jours. La Transat Jacques Vabre est partie hier du Havre. Le début de la course est de plus en plus déterminant". *La Croix :* "**C**limat, passer aux actes. Alors qu'une nouvelle conférence mondiale sur le climat s'ouvre à Bonn, notre envoyé spécial raconte comment l'eau monte aux îles Fidji". *La Marseillaise :* "**D**éfendre la nature, jusqu'à la pompe". Énergie. "Les Amis de la Terre et des collectifs Alternatiba ont mené une action ce week-end auprès de la grande distribution afin que les enseignes stoppent la vente de produits raffinés issus du palmier. Un enjeu de taille en termes d'emploi et d'environnement alors que la raffinerie de la Mède (13) va développer sa production d'huile de Palme". *Nice-matin :* "**Q**uel pied ! 13 300 coureurs ont participé au 10e marathon Nice-Cannes marqué par le retour sur la Prom. La victoire pour l'Éthiopien Kelkilew, le plaisir pour tous". *L'Est Républicain :* "**U**ne marée humaine pour Alexia". *Libération :* "**É**criture inclusive. Juste une mise au [.]. "Péril mortel" pour l'Académie française, la prise en compte du féminin au même titre que le masculin dans la langue française mérite mieux qu'un jugement à l'emporte-pièce. On en parle ?". **Arabie Saoudite.** "**V**iolente purge au palais. Onze princes, quatre ministres, des flopées d'hommes d'affaires ou de responsables militaires : la vaste opération anticorruption menée à Riyad illustre la mainmise grandissante du prince héritier, porteur d'un espoir de libéralisation de la société saoudienne". *Le Figaro* : "**M**élenchon en panne de stratégie politique". Catalogne : "Puigdemont entre les mains de la justice belge". "Justice : Le viol conjugal reste difficile à prouver". *Presse Océan* : "**C**es paysans triment pour des nèfles. En Pays de la Loire, selon une étude de l'Insee, un quart des agriculteurs gagnent moins de 5 900 euros par an. Et 35 % des conjoints travaillent en dehors de l'exploitation". "**Car Macron : u**n bémol". "Nantes : de plus en plus de clients utilisent les cars Macron, mais les conditions d'accueil ne sont pas à la hauteur de la qualité du service proposé". *L'éditionfrance par Ouest-France,* "**É**tats-Unis : l'angoisse des immigrés latinos". "Voile : départ houleux pour la Transat Jacques-Vabre". *Les Échos* : "**L**e projet de taxe américain qui inquiète les entreprises françaises". "Fiscalité. Ce projet introduit une taxe de 20 % sur les biens et les services produits à l'étranger, ce qui pourrait pénaliser les grands groupes tricolores". *Le Parisien - Aujourd'hui en France* : "**V**oitures d'occasion. Le krach annoncé du diesel". Ligue 1 : "Fin de match houleuse entre Saint-Étienne et Lyon". "Téléfilm : Marie Dal Zotto, bluffante actrice trisomique pour TF 1". "Supplément Éco : Ces marques mythiques reviennent de loin". *La Provence,* "**L**igue 1 OM 5 - Caen 0 : Le bon coup". "Argent public : Fini les privilèges des députés ?". *La Voix du Nord* : "**M**ais non, mais non, Raoul, il n'est pas mort ! Hommage. Le chanteur Raoul de Godewarsvelde est mort il y a 40 ans. Une exposition, qui va tourner dans la région, lui est consacré à Lille jusqu'au 26 novembre". Faits divers, "Capelle-la-Grande : un nouveau-né retrouvé mort sur la voie publique". "Football : À Metz (0-3), le LOSC (re)goûte enfin aux joies de la victoire". *Sud Ouest* : "**L**e grand défi du papy-boom dans le monde". Bordeaux : "Ces coursiers qui veulent en finir avec l'ubérisation". Rugby/Quinze de France : "Face aux Blacks, le pari de la jeunesse". *L'Équipe* : "**J**our de trêve pour l'OM et Bielsa". "Saint-

Étienne 0-5 Lyon : L'OL par chaos. Les lyonnais remportent leur plus large victoire dans l'histoire du derby. Une provocation de Nabil Fekir et les débordements des supporters stéphanois ont gâché l'ambiance. Le match a été interrompu quarante-sept minutes". Tennis, "Rolex Paris Masters : Sock, la surprise des Maîtres". "Rugby, Équipe de France, Épisode 1/3 : Sept ans de malheur. Notre série sur les désillusions des Bleus depuis le Grand Chelem 2010". *Midi Olympique magazine* : "Tout Black". *Télé Star* : "Business man comblé, producteur télé avisé... Cyril Lignac. À 40 ans, il démarre une nouvelle vie". **Télé 7 jours, "C**haque semaine, le magazine le plus lu de France" : "Louane. Les secrets d'un retour très attendu". "**M6 a** misé sur elle : Ophélie Meunier prend son envol". *Télé Loisirs* : "Jean-Jacques Goldman. Révélations sur son empire". *Télé Poche,* Camping Paradis : "Laurent Ournac. "Ma petite fille croit que je dirige un camping".

États-Unis : Une fusillade dans une église du Texas a fait au moins 20 morts et de nombreux blessés, selon un responsable local et plusieurs médias américains. Un témoin a expliqué avoir vu un homme entrer dans une église et commencer à tirer sur les paroissiens réunis pendant un service religieux. "Le tireur est mort", a indiqué un porte-parole du bureau du shérif du comté de Guadalupe, précisant qu'il n'y avait pas eu de poursuites entre lui et la police. **& : L**es New-Yorkais affichait, hier, leur volonté de résister à la menace terroriste lors du plus célèbre marathon du monde, qui a pris le départ sous haute sécurité, 5 jours après le premier attentat meurtrier dans leur ville depuis le 11 septembre". **Syrie : D**ans un attentat à la voiture piégée dans la province syrienne de Deir Ezzor, l'EI a tué au moins 75 civils, à l'endroit même, où l'organisation tente de défendre ses derniers fiefs. **Yémen : A**u moins 15 personnes ont été tuées dans une double attaque visant les services de sécurité à Aden, la première opération revendiquée par le groupe État islamique depuis près d'un an dans cette région du sud du pays. **Arabie Saoudite : L**e pays a affiché sa détermination à poursuivre sans complaisance les dizaines de princes, ministres et homme d'affaires arrêtés la veille pour "corruption" en Arabie Saoudite, lors d'une purge sans précédent qui a confirmé l'emprise croissant du jeune prince héritier Mohammed ben Salmane. Parmi les personnalités interpellées figurent le célèbre milliardaire Al-Walid ben Talal. **Russie : L**a police russe a arrêté, hier, plusieurs centaines de personnes (+ 400 selon une ONG) qui s'étaient rassemblées à Moscou et dans d'autres villes du pays, pour manifester contre le président Vladimir Poutine à l'appel de Viatcheslav Maltsev, un opposant radical jusque-là considéré comme marginal. **Asie : D**epuis le Japon, Donald Trump, a averti qu'aucun dictateur ne devrait sous-estimer les États-Unis, dans une allusion à peine voilée à la Corée du Nord, dont les menaces devraient dominer son voyage dans la région. **Paradise Papers : P**lusieurs noms sont d'ores et déjà éclaboussés par cette nouvelle affaire. L'enquête s'intéresse notamment aux liens entre l'actuel secrétaire américain au Commerce Wilbur Ross et l'entourage du président russe, Vladimir Poutine. Des proches du Premier ministre Justin Trudeau, pourtant champion de l'égalitarisme fiscal, sont également cité. Parmi eux, son ami d'enfance, le milliardaire Stephen Bronfman, trésorier du Parti libéral canadien. De plus, la reine d'Angleterre aurait, elle aussi, "recours à des paradis fiscaux pour placer ses fonds et qu'ils contribuent en bout de chaîne appauvrir les Britanniques les moins favorisés", écrit France Télévision sur son site.

Le débat du jour, *La Voix du Nord* par Jean-Michel Bretonnier. "Après l'avoir "balancé" comment s'en débarrasser ? Une femme sur deux a été victime d'une agression sexuelle. Un collectif demande un plan d'urgence à Emmanuel Macron." **Popularité : L**aura Flessel recueille un avis positif de 66 %. La ministre des sports devance Jean-Yves Le Drian, ministre des affaires étrangères (59 %) et Frédérique Vidal, ministre de l'Enseignement supérieur et de la recherche. **Record : L**a Koenigsegg Agera RS a atteint la vitesse de 447,2 km/h. La voiture du petit constructeur suédois a battu aisément le précédent record de la Bugatti Veyron Super Sport, établi à 431 km/h. Un nouveau meilleur temps a également été établi sur le 0 - 400 - 0 km/h, avec une performance de moins de 34 secondes. *Vie quotidienne, Le Parisien* : "Je suis sourd ou quoi ?".

Ligue 1, Metz - Lille... 0-3. Le LOSC, bousculé puis soulagé n'a pas convaincu. Marseille - Caen... 5-0. Nice - Dijon... 1-0. Saint-Étienne - Dijon... 0-5. Match interrompu à la 85e minute, suite à une provocation du Lyonnais Fekir (2 buts) devant les supporters stéphanois. **L'Équipe :** "Pépé sauve Bielsa". **Angleterre :** Manchester City - Arsenal... 3-1. Chelsea - Manchester United 1-0. Le retour de N'Golo Kanté a métamorphosé les Blues. Facile vainqueur d'Arsenal, City profite de la défaite de United à Chelsea pour prendre 8 points d'avance en tête du championnat. **Au classement : 1.** Man City (31), 2. Man United (23), 2. Tottenham (23), 4. Chelsea (22), 5. Liverpool (19), 6. Arsenal (19), 7. Burnley (19). **Espagne : A**près 2 revers en Liga et en Ligue des champions, le Real Madrid s'est imposé contre Las Palmas (3-0). Les joueurs de Zinedine Zidane reprennent la 3e place. **Statistique : P**our la première fois depuis son arrivée à l'Atlético Madrid, Antoine Griezmann n'a pas inscrit le moindre but en 7 matchs. **Italie :** Juventus Turin - Bennevento... 2-1. La Juventus a été malmené par la plus faible équipe d'Europe, qui se présentait avec un bilan de 11 défaites en 11 rencontres. Chievo Vérone - Naples 0-0. Fiorentina - AS Rome... 2-4. Inter Milan - Torino... 1-1. Sassuolo - AC Milan... 0-2. **Au classement : L**a Juve revient à 1 point du leader Naples. Grâce à sa 5e victoire de suite, toutes compétitions confondues, l'AS Rome, qui compte un match en retard, pointe à une longueur de l'Inter Milan et du podium. **Basketball, NBA : L**a superstar des Houston Rockets a battu son record de points en carrière en compilant 56 points (19/25 au tirs) et 13 passes contre Utah (victoire de Houston 137-110). C'est la 8e victoire en 11 matchs pour les Rockets, 1er de la Conférence Ouest. Kristaps Porzingis a également battu son record de points en carrière cette nuit (40 points, 8 rebonds, 6 contres). Le Knick a mené la révolte new-yorkaise face à Indiana (succès 108-101, après avoir été mené de 19 points). Frank Ntilikina, auteur de son meilleur match depuis ses débuts (10 points 7 passes et 3 interceptions) avait inscrit le panier décisif, donnant l'avantage à New York sur les Pacers. Malgré 25 points de Dwyane Wade, Cleveland est retombé dans ses travers, défait par Atlanta (115-117). **Pro A : G**râce a sa victoire sur le parquet du Levallois de Boris Diaw (23 points), Le Mans conserve la tête du championnat. **Rugby, T**op 14 : Brive - Stade Français... 20-19. Montpellier - Clermont... 28-24. **Athlétisme :** L'américaine Shalane Flanagan, 36 ans, a offert aux États-Unis une première victoire dans les points féminine du marathon de New York depuis 40 ans, hier, 5 jours seulement après l'attentat la camionnette-bélier dans les rues de la "Big Apple" qui a fait 8 morts. En 2 heures 26 minutes 53 secondes, elle a mis fin au règne de la kenyane Mary Keitany qui avait remporté les 3 dernières éditions de l'épreuve. Chez les hommes, le Kenyan Geoffrey Kipsang Kamworor s'est offert à 24 ans sa première victoire dans un marathon sa 7e participation. Il a bouclé les 42 km 195 en 2 heures 10 minutes 53 secondes devant le grand favori et ancien détenteur du record du monde, son compatriote Wilson Kipsang et l'Éthiopien Lelisa Desisa. **Cyclo-cross : L**e Néerlandais Mathieu van der Poel, champion du monde en 2015 notamment, est devenu champion d'Europe de cyclo-cross après sa victoire hier à Tabor (République tchèque) en 57 minutes 37 secondes devant son compatriote Lars van der Haar et le Belge Toon Aerts. **Cyclisme sur piste : L**'Allemande Kristina Vogel a décroché au total trois médailles d'or (vitesse individuelle, vitesse par équipe et Kirin) lors de la première étape de la Coupe du monde de cyclisme sur piste à Pruszkow en Pologne. **Golf :** L'Anglais Justin Rose remporté le Turkish Airlines Open, épreuve du circuit européen EPGA, à l'issue du 4e tour disputé, hier, sur le parcours d'Antalya et se rapproche du titre de meilleur golfeur européen. **Handball : P**aris a dominé Kielce (Pologne) lors de la 6e journée du groupe B de la Ligue des champions. Nantes s'est de son côté imposé contre Plock (également en Pologne). **Tennis, ATP :** L'Américain Jack Sock a remporté le tournoi de Paris-Bercy, son premier titre en Masters 1000, aux dépens du Serbe Filip Krajinovic (77e) en 3 sets 5-7, 6-4, 6-1, hier, obtenant par la même sa qualification pour le Masters. Arrivé à Paris, 24e à la Race, Sock en repart avec le dernier billet pour Londres (12-19 novembre). Il dépossède in extremis l'Espagnol Pablo Carreño de la 8e et dernière place qualificative pour le Masters. Il est le premier Américain à se qualifier en simple pour le dernier rendez-vous de la saison depuis Mardy fiche en 2011. **WTA : L**'Allemande Julia Görges (18e mondiale), 29 ans, s'est imposé facilement 7-5 6-1 en 1h20, hier, malgré un départ timide contre l'Américaine Coco Vandeweghe (12e) pour emporter le Masters bis à Zhuhai (Chine). **Transat Jacques-Vabre :** 37 bateaux ont quitté le Havre hier vers le Brésil dans des conditions de mer tonique pour la Transat Jacques-Vabre, course en double, qui a connu de gros mots avec la mise en examen et le placement détention d'un skipper. Le skipper Omanais, Fahad Al Hasni, a été mise en examen, hier, pour le viol d'une ex petit-amie et placé en détention provisoire, même si le marin, qui a été contraint au forfait dans la Transat, réfute cette accusation.

TF1, *Le Parisien* : « Bachelière, et alors ? Marie Dal Zotto joue une jeune trisomique qui veut passer son bac dans le téléfilm "Mention particulière". Une performance bluffante. » ***Europe 1* :** "Une journaliste d'Europe 1 harcelée sur le Web. Nadia Daam a porté plainte pour des menaces de viol et de mort à la suite d'une de ses chroniques. Des messages haineux provenant du site *Jeuxvideo.com*, dont le contrôle a été renforcé hier." **Livre :** Le Petit Nicolas n'est pas né sous la forme d'un récit illustré mais bien d'une bande dessinée. Le Petit Nicolas de Sempé et Goscinny. Ed. Imav. 12 € 90. **People :** « Alec Baldwin reconnaît avoir été "très sexiste"». **TV :** La "gentillesse" de Claire Chazal, qui remplaçait Christine Angot *dans On n'est pas couché*, a été saluée. L'émission a cependant réalisé son pire score depuis sa rentrée début septembre en n'attirant que 1,15 million de téléspectateurs, soit moins de 16 % du public.

Au programme : *Mention particulière* (Marie Dal Zotto, Bruno Salomone) ; *Broadchurch* (David Tennant) ; *Faut pas rêver - "Norvège : sur la route des Fjords"* ; *Reds* (Warren Beatty, Diane Keaton) ; *Hunger Games* (Jennifer Lawrence) ; *Les aventuriers de l'Arche perdue* (Harrison Ford) ; Le collectionneur (Morgan Freeman, Ashley Judd) ; *Crimes en Gascogne. Arnaud Tsamere : confidence sur pas mal de trucs plus ou moins confidentiels ; Gazon maudit* (Victoria Abril). *Opération Foxley : l'assassinat d'Hitler.*

Sondage *LeParisien.fr* : "**S**elon vous, Emmanuel Macron va-t-il trop vite dans ses réformes ? Non : 69,8 %".

Météo : **H**ivernale.

Proverbe : "**L'**habitude est une seconde nature".

... Mardi 07 Novembre 2017.

Citation : "**Il** est plus honteux de se défier de ses amis que d'en être trompé". **Duc François de La Rochefoucauld** (1613-1680). Écrivain et moraliste Français, surtout connu pour ses *Maximes*. **& :** "**C'**est l'amour qui tisse les liens familiaux, pas le sang." **Guillaume Musso** (né en 1974), écrivain français.

1801 : Le premier appareil produisant un courant électrique continu, la pile Volta, est présentée par Alessandro Volta, à l'institut de France. Le Premier consul Bonaparte, bluffé par l'invention, remettra une médaille d'or au physicien italien et le nommera Comte.

***Libération* :** **A**miante, pesticides, pollution de l'air... L'État toxique. Chaque année, les scandales de santé publique causent la mort de dizaine de milliers de personnes en France. Victimes et associations accumulent les revers judiciaires et pointent l'inaction des gouvernements successifs. Paradise Papers : L'optimisation se porte bien, merci. &, Le Caravage exposé à Milan : l'art au poing. **Le Figaro** : Les jurés Goncourt et Renaudot couronnent l'histoire en littérature. Texas : Le tueur avait été chassé de l'armée. Allemagne : La coalition de Merkel piégée par le climat. Marché de Noël : La mairie de Paris refuse le chantage. Télécoms : Altice perd un quart de sa valeur en deux jours. ***Le Parisien - Aujourd'hui en France* :** **L**es Républicains. L'élection interne ne passionne pas les foules. Société : Ces mots exclus du Larousse. Champ-Élysées. Marché de Noël : les forains refusent de lâcher prise. **L'Humanité : H**andicapés, les coups fourrés du budget 2018. **& :** Les études oubliées sur le glyphosate. **La Croix : T**rump déboussole le monde. Spécial legs : Les legs, un don vital pour les associations. **Les Échos : B**ataille à 130 milliards pour dominer le marché du mobile. Semi-conducteurs. Broadcom prêt à tout pour racheter son rival Quadcomm. **L'Opinion : M**ais où est passé la gauche pro-Macron ? **& : L**a nouvelle tambouille de la loi et de la morale. Premier bilan : L'ouverture des magasins le dimanche, un succès croissant. **La Tribune : "P**aradise Papers". L'optimisation fiscale à nouveau sous pression. **Sud Ouest.** "**P**aradise Papers" : qui cache quoi. Le champion de Formule 1 Lewis Hamilton, Madonna et le chanteur de U2, Bono, seraient impliqués dans ces pratiques fiscales légales mais moralement contestables. **Bordeaux métropole, A**fflux de réfugiés : quelles solutions d'hébergement ? **La Dépêche du Midi : U**ne année de Trump. Réchauffement climatique : fuite à l'anglaise de la truffe noire du Lot. Grand sud : Selon les chercheurs de Cambridge, la hausse des températures a permis de faire pousser des truffes noires en Grande-Bretagne. Lot : Kendra introuvable depuis quinze jours. **Midi Libre : L**ogement social, des villes hors la loi. Montpellier : L'autopsie par visioconférence une première. Grabels : Chiens ou loups dans la nuit ? **L'Indépendant catalan : M**oi(s) sans tabac. P.-O : 40 % de fumeurs. Salaires : double peine pour les femmes des P.-O. Étude. En plus de la disparité salariale les rémunérations sont très basses dans le département. Météo : Les hauts cantons recouverts par 30 cm de neige. Catalogne : Président à nouveau libre... mais à Bruxelles. Texas. Fusillade : une histoire de famille. **Le Courrier Picard : U**n chasseur tué par un cerf. **& :** Amazon recrute 500 intérimaires à Amiens pour les fêtes. Picardie : Cartes grises, permis... les ratés du tout internet. **La Voix du Nord : P**ermis de conduire et cartes grises. Une AIDE pour vos DÉMARCHES en quelques clics. Consommation. Pénurie et hausse du beurre : les réponses des distributeurs. *On vous en dit plus* : L'Histoire, une passion française. **Presse Océan, P**as assez d'eau : Les maraîchers inquiets. Loire-Atlantique : L'arnaque aux pneus crevés. Le trio tailladait des pneus de leurs victimes. Il se proposait de les aider et les volait. **La Provence, S**aleté : l'overdose. Chaque jour des tonnes de déchets sont jetées dans la rue. Les maires du secteur ont monté des brigades. Certains dénoncent l'inefficacité de la métropole. Un énième plan de propreté est annoncé d'ici Noël. Accord de coopération entre la métropole et la Floride : Marseille-Miami, de jolies jumelles. & Quartier : Saint-Victor, on adore ! **Le Télégramme, A**ide aux devoirs : compliqué ! Bretagne : Moins d'inégalités de revenus qu'ailleurs. **Libération : U**n film contre l'homophobie dans le foot. **L'Est éclair : M**ettre un carton rouge à l'homophobie. **Causeur ("S**urtout si vous n'êtes pas d'accord") : Harcèlement féministe. Arrêtez la chasse à l'homme ! Marlène Schiappa répond à Élisabeth Lévy. *Avantages* : Enfants. La générosité, ça s'apprend. Santé : Les plantes qui dopent le moral. **Francefootball : S**ous-côtés. Ces injustes méconnus de la Ligue 1. Gurtner (Amiens), Lala (Strasbourg), Herelle (Troyes), Da Silva (Caen), Pellenard (Bordeaux), Thomasson (Nantes), André (Rennes), Mangani (Angers), Durmaz (Strasbourg), Liénard (Strasbourg), Santini (Caen). **& : 1**2 bleus pour 6 places. **L'Équipe, P**olémique Fekir, Le joueur lyonnais : "Je l'ai fait à l'instinct." *Corse-matin* : La percée hivernale à Vizzavona.

Arabie-Saoudite : L'Arabie saoudite et l'Iran se violemment opposés au sujet du Yémen, un tir de rebelles yéménites ayant été intercepté au-dessus de l'aéroport international de Ryad. **Climat : L**a conférence annuelle de l'ONU sur le climat (la première depuis l'annonce du retrait américain) s'est ouverte à Bonn, sur de pressants appels à agir contre le réchauffement planétaire, notamment de son président fidjien. Un bilan de l'ONU a mis en garde contre l'écart "catastrophique" entre actions et besoins, après une année marquée par des catastrophes de grande ampleur, comme le dérèglement climatique en promet selon les experts (le plus grand ouragan jamais mesuré dans l'Atlantique, Irma ou encore Harvey, dont les pluies sont les plus diluviennes relevées après un ouragan, etc…). **Couche d'ozone : L**e trou repéré au-dessus de l'Antarctique en 1988, a été exceptionnellement réduit en 2017, selon le relevé annuel de la NASA. Aujourd'hui, il ne ferait "que" 2 fois et demi la surface des

États-Unis... soit 19 millions de mètres carrés, 7 millions de moins qu'au jour de sa découverte. Cette réduction a été possible grâce à un vortex (circulation atmosphérique tourbillonnaire) instable et plus chaud, qui a contribué à minimiser la formation des nuages stratosphériques polaires, première étape vers la destruction de l'ozone. **Paradise Papers :** 18 mois après les "Panama Papers" qui révélèrent des mécanismes frauduleux d'évasion fiscale, les "Paradise Papers", enquête du Consortium international des journalistes d'investigation, lèvent le voile sur les stratégies d'optimisation employées pour échapper à l'impôt, qui ne sont-elles, pas forcément illégales. L'ICIJ s'appuie sur la fuite de 13,5 millions de documents, provenant notamment d'un cabinet international d'avocats basé aux Bermudes, Appleby. L'enquête montre que les riches contribuables et les entreprises s'arrangent avec les différents paradis fiscaux pour échapper de manière industrielle à l'impôt. Parmi les noms cités figurent la reine d'Angleterre Elizabeth II, le ministre américain au Commerce Wilbur Ross, le pilote de Formule 1 Lewis Hamilton ou des multinationales comme Apple et Nike. **États-Unis :** Le bilan de la plus importante tuerie par balle commise au Texas est de 26 morts. Dimanche, l'ex-caporal Devin Kelley, 26 ans, renvoyé de l'US Air Force pour des violences conjugales, est l'auteur de ce massacre, en raison d'un différend familial, dans une église de Sutherland Springs, dans la région de San Antonio, avant de se suicider. **Libéria :** L'élection du nouveau président a été suspendu par la Cour Suprême qui ordonne à la Commission électorale nationale d'examiner un recours d'un parti d'opposition. **Économie, *La Voix du Nord*.** "**B**rexit : Joker mise sur ses assistantes ménagères bilingues".

Littérature : Les jurys des prix Goncourt et Renaudot ont récompensé Eric Vuillard pour *L'ordre du jour* (Actes Sud) et Olivier Guez pour *La disparition de Josef Mengele* (Grasset), inspirés par l'arrivée au pouvoir des nazis ainsi que le soutien sans faille des industriels allemands à leur machine de guerre et la fin misérable du médecin tortionnaire d'Auschwitz, l'un des plus odieux d'entre eux. **Saint-Martin et Saint-Barthélemy :** Le gouvernement a annoncé des mesures pour favoriser la relance de l'économie dans les 2 îles.

Les entreprises ne paieront pas de charges sociales patronales jusqu'en novembre 2018 et l'État accordera à Saint-Martin 62 millions d'euros pour compenser le manque à gagner, en termes de recettes fiscales, de la collectivité. **Transport : L**es forains ont promis de nouvelles actions aujourd'hui après avoir multiplié les opérations escargot autour de Paris hier, pour dénoncer la suppression de leurs marchés de Noël sur les Champs-Élysées et tenter de faire plier la mairie. **Simulateur d'indemnités prud'homales : C**e simulateur mis en place sur service-public.fr, site officiel de l'administration, permettant aux salariés de connaître la fourchette d'indemnités qui pourraient leur être versé en cas de licenciement sans cause réelle et sérieuse, informe également les employeurs sur le coût d'un éventuel licenciement abusif (ce qui scandalise les syndicats).

Enquête : La jeune joggeuse, Alexia Daval, retrouvée morte le 30 octobre près de Gray en Haute-Saône, a subi des violences physiques et est probablement morte d'asphyxie, sans que les causes de son décès ne soient établies avec certitude. **Justice : L**e Parquet de Paris a ouvert une enquête après les menaces de mort visant Charlie Hebdo et diffusées sur les réseaux sociaux, à cause d'un dessin représentant l'islamologue Tariq Ramadan, visé par des plaintes de viol. **& : A**près l'interpellation d'un homme soupçonné du viol d'une fillette de 11 ans en octobre à Trappes dans les Yvelines, une demande d'extradition a été transmises aux autorités sénégalaises. **Accident : U**n homme de 62 ans est mort après avoir été percuté par un cerf lors d'une partie de chasse dans la forêt de Compiègne, dans l'Oise.

Football, Ligue 1, *La Voix du Nord* : "Un chambrage, des débordements et c'est un derby qui est bientôt dépeuplé. (...) Le geste qui a tant fait parler : Nabil Fekir montrant son maillot au public". **Ligue 2, 14e journée : L**e Havre - Reims... 0-0. Au classement : 1. Reims, 2. Nîmes, 3. AC Ajaccio. Le Havre est 6e à 7 points du leader reimois (31pts). **Allemagne : L**e superviseur chargé de l'assistance vidéo à l'arbitrage a été démis de ses fonctions. Hellmut Krug est soupçonné d'avoir favorisé Shalke, son équipe de cœur, par 2 fois dans un match. **Belgique : L'**ancien infatigable milieu de terrain des Bleus, Claude Makelele, a retrouvé un poste d'entraîneur principal. Il aura pour défi (improbable et compliqué) de sauver l'AS Eupen, dernier du championnat de la relégation. L'ancien entraîneur de Bastia quitte son poste adjoint à Swansea, club anglais qu'il avait rejoint en février. *Eurosport.* " Andrea Pirlo, l'impossible succession. Le maestro a officiellement pris sa retraite lundi, après l'élimination du New York City FC lors des play-offs du championnat MLS. Sa trajectoire et son style si particuliers rendent sa succession délicate." **& :** "Pour entrer dans les clous du fair-play financier, le PSG a besoin de trouver 80 millions". **Tennis, ATP Newt Gen Finals : L**a 1ère édition du Masters des moins de 21 ans, a pris un tournant sexiste avant même son coup d'envoi. Lors du tirage au sort, les 8 joueurs retenus ont tour à tour choisi parmi des femmes mannequins pour savoir s'ils étaient affectés au groupe A ou au groupe B. Celles-ci, très apprêtées, se livrant à une courte chorégraphie, portaient l'une ou l'autre lettre sur un de leurs vêtements, voire direct sur elles. L'ATP s'est excusée par un communiqué commun avec Red Bull, partenaire de l'événement. **Basketball, NBA : A**u terme d'un match serré, Boston et Kyrie Irving (35 points et 7 passes décisives) ont dominé Atlanta. Cette 9e victoire consécutive de Boston représente la meilleure série de la franchise depuis 7 ans. **La fête est finie à Oakland. G**olden State, se reposant sur une défense de fer, a étouffé Miami. Les Warriors reprennent la tête de la Conférence Ouest. **Olympisme, *Eurosport* :** "Tokyo réduit les coûts de 312 millions d'euros supplémentaires."

César : "Les règles de vote ne sont pas assez claires. La soirée n'est pas assez festive et toute la profession n'y est pas représentée. Non, c'est fini." Catherine Deneuve, jure dans le dernier numéro de *Technikart*, qu'elle ne participera plus à la cérémonie des César. **Enchères : L**a guitare "cloud" d'un bleu sarcelle de la légende de la pop, Prince, décédé en 2016, a été vendue aux enchères ce week-end, pour la somme de 700 000 dollars. D'autres objets ayant appartenu à des grands noms de la musique ont été adjugés. Un gant en strass noir de Michael Jackson a été cédé pour 102 000 dollars. **TV : T**F 1 et M6 ont lancé hier la période des téléfilms de Noël. Une tradition de plus en plus précoce. **France Télévisions : U**n an après son arrivée au poste de directeur de la stratégie et des programmes, Xavier Couture (ex TF1, Canal + ou Orange), quittera ses fonctions en janvier. Il n'a pas réussi à s'imposer face aux directrices de chaînes. *La Consolation, Le Parisien - Aujourd'hui en France :* "**M**ère indigne. Livre de confession de Flavie Flament, livrée en pâture à David Hamilton par sa mère, a été adapté pour France 3 : *la Consolation* est diffusée ce soir à 20 h 55". **Jeux vidéo, *Le Parisien* : "F**aut-il encore acheter une console ? High-Tech. Surpuissante, la console Xbox One X, commercialisée aujourd'hui à 499 €, doit faire face à une forte concurrence sur le marché des jeux vidéo... qui se pratiquent désormais davantage sur smartphones". *La Voix du Nord. Assassin's Creed Origins* : "Je boirai tout le Nil si tu ne retiens pas". *La Voix du Nord, Le monde à l'envers :* "**L**e Nutella aurait changé de recette..." **& : "A**rrêtée pour *conduite d'un cheval* en état d'ivresse".

Au programme : *20 ans d'écart* (Virginie Efira, Pierre Ninney). *Cash investigation, "Paradise Papers : au cœur d'un scandale mondial" ; Moi, Daniel Blake* (récompensé de la Palme d'or à Cannes) ; *Le jour où les dinosaures ont disparu ; La Consolation* (avec Léa Drucker, Émilie Dequenne) ; *Verdun, ils ne passeront pas ; Big game & L'appel des zombies* (Samuel L. Jackson) ; *Le monde de Narnia : Chapitre 3 - L'odyssée du passeur d'aurore* (Michael Apted) ; *À l'aube du 6e jour* (Arnold Schwarzenegger) ; *The Big Lebowski* (avec Jeff Bridges) ; *Favelas* (comédie dramatique) ; *Moi Daniel Blake ; Blue bloods* (Tom Selleck, Donnie Wahlberg) ; *Jeanne d'Arc* (de Luc Besson, avec Milla Jovovich, John Malkovich) ; *Le fils du Mask* (avec Jamie Kennedy) ; *Dépression, une épidémie mondiale ; Tout est politique.*

Météo : Pluie en Bretagne et en Corse.

Sondage *LeParisien.fr* : "Croyez-vous que le diesel soit condamné ? Oui : 46,2 %. Non : 53,8 %".

Citations : "**E**t ceux qui ne font rien ne se trompent jamais." **Théodore de Banville** (1823-1891), poète, dramaturge et critique dramatique français. Célèbre pour les *Odes funambulesques* et *Les Exilés*, il est surnommé "le poète du bonheur". **& :** "**Ê**tre amoureux, c'est se créer une religion dont le dieu est faillible." **Jorge Luis Borges** (1899-1986), écrivain argentin.

2016 : **L**e républicain Donald Trump déjoue les pronostics en remportant les élections présidentielles américaines face à la démocrate Hilary Clinton. Le 45e président des États-Unis prendra ses fonctions le 20 janvier 2017.

Le Monde **:** "**P**aradise Papers. Facebook, Nike, Apple... La grande évasion fiscale...". **& :** "Quand Dassault affranchit ses acheteurs de la TVA". Électronique : "OPA record sur Qualcomm". Littérature : "Le Goncourt et le Renaudot pour deux livres sur le nazisme". *L'Humanité* **:** "**Q**ui maintient ce forcené à la Maison-Blanche ?". **& :** "Les mineurs étrangers encore moins protégés. Migrants. L'État ne veut plus leur appliquer le droit de l'enfance". *Libération* **:** "**L**ouvre Abou Dhabi. Un deal en art massif. Inauguré ce mercredi avec Emmanuel Macron, le musée renforce l'influence de l'émirat en échange d'un pactole conséquent pour l'institution française". *La Croix* **:** "**L**ouvre Abu Dhabi, le pari de la culture. Le musée veut apparaître comme un flot de tolérance dans un Moyen-Orient bouleversé par les guerres et le terrorisme islamiste". Parents & enfants : "Quand les devoirs polluent la vie de famille". **Le Figaro :** "**T**rump. Un an de fracas, peu de résultats". "Octobre 1917 : 100 ans après, l'anniversaire sans gloire de la révolution bolchevique". **& :** "Ces enseignants qui professent l'écriture inclusive à l'école". Santé : "L'efficacité très variable du vaccin contre la grippe". *La Tribune* **:** "**D**ifficile pour la France de se passer du nucléaire". "Régions : Les transferts sociaux réduisent les inégalités". "Néo-banque : Monzo lève 80 millions auprès de Stripe et Orange". *Les Échos*, "**N**ucléaire : la transition renvoyée à plus tard". États-Unis : Un an après son élection, les promesses non tenues de Trump. & : "Pourquoi les industriels français sont moins enclins à investir". **Midi Libre,** "ISF : la carte des riches en Occitanie. La répartition des grandes fortunes montre la domination de Toulouse sur Montpellier". "Montpellier : Quand la précarité devient la règle. Expulsée en août 2016, Ouarda Senadla va, depuis, de Charybde en Scylla". Énergie. "Baisse du nucléaire : Nicolas Hulot fait marche arrière. Le ministre reporte l'objectif à 2025". Sécurité : "Dix interpellations dans un vaste coup de filet antiterroriste". Armée : "Hérault. Un projet pilote pour séduire la jeunesse". **L'éditionfrance par Ouest-France** : "Assez d'électricité pour passer l'hiver ?". Formule 1 : "Les belles promesses d'Ocon". **La Provence** : "Le coup de la panne. Y a-t-il vraiment des risques de coupure d'électricité ? Alors que RTE fait craindre des restrictions cet hiver, la politique énergétique du gouvernement s'enlise sur la question du nucléaire". Terrorisme : "À Aix, Menton et Marseille. Arrestations en série dans le Sud". Délinquance : "Les braquages ne font plus recette". Football, "Mitroglou : les Grecs en sont fous !". **Le Parisien - Aujourd'hui en France** : "Protection des personnalités. Enquête sur les abus du système". Social : "Les retraites complémentaires rabotées ?". Santé : "Alertes aux effets secondaires du Propecia". Sports : "Les dieux du stade sont à Paris". *Presse Océan* : "Les services publics quittent la campagne". Loire-Atlantique : "Le privé cherche des profs". **La Montagne,** Football : "Koscielny dira adieu aux Bleus en Russie". & : "Alzheimer : une appli pour les proches". **La Dépêche du Midi** : "À 7 000 € le verre, dégustez le vin le plus cher et le plus vieux de France". "Justice : Le prédateur du campus aux Assises". "Affaire Ramadan, Charlie menacé : enquête ouverte". Rugby : "Camille Lopez décroche l'Oscar Midol". **La Voix du Nord** : "Courir ensemble pour se rassurer. Insécurité. Après la mort de huit joggeuses en dix ans, sportifs et sportives s'organisent". "Nouveau-né jeté par la fenêtre : le déni de grossesse écarté, la mère écrouée". Football : "Le match Amiens-Lille sera probablement rejoué". Miss Univers : "L'interview bilan d'Iris Mittenaere". **Corse-matin** : "À Soccia. Un jeune berger écroué pour l'assassinat de l'élu municipal". & : "Le jeune loup auréolé par ses pairs. Guillaume Matteoli, poissonnier à Montesoro décroche le prix national de l'excellence". *L'Yonne républicaine* : "Terminer l'année avec le sourire". *L'Équipe,* Ligue 1, Paris-SG : "Un fossé entre eux. Neymar supporte de moins en moins Unai Emery, son entraîneur. Et il ne s'en cache plus vraiment". Rennes : "Le grand ménage". Marseille : "Payet, la mauvaise passe". Rugby : "Tournée de novembre. France-Nouvelle Zélande samedi. Dupont-Belleau, la charnière favorite". *La Tribune hebdomadaire* : "Jobs à la con", perte de sens... Ces cadres qui fuient l'entreprise. Droit : "Le grand retour du télétravail". *L'Express* : "Consommation. Le crépuscule des supermarchés". *Gala,* "Emma Stone : Elle a mis Hollywood à ses pieds". *Sofilm* : "Un siècle de prédateurs à Hollywood. Bientôt la fin d'un mauvais film ?". Nathalie Baye : "Pourquoi j'accepterais des pseudo daubes américaines ?". *Les Inrockuptibles* : "Super Phoenix. L'acteur le plus rare et le plus exigeant de sa génération dans un entretien exclusif". *Marie Claire* : Diane Kruger. "Ma mère m'a appris que l'ambition n'est pas un mot sale." & : "S'envelopper de douceur en hiver". Amour : "La force insoupçonnée de l'amitié dans le couple". *Figaro Scope* : "Spécial photo. Quand Paris danse avec l'image...". "Palmarès : Les meilleurs nounours en chocolat de Paris". *Réponses Photo* : "Smartphone contre Reflex. Le grand match. L'iPhone 8 Plus face au Nikon D850". *Point de vue* : "Carl Philip de Suède, Felipe d'Espagne, Albert de Monaco... L'art d'être prince, roi et... papa !". Charles et Camilla : "Au bout du monde, il lui prouve encore son amour". *Gourmand* : "Le fromage en plat unique !". "Parmentier, soupe... Le panais. Trésor de saison économique". *The Game* : "Super Mario Odyssey. Tous les ingrédients d'un jeu monstre". XBOX One X : "La puissance fait-elle la différence ?". Dragon Ball Fighter Z : "Une adaptation incroyable jusque dans la jouabilité". *Le journal de Mickey* : "Duckemon go ! Piégé dans sa bulle".

États-Unis : Jugé pour violences conjugales, Devin Patrick Kelley, n'aurait pas du pouvoir acquérir d'armes. Cependant le FBI n'avait pas été informé par l'US Air Force de la condamnation de cet homme, responsable de 26 morts, dont un bébé à naître dans une église du Texas. **Climat :** La Syrie a annoncé lors de la COP23 à Bonn son intention de rejoindre l'accord climat de Paris, laissant seuls les États-Unis dans leur choix de quitter le traité. **Paris et Genève : D**ans une opération en lien avec l'arrestation cet été d'un adolescent qui souhaitait mener un attentat au couteau en France, 10 personnes, qui tenaient des propos islamistes "inquiétants" sur les réseaux sociaux ont été arrêtées en France et en Suisse. **Corée du Nord : À** Séoul, le président américain Donald Trump, a réaffirmé au côté de son homologue sud-coréen qu'il était prêt à utiliser la pleine puissance de l'armée américaine pour empêcher la Corée du Nord d'atteindre ses objectifs nucléaire et balistique. **Paradise Papers : S**ont également cités, la société de VTC Uber, le fabriquant du Botox, Allergan. Lewis Hamilton aurait économisé, via l'utilisation d'une société-écran sur l'île de Man, 4 millions d'euros de TVA lors de l'achat d'un jet privé de plus de 18 millions d'euros, selon *Le Guardian*. **Russie : L**es 100 ans de la Révolution bolchevique d'Octobre, séisme politique majeur du XXe siècle, ont été commémorés sans éclat. Le Kremlin craignant une glorification du changement de régime par la force, le programme officiel s'est contenté de colloques entre spécialistes et d'expositions, alors que cet événement était célébré en grande pompe lors de la période soviétique, avec un défilé sur la Place Rouge tous les 7 novembre.

Nucléaire : Le ministre de "l'Environnement" Nicolas Hulot, a estimé hier que la France ne pourrait pas tenir l'objectif d'une part de 50 % du nucléaire dans la production d'électricité en 2025, comme le prévoit la loi de la Transition énergétique. Cet objectif maintenu par Emmanuel Macron, est une promesse de campagne du candidat Hollande en 2012. **Forces de l'ordre : L**e nombre de suicides chez les policiers est de nouveau en hausse depuis le 1er janvier, après une baisse en 2016. 39 policiers ont mis fin à leurs jours, 3 fois plus qu'en 2016, selon les chiffres dévoilés par France Bleu. Depuis la fin de l'été, 10 fonctionnaires de police se sont donnés la mort. **Transport : E**n colère contre la suppression des marchés de Noël sur les Champs-Élysées, les forains ont cependant suspendu leurs opérations escargot autour de la capitale. Leur leader, Marcel Campion, maintient cependant la pression sur la mairie de Paris par un recours en justice. **Économie, *La Voix du Nord*** : "Auchan se fait tout bio pour lancer une nouvelle enseigne".

Grande-Bretagne : Le scandale de harcèlement sexuel qui secoue le monde politique britannique a pris un tournant dramatique, après la démission du ministre de la défense Michael Fallon, avec le décès d'un ancien ministre régional quelques jours après sa démission. **Tariq Ramadan :** L'islamologue et théologien suisse accusé de viol en France et d'abus sexuel sur mineures en Suisse, a été mis en congé de l'université d'Oxford, où il enseigne. **Ariane Fornia :** L'écrivaine, fille de l'ancien ministre Éric Besson (présidence Sarkozy), a maintenu sa version, accusant Pierre Joxe, 82 ans, d'agression sexuelle lors d'une soirée à l'opéra de Paris en 2010, après que l'ancien ministre de François Mitterrand a dénoncé "un tissu de contre-vérités" en lui demandant "des excuses écrites et publiques". En raison de faits prescrits, elle ne porte pas plainte mais attend "soit des excuses", soit que que l'ex-ministre aille "au bout de sa citation en diffamation". **Égypte :** La justice égyptienne a condamné à 3 ans de prison une présentatrice de télévision pour avoir parlé des mères célibataires. Doaa Salah a été reconnue coupable "d'outrage à la décence publique" pour avoir présenté sur une chaîne privée, une émission consacrée au droit de la femme à devenir mère hors mariage. **Faits divers :** Une jeune femme disparue depuis la nuit de samedi à dimanche a été retrouvée hier inconsciente mais en vie, après avoir passé pratiquement 3 jours dans sa voiture accidentée, coincée en contrebas d'une voiture du Var. **Justice :** En raison de leurs contacts sur messagerie cryptée avec le djihadiste Rachid Kassim, 3 adolescents soupçonnés de projeter des attentats en France, ont été condamnés début novembre à de la prison ferme. **Gouvernement :** Le Premier ministre Édouard Philippe désire "des poursuites", "afin que des sanctions puissent être prononcées" à l'encontre des auteurs de menaces anonymes envers *Charlie Hebdo* sur Twitter.

Football, Ligue 1 : Christian Gourcuff n'est plus l'entraîneur du Stade Rennais. Il sera provisoirement remplacé par Landry Chauvin, directeur du centre de formation et Michel Troin, qui était en charge de la supervision des adversaires. **Basketball, NBA : L**a nuit a été marquée par la belle opposition entre les deux superstars de Milwaukee et Cleveland, Giannis Antetokounmpo et LeBron James. Au premier cité, les statistiques (40 points, 9 rebonds mais 8 balles perdues et 6 fautes...), au second la victoire (124-119). Un ton en dessous en ce début de saison, Nikola Jokic a compilé 41 points, 12 rebonds et 5 passes lors de la victoire de Denver sur Brooklyn (112-104). Avec 6 victoires en 10 matchs, New York est le nouveau surprenant 3e de la Conférence Est. Après avoir offert le tir de la gagne au Français Ntilikina lors du dernier match, Kristaps Porzingis (28 points) a de nouveau été décisif pour les Knicks dans les dernières minutes de leur victoire 118-113 contre la Nouvelle-Orléans. Suspendu 8 matchs par sa franchise pour avoir violemment frappé Nikola Mirotic (qui souffre de multiples fractures au visage), Bobby Portis a fait son retour dans la rotation des Bulls cette nuit. Le jeune intérieur a inscrit 21 points et pris 13 rebonds lors de la défaite de Chicago opposé à Toronto. Le pivot français Rudy Gobert, auteur de 16 points, 15 rebonds contre Philadelphie, n'a pu empêcher la défaite historique du Jazz face aux Sixers (leur première victoire en 12 ans dans l'Utah). **La course au MVP de *BasketUSA* : 1.** James Harden (Houston Rockets), 2. Giannis Antetokounmpo (Milwaukee Bucks), 3. Kristaps Porzingis (New York Knicks), 4. Blake Griffin (LA Clippers), 5. Kevin Durant (Golden State Warriors). **Voile, Transat Jacques-Vabre : L**e multicoque géant skippé par Sébastien Josse, Edmond de Rothschild, menait toujours la flotte hier. Seul Sodebo parvenait dans l'après-midi à suivre la cadence infernale du maxi-trimaran. Jean-Pierre Dick et Yann Eliès sont eux, en tête de la catégorie Imoca. **Omnisports : L**a ministre des Sports, Laura Flessel, a appelé toutes les fédérations à faire chanter *La Marseillaise* avant chaque championnat de France, dans un courrier adressé à leurs présidents. Dans cette lettre consignée avec le président du Comité national olympique et la présidente du Comité paralympique, elle stipule qui leur "appartient aussi de faire apprendre cet hymne national". **Olympisme : L**e CIO a prononcé hier la suspension de Frankie Fredericks, mis en examen pour corruption passive et blanchiment de corruption par la justice française dans le cadre d'une enquête sur l'attribution des JO de Rio 2016. L'ancien champion du monde du 200 mètres est visé depuis la découverte d'un virement suspect de 262 000 €, reçu le 2 octobre 2009, jour de l'attribution des JO de Rio.

Art : *La cueillette des pois* (1887), œuvre du maître impressionniste Camille Pissaro, confisquée sous l'occupation nazie à son grand père en 1943, a été restituée à Jean-Jacques Bauer, 88 ans. **Télévision :** Le tribunal de Nanterre a jugé irrecevable la plainte pour diffamation de l'Azerbaïdjan envers l'émission *Cash investigation*. La procédure peut encore faire l'objet d'un appel. **People :** Le chroniqueur radio et TV, Guy Carlier, s'est fait arrêter alors qu'il téléphonait au volant. Il a ensuite assuré avoir oublié son permis aux policiers alors qu'il a été annulé en 2013. L'animateur d'Europe 1 a ensuite menti, au sujet d'une inscription dans une auto-école de l'Oise.

En salles : *Prendre le large* (comédie dramatique avec Sandrine Bonnaire) ; *Jalouse* (comédie avec Karin Viard) ; *La montagne entre nous* (drame avec Kate Winslet, Idris Elba) ; *A beautiful day* (drame avec Joaquin Phoenix, prix d'interprétation masculine pour ce film, au Festival de Cannes) ; *En attendant les hirondelles* (Hania Hamar, Mehdi Ramdani, Nadia Kaci, Aure Atika) ; *La mélodie* (drame avec Kad Merad) ; *Tous nous sépare* (thriller avec Catherine Deneuve, Diane Kruger, Nekfeu. *Le Parisien* : "Catherine Deneuve semble se demander ce qu'elle fait là") ;

Au programme : *Nina* (série avec Annelise Hesme) ; *Les diamants sont éternels* (Sean Connery est James Bond) ; *Party girl* (Angélique Litzenburger, 5 étoiles Le Parisien) ; *Les Insus : dernier appel* (concert). *Trump : un an jour pour jour* (magazine présenté par Martin Weill) ; *La grande Rassrah ! 3* (émission présentée par Cyril Hanouna) ; *Foresti Party Bercy* (specacle, bon anniversaire Florence) ; *Out of control* (Gina Carano, Cam Giganget) ; *Red sky* (Cam Giganget) ; *Football, Ligue des champions féminine.*

Météo : **P**erturbée.

Proverbe : "**L**a chandelle qui va devant éclaire mieux que celle qui va derrière".

... Jeudi, 09 Novembre 2017.

Citations : "**L**a logique mène tout à condition d'en sortir." **Alphonse Allais** (1854-1905). Journaliste, écrivain et humoriste français. Célèbre lors de la Belle Époque, il est parfois considéré comme l'un des plus grands conteurs de la langue française. **& :** "**L**es gens généreux font de mauvais commerçants." **Honoré de Balzac** (1799-1850), écrivain et essayiste français.

1970 : **V**ictime d'un malaise en commençant une réussite, le général De Gaulle décède environ 20 minutes plus tard à 79 ans, dans sa propriété de Colombey-les-Deux-Églises (Haute-Marne), où il s'était retiré en quittant l'Élysée.

La Voix du Nord, On vous en dit plus : "**L**a fin du califat en Syrie et en Irak n'est pas forcément celle de l'État islamique". Lille : "Un étonnant ballon pour surveiller le climat". *Le Monde* : "Paradise Papers. Trusts, offshore : l'opacité des grandes fortunes". **Culture :** "**L**e Louvre Abu Dhabi, comme une médina sous la coupole". *Libération* : "**O**ptimisation fiscale. Le business de l'ombre". & : "La valse des ministres britanniques". Femmes SDF : des "proies plus faciles". *La Croix* : "**L**e travail doit payer". "Bruno Le Maire explique à "La Croix" les grands axes de la réforme économique du gouvernement. Il promet que 100 % des salariés seront associés aux résultats de leur entreprise". **Monde :** "**L**es Roumains en lutte pour un État de droit". *Le Parisien - Aujourd'hui en France* : "**P**olitique. Bruno Le Maire est-il menacé ?". Musée : "L'étourdissant Louvre-Abou Dhabi. Paris : La police demande de l'aide aux citoyens". *Le Figaro*

: "**C**ommerce extérieur. La France en panne de compétitivité". Médecine : "Une équipe italo-allemande réussit une greffe de peau quasi intégrale sur un enfant". Gauche : "Pour les écolos, le renoncement de trop de Nicolas Hulot". Espagne : "Des indépendantistes catalans désunis". Violences : "À l'école le poison du cyberharcèlement sexuel". "Justice, Menaces sur Internet : vers un renforcement des sanctions". *Var-matin* : "**S**ous-marins nucléaires Barracuda. L'entretien se fera à Toulon. Soulagement dans le port militaire varois où Naval Group est assuré de réaliser l'entretien des sous-marins nucléaires d'attaque de nouvelle génération pour les 40 années à venir". *La Tribune*, "**F**ret : CMA-CGM choisit le nom de gaz naturel pour ses portes conteneurs". Banque : "Crédit Agricole riposte à Orange et Compte Nickel". *Les Échos* : "**B**ruxelles renonce à imposer des quotas de véhicules propres". "IPhone X : un coût de production inférieur à 400 dollars (smartphone vendu 999 $ aux USA et 1.1159 € en France)". & : "La dette des États se maintient à des niveaux historiquement élevés". *Sud Ouest* : "**V**oici la caisse qui traque les fraudeurs. Commerce. Pour en finir avec les rentrées d'argent au noir et la fraude à la TVA, l'État va imposer aux commerçants l'utilisation de caisses sécurisées. Sur les marchés, la pilule a du mal à passer". "Rugby/Tournée d'automne. Conrad Smith : "C'est une vie dure d'être un All Black". *Midi Libre*, "**É**cole : la cruauté du harcèlement". Photos de Daech : "Le Parlement lève l'immunité de Marine Le Pen. La présidente du FN s'insurge". Entretien, Thomas Pesquet : "J'aimerais tourner autour de la Lune". *La Dépêche du Midi*, "**Levothyrox** : le juge suspend l'audience pour se rendre dans une pharmacie. Toulouse. Surprise hier lors du 1er procès du Levothyrox en France. Le juge est allé vérifier la disponibilité de l'ancien médicament dans une officine". *Le Berry Républicain* : "**Q**uinoa, trésor inca semé dans le Cher". *Le Courrier Picard* : "**A**miens. Des renforts à la Licorne". *L'Équipe* : "**L**es Bleus ont-ils besoin de Benzema ? Le manque d'efficacité offensive de l'équipe de France ces derniers mois n'a pas contribué à éteindre définitivement le débat autour d'un éventuel retour de Karim Benzema". Ligue 1 : "Rennes. Nouveau départ avec Lamouchi". Rugby, FFR : "Un mois décisif pour Laporte". *Eurosport.* "**M**ontre sous l'oreiller, villa en Sardaigne : ce que Nasser Al-Khelaïfi a répondu à la justice suisse". **Ouest-France, "S**tade Rennais : Sabri Lamouchi nommé entraîneur". **& : "T**rump s'en prend aux parcs naturels". **Le Point : "V**érités et légendes sur les fainéants. Absentéisme bonnes planques, emplois non pourvus, "hauts conseils"... Enquête sur la France qui ne fait pas 35 heures". **L'Obs : "**Tariq Ramadan. Enquête sur la chute d'un gourou". **Politis : "L'**indépendance des médias, c'est quoi ?". **Stratégies : "L'**offensive des géants du conseil". **01net, "Hors-série : P**assez au libre. 50 logiciels gratuits qui font mieux que les payants". **Studio Live magazine : "D**iane Kruger. L'année en or. Interview exclusive". Polanski : "L'antre de sa folie. Weinstein, monstre et compagnie". & : "Vous saurez tout sur le Zidi. 65 films critiqués". **Technikart : "L**es flingues, les légumes, le bling-bling... Deneuve. Rencontre avec l'ado la plus rock de France". Dany Synthé : "Le producteur qui transforme les bouses en or". Gilbert & George : "Qui sont les inventeurs du punk en tweed ?". Bruno Julliard : "Comment être naturiste à la mairie de Paris ?". "Barclay, Les Inrocks et les dessous du Cantat-business".

Inde : Un épais brouillard de pollution a recouvert le nord du sous-continent indien, de New Delhi (Inde) à Lahore (Pakistan), touchant des dizaines de millions de personnes. Cette atmosphère invivable créée par la conjonction d'émissions urbaines et industrielles et de brûlis agricoles met en question la durabilité des modes de vie humains dans des zones si peuplées. **Espagne : L**a Cour constitutionnelle espagnole a annulé la déclaration unilatérale d'indépendance de la Catalogne, alors que des piquets de grève indépendantistes, montés pour protester contre l'incarcération de dirigeants séparatistes, ont bloqué hier des milliers de passagers et des centaines de camions (en partance le plus souvent pour la France).

Sécurité : 2 900 vols à main armée ont été recensés par la police et la gendarmerie en 2016 en métropole, soit une baisse de 24 % en un an. Cette baisse est de 60 % si l'on remonte à l'année 2009 ("4 000 victimes de moins"). **Paradise Papers : L**e journal *Le Monde* affirme que Bernard Arnault, première fortune française et patron de LVMH, aurait "fait appel à au moins 8 cabinets de conseil différents pour localiser ses actifs dans 6 paradis fiscaux différents". D'autres célébrités dont Julien Clerc, l'animateur Arthur, l'homme d'affaires Xavier Niel sont également épinglés, pour avoir acheté des yachts grâce à des sociétés malaises qui permettent de ne pas débourser de TVA. **Glyphosate : N**icolas Hulot a répété sur RMC et BFMTV, que la France ne votera pas une prolongation de plus de 3 ans de la licence d'utilisation de l'herbicide controversé au niveau européen. La Commission européenne soumet aujourd'hui au vote des 28 États membres de l'UE, une nouvelle proposition de prolongation de sa licence d'utilisation pour une durée réduite, qui devrait être de 5 années, selon une déclaration d'une porte-parole de cette commission. En octobre, l'Union européenne n'avait pas trouvé de solution permettant le rassemblement d'un nombre suffisant d'États membres sur le Glyphosate. **Tabac : L**e prix moyen du paquet de cigarettes passera de 6,80 € à 7,10 € dès lundi. *Le Parisien*, "Hausse du prix du tabac : un jackpot à 510 M€ pour l'État". **Enseignement : P**lus de 300 professeurs de français affirment ne plus vouloir enseigner la règle qui veut que "le masculin l'emporte sur le féminin" afin de lutter contre les stéréotypes de genre, une démarche qui n'a pas les faveurs du ministre de l'Éducation nationale. **Économie, Technologie : F**acebook annonce le lancement d'une fonctionnalité de paiement sur Messenger.

Meurtre d'Alexia : Plusieurs centaines de personnes ont assisté à la cérémonie religieuse présidée par l'archevêque de Besançon afin de dire adieu à Alexia Daval, inhumée dans le cimetière de Gray (Haute-Saône), sa ville natale. **Immunité : A**près la levée de son immunité parlementaire par le bureau de l'Assemblée nationale pour avoir diffusé sur Twitter des photos d'une victime du groupe État islamique, la députée Front National, Marine Le Pen a dénoncé une "décision de basse politique politicienne". Cette levée d'immunité doit permettre qu'un "mandat d'amener" soit délivré et que l'élue du Pas-de-Calais se rende aux convocations du juge. Ce bureau avait déjà levé fin septembre, l'immunité d'un autre député apparenté FN, pour les mêmes raisons, Gilbert Collard. **Justice : L**a justice a ordonné l'expulsion du polémiste Dieudonné du théâtre parisien où il se produit depuis plus de 15 ans et l'a condamné pour antisémitisme pour son spectacle *La bête immonde*. **Enquête : 8** personnes ont été arrêtées dans le cadre de l'enquête ouverte après l'incendie volontaire fin octobre à la gendarmerie de Meylan en Isère. **États-Unis : D**anica Roem, 33 ans, a bousculé les codes de la politique, en devenant la première personne transgenre à intégrer le parlement d'un État américain. Ce succès est d'autant plus remarqué, qu'elle détrône un républicain conservateur anti-homosexuels. **Grande-Bretagne : L**a secrétaire d'État britannique au Développement international Priti Patel a démissionné après avoir rencontré des personnalités politiques israéliennes sans en informer son gouvernement. C'est le 2e responsable à quitter le cabinet en une semaine. **France : Y**oann Barbereau, ancien directeur de l'Alliance française d'Irkoutsk en Sibérie, en fuite depuis plus d'un an après avoir été condamné par la justice russe, est rentré en France, selon un comité de soutien. **Vie quotidienne,** *Le Parisien*, **"D**épannage à domicile : les arnaques ne faiblissent pas".

Football, Ligue des champions féminine, 8e de finale aller : Menées par 2 fois, Montpellier s'est imposé sur la pelouse de Brescia, 3 buts à 2, prenant ainsi une option sur la qualification. Les Lyonnaises ont elles écrasé, à l'extérieur, les Kazakhes de Biik Kazygurt, 7 buts à 0. **Hors-jeu : L**a légende de l'équipe d'Angleterre, l'ancien attaquant de Newcastle Alan Shearer, a confié craindre pour sa santé, en raison des nombreuses têtes réalisées lors de sa carrière. Après avoir réalisé une batterie de tests, ceux-ci seraient "plutôt angoissants" selon ses dires. L'ancien buteur de 47 ans, souffrant de trous de mémoire a déclaré au Daily Mirror : "Le football est un sport dur et brillant, mais il faut être certain que ce n'est pas un jeu qui tue". **Handball, Division 1 masculine : M**ontpellier - Saran... 32-29. Nîmes - Paris... 26-24. **Classement : 1.** Montpellier (15 pts), 2. Nîmes (14 pts), 3. Paris (14 pts). **NBA : 1**0 victoires de suite pour Boston, vainqueur des Lakers de Los Angeles. Cependant, les Celtics perdent Al Horford (commotion cérébrale) et Jayson Tatum (cheville).

La fatigue commence à se faire sentir dans le Massachusetts. Golden State et les "Splash Brothers" ont fait voler en éclat la défense de Minnesota lors du 3e quart-temps (44-26) et engrangent une 5e victoire consécutive. Ils possèdent désormais le 2nd bilan NBA (derrière Boston) et mènent la Conférence Ouest. Sans Kristaps Porzingis, blessé, New York s'est incliné à Orlando. Toujours remplaçant et malgré un faible temps de jeu, Frank Ntilikina se taille match après match une réputation de meneur de jeu gestionnaire (5 passés décisives par match depuis le début de la saison). **Amendes : R**ussell Westbrook, Paul George et Billy Donovan (Oklahoma) devront s'acquitter d'une amende de 15 000 dollars chacun, pour avoir critiqué l'arbitrage après la défaite du Thunder à Portland. Camelo Anthony, l'une des stars de l'équipe, avait été exclu après avoir reçu une seconde faute technique contestée par ses coéquipiers. Malgré son Big 3 formé de Westbrook, George et Anthony, OKC n'est que 10e de la Conférence Ouest avec 4 victoires en 10 matchs. **Discipline :** LiAngelo, joueur universitaire à UCLA et frère de Lonzo, drafté en deuxième position lors de la draft 2017, risque 3 à 10 ans de prison pour vol à l'étalage en Chine.

Littérature : Écrivain régulièrement salué par la critique mais oublié des prix littéraires, Philippe Jaenada, a reçu l'une des récompenses les plus convoitées, *Le Femina*. *La Serpe* (Julliard), livre sombre et plein d'empathie sur un triple meurtre, particulièrement sordide, commis à coups de serpe en octobre 1941 dans un château de Dordogne. **Le Louvre Abou Dhabi : L**e bâtiment de Jean Nouvel, inauguré par Emmanuel Macron, abrite 600 œuvres dont 300 prêtées par les grands musées français. 1 milliard d'euros leur seront versés pour leur collaboration. Au premier plan, Le Louvre recevra 400 millions pour l'utilisation de son nom jusqu'en 2037. **Radio France : L**a station a été condamnée par la Cour d'appel de Paris pour le licenciement abusif de Daniel Mermet. En juin 2014, alors âgé de 71 ans, l'animateur avait alors été prié de s'en aller : "Ils sont condamnés pour licenciement sans cause sérieuse et pour 38 ans de CDD (...) C'était du Macron avant du Macron !".

Au programme : *Le tueur du lac* (Julie de Bona, Lannick Gautry) ; *Sherlock* (série britannique avec Benedict Cumberbatch) ; *L'affaire SK1* ; *The long road to home* (la guerre en Irak avec Michael Kelly, Sarah Wayne Callies) ; *La cage dorée* (Rita Blanco, Chantal Lauby). *Envoyé spécial :* "*Sexe, chantage et vidéo*" ; *Oblivion* (Tom Cruise, Olga Kurylenko) ; *Le siffleur* (François Berléand, Thierry Lhermitte) ; *16 blocks* (Bruce Willis) ; *Meilleur espoir féminin* (Gérard Jugnot, Bérénice Béjo) ; *Duplicity* (Julia Roberts, Clive Owen).

Météo : Globalement maussade.

Proverbe : "La solitude ne convient qu'à Dieu".

... Vendredi, 10 Novembre 2017.

Citation : "Le mot ne manque jamais quand on possède idée." **Gustave Flaubert** (1821-1880). Écrivain français. **& : "Si** tu arrêtes d'avancer, les autres t'écrasent !". **Steve Hansen**, sélectionneur des All Blacks. **+ : "I**l n'y a qu'un devoir, c'est d'être heureux." **Denis Diderot** (1713-1784). Écrivain, philosophe et encyclopédiste français des Lumières, il est à la fois romancier, dramaturge, conteur, essayiste, dialoguiste, critique d'art, critique littéraire et traducteur.

1630 : À la cour du jeune Louis XIII (29 ans), Richelieu se confronte à ses opposants politiques, parmi lesquels la reine mère Marie de Médicis, qui est devenu la plus coriace. Le Cardinal l'emporte définitivement le lendemain lors de la "Journée des dupes".

Le Monde, "**P**aradise Papers : Glencore, le géant minier aux 107 sociétés offshore". "Entretien : Il y a en France, "une politique anti-pauvres". Royaume-Uni : Theresa May affaiblie par la démission forcée d'une ministre". "Industrie : Centrales à vapeur, friteuses sans huile... la méthode SEB pour rester en France". *Libération* :

"**N**uméro spécial. Le Libé des animaux. Intelligence animale : l'éveil des consciences. Fermes à fourrure : les pelages de la honte. Business de la croquette : un scandale de malbouffe ? Taxidermie : la nouvelle tendance arty". "**1**3 novembre : les victimes épuisées". *Le Figaro* : "**M**acron exhorte ses ministres à mieux défendre sa politique". **Monde** : "**T**rump se trouve des "atomes crochus" avec le président chinois. Après avoir vilipendé la Chine durant toute sa campagne électorale, le président américain n'a pas tari d'éloges sur Xi Jinping à l'occasion de sa fastueuse visite à Pékin, qui a vu se concrétiser une moisson d'accords commerciaux". "Réforme de la procédure pénale : plus de simplicité, moins de prison (détention provisoire)". "Télécoms : Drahi reprend Altice en main". "Déficits : La France lanterne rouge de la zone euro l'an prochain selon Bruxelles". **L'éditionfrance par Ouest-France, "G**lyphosate : l'Europe incapable de trancher". "Santé, Cancer du sein : le dépistage critiqué". Prix : "Le Goncourt des lycéens, tout d'un grand". Rencontre : "L'homme qui parle aux arbres". *La Tribune* : "**L**a descente aux enfers d'Altice-SFR se poursuit". Paiement : "Quand Facebook s'allie aux banques". Emploi. "Le manque de diversité freine les entreprises". *Les Échos* : "**L**a croissance au plus haut en Europe depuis 10 ans". Automobile : "Le plan choc d'Opel pour sortir du rouge". "Investissement : Abu Dhabi mise 1 milliard d'euros sur les start-ups et les entreprises françaises". États-Unis, "Trump et les républicains : une cohabitation paralysante". Transport : "La location de voitures sous pression en Bourse en France comme aux États-Unis". *L'Humanité des débats* : "**C**omment le renseignement français se livre à Big Brother. Trump et la CIA mettent la main sur les données de l'espionnage français". *Le nouvel Économiste* : "**L**es médias sociaux, une menace pour la démocratie. Facebook, Google étaient supposés renouveler la politique, l'information fiable devait dissiper préjugés et mensonges. Qu'est-ce qui a mal tourné ?". **Corse-matin** : "**M**élenchon, mauvais camarade parasite la campagne de gauche. Il dénonce encore l'alliance aux territoriales entre communistes et insoumis. Pierre Laurent le tacle à Bastia". "School in paese sur les bancs de Biguglia. Trois langues : français, corse, anglais. Un outil : Montessori. L'école repensée". "Piaghja

Urientale : L'adieu au Dr Benedetti médecin des âmes et citoyen du monde". *La Croix* : "**A**ux origines du harcèlement sexuel. Le comportement des harceleurs s'inscrit dans une histoire culturelle de la domination masculine qui a varié à travers l'histoire". *Presse Océan* : "**Y**ohann Barbereau libre à Nantes. Hier soir : condamné en décembre 2016 à 15 ans d'emprisonnement par la justice russe, le Nantais, qui dénonce une machination, se cachait depuis un an". Nantes : "Un homme accusé de viols par des prostituées". *Libération Champagne* : "**L**a dure loi du mètre linéaire". "Commerce. Toujours plus de grandes surfaces en périphéries, toujours moins de commerces en cœur de ville : Troyes Champagne métropole ne fait pas exception à la règle. Et ça va durer". "Pesticides : L'Aube, championne de France du glyphosate ? Sports : Comment faire de la force athlétique quand on pèse 55 kg". *La Provence Marseille* : "**À** la veille du 11 novembre. Pourquoi n'y a-t-il pas de monuments aux morts ?". Villa Valmer : "Polémique cinq étoiles. La ville, propriétaire des lieux, a lancé un appel à projets à l'automne 2016. Un hôtel de luxe, avec crique privée, devrait y voir le jour". Royaume-Uni : "Le Brexit aura lieu le 29 mars 2019". *La Voix du Nord* : "**S**ociété. Alors que le nombre de pauvres a augmenté dans la région. Cinq idées reçues sur la pauvreté". Informatique : "Grosse panne chez OVH, l'hébergeur internet roubaisien". *Sud Ouest* : "**É**ducation. Ils font leurs devoirs au collège". "Pauvreté en Gironde : état d'urgence". Rugby/Tournée d'Automne : "Novès joue la carte de la jeunesse pour batte les Blacks". Lot-et-Garonne : "Soupçonné d'avoir abattu un garagiste, il se suicide". *Le Populaire du Centre* : "**L**es "devoirs faits", un défi pédagogique". *La Dépêche du Midi.* "Vol par ruse : qui se fait piéger". Grand Sud : "Disparue depuis deux semaines Kendra a enfin retrouvé sa mère. Disparue depuis le 24 octobre, la jeune Lotoise de 16 ans a répondu hier à l'appel de sa mère. Récit des retrouvailles". Internet : "Toulouse : la 4G arrive dans le métro". Rugby. "Dupont-Belleau : demi bien frais". **Midi Libre** : "**P**remière mondiale au CHU de Montpellier. Un chirurgien équipé de lunettes à réalité virtuelle a opéré du dos une patiente". Montpellier : "Ça plane pour la navette Hop ! Un an après son lancement, la ligne pour Orly affiche un excellent taux de remplissage". Social : "Les pauvres encore plus démunis et victimes de préjugés". Aveyron. "Élodie étranglée et noyée : l'agriculteur irresponsable ?". Mende : "Prison avec sursis pour un faux enlèvement". People : "Des nouvelles rassurantes sur la santé de Johnny". **L'Indépendant catalan** : "Chômeur ne rime pas avec profiteur". Côte Vermeille : "Le pizzaïolo harcelait sa jeune voisine et employée". Pyrénées-Orientales : "L'occasion porte le marché automobile". **Nice-matin,** "Football. France-Galles : l'heure des essais ?". **Le Parisien - Aujourd'hui en France** : "Paris. Hidalgo ne veut plus de la grande roue de Campion". Interview, Louane : "Je n'ai pas changé, j'ai grandi." "France - Pays de Galles : Mbappé, nouvelle arme fatale des Bleus ?". **L'Équipe, Équipe de France** : "Opération séduction. Amical. Ce soir au Stade de France, les Bleus devront soigner leur image et affirmer leur potentiel offensif, à sept mois de la Coupe du monde". Rugby, "Tournée de novembre, France demain Nouvelle-Zélande : Avancez jeunesse". "L'incroyable Riner : cahier central. Sa série de 138 succès en format XXL". **Midi Olympique Week-end,** "France - All Blacks : Le défi !". **La Montagne Creuse** : "Quand Brive devient la capitale du livre". **À nous Paris** : "21e édition de Paris Photo. Pour le meilleur de l'image". **Marianne** : "La France malade de l'antisémitisme. Ces islamo-mafieux qui propagent l'obsession antijuive. Témoignage : chez les Merah, la haine en famille. Le "J'accuse" de Manuel Valls contre l'aveuglement de la gauche". Web : "Ces sites qui laissent la xénophobie se répandre. Comment les racistes infiltrent Internet. Presse : Sauvons les kiosquiers". Cinéma : "Être une femme libérée, ce n'est pas si facile... Interview : Vive l'industrie ! Par Louis Gallois". **Secrets d'Histoire** : "Corruption, fatalité, exil, mort violente... Les dynasties maudites. César et les empereurs romains. La légende noire des Borgia. Les rois maudits. Catherine de Médicis et la chute de la maison des Valois. Les bourbons, martyrs de la révolution...". Caroline Murat : "L'intrépide sœur de Napoléon". Louise de la Vallière : "La première favorite de Louis XIV". Japon : "Les traditions décodées". **Stylist** : "C'est moi ou cette lampe est vraiment contente de me voir ?". **Les Échos Week-end,** "Business story / Culture / Style / ... et moi" : Usuels suspects. On les incrimine dans l'explosion du diabète, de l'obésité, de l'autisme et autres maux du siècle. Comment combattre les perturbateurs endocriniens. Partage : "J'ubérise" tout dans ma maison. *Le Parisien - Aujourd'hui en France (Week-end)* : "La nouvelle vie des châteaux. Jeunes patrons, investisseurs et bénévoles se mobilisent pour les sauver". Enquête : "Mercenaires de la négociation. Récit : Abu Dhabi s'est acheté un Louvre". *Le Figaro magazine* : "Plus jamais malade ! Les révolutions de la médecine préventive". *Pleine vie* : "Je résiste aux microbes en mangeant bien !". *Madame Figaro* : "Exclusif. Azzedine Alaïa. Le maître de la féminité". *Elle* : "Actrice, réalisatrice, militante green. L'année Mélanie Laurent". Sans cris ni acné : "À quoi ressemble les nouvelles crises d'ado". *Grazia* : "Julianne Moore. Rencontre avec la femme forte d'Hollywood". Destination : "Copenhague, le paradis du design". *Public* : "Louane. Total in love de DJ Kungs !". "M. Pokora & Christina Milian : L'amour au grand jour !". Kylie Jenner : "Enceinte, et ce n'est pas Photoshop !".

Yémen : En raison de la flambée des prix et de la pénurie de carburant, les habitants de Sana commencent à souffrir du renforcement du blocus, qui pourrait conduire le Yémen vers "la plus grande famine" de ces dernières décennies selon l'ONU. **Syrie** : Le groupe djihadiste, État Islamique a perdu la dernière ville encore sous son contrôle après avoir été chassé de Boukamal par le régime et ses alliés lors d'une opération éclaire. L'organisation ultra radicale se retrouve prise en étau dans quelques zones à la frontière entre Syrie et Irak. L'EI contrôle de l'autre côté de la frontière en Irak, une zone tout proche de la localité de Rawa et de ses environs désertiques, où il se retranche après avoir été chassé des villes occupées par les forces irakiennes aidées de la coalition internationale dirigée par les États-Unis. Déclenché en 2011 par la répression de manifestations pacifiques par le régime, le conflit en Syrie s'est complexifié depuis, avec l'implication de pays étrangers et de groupes djihadistes sur un territoire de plus en plus morcelé. Il a fait plus de 330 000 morts ainsi que des millions de déplacés et réfugiés.

Littérature. *Le Médicis*, un des derniers prix littéraires de la saison, a célébré *Les Noces* entre la littérature et le cinéma en donnant son prix à Yannick Haenel, finaliste malheureux du Goncourt et du Grand Prix du roman de l'Académie française, pour *Tiens ferme ta couronne*. **Le visage.** *La Voix du Nord*. Karam al-Masri a beau avoir été blessé à plusieurs occasions, fait prisonnier par le gouvernement syrien et par le groupe État islamique, cela ne l'a jamais détourné de son objectif : aller sur les zones de conflits pour faire son travail de reporter de guerre. Il a reçu le prestigieux prix *Knight International Journalism Award* à Washington, après avoir fait découvrir au monde la situation dans sa ville natale d'Alep ravagée. Son travail montre la dévastation causée par la guerre, immeubles démolis, rues détruites et morts. Il a également couvert - et survécu à - d'autres aspects du conflit, la faim et le manque de carburant. À 26 ans, Karam al-Masri habite et travaille à Paris. **Chômage :** La publication du nombre de demandeurs d'emploi inscrits à Pôle Emploi, aujourd'hui diffusé tous les mois, va devenir trimestrielle à partir de 2018 selon l'organisme et le ministère du Travail. **Emploi :** L'assemblée a voté la nuit dernière, à l'initiative du gouvernement une expérimentation à partir d'avril 2018, des "emplois francs" octroyant une prime à une entreprise qui embauche un habitant d'un quartier populaire. Selon la ministre du Travail, la mise en œuvre dispositif emploi francs est prévue à compter de 2020 dans le budget de l'emploi. Les emplois francs expérimentés pendant le quinquennat Hollande n'avait pas donné le résultat escompté et le dispositif avait été abandonné en 2014. Mais le ministère a souligné que "les leçons de l'expérience précédente ont été tirées et le public cible élargi". Le coup de l'expérimentation est évalué à 11,7 millions d'euros pour 2018. **Paris.** La mairie envisage de chasser à compter de 2018, la célèbre Grande Roue de la place de la Concorde en pleine polémique sur la suppression du marché de Noël, qui a déclenché la colère des forains.

Économie : La croissance dans la zone euro devrait atteindre 2,2 % en 2017 et 2,1 % en 2018 selon la Commission Européenne, qui a revu à la hausse ses prévisions (elle tablait en mai sur 1,7 % en 2017 et 1,8 % en 2018). Pour la France, la prévision de croissance pour

2017 a été relevée à 1,6 %, contre 1,4 % en mai, mais elle reste à changer à 1,7 % pour 2018. **Consommation : A**uchan ne vendra plus de produits phytosanitaires à base de glyphosate.

Allemagne. Il tuait par ennui. Niels Högel, un infirmier de 41 ans, est soupçonné d'être à l'origine de 106 décès de patients, tués par injection médicamenteuse. **Enquête : A**lors que l'affaire lui avait coûté sa place au gouvernement, Richard Ferrand est la cible d'une nouvelle plainte de l'association Anticor. Celle-ci souhaite relancer l'enquête qui visait le chef de file des députés LREM, près d'un mois après le classement sans suite du parquet de Brest. **Justice : H**abitué des tribunaux pour ses sorties antisémites et racistes, Dieudonné est sous la menace d'un nouveau procès, cette fois, pour fraude fiscale (le parquet de Paris enquête sur la gestion suspecte de son patrimoine). **& : L**a Haute autorité pour la transparence de la vie publique a saisi la justice sur les déclarations de patrimoine des ex-députés Patrick Balkany et François-Xavier Villain en raison d'un "doute sérieux" sur la "sincérité" de ces déclarations. **Danse. L**e directeur du ballet de l'Opéra de Lyon a été condamné à 6 mois de prison avec sursis pour discrimination au travail et harcèlement après avoir demandé le non-renouvellement du contrat d'une danseuse à son retour de maternité.

Football, Barrage aller de la Coupe du monde 2018 : Croatie - Grèce... 4-1. Irlande du Nord - Suisse 0-1. **Équipe de France,** *Le Parisien* **: "C**es Bleus qui jouent gros". **Espoirs : L**es Bleuets se sont imposés pour la 4e fois en 4 rencontres qualificatives pour l'Euro 2019. **Ligue 1 : A**miens-LOSC sera rejoué dans son intégralité. *Le Parisien* : "Le PSG sonde Antonio Conte. Les dirigeants parisiens étudient plusieurs pistes pour remplacer Unai Emery si ce dernier n'atteint pas ses objectifs. Des contacts ont été noués avec l'entourage du coach de Chelsea". **Lionel Messi : L**a star argentine a promis qu'il effectuerait un pèlerinage de 70 km partant de Rosario, sa ville natale, à San Nicolas, en cas de sacre final de son équipe nationale lors de la Coupe du monde organisée en Russie. **Voile : 4** jours après le départ de la Transat Jacques-Vabre, le bateau le plus rapide jamais mis à l'eau, le Maxi Edmond de Rothschild a perdu la tête de course, se faisant doubler par son principal rival Sodebo Ultim'. **Rugby : P**lus de 2 ans après sa dernière sélection avec le XV de France, le centre Mathieu Bastareaud a été titularisé pour affronter la Nouvelle-Zélande, demain à 20h45, en ouverture des tests de novembre. **Escrime, *Le Parisien* : "L**e sabre pour guérir d'un viol de l'enfance. Champion olympique de sabre à Pékin en 2008, Boris Sanson mène des ateliers d'escrime pour aider des patients à se remettre des violences sexuelles dont ils ont été victimes dans leur enfance. **Tennis, ATP : F**orfait à Paris, Rafael Nadal participera bel et bien au Masters de Londres dans le but de remporter u. trophée qu'il n'a jamais remporté. **Basketball, NBA : 3**5 points, 11 rebonds, 13 passes, 5 interceptions. James Harden était en mode MVP pour la réception de Cleveland. L'arrière de Houston, auteur d'une performance jamais réalisée depuis 30 ans et Michael Jordan, affiche une moyenne de 29,9 points (45 % aux tirs, 40 % à 3 points), 10 passes et 4,9 rebonds après un mois de compétition. Houston - Cleveland... 117-113. Carmelo Anthony est devenu le 24e meilleur marqueur de l'histoire de la NBA, dépassant ainsi son ancien coéquipier de l'époque de Denver, Allen Iverson. Comme un instantané de sa carrière, Melo s'est offert un record individuel un soir de défaite, qui plus est face à la franchise qui l'avait drafté. Denver - Oklahoma... 102-92. **Musique, *L*e *Parisien* :** "Je ne suis pas encore adulte". "À 20 ans, Louane publie un deuxième album. Confidences d'une chanteuse au tempo accéléré qui veut "grandir" à son rythme". **Album : "E**ddy Mitchell. La même tribu". **Disparition : "M**ichèle Demai, qui fut l'une des premières speakerines avant de parcourir le monde sur son voilier, est décédée à l'âge de 73 ans". **Les Guignols : "I**nsatisfait de sa nouvelle formule (la marionnette de Jacques Chirac présente le JT), celle d'Anne-Sophie Lapix co-présentera tous les soirs l'émission".

Au programme : *J*eff Panacloc perd le contrôle ! *Piège blanc* (Philippe Bas) ; *Assassin's creed* (Michael Fassbender) ; *La télé de Foresti ; Restos du cœur "Missions enfoirés" ; Panique aux Edelweiss*

(Claire Keim) ; *Le chien des Baskerville* (Richard Roxburgh) ; *Roubaix Section 13 ; Very bad nanny*.

Météo : Fraîche.

Proverbe : "Le mensonge donne des fleurs, mais pas de fruits".

... Samedi, 11 Novembre 2017.

Citation : "Science sans conscience n'est que ruine de l'âme." **François Rabelais** (1483-1553), écrivain français, humaniste, de la Renaissance. **& :** "Tout tout le monde voudrait vivre longtemps mais personne ne voudrait être vieux". **Jonathan Swift** (1667-1745), écrivain et satiriste irlandais.

1920 : Le corps d'un soldat français tué lors de la Première Guerre mondiale est placé sous l'Arc de Triomphe de la Place de l'Étoile à Paris. En hommage à tous les Poilus tombés pour la France, ce "Soldat inconnu" est inhumé sous le monument.

Le Monde **:** "Moyen-Orient. Les tensions s'accroissent, Macron s'invite à Riyad". Économie : "Sous la pression des marchés, Drahi reprend la main chez Altice". Géopolitique. "Abou Dhabi et Doha : la course à l'excellence universitaire". Agnès Varda : "L'humiliation est du côté des femmes". *Libération* **:** "Bugs d'État. Logiciels en rade. Ratés de la plateforme APB, plantages à répétition du programme de gestion de la solde des militaires, erreurs du système d'écoutes judiciaires : les logiciels de l'administration, laborieusement mis au point à coups de millions d'euros, multiplient les disfonctionnements". Moyen-Orient : "Dangereuse escalade entre Riyad et Téhéran". Carles Puigdemont : "J'ai le devoir de demander justice." *Le Figaro.* Le message de Mgr Vingt-Trois avant sa retraite : "Les chrétiens doivent empêcher le monde de dormir". Emploi : "Ces entreprises qui n'arrivent pas à recruter. Le secteur privé a encore créé 30 000 postes au troisième trimestre, mais de nombreux employeurs ne trouvent pas la main d'œuvre dont ils ont besoin". Économie : "Comment Patrick Drahi tente d'enrayer la crise du groupe Altice". Majorité : "Les élus LREM accusés de négliger le terrain". Commémoration : "De 14-18 aux attentats, les 100 ans des pupilles de la nation". *Le Parisien - Aujourd'hui en France* : "Viols sur mineurs. L'insupportable loi. Justice. Un homme jugé cette semaine pour le viol d'une fillette de 11 ans a été acquitté, la Cour estimant que l'enfant était "consentante". Une aberration". Paris, VIIIe. Grande roue : la Ville mis en examen pour "favoritisme". **Provence-Alpes-Côte d'Azur** : "La folie de Bollywood s'invite sur la côte varoise". Cinéma : "Oscarisée, Agnès Varda a "cru à une blague". France - Pays de Galles 2-0. "Décollage réussi ! Football. Brillants, les Bleus ont idéalement lancé leur préparation pour la Coupe du monde 2018". *La Dépêche du Midi.* "Blagnac : il fonce sur des étudiants. Trois étudiants ont été blessés hier par un homme aux lourds antécédents psychiatriques. Les autorités excluent tout lien avec le terrorisme". **11 Novembre** : "Ces Poilus toujours inconnus". Bordeaux-Toulouse : "décision en 2018 pour l'avenir de la ligne à grande vitesse". Haute-Garonne : "Comment faire face à la pénurie d'eau". *L'editionfrance par Ouest-France* : "Le FBI enquête sur des thoniers de Cherbourg". Éditorial : "Bravo Monsieur Hulot !". Climat : "Les États pas assez réactifs". Eddy Mitchell : "On vit pour l'instant". *La Provence.* "Cancer : les enfants après ! C'est un scandale français : l'argent pour la recherche ne va pas aux cancers pédiatriques. À Marseille, des parents interpellent Emmanuel Macron alors que 2 500 enfants déclarent un cancer chaque année". Football : "Basta Evra ! Entre le joueur et l'Olympique de Marseille, c'est terminé !". Amical, France 2 - Galles 0. "Et maintenant l'Allemagne. Loisirs : En vélo électrique entre vignes et Calanques. Cassis en automne, c'est magique !". *La Voix du Nord* : "Y croire malgré tout. Témoignage. Un blog, un livre, des dons pour vivre en dépit du cancer". Lille : "Une femme blessée à coup de barre de fer". Santé : "Selon l'OCDE, on vit vieux en France mais pas forcément en bonne forme". 11 novembre : "Décerne-t-on trop de médailles durant les cérémonies ?". *La Croix* : "Quelle politique pour les familles ? Face à une natalité en léger repli le gouvernement veut aider davantage les familles les plus pauvres". *Presse Océan* : "Yoann Barbereau règle ses comptes. Le Nantais, condamné à 15 ans de prison en Russie, tire à boulets rouges sur la diplomatie française, dont l'ex-ministre des affaires étrangères, Jean-Marc Ayrault". Nantes : "Moins de piétons. Un flux de piéton en baisse dans le centre-ville, des chiffres d'affaires en berne, des problèmes d'accessibilité : les commerçants nantais sont inquiets". *Sud Ouest* : "Ce serait un véritable exploit ! France/Nouvelle-Zélande. C'est un Quinze de France jeune et peu expérimenté qui va défier la meilleure équipe du monde, ce soir (21 heures), au Stade de France". Politique : "Juppé ne cache plus son admiration pour Macron". Légion d'honneur : "la fin des excès et du copinage ?". Bordeaux : "Les concerts à la patinoire c'est fini". "Mag : Dans leur magasin, tout est gratuit". *Midi Libre* : "La SPA veut la mise à mort de la corrida. L'association a déposé plainte pour "actes de cruauté" envers les taureaux et les chevaux". Guerre 14-18 : "Ils veulent réhabiliter les soldats fusillés pour l'exemple". Les Républicains : "La ligne droitière de Wauquiez séduit les militants". Montpellier : "Le chef d'entreprise racketté finit par briser l'omerta". Nîmes : "Une adolescente séquestrée et battue par sa famille". Gastronomie : "Le "Gault & Millau" sacre les meilleures tables d'Occitanie". *Corse-matin* : "Des traces de radioactivité dans le ciel corse en octobre. Des particules de ruthénium 106 décelées par l'IRSN après un incident nucléaire en Russie". Aiacciu è u so circondu : "Les panneaux de pub illégaux dans le viseur". *L'Équipe* : "Horizon bleu. Un mois après sa qualification pour la Coupe du monde, l'équipe de France a démarré sa préparation par une victoire rassurante contre les Gallois. Mardi, elle passera un tout autre test contre l'Allemagne". Rugby : "Tournée de Novembre. France 21h Nouvelle-Zélande. Chasser les idées noires. Affaiblis par les blessures, les Bleus affrontent les triples champions du monde néo-zélandais, qu'ils n'ont plus battus à domicile depuis 2000. La tâche s'annonce immense". **L'Équipe le magazine** : "Gamin, je rêvais d'être footballeur." "Beauden Barrett. L'ouvreur des All Blacks évoque son enfance au ferme entouré de sept frères et sœurs, sa passion pour Beckham et raconte comment il est devenu le meilleur joueur de rugby du monde". Récit : "Le drame Rumsas. L'épouse de l'ancien coureur témoigne". *So foot* **:** "Enquête. Le Barça au bord de l'implosion. Piqué : Portrait d'un indépendantiste". Entretien. "Adebayor : "J'ai souvent pensé au suicide." Enquête : Les terrains d'urban provoquent-ils le cancer ?". *La Montagne* **: "** En Islande dans les décors de Game of Thrones et de séries TV. Tourisme. L'Islande est devenu un vaste plateau de cinéma. On vient y tourner des scènes d'Himalaya, Mongolie, d'autres planètes". *La Parisienne,* **N°7 S'adorer** : "Initiales C.G. Son nouvel album, Paris, sa famille... Charlotte Gainsbourg se confie. Luxe : L'éthique, c'est chic. Bien-être : Bienvenue au Sparadis !". **Voici : "N**RJ Music Awards. Jusqu'au bout de l'ennui...". Sinclair : "Je fais de la télé pour vivre". Cyril Hanouna : "Il a quitté sa femme !". *Point de vue, Images du monde.* *Spécial joaillerie* **:** "Letizia et les joyaux des reines d'Espagne". Duchesse de Cambridge : "Les fabuleux présents de la reine Élisabeth". Patrimoine : "Le Grand Mazarin reviendra-t-il en France ?". & : "Les joyaux de Mademoiselle Chanel à La Pausa. Cartier présente les plus beaux diamants de couleur du monde. Les diamants de Païva et de Mathilde de Wurtemberg". *Golf magazine* **:** "Trackman, angle d'attaque, centrage... 20 mètres de plus pour tous !".

Arabie Saoudite : Plus de 200 personnes ont été arrêtées dans le cas d'une purge anti-corruption sans précédent, menée récemment dans le royaume, qui a notamment visé des princes, des ministres et des hommes d'affaires. **Turquie : "F**rappée depuis 2 ans par de nombreux attentats meurtriers attribués ou revendiqués par l'État islamique (le dernier en date a fait 39 morts dans une discothèque huppée d'Istanbul la nuit du Nouvel An dernier), la Turquie procède régulièrement à l'arrestation de terroristes présumés tandis que les mesures de sécurité ont été considérablement renforcées. Hier, les autorités turques ont arrêté 82 étrangers, soupçonnés de liens avec l'EI, qui projetaient de se rendre en Syrie, lors d'un nouveau coup de filet illustrant un renforcement de la traque dans les milieux djihadistes du pays. Les services de sécurité sont passés à l'action sur la base d'informations faisant état de menaces d'attentats lors des commémorations célébrées hier, jour de la mort il y a 79 ans du fondateur de la Turquie moderne, Mustafa Kemal Atatürk. Les dernières interpellations portent à plus de 300, le nombre de personnes arrêtées pour des liens présumés avec l'État islamique depuis jeudi en Turquie. **Union européenne : L'**UE et son négociateur Michel Barnier ont donné hier, 2 semaines au Royaume-Uni pour clarifier leurs engagements sur les termes de leur divorce. Cet ultimatum a été lancé au terme d'un 6e round de négociations peu fructueux. Le président du Parlement européen a confirmé les premières estimations qui tablent sur une facture de 50 ou 60 milliards d'euros. **Tunisie : L'**état d'urgence instauré il y a 2 ans après une série d'attentats djihadistes sanglants, a de nouveau été prolongé, cette fois de 3 mois, a annoncé la présidence tunisienne. **Philippines : Le** président philippin, Rodrigo Duterte, a déclaré avoir poignardé quelqu'un à mort quand il était encore adolescent, dans un discours de défi destiné à promouvoir sa guerre contre la drogue, en amont d'un sommet de dirigeants de la planète à Manille. **Monde : L'**ancienne ministre française de la Culture, Audrey Azoulay, a été formellement élue directrice générale de l'UNESCO, la Conférence générale confirmant le vote le 13 octobre du conseil exécutif de l'organisation. **Venezuela : Le** Venezuela doit rembourser une échéance de 81 millions de dollars, au risque de se retrouver en situation de défaut de paiement sur sa dette extérieure, qu'il veut restructurer malgré sa crise économique politique et humanitaire. Même s'il effectue ce paiement, il ne sera pas au bout de ses peines : un nouveau versement de 200 millions de dollars est programmé lundi où le président Nicolas Maduro a convoqué des créanciers internationaux à Caracas pour des négociations. **Grande-Bretagne : La** société Hubert a perdu son procès à Londres et devra payer ses chauffeurs au salaire minimum. **Italie : Le**s brassées de pièces de monnaie que les touristes jettent dans la fontaine de Trévi à Rome ne seront plus automatiquement reversées à Caritas, organisation caritative de l'Église catholique. La mairie a décidé de créer un fonds, qui collectera l'argent retrouvé dans toutes les fontaines de Rome, y compris la plus célèbre, à partir du 1er avril. **Espagne : La** présidente indépendantiste du parlement catalan Carme Forcadell a bien versé la caution de 150 000 € qui lui permettra de quitter la prison.

France. *La Voix du Nord*. Le débat du jour par Jean-Michel Bretonnier. "Pas de bonne communication sans bonne politique. Selon un sondage Odoxa pour *Le Figaro* et *France Info*, le gouvernement est peuplé de fantômes et son chef est une ombre. **Statistiques : S**i l'espérance de vie en France est au-dessus de la moyenne des 35 pays membres de l'OCDE (79,2 ans pour les hommes, 85,5 ans pour les femmes), tabagisme, alcool et vaccination n'ont pas de très bons indicateurs. **& : S**elon l'organisation : "En France l'utilisation des antibiotiques est supérieure de près de 50 % à la moyenne des pays de l'OCDE". **Sécurité,** *La Voix du Nord* : « Le procureur Molins "pragmatique" face au revenant du jihad. Emmanuel Macron a récemment suggéré l'examen au "cas par cas" de familles envisageant un retour d'Irak ou de Syrie. Le patron du parquet antiterroriste approuvé et prévient : "Il faut se départir de tout naïveté." Il espère aussi lever quelques zones d'ombres dans l'enquête sur les attentats de Paris ». **Défense : L**e général Pierre de Villiers sort du silence par le biais d'un livre, 3 mois après sa démission de chef d'état-major des armées. Dans *Servir,* il revient sur le fameux clash présidentiel du 13 juillet qui a précipité son départ. "Nous ne pouvons plus traiter des problèmes de défense avec une approche comptable comme nous l'avons connu dans les années 2000. Il y va de la vie ou de la survie de nos soldats, marins ou aviateurs. Le niveau de violence de nos adversaires l'exige", avait-il déclaré. "Tout nous tire vers la tactique et l'action immédiate au détriment d'une vision stratégique et d'un effet à tenir dans la durée. C'est un des points majeurs qui expliquent que l'on ait gagné des guerres et perdu des paix ces dernières années." "*Servir*", du général Pierre de Villiers (éditions Fayard, 20,90€). **Écologie : E**nfouir des déchets nucléaires radioactifs comme le prévoit le projet Cigéo à Bure (Meuse) n'est "pas une solution entièrement satisfaisante" mais c'est la "moins mauvaise", à déclarer le ministre de la Transition Écologique, Nicolas Hulot. **Justice : L**a ville de Paris a été mise en examen pour "favoritisme" dans l'enquête sur les conditions d'attribution de l'emplacement de la grande roue de la Concorde, au "roi des forains" Marcel Campion. **& :** **L**a Cour de cassation a validé deux enregistrements clandestins, à l'origine de la mise en examen de deux journalistes français, soupçonné d'avoir voulu faire chanter le roi du Maroc. **Vie quotidienne,** *Le Parisien* : "En novembre, plantez les bulbes de printemps".

Faits divers : **U**n gendarme d'une cinquantaine d'années s'est suicidé avec son arme de service dans la cour de sa caserne aux Vans, dans le sud de l'Ardèche. **& :** **D**eux internes du lycée Bristol de Cannes, ont été placés en garde à vue, soupçonnés d'avoir fait exploser jeudi des bouteilles remplies d'acide sulfurique. **Blagnac :** **U**n homme a foncé délibérément sur des passants, près de Toulouse, blessant trois étudiants. L'individu a été immédiatement arrêté. Les blessés sont des étudiants d'origine chinoise de 22 et 23 ans.

Football, *Eurosport* : **F**rance - Pays de Galles... 2-0. "Les notes : Meneur, buteur, détonateur, Griezmann est transfiguré." **& :** "*Chapeau Kylian, phénomène, déroutant* : Ils sont tous dingues de Mbappé". Qualifications pour la Coupe du monde : le Sénégal s'est qualifié pour la Coupe du Monde 2018, la seconde de son histoire, après un succès plein de réalisme obtenu en Afrique du Sud 2 buts à 0. Les Sénégalais rejoignent l'Égypte et le Nigéria, les 2 pays africains déjà qualifiés. Dans la zone d'Europe, la Suède a dominé l'Italie 1 à 0, lors de leur match aller de barrage. *Le Parisien* : "Sale soirée pour l'Italie". **Amical :** Japon-Brésil 1-3. **Sanction, Olympique de Marseille :** **P**our son coup de pied à un supporter, le contrat de Patrice Evra a été résilié. Le joueur est de plus suspendu de compétition européenne cette saison. **Ligue 2, RC Lens,** *La Voix du Nord* : "Douchez assure n'avoir "frappé personne", le Racing va communiquer aujourd'hui sur son sort. **Rugby,** *Eurosport,* **Barbarians français, Aurélien Rougerie :** "**C**'était ma dernière". Victoire face aux Maori All Black (19-15). **XV de France,** *Le Parisien* : "L'équipe de France au niveau zéro". « La France recadrée. World rugby, la Fédération Internationale à apporter des "clarifications" à la France et à l'Irlande, candidates à l'organisation du Mondial 2023, mécontentes d'être devancées dans le rapport d'évaluation par l'Afrique du Sud. L'instance a aussi estimé hier que "le débat est clos" avant le vote de mercredi, qui devra départager les trois pays au meilleur des 39 voix lors d'un scrutin à deux tours ». **Cyclisme :** Jean-luc Péraud, 2e du Tour de France 2014 et médaille d'argent aux Jeux Olympiques de Pékin, a été nommé par l'Union Cycliste Internationale au poste de manager chargé notamment de la lutte contre la fraude technologique, l'autre nom de la tricherie mécanique. Ingénieur de formation, le Français (40 ans) avait mis un terme à sa carrière de coureur cycliste professionnel à la fin de la saison 2016. **Tennis :** Le comité du Grand Chelem doit étudier jeudi prochain à Londres quelques évolutions possibles du règlement comme l'instauration d'un compte à rebours entre les points, l'appel à l'entraîneur à la fin de chaque set ou la réduction du nombre de tête de séries. **Basketball, NBA :** Privé très tôt de sa star Kyrie Irving (blessé suite à un contact avec un coéquipier), Boston a signé une 11e victoires consécutives en dominant Charlotte. Milwaukee et Antetokounmpo se sont imposés sur le parquet des Spurs de San Antonio. Oklahoma City a dominé les Los Angeles Clippers avec 42 points de Paul George. Les Clippers concède leur 4e défaite de suite, et sont désormais 12e (5V-7D) juste derrière le Thunder (5V-7D). Candidat déclaré aux play-offs, Utah est également en difficulté après une nouvelle défaite 74 à 84 contre Miami. **Handball, Le Parisien :** "4 jours après avoir été auditionné par la commission de discipline de la Ligue nationale de handball (LNH), Nikola Karabatic (ci-dessous à gauche avec son frère Luka) l'international du PSG s'est vu infliger, hier, une suspension de 6 matchs dans toutes les compétitions nationales pour l'affaire des paris truqués. Deux de ces rencontres pourraient être remplacées par vingt heures de travaux d'intérêt général. Son frère Luka a, lui été sanctionné de suspension, qui pourraient également être transformés en vingt heures de travaux d'intérêt général".

Insolite : Disney lance des bagues de fiançailles inspirées des princesses. **& :** Le groupe a réjoui ses fans annonçant nouvelle trilogie *Star Wars*, suite de la célèbre épopée intergalactique.

Musique, La Voix du Nord : "Maroon 5 ? Appelez-les plutôt les sept mercenaires. Le groupe d'Adam Levine, sex-symbol pour certains mais aussi jury pour l'émission *The Voice* aux États-Unis, vient de sortir son sixième album. Entre conformisme et stéréotypes, un grand numéro de faussaires". **Cinéma.** La réalisatrice Agnès Varda recevra aujourd'hui un Oscar d'honneur à Hollywood. **Exposition :** La BNF présente mille photos de paysages et visages de France ordinaire depuis une trentaine d'années. Paysages français, une aventure photographique, 1984-2017. Jusqu'au 4 février à la BNF François-Mitterand (Paris XIIIe). **Humour,** *Le Parisien* : "Gad Elmaleh en série sur Netflix".

Au programme : Rugby : France / Nouvelle-Zélande ; *Crime dans les Alpilles* (Florence Pernel, Isabelle Otero). *Jarhead 3 : The siege.* *Blood father* (Mel Gibson) ; *Échappées belles - "La Réunion terre d'aventure"* ; *La grande guerre, les tunnels de la mort. Les inconnus : la totale ! Fort Boyard. 10 choses à savoir sur Mylène Farmer. Robinson Crusoé.*

Météo : La Méditerranée épargnée.

Sondage LeParisien.fr : "Faut-il rapatrier les djihadistes français pour les juger dans notre pays ? Non : 92,6 %".

... Dimanche, 12 Novembre 2017.

Citation : "Le principe démocratique a contribué à l'affaiblissement de la civilisation en empêchant le développement de l'élite." **Alex Carrel** (1873-1944), chirurgien et biologiste français. Prix Nobel de médecine en 1912, il plaida notamment pour l'eugénisme, ainsi que pour une politique nataliste. Il mit au point en 1915, la fameuse eau Dakin qui empêchant l'infection des blessures, sauva la vie de plus d'un million de soldats durant la Grande guerre.

1970 : Le port de Chittagong, deuxième plus grande ville du Bangladesh, est dévasté par un cyclone suivi d'un raz-de-marée. Une vague de plusieurs mètres de haut et des vents à 125 km/h font 400 000 victimes.

Le Courrier Picard, Cérémonie du 11 novembre : La mémoire toujours vivante. *Nice-matin :* Nuage radioactif. *Var-matin :* L'urbanisation face au risque de l'inondation. Salon du chat : Toulon. Un beau succès public. *Le Journal du dimanche.* Terrorisme : Ceux qui menacent la France. **& :** La nouvelle vie de Marion Maréchal-Le Pen. **Plaisirs :** Cinéma. Pourquoi les affiches sont hideuses. *Le Parisien - Aujourd'hui en France :* Lui, président ? Politique. Laurent Wauquiez, 42 ans, probable futur président des Républicains, vise l'Élysée en 2022. Portrait d'un ambitieux contesté. Île de France : À Paris, la grande roue va partir pour un tour. Judo : Les dix glorieuses de Teddy Riner racontées par sa famille. Alimentation : Ils ont osé changer la recette du Nutella ! France - Nouvelle Zélande : Les bébés Bleus chatouillent les Blacks. *Corse-matin :* Le FN dit "non" au front antinationaliste. Charles Giacomi a présenté ses colistiers et son programme pour les territoriales. Tribunal administratif : La prison ne veut toujours pas de l'imam fiché S. *La Dépêche du Midi :* Trop forts ! Impuissants à contenir l'offensive des All Blacks en première mi-temps, les Bleus, malgré un baroud d'honneur en seconde période, se sont inclinés hier 18-38. Des chercheurs ont trouvé un moyen de faire du foie gras sans gavage : Du foie gras sans gaver les oies ou les canards, c'est possible. Des chercheurs toulousains nous expliquent comment ! *L'éditionfrance par Ouest-France :* Et de dix pour Riner superstar ! Société : L'écriture pour avancer après l'attentat. Commentaire : Sommes-nous des Happycuriens ? *L'Équipe :* Le néant et une promesse. Rugby. Tournée de Novembre. France 18-38 Nouvelle-Zélande. D'une faiblesse consternante en première mi-temps, les Bleus ont bien réagi ensuite sous l'impulsion d'Antoine Dupont. Mais après cette nouvelle défaite, un succès face à l'Afrique du Sud, samedi prochain, devient impératif. Judo, Championnats du monde toutes catégories : Divin Riner. Phénoménal. Le Français a remporté à Marrakech son dixième titre mondial. Football, Amical, Allemagne - France : Lacazette sous pression. *La Provence Marseille* : Campanella. L'histoire secrète d'une folle cavale. Comment le parrain présumé, en fuite depuis novembre 2013, a échappé aux policiers avant d'être arrêté samedi dernier à Riez, dans les Alpes-de-Haute-Provence. Récit. Planète cosplay : Le Herofestival lancé hier au Parc Chanot. Nucléaire : Un nuage radioactif a survolé la Provence. Viol sur une enfant de 11 ans : l'acquittement qui fait polémique. Rugby : France 18 Nouvelle-Zélande 38. Pas si noir... Championnats du monde de judo hors catégorie : Teddy sur 10. *Midi Libre* : Le dernier secret de la grande pyramide. Rugby à XV. Les Bleus perdent avec les honneurs face aux Blacks (18-38). Catalogne : Marée humaine pour soutenir les leaders indépendantistes. *L'Indépendant catalan* : La Catalogne marche pour la liberté. Ils étaient 750 000 hier dans la rue pour protester contre l'emprisonnement d'élus. Neige. Porté-Puymorens : l'ouverture la plus précoce de France. **Sud Ouest dimanche : L**a leçon. Les Bleus ont subi la loi des All Blacks (18-38). Mais il y a des raisons d'espérer. Travail : Ils vivent leur vie professionnelle en double ou en triple. Politique : Tous Gaullistes, quel que soit leur camp ! Télévision : La meilleure boulangerie de France est à Bordeaux. L'entretien du dimanche : Le grand marché de nos émotions. *La Voix du Nord* : Le paquet en route vers les 10 €. Sécurité routière : 600 000 Français roulent sans permis, 700 000 sans assurance... Portrait : Francis Baussart, l'homme aux 10 000 courriers adressés à "La Voix du Nord". *Le Télégramme.* Vegan : pour ou contre ? *Presse Océan* : Quand l'agriculture bio a le vent en poupe. L'agriculture bio est en ascension en Loire-Atlantique. La consommation augmente dans tous les domaines. Mais la baisse probable des aides inquiète la filière. Des crayons talentueux : Nantes. Anne-Sophie Loret (notre photo) et Marion Point ont en commun une passion d'artiste pour la cité des ducs dont elles dessinent les contours avec talent. L'explosion à Nantes provoquée par de la poudre noire. *Le Populaire du centre* : Des prix littéraires très prisés à Brive.

Syrie : Le groupe État islamique a repris aux forces du régime syrien, le contrôle total de Boukamal, une ville de l'est du pays, à proximité de la frontière irakienne. **Irak :** Le premier ministre irakien Haider al-Abadi a estimé samedi à "plus de 100 milliards de dollars" les dégâts infligés à son pays par le groupe État islamique, au cours des 3 années d'occupation djihadiste. **Jérusalem :** L'armée israélienne a indiqué avoir intercepté un drone syrien de fabrication russe qui effectuait une mission de reconnaissance au-dessus de la partie du plateau du Golan annexée par Israël. Le drone a été abattu par un missile Patriot. **Émirats Arabes Unis :** Le Louvre Abu Dhabi a ouvert ses portes au public hier, attirant des milliers de visiteurs de diverses nationalités, reflétant le caractère cosmopolite de l'État fédéral. Le musée est composé de 7 850 étoiles en métal à travers lesquelles les rayons du soleil créent une pluie de lumière, inspirée des palmeraies et des souks. **Espagne :** 750 000 manifestants selon la police ont empli samedi une avenue de Barcelone pour réclamer la remise en liberté de 10 dirigeants indépendantistes catalans plus de 2 semaines après une déclaration d'indépendance ensuite annulée. Cette mobilisation devait servir de test pour le mouvement indépendantiste avant les élections cruciales pour la région le 21 décembre. **Gaza :** Des dizaines de milliers de Palestiniens se sont rassemblés à Gaza pour célébrer le 13e anniversaire de la mort de l'ancien dirigeant historique Yasser Arafat. **Chine :** Dépensant plusieurs dizaines de milliards d'euros, les Chinois se sont rués samedi sur les plateformes de commerce en ligne pour le "Jour des célibataires", une opération de soldes monstres qui affole tous les compteurs, avec à la clef des montagnes de colis et de déchets.

Le débat du jour par Jean-Michel Bretonnier, *La Voix du Nord* : « Pour modèle, vaut mieux Clemenceau que Napoléon. Le président, pour son "premier" 11 Novembre, avait choisi de rendre hommage au père de la victoire est sans doute aux autres Clémenceau ». **La Phrase** : "Il n'y a pas de solution militaire au conflit" de Donald Trump et Poutine sur la guerre qui déchire la Syrie depuis plus de 6 ans, une fois les djihadistes vaincus. *Le Visage* : « Yoann Barbereau. Parti d'Irkoutsk en Sibérie le 11 septembre 2016, Yoann Barbereau, ancien directeur de l'Alliance française en fuite après avoir été condamné par la justice russe, a rejoint sa ville de Nantes, après un périple rocambolesque de 8000 km et 14 mois de clandestinité. Il a raconté sa fuite à l'aide de l'application de covoiturage blablacar puis la traversée de la frontière à pied et de nuit pendant une dizaine d'heures. "J'ai croisé les loups dans la forêt". La justice russe lui reproche des actes à caractère sexuel sur sa propre fille Éloïse (alors âgée de 5 ans) une accusation qu'il a toujours démentie. "J'ai risqué ma vie ces derniers jours (...) pour ma liberté, pour mon honneur". **Paris.** "Emmanuel Macron a commémoré sa première cérémonie du 11 novembre, 99 ans, après l'Armistice qui a mis fin aux combats de 14-18, en visitant le Musée Georges Clémenceau. Il a ensuite déposé une gerbe au pied de la statue de l'ancien président du Conseil puis a remonté les Champs-Élysées, escorté sous une pluie fine par la Garde Républicaine, avant place de l'Étoile, de passer en revue les troupes et déposer une gerbe sur la tombe du Soldat inconnu. **Sécurité : 8** hommes tenant des propos violents sur la messagerie cryptée Telegram, prisée des djihadistes, ont été mis en examen pour "association de malfaiteurs terroriste criminelle" et 7 d'entre eux placés en détention provisoire. Le 8e, mise en examen, a été placé sous contrôle judiciaire conformément réquisition du parquet. **Sénat : L**e Sénat entame lundi l'examen du budget 2018 de la Sécurité sociale dont il devrait supprimer la mesure la plus controversée, la hausse de la CSG applicables aux retraites et destiné à compenser la suppression des cotisations sociales pour les salariés du privé. **Sécurité routière : E**lle estime à près de 600 000, le nombre d'automobilistes qui conduisent sans permis de conduire. "Un tiers des conducteurs sans permis, ou qui roulent sans assurances ont entre 18 et 34 ans". En 2016, 241 personnes ont perdu la vie dans un accident impliquant un conducteur sans permis. **Présidence :** Interrogé vendredi par les députés de la France insoumise, qui souhaite connaître le montant de l'allocation alloué à la Première dame de France, le porte-parole du gouvernement, Christophe Castaner, a répondu qu'elle n'était pas rémunérée, mais qu'une enveloppe de 440 000 € par an, était allouée à sa fonction. La Cour des comptes publics a demandé un rapport sur ces dépenses.

Manifestation : Une centaine d'élus en écharpe tricolore ont tenté à Clichy (Hauts-de-Seine) d'empêcher des fidèles musulmans de faire des prières dans la rue. Ces fidèles protestent contre la fermeture en mars de leur lieu de culte en centre-ville, accusant le maire de ne pas leur proposer de "terrain adapté avec option d'achat" pour qu'il puisse y construire un nouveau local. **Faits divers :** Une adolescente de 17 ans, enlevée lundi devant son lycée à Nîmes, a été torturée pendant plusieurs jours par son père et ses deux frères. Le père, écroué, a été mis en examen pour violences et participation à un enlèvement en bande organisée. Les deux frères ont été mis en examen pour enlèvement bande organisée, actes de torture et de barbarie. **Justice :** Un homme de 30 ans, jugé pour le viol d'une fillette de 11 ans en 2009, et contre lequel 8 ans de prison avaient été requis, a été acquitté par la cour d'assises de Seine-et-Marne qui a estimé que le viol n'était pas caractérisé. **& :** La SNCF est convoquée le 20 décembre par le juge chargé de l'enquête sur le déraillement d'une rame d'essai du TGV Est en 2015, qui avait fait 11 morts, en vue de son éventuelle mise en examen.

Football, *Eurosport*. "**Équipe de France :** Griezmann en 10, une vraie solution." **Olivier Giroud :** "Il faudra composer avec moi pendant quelques années encore". En inscrivant son 29e but avec les Bleus face au Pays de Galles, il est revenu à une longueur de Jean-Pierre Papin, son idole de jeunesse. Touché à la cuisse, l'avant-centre est incertain pour le match en Allemagne mardi. *Le Parisien* : "Tolisso voit la vie en bleu. Le milieu du Bayern Munich, Corentin Tolisso, a été brillant face au Pays de Galles. À sept mois du Mondial en Russie, il fait son trou dans le groupe de Deschamps malgré une vive concurrence. Qualifications pour la Coupe du monde 2018 : Le Maroc s'est qualifié hier en dominant la Côte d'Ivoire, 2 buts à 0, dans la "finale" du groupe C. Dans le groupe A, la Tunisie invaincue, a validé son billet pour la Russie en obtenant un précieux nul face à la Libye 0 à 0. **Hors-jeu :** L'ancien président de la FIFA, Sepp Blatter, a fermement rejeté hier, les accusations d'agression sexuelle portée contre lui par la gardienne de but Hope Solo. La jugeant "ridicule est absurde". L'américaine accuse le Suisse de lui avoir mis la main aux fesses, lors de la cérémonie de remise du Ballon d'Or 2013, à Zurich (Suisse). **Judo :** **T**eddy Riner a décroché hier à Marrakech (Maroc) son 10e titre mondial. **Rugby, Test-match :** **F**rance - Nouvelle-Zélande... 18-38. Après avoir encaissé 31 points à l'issue d'une première mi-temps catastrophique, les Bleus ont relevé la tête pour sauver les apparences. *Le Parisien* : "Heureusement il y avait super Dupont ! Pour sa première titularisation, le demi de mêlée a été de loin le tricolore le plus inspiré hier. On n'a pas fini de le voir chez Bleus. **Féminines :** **L**'équipe de France féminine a ouvert sa saison 2017-2018 par une écrasante victoire en Espagne, écrasée 97 à 0, sur sa pelouse hier à Guadalajara. Les Bleues, troisième de la Coupe du monde en août, on s'inscrit 15 essais dont 9 en première période. Elles affronteront l'Italie dimanche prochain sur ses terres. **Afrique du Sud :** **A**dversaire des Bleus samedi prochain, les Springboks ont été balayé 38-3 hier en Irlande, encaissant quatre essais sans en marquer un seul. L'Angleterre, a de son côté, dominé une équipe d'Argentine terriblement maladroite face aux perches, 21 à 8. Les autres test-matchs : Italie - Fidji, 19-10. Écosse - Samoa, 44-38. Pays de Galles - Australie, 21-29. **Sport mécanique. F**ormule 1. Valtteri Bottas (Mercedes) s'élancera en pole position du Grand Prix du Brésil. Le finlandais a devancé Sebastian Vettel (Ferrari) de 38 millièmes de secondes. Le quadruple champion du monde, Lewis Hamilton (Mercedes), a été éliminé dès la première phase de qualification après être sorti de piste. **Hors-piste :** **P**lusieurs membres de l'écurie Mercedes ont été victime d'un braquage à main armée, vendredi, en marge du Grand Prix du Brésil. Des coups de feu ont été tirés. Une arme a été pointée contre eux", a révélé Lewis Hamilton. Des objets ont été volés, mais aucune blessure n'a été constatée. **Tennis, Finale de la Fed Cup. L**es États-Unis la Biélorussie sont à égalité (1-1) après deux simples. Coco Vandeweghe et Aryna Sabalenka ont respectivement dominé Aliaksandra Sasnovich et Sloane Stephens. **Basketball, NBA,** *Eurosport* : "**G**olden State sur sa planète, Ball dans l'histoire." Les Lakers se sont inclinés pour la 8e fois en 13 rencontres après leur défaite à Milwaukee. Si Giannis Antetokounmpo faisait hier, encore des étincelles (33 pts, 15 rbds), Lonzo Ball est de son côté devenu à

20 ans le plus jeune joueur de l'histoire de la NBA à réussir un triple double avec 19 points 13 passes décisives et 12 rebonds. À 20 ans et 15 jours, il fait mieux de 5 jours que la performance de LeBron James, réalisée en 2004. Pourtant privé de nombreux joueurs (Leonard, Parker, Ginobili, Mills), San Antonio a surclassé Chicago (133-94). Les Spurs remontent à la troisième place de la Conférence Ouest (8V-5D). Dominés par la Nouvelle-Orléans, les Clippers s'enfoncent et sont désormais 11e. À l'Est, Cleveland s'est imposé chez la lanterne rouge (de l'Ouest) Dallas, mais reste 11e. **Équipe de France féminine :** Les Françaises ont parfaitement entamé leur campagne de qualification pour l'Euro 2019, étrillant la Finlande 103 à 44 hier à Helsinki. **Classement Pro A : 1.** Le Mans, 2. Monaco, 3. ASVEL, 4. Pau Orthez... 15. Levallois, 16. Cholet, 17. Boulazac, 18. Chalon. **Handball :** Nantes à dominer Szeged, 33-30, lors de la 7e journée de la phase de poules de la Ligue des Champions.

People : Sur les réseaux sociaux la chanteuse australienne Sia a révélé avoir été victime d'un acte malveillant. Quelqu'un aurait tenté de vendre des photos d'elle nue. Elle l'a alors devancé en publiant elle-même cliché intime sur Internet. "Gardez votre argent, ici c'est gratuit. Noël c'est tous les jours", a-t-elle écrit en commentaire de sa photo. **Stromae, *Le Parisien* :** "Stromae fait des nouvelles confidences sur les effets secondaires du Lariam ce médicament anti-paludisme aurait pu être fatal en juin 2015 lors de la tournée racine carrée en Afrique si son petit frère sur place n'était pas intervenu". **Bande dessinée.** *Les vieux fourneaux : la Magicienne.* De Lupano et Cauuet. Ed. Dargaud, 11,99 €. **Théâtre, *Le Parisien* :** "Vibrante Emmanuelle Devos. Emmanuelle Devos rayonne en mère célibataire névrosée". *Bella figura*, jusqu'au 2 décembre au Théâtre du Rond-Point (Paris VIIIe). **Disparitions, Le** Parisien : "Comédien l'un et l'autre et mariés, ils auront écrit ensemble le mot fin au scénario de leur vie. On a appris hier le décès survenu le 31 octobre, de l'acteur Alain Mottet, 88 ans, compagnon de route des débuts du metteur en scène de théâtre et de cinéma Roger Planchon, et de son épouse Françoise Hirsch, 87 ans. Tous les deux ont choisi de se donner la mort en même temps, "calmement et sereinement", selon les mots de leur fille Christine, qui a rendu public ce double suicide". **Littérature :** "**E**lle souffle la vie. À quelques jours de ces 84 ans, l'anthropologue Françoise Héritier, récompensée d'un prix *Femina* pour l'ensemble de son œuvre continue de croire l'homme et invite, dans un nouveau livre, à côté au bonheur de l'instant". *Au gré des jours*. Ed. Odile Jacob. **& :** *La symphonie du hasard*, livre 1. *De Douglas Kennedy*, Ed. Belfond. **Cinéma,** *Le Parisien* : Tout l'argent du monde. Ridley Scott coupe Kevin Spacey au montage".

Au programme : *Fast and Furious 7* (Vin Diesel, Paul Walker) ; *Avengers - l'ère d'Ultron ; Les femmes du sixième étage* (Philippe Le Guay) ; *Un jour un destin ; Les enquêtes de Vera ; Le K Benzema ; Infiltrator* (Bryan Cranston, Diane Krüger) ; *Les maisons insolites de Paris ; Conjurer la peur. Zone Interdite : "Être fille ou garçon, le dilemme des transgenres". Enquête exclusive : "Enquête sur le monde secret des forains" ; Retour à Howard's end* (Emma Thompson, Anthony Hopkins) ; *Les multiples visages d'Emma Thompson ; L'aventure c'est l'aventure* (de Claude Lelouch avec Lino Ventura) ; *Mortal instruments, la cité des ténèbres* (Lily Collins, Jamie Campbell Bower). *Les Experts Miami ; La Boum* (Sophie Marceau, Claude Brasseur). *Sages-femmes : au cœur du plus beau métier du monde. SOS, ma famille a besoin d'aide. A most violent year* (Oscar Isaac, Jessica Chastain) ; *L'affaire OJ Simpson ; La vilaine* (Marilou Berry) ; *Le stratège* (Brad Pitt, Jonah Hill) ; *La traque des nazis ; 7 jours BFM.*

Proverbe : "**L**es murs ont des oreilles".

Top 100 Singles Acharts SNEP, Top 20 & more : 1. *Perfect.* Ed Sheeran. **2.** *Katchi.* Ofenbach and Nick Waterhouse. **3.** *Si t'étais là.* Louane Emera. **4.** *What about us.* P!nk. **5.** *Havana.* Camila Cabello and Young Thug. **6.** *To good at goodbyes.* Sam Smith. **7.** *Dommage.* Bigflo & Oli. **8.** *Sonotone.* MC Solaar. **9.** *Dusk till dawn.* Zayn and Sia. **10.** *I feel it coming.* The Weeknd and Daft Punk. **11.** *Shape of you.* Ed Sheeran. **12.** *Mwaka Moon.* Kalash and Damso. **13.** *All Stars.* Martin Solveig and Alma. **14.** *Feel it still.*

Portugal. The Man. **15. *Feels.*** Calvin Harris ft. Pharrell Williams, Katy Perry and Big Sean. **16. *What lovers do.*** Maroon 5 and SZA. **17. *No roots.*** Alice Merton. **18. *Mi amore.*** Jessy Matador. **19. *La vie est belle.*** Indochine. **20. *Rockstar.*** Post Malone and 21 Savage. **22. *Dirty sexy money.*** David Guetta ft. Afrojack, Xcx and Montana. **43. *Chandelier.*** Sia. **46. *Lemon.*** N*E*R*D and Rihanna.

... Lundi, 13 Novembre 2017.

Citation : "**L**a femme est une lyre qui ne livre ses secrets qu'à celui qui s'étend jouer". **Honoré de Balzac** (1799-1850), écrivain français. **& :** "**F**aute d'un clou le fer fut perdu, faute d'un fer, le cheval fut perdu, faute d'un cheval le cavalier fut perdu, faute d'un cavalier la bataille fut perdue, faute d'une bataille le royaume fut perdu. Et tout cela faute d'un clou de fer à cheval". **Benjamin Franklin** (1706-1790), imprimeur, éditeur, écrivain, naturaliste, inventeur et homme politique américain. Participant à la rédaction de la déclaration d'indépendance des États-Unis dont il est signataire, il est l'un des Pères fondateurs de ce pays.

1909 : Une jeune suffragette porte un coup de fouet au visage de Winston Churchill, ministre du Commerce britannique. Militante de l'Union des femmes sociale et politique, elle aspire au droit de vote des femmes qu'elles obtiendront en 1918.

***Le Monde* :** "**L**e cri d'alarme pour sauver la planète". "Il sera bientôt trop tard". **& :** "**V**ieillissement, e-commerce... pourquoi l'inflation recule". Tennis, Rafael Nadal : "Je joue avec la douleur". "Technologie : Musica.ly, l'appli pour ados à 1 milliard de dollars". ***L'Est éclair* :** "**L**a précarité gagne du terrain. Bataclan : Deux ans après, où en est l'enquête ?". ***La Croix* :** "**L**es mémoires du 13 novembre. Deux ans après, le pays reste marqué par ce drame. Une tragédie qui a parfois permis des réconciliations inattendues". ***Libération* :** "**1**3 Novembre.

Gouverner sous la menace terroriste. Théâtre : Tchekhov squatte les planches d'automne. Prix Medicis : Yannick Haenel. Tiens ferme ta couronne. Roman Gallimard". *Le Figaro* : "La volonté de Daech de nous attaquer est intacte". "Laurent Nuñez, patron du renseignement intérieur". Monde : "Le Liban au centre des tensions entre l'Arabie Saoudite et l'Iran". Européennes : "Juppé tend la main à Macron et divise la droite". Michel Onfray : "L'appel du philosophe pour" une révolution girondine". *La Provence* : "Soutenir les victimes, toujours. Le 13 novembre 2015, une série d'attentats frappait le Bataclan, des terrasses de Paris et le Stade de France. Soutenir les victimes, toujours. 130 tués, 576 blessés. Alors que l'enquête se poursuit, offrant peu de réponses, les traumatismes restent profondément ancrés chez les survivants et les familles de disparus. Avec une obsession : guérir l'horreur". *L'Humanité* : "Ferme des 4 000 bovins... de mal en pis. Élevage. Agriculteurs et citoyens se mobilisent contre le projet". *Le Courrier Picard*. "Moutons morts : il veut savoir". *Le Berry Républicain* : "Ils ont choisi de faire l'école à la maison". *Le Parisien - Aujourd'hui en France* : "Jean Michel Blanquer. "L'autorité doit être rétablie dans le système scolaire". Face aux lecteurs. Réforme du bac, discipline, laïcité... le ministre de l'Éducation nationale s'explique. Musique : Orelsan, basique et magnifique. Occitanie : Un Aveyronnais invente un engrais magique... et propre". *L'Yonne républicaine* : "Jean Bertin en rêvait. Projet. La start-up SpaceTrain, établie à Orléans et Paris, travaille à la conception d'une navette évoluant sur des coussins d'air. Un procédé inspiré du projet d'aérotrain de l'ingénieur icaunais Jean Bertin, décédés en 1975". *Les Échos* : "Les banques revoient leurs tarifs de fond en comble. Commerce : La révolution à la chinoise d'Alibaba. Emploi à domicile : le geste fiscal de Bercy pour les ménages". *La Montagne Creuse* : "L'économie sociale et solidaire une norme pour demain ? Travail. Un salarié français sur dix et une croissance de 24 % en quinze ans, le secteur peut se féliciter de ce changement d'échelle". *La Voix du Nord* : "Handicap au travail. Les tabous commencent à tomber". *Presse Océan*. "So Nantes : le fiasco de la monnaie locale. Nantes ; lancée en avril 2015, la monnaie locale So Nantes n'a pas répondu aux espoirs. Seulement 175 entreprises sur les 3 000 espérées ont adhéré au système". *Midi Libre*. "Mort de Joaquim : l'émotion d'un millier de personnes. Montpellier. Dix jours après l'assassinat du jeune étudiant montpelliérain dans le centre-ville, proches et anonymes lui ont rendu hommage". Cinéma : "Agnès Varda reçoit un Oscar d'honneur à Hollywood. Alimentation. Charcuterie nitritée : vers un nouveau scandale sanitaire ? Des additifs qui seraient cancérogènes". *La Dépêche du Midi*, "Toulouse : Détroussé après la soirée alcoolisée". & : "22 km à contresens sur l'autoroute". "Politique : Les louanges de Juppé à l'adresse de Macron. À plusieurs reprises, Alain Juppé a salué l'action du chef de l'État, suggérant même "un grand mouvement central" en vue des européennes de 2019". Rugby/Tournée d'Automne : "En attendant les Springboks. Après leur défaite, les Bleus affrontent à nouveau les Blacks mardi avant le choc contre les Springboks samedi à Paris". *Sud Ouest*, **Bordeaux.** "Circulation dans l'agglo : la situation empire". "Cancer du rein : une première bordelaise. CHU Pellegrin. 33 patients ont été traités en mode ambulatoire, par voie moins invasive". *Corse-matin* : "Cagnanu. La mairie poursuivie pour avoir volé les armoiries d'une famille". *L'éditionfrance par Ouest-France* : "Espagne. Rajoy veut "retrouver" la Catalogne. Moto : Le quatrième sacre de Marquez". *Midi Olympique* : "Dupont et le vide... Longtemps inconsistants, les Bleus, malgré un sursaut d'orgueil, semblent loin du compte. La seule lumière est venue d'Antoine Dupont. Insuffisant à l'aube d'une folle semaine. Heineken : Le brassage est une richesse". *L'Équipe* : "Moto. Grand Prix de Valence. Zarco de plus en plus fort". *À nous Paris* : "Jeux vidéo. C'est qui le best ?". *Télé Loisirs* : "Traque, manipulations, trahison... Laetitia Millot est de retour sur TF1. La Vengeance aux yeux clairs. La saison 2 frappe encore plus fort ! Nos révélations". *Cuisine a&d, d'aujourd'hui et demain* : "Numéro exceptionnel plus de 20 étoiles ! C'est la fête ! Éric Frechon, Pierre Gagnaire, Guillaume Goupil, Anne-Sophie Pic, Marc Veyrat, Guy Savoy, Yannick Alleno, Christopher Hache".

Centrafrique : Un café de Bangui a été attaqué samedi soir, à la grenade, faisant plus d'une vingtaine de blessés. Les représailles qui ont suivi ont fait 3 morts. **Irak : U**n violent séisme de magnitude 7,2 sur l'échelle de Richter s'est produit hier soir en Irak, près de la frontière iranienne. Au moins une quarantaine de personnes ont été tuées et des dizaines blessées. **Environnement : U**ne pollution radioactive, détectée en Europe à la fin du mois de septembre, proviendrait de la zone entre la Volga et l'Oural, selon l'institut public français, mais les autorités russes ont gagné vendredi toute responsabilité. La société kazakhe Kazatomprom, opérateur national chargé de la production du combustible nucléaire, a également démenti être à l'origine de la fuite. **États-Unis : L**a vedette Star Trek, George Takei, a nié les accusations d'agression sexuelle envers un mannequin homme en 1981, tandis que l'acteur Richard Dreyfus, connu pour son rôle dans les *Dents de la mer*, se défendait d'avoir harcelé sexuellement une auteure. **Brexit : L**e négociateur en chef de l'Union européenne, Michel Barnier, a déclaré se "préparer" à la "possibilité" qu'aucun accord ne soit trouvé avec Londres, même si ce n'est pas le scénario qui a sa faveur. **Italie : À** Alba, dans le nord de l'Italie, un lot de truffes blanches d'un poids d'environ 850 grammes, a été vendu pour 75 000 euros lors de la traditionnelle vente aux enchères la ville du Piémont (cette vente était effectuée en liaison satellite avec Dubaï et Hong-Kong). Estimé il y a un an entre 3000 et 4000 € le kilo, ses prix ont atteint les 6 000 € le kilo.

France, *La Voix du Nord* : "2 ans après, l'enquête colossale sur les attentats de Paris. Le procureur de Paris, François Molins, a suggéré cette semaine que l'enquête sur les attentats du 13 novembre 2015 pourrait être close au printemps 2019. Un procès (en 2020 ?) pourrait concerner une douzaine de personnes". (...) "Bien loin des attaques au couteau, ou même au camion qu'on a connues depuis, les attentats de Paris ont été l'aboutissement d'une entreprise colossale et organisée de Syrie à Paris, en passant par la Grèce, la Turquie et surtout Molenbeek, en Belgique". "Les enquêteurs ont reconstitué un groupe d'une vingtaine de personnes, dont plusieurs sont mortes". **Santé, L**evothyrox : Agnès Buzyn, ministre de la Santé et Bruno Lemaire, ministre économie, sont visés par une plainte pour "non-assistance à personne en danger". **Politique : A**lain Juppé tend la main à Emmanuel Macron en prônant un "grand mouvement central" avec le chef de l'État lors des prochaines élections européennes, une idée qui ne convainc pas les ténors des Républicains, en particulier Laurent Wauquiez. Hier après-midi, Alain Juppé a nettement atténué son propos en tweetant : "Liste commune avec E. Macron aux européennes ? On n'en est pas là." "Fausse nouvelle une fois de plus !". **France Insoumise :** En raison de ses activités de chroniqueuse TV, Raquel Garrido, renonce à la politique. "Le CSA a comptabilisé mes passages à l'antenne temps de parole France Insoumise", a expliqué l'avocate. Le CSA a précisé à l'AFP n'avoir fait "aucune demande particulière" à Raquel Garrido ni à C8. **Disparition :** L'ancien ministre communiste du gouvernement de Pierre Mauroy de 1981 à 1984, Jacques Ralite, est décédé à l'âge de 89 ans, a annoncé Meriem Derkaoui, maire de la ville d'Aubervilliers, qu'il a dirigée de 1984 à 2003. **Intérieur :** Le ministre de l'Intérieur Gérard Collomb, a annoncé vouloir renforcer l'efficacité des mesures visant à prévenir le suicide chez les forces de l'ordre au terme d'une semaine ou 6 policiers et deux gendarmes ont mis fin à leur jour. Hier l'ex chef de la lutte anti-hooliganisme, le commissaire Antoine Boutonnet et une policière à Montélimar se sont suicidés.

Faits divers : Un jeune homme de 24 ans a été tué par au moins 5 impacts de balle sur le haut du corps dans la nuit de samedi à dimanche dans un quartier défavorisé de Marseille. **& :** Un violent incendie a détruit dans la nuit de samedi à dimanche, 12 camions frigorifiques et un local technique des abattoirs municipaux de Sisteron. **Vol :** Plusieurs joyaux, dont une couronne du Trésor d'art sacré de la cathédrale d'Angoulême ont été volés dans la nuit de samedi à dimanche.

Temps libre. *La Voix du Nord.* « "Ok Google, peux-tu passer l'aspirateur dans le salon ?". Avec le Botvac D7 Connected, l'entreprise californienne Neato (prononcée Nito) fait franchir un cap aux aspirateurs robots. Ce modèle est compatible avec Amazon Alexa et Google Assistant pour vous obéir au doigt et à la voix ». **Vie**

quotidienne, *Le Parisien* : "On cicatrise mieux le jour". **Santé : "L**es remèdes du bout du monde de Sarah l'aventurière".

Rugby, XV de France, *Le Parisien* : "Et si ont donné les clés aux jeunes ?". **Féminines : A**près une 3e défaite en autant de rencontres, les Bleues battues par l'Angleterre 36 à 6, à Perth, en Australie sont éliminées dès la phase de poules du Mondial 2017. **Football, A**llemagne - France, *Le Parisien* : "Umtiti fait son nid". "Draxler prophète en son pays". "Sans Giroud avec Rabiot". Benzema : "Tant que Deschamps sera le sélectionneur...". "Invité hier du Canal Football Club, l'attaquant du Real Madrid rêve toujours de la Coupe du Monde 2018, même s'il ne se fait guère d'illusions." **Qualifications Coupe du Monde 2018 : L**a Suisse, tenue en échec hier à Bâle par l'Irlande du Nord, 0 à 0, s'est qualifié hier pour le Mondial 2018 en Russie. La Croatie victorieuse à l'aller 4 buts à 1, a également décroché son billet pour la Russie, on se contentant d'un nul en Grèce (0-0). **Coupe de France : É**vreux, pensionnaire de 5e division, a créé l'exploit lors du 7e tour de la Coupe de France, en s'imposant au Havre, 6e de Ligue 2, 3 bus à 2. **Tennis, Fed Cup : L**es États-Unis ont remporté la Fed Cup, dominant la Russie, 3 victoires à 2. Le point décisif a été apporté par la paire Vandeweghe - Rogers, qui a vaincu Sabalenka et Sasnovich (6-3, 7-6). **Voile : T**oujours au coude-à-coude hier soir, les deux bateaux maxi-format de la catégorie Ultimes joueront la gagne dans la Transat Jacques Vabre, ce lundi matin, à Salvador de Bahia, au Brésil, avec un avantage pour le tandem Thomas Coville - Jean Luc Nélias ("Sodebo Ultim'), qui devance de quelques miles le duo Sébastien Josse - Thomas Rouxel ("Maxi Edmond de Rothschild"). **Judo, *Le Parisien*** : "L'ultime rêve de Teddy. Après son 10e titre de champion du monde, le Français va tranquillement se tourner vers son dernier défi : les Jeux de Tokyo en 2020. **& : L**a jeune Française Romane Dicko a perdu son combat pour une médaille de bronze aux Mondiaux toutes catégories, battues par la Cubaine Idalys Ortiz, hier à Marrakech. Pour son premier mondial en individuel, Dicko, âgée de 18 ans, se classe 5e. **Sports mécaniques, M**oto GP : L'Espagnol Marc Marquez (Honda) a décroché son 4e titre en MotoGP, hier, lors du Grand Prix de Valence. Il a profité de l'abandon de l'Italien Andrea Dovizioso, son dernier concurrent pour le titre, et terminé en troisième position, d'une course remportée par son compatriote Dani Pedrosa, devant le français Johann Zarco (Yamaha Tech3). **Basketball, NBA : S**ans son meneur Kyrie Irving (fracture mineure au visage), Boston et son indispensable pivot Al Horford, s'est imposé hier, pour la 12e fois consécutivement contre Toronto. Réputé pour s'effondrer lors des playoffs, la star de Toronto, DeMar DeRozan n'a pas su négocier 2 balles de matchs. **Blessure : E**n raison d'une blessure au tibia droit, Rudy Gobert (Utah Jazz) sera indisponible au moins 4 semaines. **Joueurs de la semaine : N**ikola Jaric (Denver), décroche le trophée de meilleur joueur de la semaine à l'Ouest. Le pivot serbe est récompensé pour ses 22,7 points, 13,3 rebonds et 5,7 passes décisives de moyenne. À l'Est, le prix a été décerné à Tobias Harris (23,3 pts, 7,7 pds), récompensant l'excellent début de saison de Detroit. Pro A, **Classement : 1. L**e Mans, 2. Monaco, 3. ASVEL... 16. Cholet, 17. Boulazac, 18. Châlon. **Handball, D1 Masculine : 1.** Montpellier, 2. Nîmes, 3. Paris... 12. Tremblay, 13. Cesson-Rennes. 14. Massy. **Hippisme : A**ntoine Griezmann gagne sa première course.

Musique, *La Voix du Nord* : "Entouré de nombreux artistes, Louane, sort son nouvel album. Élue artiste francophone de l'année lors des *NRJ Music Awards*, l'Héninoise a sorti vendredi son deuxième album tout simplement intitulé Louane. Deux ans après l'immense succès de Chambre 12, la jeune femme, qui fêtera la semaine prochaine ses 21 ans, s'est entourée d'artistes prestigieux". "À l'affiche au cinéma en 2018". "En février 2015, elle a reçu le césar du meilleur espoir féminin, pour *La famille bélier*. **People : L**e couturier, Jean-Paul Gaultier va mettre sa vie en scène, aux Folies Bergère à Paris. Il a concocté pour fin 2018 un spectacle conçu comme "une grande fête", mêlant danse, mode et musique. 15 comédiens, acteurs, danseurs, et artistes, de cirque incarneront notamment ceux qui l'ont inspiré. **Le monde à l'envers,** *La Voix du Nord* : Le pape ne veut plus de photos pendant la messe. Les moutons reconnaissent Obama ! **& :** "**L**es muscles sont comme des animaux, ils ne font rien mais il faut les nourrir et en prendre soin, sinon ils s'en vont". **Ryan Gosling,** acteur américain. **Oscar,** *Le Parisien* : "Agnès Varda danse avec Angelina Jolie". **Concert : S**erge Lama. *Je débute.* **Musique.** *Le Parisien* : "C'est simple, on l'adore. **Album. "O**relsan cartonne avec *La fête est finie,* son magnifique troisième opus. Rencontre avec un rappeur discuté, apaisé". 5 étoiles." L'album de l'année".

Au programme : *C*amping Paradis *; Broadchurch* (5 étoiles *Le Parisien,* 2 derniers épisodes de la dernière saison) ; *Thalassa ; The night of ; Accusé Mendès France* (avec Bruno Solo) ; *Mariés au premier regard ; La robe de ma vie ; Quai des Orfèvres ; Hunger Games, l'embrasement ; Indiana Jones et le temple maudit ; Da Vinci Code* (Tom Hanks) ; *Éric Antoine Montreux Tout ;* les *duos impossibles de Jérémy Ferrari 2 ; Arnaud Tsamere : Confidence sur pas mal de trucs plus ou moins confidentiels ; Dinotopia ; Louise Michel, la rebelle* (avec Sylvie Testud) ; *L'Équipe Vintage. Spécial France-Nouvelle Zélande 2011 ; Grey's Anatomy.*

Sondage *Le Parisien.fr* **: "S**elon vous, Teddy Riner est-il le plus grand sportif français de tous les temps ? Oui. 62,6 %".

Météo : Venteuse dans le Sud.

... Mardi, 14 Novembre 2017.

Citation : "Ô liberté ! Que de crimes on commet en ton nom !" **Manon Roland** née Philipon (1754-1793), salonnière et personnalité politique française. Figure de la Révolution française, elle joua un rôle majeur au sein du parti girondin. Elle poussa son mari, Jean-Marie Roland de la Platinière, au premier plan de la vie politique de 1791 à 1793.

1994 : Le premier appareil à cristaux liquides est présenté par Casio. Il affiche le cliché en temps réel et permet de sauvegarder l'image en mémoire : une révolution pour la photographie de loisir.

La Croix : "Vers un bac à la carte ? Hier s'est ouverte une série de consultation préalables en vue d'une réforme du baccalauréat qui pourrait intervenir lors de la session 2021". Monde : "Séisme meurtrier à la frontière Iran-Irak". Science & éthique : "L'indispensable prévention de l'audition". & : "L'amitié, une valeur fondamentale qui émancipe. Éditorial : Le jeu de Juppé". *Libération* : "Réformes Macron. 65 % des français se sentent "perdants". Ahmad Jamal : "Légende rare du piano jazz. Rencontre exceptionnelle, dans le Massachusetts, avec le jazzman de 87 ans au phrasé inimitable, en concert parisien ce mardi". Viol sur mineurs : "Le consentement ça débute quand". Norvège : "Les rennes des neiges menacés". *La Voix du Nord* : "Le Président interpellé par les élus. Lille - Roubaix - Tourcoing. Emmanuel Macron est venu présenter sa politique de la ville". Commémoration : "Deux ans après les attaques, hommage national aux 130 victimes". *Le Figaro* : "L'Europe de la défense veut s'émanciper des États-Unis". Transat Jacques Vabre : "Thomas Coville, le marin de toutes les victoires". France : "Macron met un peu de social dans sa politique". Sécurité : "Hausse des suicides chez les forces de l'ordre". Bitcoin : "Faut-il avoir peur des monnaies virtuelles ?". *Le Parisien - Aujourd'hui en France* : "Mondial 2018. Les Bleus prêts pour un nouveau titre ?". Politique : "Vers un remaniement annoncé". Faits divers : "Un homme séquestre sa famille pendant sept ans". Vente aux enchères : "Un tableau de Léonard de Vinci estimé à 100 M€". 75 : "Immobilier. Les prix atteignent de nouveaux sommets". *La Tribune.* "Taxe à 3 % : l'histoire d'un ratage bien français". *Les Échos* : "EDF pris au piège de son équation financière". & : "En crise General Electric s'inflige une cure d'austérité drastique". *Presse Océan* : "À Rezé, le futur MIN sort de terre. En janvier 2019, le Marché d'intérêt national quittera l'île de Nantes pour s'installer dans la ZAC de la Brosse ; le chantier a débuté en mars dernier et tient ses délais". Loire-Atlantique : "Les drones source d'innovations". *Midi Libre.* "Tabac : la hausse des prix fait tousser". Environnement : "Le fertilisant de demain mis au point dans l'Aveyron". *L'Indépendant catalan* : "Pays catalan. Le nom de la région attaqué devant les Nations Unies". Vernet-Salanque : "Le conflit entre voisins s'envenime". Études : "Bientôt la fin du bachotage". *Var-matin* : "À 125 km/h. Nouveau coup de vent hier à Toulon. À Toulon, le vent souffle 80 jours par an à plus de 60 km/h dont 8 jours à plus de 100 km/h". Football : "L'Italie manquera la Coupe du monde 2018". **La Provence** : "Marseille se secoue les puces. Avenue du Cap Pinède, rue de Lyon, rue André-Allar, chemin de la Madrague-Ville : ce périmètre de 14 hectares, autour du marché aux Puces entame une vraie révolution. Elle va durer 10 ans. Notre dossier". Infertilité : "Un bébé à tout prix...". Football : "La Suède prive l'Italie de coupe du monde en Russie, une première depuis 1958 !". *Le Télégramme*. "Bac : la fin d'une époque". Transat Jaques Vabre : "Coville et Nélias en vainqueurs express". *DNA, Dernières nouvelles d'Alsace* : "Le baccalauréat corrigé". & : "Faudra-t-il payer pour visiter ? Stéphane Bern, chargé d'une mission "patrimoine" auprès du gouvernement, propose de rendre payant l'accès aux cathédrales". Sport automobile : "Loeb en attraction au Futuroscope". *La Dépêche du Midi*. "Réforme : vers un big bang du bac ?". Éducation : "Où sont passés les profs de maths ?". Déplacements : "La galère des trajets quotidiens". Football/Amical : "Un Allemagne-France au goût de revanche. Ce soir à Cologne, les hommes de Didier Deschamps retrouvent leurs rivaux historiques pour la première fois depuis l'Euro 2016". *L'Équipe*. "Ski Alpin, Disparition. David Poisson. La mort à l'entraînement. Médaillé de bronze aux Mondiaux 2013, le descendeur français est mort, hier, lors d'une chute, alors qu'il se trouvait en stage avec les Bleus, à Nakiska, au Canada. Il était âgé de 35 ans". *France football*, "Un nouveau match commence" : "Neymar. 100 jours après, les 10 grands gagnants". Soyaux : "Le club interdit aux garçons. Entretien. Mexès : "J'ai été un peu con". *Auto hebdo* : "Endurance. Alonso vise Le Mans 2018. Après les 500 miles d'Indianapolis, l'Espagnol ambitionne d'être au départ des 24 heures avec Toyota. Nos révélations". GP du Brésil : "Vettel sauve l'honneur". *La Montagne Clermont-Metropole* : "Devoirs au collège pour tous les élèves".

Tulle : "Ces animaux sauvages de retour dans le Limousin". *L'éditionfrance par Ouest-France.* "**D**ouze élèves en CP : la bonne formule ?". *Point de vue* : "**L**es français n'ont pas perdu la tête". *Corse-matin* : **L**a Corse à flanc d'hiver. L'épisode pluvieux, venteux et neigeux se poursuit ce matin. La vigilance reste "jaune". Université : "Agrégation de Corse année zéro". *Sud Ouest* : "**B**ordeaux. La discothèque La Plage va se déployer sur 3 sites". Transports : "Des villes sans voitures, c'est pour demain". *Micro Pratique, Le magazine de la micro-informatique personnelle* : "**W**indows 10. Fall Creators Update. Une mise à jour majeure". En pratique : "Créez une newsletter avec MailChimp. Gérez un budget familial avec Excel. Utilisez CCleaner pour nettoyer et protéger un PC".

Iran - Irak : "**L**es secours iraniens recherchaient d'éventuels survivants du tremblement de terre qui a frappé dimanche soir l'ouest de l'Iran et plusieurs et régions irakiennes, faisant au moins 421 morts et plusieurs milliers de blessés (7 370). Les autorités faisaient face au défi d'abriter et de nourrir des dizaines de milliers de personnes, contraintes de se coucher dehors dans la fraîcheur pour une seconde nuit d'affilée. L'épicentre du tremblement de terre de magnitude 7,3, a été localisé tout près de la frontière irakienne une cinquantaine de kilomètres au nord de Sar-e Pol-e Zahab, la ville la plus touchée par le sinistre, avec 280 morts". **Union européenne :** "**2**3 ministres des Affaires étrangères de l'Union européenne ont signé ce lundi 13 novembre à Bruxelles, un accord sur la coopération structurée permanente dans le domaine de la politique de sécurité et de défense. Introduite pendant le traité de Lisbonne de 2007, ratifié en 2009, c'est un pas supplémentaire sur la route de l'Europe de la Défense, puisqu'il s'agit d'ouvrir la possibilité pour les pays signataires de renforcer la coopération militaire ainsi que celle de l'industrie de l'armement". **Environnement :** **L**es émissions mondiales de CO_2 sont reparties à la hausse en 2017, une très mauvaise nouvelle alors que la communauté internationale a entamé la seconde semaine de négociations climatiques à Bonn pour tenter d'avancer dans la mise en œuvre de l'accord de Paris. **Somaliland :** **L**es électeurs de la République autoproclamée du Somaliland, ont voté pour élire leur président avec l'espoir que cette 3e élection démocratique depuis la déclaration d'indépendance du reste de la Somalie en 1991, renforcera leur quête de reconnaissance internationale. Situé dans le nord de la Somalie, ce territoire n'est reconnu par aucun État mais se distingue du reste du pays par sa stabilité une composition clanique plus homogène. **États-Unis :** En difficulté, General Electric a annoncé un vaste plan de restructuration visant à se recentrer sur trois activités (aéronautique, santé, énergie), s'accompagnant de milliers d'emplois à travers le monde pour réduire ses coûts. **Venezuela :** Une partie des créanciers internationaux du pays étaient réunis à Caracas, pour entamer des négociations sur les conditions de la dette du pays pétrolier, déterminé à éviter à tout prix de défaut de paiement. **Allemagne :** La justice allemande a accepté de se pencher en détail sur la plainte d'un fermier péruvien qui demande au géant allemand de l'énergie RWE, de réparer les dégâts causés par le changement climatique dans les Andes. **Espagne :** Le président catalan destitué, Carles Puigdemont, a estimé dans un entretien publié par le quotidien belge, *Le Soir*, qu'une autre solution que l'indépendance de la région était "possible" assurant être "toujours pour un accord" avec l'Espagne. **Justice :** Le 3 janvier 2004, l'avion flash Airlines s'était abîmé en Mer Rouge, faisant 148 morts dont 134 français, 3 minutes après son décollage. 13 ans plus tard, la justice a ordonné un non-lieu. Les charges contre la compagne égyptienne et l'équipage ont été jugées insuffisantes.

Le visage, *La Voix du Nord*. "Saad Hariri. Le premier ministre démissionnaire Saad Hariri a assuré qu'il allait "très bientôt" rentrer au Liban, se disant "libre" en Arabie Saoudite, dans un entretien à Ryad avec une chaîne de télévision libanaise, sa première prise de position publique depuis qu'il a annoncé le 4 novembre sa démission surprise. Une semaine après cette annonce, son retour se fait toujours attendre, et le président Michel Aoun n'a toujours pas accepté sa démission, affirmant attendre de la rencontrer pour discuter avec lui. "Je vais rentrer au Liban très bientôt pour entamer les procédures constitutionnelles nécessaires", a-t-il précisé, en référence à sa démission.

France : Emmanuel Macron, en présence de son prédécesseur François Hollande, a rendu hommage aux victimes des attentats du 13 novembre 2015, en observant une minute de silence sur les six lieux des attaques à Paris et Saint-Denis. Un lâcher de ballons a eu lieu en fin de cérémonie devant le bataclan, en présence d'Anne Hidalgo, du couple Macron, de François Hollande et de Bernard Cazeneuve. **Polémique : L'**émoi provoqué par l'acquittement, début novembre à Meaux, d'un homme jugé pour le viol d'une enfant de 11 ans pose le débat de l'âge minimal en dessous duquel un enfant ne peut être considéré comme sexuellement consentant. En Espagne ou aux États-Unis, cet âge est établi à 12 ans. 13 ans en Angleterre et au Pays de Galles, 14 ans en Belgique, Autriche et Italie. 15 ans au Danemark. **Gendarmerie : L**es plaintes pour violences sexuelles déposées ont augmenté en octobre de 30 % par rapport à la même période de l'année précédente (+360 faits). Cette hausse exceptionnelle pourrait être liée en partie à la libération de la parole des victimes, provoquée par la révélation début octobre de l'affaire Weinstein, le producteur américain accusé par une centaine de femmes de harcèlement sexuel, d'agression sexuelles et de viols. **Syndicat : L**e secrétaire général de la CGT, Philippe Martinez, veut "organiser la résistance" contre les ordonnances "dans les entreprises" et reproche au chef de l'État de parler uniquement "aux privilégiés" dans un entretien au quotidien *Les Échos*. **Assemblée Nationale : A**près son rejet par le Sénat, les députés ont rétabli en nouvelle lecture et à main levée, la surtaxe exceptionnelle sur les grandes sociétés, destinée à compenser en partie le manque à gagner de 10 milliards d'euros dû à la censure de la taxe sur les dividendes. **Fiscalité : L**e ministre de l'Action et des comptes publics, Gérald Darmanin, a confirmé que le prélèvement à la source de l'impôt sur le revenu, entrerait en vigueur au 1er janvier 2019, avec quelques modifications "destinées à "alléger" des règles de gestion pour les collecteurs, notamment les entreprises. **440 000 € : L**e budget annuel de Brigitte Macron, épouse du président de la République.

Internet : La France a engagé des discussions avec les grands hébergeurs, dont Twitter, pour agir plus efficacement contre les menaces proliférées sur les réseaux sociaux et sanctionner auteurs et plateformes, a déclaré le Premier ministre Édouard Philippe.

Football, *Eurosport* : Vidéo. En larmes, Gianluigi Buffon demande "pardon à l'Italie". Éliminatoires Mondial 2018. L'Italie n'ira pas la Coupe du monde, une première depuis 1958. La Squadra Azzura a fait match nul 0 à 0 contre la Suède, hier, à Milan après s'être incliné 1 à 0 à l'aller. Les 29 pays qualifiés. Russie (hôte), Afrique, Nigeria, Égypte, Sénégal, Maroc, Tunisie. Amérique du Sud : Brésil, Uruguay, Argentine, Colombie. Asie : Iran, Japon, Corée du Sud, Arabie Saoudite. Amérique du Nord, Centrale et Caraïbes : Mexique, Costa Rica, Panama. Europe : Allemagne, Angleterre, Belgique, Espagne, Pologne, Islande, Serbie, France, Portugal, Suisse, Croatie, Suède. **Équipe de France espoirs.** Les Bleuets ont continué leur sans faute dans les qualifications pour l'Euro 2019, en remportant un 5e succès de rang en Slovénie, 3 buts à 0, mardi à Domzale, grâce à un triplé de l'avant-centre du Celtic Glasgow, Moussa Dembélé. *Le Parisien* : "Un match sous haute sécurité. La rencontre entre la France et l'Allemagne, ce soir à Cologne, intervient deux ans après les attentats à Paris et au Stade de France, à Saint-Denis. Un contexte forcément particulier". **& :** "Ben Arfa veut rester cet hiver". "Benzema n'agace pas Deschamps". **Olympique Lyonnais :** L'entraîneur des gardiens de Lyon, Joël Bats, va quitter son poste à la trêve hivernale, à sa propre demande. Il sera remplacé par l'ancien portier emblématique du club rhodanien, Grégory Coupet. Bats, 50 sélections en bleu, va rejoindre l'impact Montréal (Major League Soccer au Canada) dirigé par l'ancien entraîneur de l'OL, Rémi Garde. **Tennis, Masters :** Le Bulgare Grigor Dimitrov, a bien débuté la compétition en dominant l'Autrichien Dominic Thiem, 6-3, 5-7, 7-5, à l'issue d'un intense combat. Dans la soirée, le n°1 mondial, Rafael Nadal, s'est retiré de la compétition après sa défaite, 7-6 6-7 6-4, face au Belge David Goffin. "J'ai essayé du mieux que j'ai pu, j'avais un engagement envers ce tournoi, envers moi-même, mais ce n'aurait pas eu de sens de continuer", a déclaré l'Espagnol, blessé au genou. **Ski Alpin :**

David poisson est mort hier au Canada alors d'une séance avec l'équipe de France. Ce drame rappelle celui de la skieuse tricolore Régine Cavagnoud disparu en 2001 en Autriche. Le descendeur français s'est tué à l'entraînement. Il avait 35 ans. Un drame qui bouleverse le sport français. **Voile, *Transat Jacques-Vabre* :** Thomas Coville et Jean-Luc Nélias, les skippers de *Sodebo*, ont franchi en tête la ligne d'arrivée, après 7 jours et 22 heures de navigation. Ils devancent d'1 heure 47 minutes, le tandem Sébastien Josse-Thomas Roussel, sur Maxi Edmond de Rothschild, bijou de technologie et le grand favori qui faisait son baptême du feu. **Basketball, NBA :** LeBron James a joué de l'intimidation face au jeune français des New York Knicks, Frank Ntilikina (il n'aurait pas dû être drafté par la franchise), lors de la victoire de Cleveland au Madison Square Garden. Mais les Cavaliers sont toujours fragiles. **Joakim Noah :** De nouveau autorisé à jouer depuis lundi après sa suspension pour dopage, le pivot a été laissé sur le banc par son coach face aux Cavs. **Blessure :** Le pivot Français de Utah, Rudy Gobert, sera indisponible au moins 4 semaines en raison d'une blessure au tibia droit. Devenu le chef de file du Jazz après le départ de Gordon Hayward à Boston cet été, il tourne cette saison à des moyennes de 13,9 points, 10,5 rebonds et 2,5 contres par match. **Rugby, *Le Parisien* :** "France - All Blacks, le match en bois. 3 jours après le test-match perdu au Stade de France (38-18), le XV de France (l'équipe B) retrouve la Nouvelle-Zélande, elles aussi en version bis, aujourd'hui (18h55) au Groupama Stadium à Décines pour un match d'exhibition. Une rencontre non reconnue par World rugby mais qui rapportera 2,2 million d'euros à la FFR".

Musique : Le chanteur canadien Shawn Mendes a reçu le prix de la meilleure chanson dimanche soir, lors des MTV Europe Music Awards de Londres. Sacré meilleur artiste, il a devancé des poids lourds des charts, tels que Ed Sheeran, Taylor Swift ou Ariana Grande. *Salut Les Terriens* : En qualifiant les migrants "d'ennemis des juifs en Allemagne", samedi soir dans l'émission de Thierry Ardisson, Karl Lagerfeld a choqué les téléspectateurs. "On ne peut pas tuer des millions de juifs pour faire venir des millions de leurs pires ennemis après, même s'il y a des décennies entre". Le CSA étudie actuellement la séquence, avant d'ouvrir une instruction. **France Télévision : A**près avoir imposé quelque 80 M€ de coupes budgétaires en 2018 à France Télévisions, Arte, Radio France, l'INA, France Médias Monde (RFI, France 24, etc...), le gouvernement ne compte pas s'arrêter là. Un rapport confidentiel élaboré au ministère de la Culture préconise des mesures d'économie drastiques au sein de l'audiovisuel, comme la fermeture de France Ô. Les salariés dénoncent des réformes impossibles à mettre en pratique. **Théâtre,** *Le Parisien* : Douze hommes en colère. Théâtre Hérbertot (Paris XVIIe). **Enchères : L**e tableau Salvator Mundi, attribué à Léonard de Vinci et garanti à l'avance à 100 millions d'euros à un vendeur, était considéré en 1958 comme une œuvre d'un suiveur du maître. Il avait alors été cédé pour 51 € avant d'être restauré et de voir sa côte exploser après son authentification. **Le Livre du jour,** *Le Parisien* : La Sorcière de Camilla Läckberg, Édition Actes Sud. Loisirs, Tendance, *Le Parisien* : "Au collège, c'est youtubeurs et rappeurs. **Tendance. S**queezie, Niska, Bigflo et Oli, Cyprien... Tous viennent du Web et du hip-hop et sont les nouvelles stars de vos ados.

Au programme. Football : Allemagne / France ; *Secrets d'histoire - "Louis IV, l'homme et le roi" ; Secrets d'histoire - "Louis IV. Le roi est mort, vive le roi". Meurtres à la Ciotat ; Primaire ; La cité perdue de Teotihuacan ; Le meilleur pâtissier ; Heinrich Himmler "The Descent One". Communisme - Le murmure des âmes blessées. Dr Foster ; Blue Bloods ; Titanic (Kate Winslet, Leonardo DiCaprio) ; Les invincibles* (Gérard Depardieu) ; *L'histoire sans fin. Vol 571 : crash dans les Landes ; Un cœur invaincu. L'histoire sans fin.*

Météo : Attention brouillard.

Proverbe : "Pas de nouvelles, bonnes nouvelles". **& : "C**'est dans les vieux pots qu'on fait la meilleure soupe."

Citations : "Il vaut mieux être plusieurs sur une bonne affaire que seul sur une mauvaise." **Paul Bernard,** dit Tristan Renard (1942-2014), professeur français de lettres classiques, spécialiste de la littérature française du XXe siècle. **& : "L**a femme est capable de tous les exercices de l'homme sauf de faire pipi debout contre un mur." **Sidonie-Gabrielle Colette** (1873-1954), femme de lettres, connue surtout comme romancière mais aussi mime, actrice et journaliste. 2e femme élue membre de l'académie Goncourt en 1945, elle en devient présidente entre 1949 et 1954.

1999 : L'Assemblée nationale adopte le PACS, pacte civil de solidarité, malgré les manifestations d'une partie de la population. Ce partenariat contractuel, voté sous le gouvernement Jospin, devient la 2e forme d'union civile avec le mariage.

La Croix **:** "**F**aut-il limiter la population pour sauver la planète ?". Parents & enfants : "Les parents d'ados font aussi leur crise". *L'éditionfrance par Ouest-France* **:** "**E**t si le bio nourrissait la planète ?". Éditorial : "Le drame de la famine au Yémen". Climat : "La Norvège ne joue pas le jeu". *Libération* **:** "**H**arcèlement sexuel au MJS. Huit femmes accusent. Exclusif. Ancien président des Jeunes Socialistes, Thierry Marchal-Beck est mis en cause par plusieurs cadres et militantes. "Libération" a enquêté sur un mouvement qui a refusé de voir". 13 novembre : "Une fausse victime en procès". Mondial : "L'Italie frappée dans son orgueil". *Le Figaro* **:** "**H**ollywood dans la tourmente de l'affaire Weinstein". Birmanie : "Les séparatistes de l'Arakan pris entre l'armée et la crise rohingya". & : "Fiscalité du capital : une baisse pour doper la croissance". "Affaire Hariri : le chef de la diplomatie libanaise en appelle à la France". *Le Monde.* "**D**iabète : enquête sur un marché très rentable". Banlieue : "Le message de Macron". Entretien, Thomas Buberl : "Axa doit perdre du poids". Drame national : "L'Italie sera privée de Coupe du monde en 2018". *L'Humanité* **:** "**L**e plan secret du ministère. Une bombe contre la culture. Audiovisuel, archives, spectacle, cinéma, musées...

Visés par une volonté de casse sans précédent". *Le Télégramme* : **"S**e soigner seul peut être dangereux". Aides sociales : "Un français sur deux ignore ses droits". *La Provence* : **"M**édicaments sans ordonnance. La liste noire. "60 millions de consommateurs" a passé au crible 62 produits vendus librement : l'étude révèle que la moitié est "à proscrire". Un tiers est jugé inefficace". Notre dossier : "Trop chers et trop sales les parkings du centre-ville ?". Enquête : "Marseille. Les mauvais coups des bonnes sœurs". Lauriers : "107 ans de prison prononcés contre les chefs d'un juteux trafic de drogue". Foot - Amical Allemagne 2 - France 2. "Les promesses de Cologne". *La Montagne*, **Clermont-Ferrand. "G**rippe : c'est l'heure de se faire vacciner". *La Dépêche du Midi*. **"L**evothyrox : le labo condamné". Contribution foncière : "Une addition salée pour les commerçants". Politique : "Vent de fronde chez les "marcheurs". Des militants veulent quitter le mouvement". Rugby : "Le XV de France s'incline mais d'une courte tête". Francis Cabrel : "Dans mes chansons, je cherche toujours le mot de trop". *Le Canard enchaîné* : **"L**e message de l'ex-banquier Macron aux jeunes des quartiers". "Moi aussi, j'ai grandi dans la City". **& : "L**obbys à la pelle. La couleuvre était atomique". "Marseille : l'art d'accommoder les statistiques de la criminalité. En Marche ! : le congrès d'un parti politique virtuel". *La Voix du Nord* : **"S**ocial. Mise en place du plan en faveur des quartiers en difficulté. Borloo rempile pour Macron". Lille : "Passé et présent se rejoignent dans un livre". Santé. "Levothyrox : Merck condamné à remette l'ancienne formule sur le marché. Bousbecque : La communauté espagnole visée par des lettres anonymes et xénophobes". *Charlie Hebdo* (**d**essin de RISS) : "Merci Schiappa. Merci Hulot. "Le sexe à 13 ans". "Le Roundup à 3 mois". *La Tribune* : **"C**limat. Le monde entier dépendant des efforts de la Chine. Armement : Les Émirats modernisent leurs Mirage 2000-9. Altice-SFR : les marchés mettent Drahi sous pression". *Les Échos*. "HSBC : transaction à 300 millions pour solder les affaires fiscales". & : "La filière alimentaire signe un armistice. Amazon défie Netflix avec "Le seigneur des anneaux". *Corse-matin* : **"L**e Centre Corse au pied d'un mur de neige". Énergie : "Un récit de 90 minutes sans courant". Collège de Baleone : "Les œuvres d'art de la cour débitées comme du petit bois". Conflit social : "La cocotte-minute prête à exploser dans le monde de la santé". *L'Indépendant catalan* : **"P**erpignan. Myopathe, on lui refuse un prêt". Levothyrox : "Le géant Merck condamné à Toulouse". *Midi Libre.* **"H**andicap : la dure galère de l'emploi". Montpellier : "Le temps périscolaire en péril". Humanitaire : "25 000 migrants sauvés par SOS Méditerranée". *Le Parisien - Aujourd'hui en France* : "**F**rance Télé. Faut-il tout changer ? Dossier. Fermeture de chaînes, départs non volontaires, économies conséquentes... Un rapport confidentiel du ministère de la Culture évoque les mesures drastiques pour réformer l'audiovisuel public". Santé : "Les meilleurs médicaments contre le rhume de saison". Polémique : "Pour la première fois, Barbie porte le voile". Gastronomie : "Le bœuf bourguignon plat favori des Français". Allemagne - France : 2-2. "Les Bleus ont tenu le choc". *Presse Océan.* **"A**éroport : il veut un couvre-feu. Le maire de Saint-Aignan demande à l'État l'arrêt des vols de nuit à Nantes Atlantique". FC Nantes : "Quand les Canaris suivaient Mbappé". *L'Équipe* : "Ski alpin. Disparition de David Poisson. Le clan français sous le choc". Football. Allemagne 2-2 France : "Dommage c'était bien. Rejoints à la dernière seconde, les Bleus, grâce notamment à un doublé d'Alexandre Lacazette, ont réalisé une très belle prestation face aux champions du monde". Saint-Etienne : "Garcia s'en va". Rugby : "Tournée de novembre. France B 23-28 Nouvelle-Zélande B. Pas de victoires mais des idées". *Le journal du Centre* : "**L**e frelon asiatique fait comme chez lui". *L'Express* : "Exclusif. Les confessions de Mandela. Les extraits du livre événement. La force et les doutes d'un géant. Comment il a fondé la nation arc-en-ciel". Nicolas Hulot : "Le ministre à l'épreuve de Notre-Dame-des-Landes". Bande dessinée : "Scandale chez Blake et Mortimer". *01net* : "**B**ox internet. Faites-en plus pour moins cher". & : "Un réseau WiFi fiable et stable". *Point de vue* : "**E**nquête sur le royaume saoudien. Pourquoi l'héritier du trône a-t-il fait arrêter onze princes ?". *Le P'tit Libé* : "**L**e harcèlement à l'école. Qu'est-ce que c'est ? Pourquoi est-ce grave ?". *Chef d'entreprise* : Chine. Nouvelle terre des licornes. Bordeaux : The place to be. *Marie france* : "**J**e m'engage ! Thérapie en famille... Ça marche vraiment !". *L'express diX.* **Marine Vaeth.** "**J**e joue pour

partager". 4/10 Spécial luxe : "C'est l'essentiel qui embellit la vie".
Bilba : **"M**aison, mode, beauté, enfants, shopping... J'économise 250
€ par mois. Consommer mieux et dépenser moins". **Gala** : **"E**lla a
vaincu l'endométriose et deviendra bientôt maman". Laetitia Milot.
"Mon bébé miracle". **Les Inrockuptibles** : **"É**tienne Daho. Le
patron". "Dossier spécial jeux vidéo : Enfin pris au sérieux ?". **Le
journal de Mickey** : **"D**onald. Casse des caisses". **&** : **"L**es meilleurs
profs du monde animal".

Planète. Publiée lundi dans la revue BioScience, le cri d'alerte lancé
par 15 000 scientifiques a été intégralement traduit dans Le Monde :
Depuis le début des années 1960, la disponibilité en eau douce a
diminué de moitié. En raison de la déforestation, le nombre de
mammifères reptiles, amphibiens, oiseaux et poissons a chuté de
près d'un tiers. La superficie des "zones mortes" des océans a cru,
dans le même temps de 75 %. Après 3 années de stagnation, les
émissions de CO2 repartent en hausse. "Les hommes ont des
technologies divines, mais des institutions moyenâgeuses et une
psychologie d'homme des cavernes, incapable de modérer sa
consommation. Guillaume Chapron, maître de conférences à
l'université suédoise des sciences agricoles, dans Le Monde.
Humanité : La population mondiale a augmenté de 2 milliards
d'individus depuis 1992, se portant selon la dernière révision des
Nations Unies en juin à 7,6 milliards. Comment nourrir cette
population ? Hervé le Bras démographe français affirme : "Si on
réservait aux humains le blé, le soja ou maïs destiné aux animaux,
on pourrait nourrir 11 milliards d'humains". **Patrimoine mondial :**
Selon l'Union internationale pour la conservation de la nature, le
changement climatique menace un quart des sites naturels du
Patrimoine mondial, soit presque deux fois plus qu'il y a 3 ans. **Iran
:** Les sinistrés du séisme ayant frappé dimanche soir l'ouest de l'Iran
exprimaient leur amertume, alors qu'ils se préparaient à passer une
3e nuit hors de leurs habitations détruites ou endommagées, dans
tentes, ni couvertures. **États-Unis :** Lors d'une fusillade dans une
école élémentaire du nord de la Californie, au moins trois personnes
ont été tuées et deux enfants blessées par balle. Le tireur a été

abattu. **Corée du Nord :** Dans sa fuite éperdue, le soldat qui a fait défection lundi en traversant la frontière dans le secteur de Panmunjeom, a été la cible d'une quarantaine de tirs nord-coréens, dont 6 l'ont blessé. **Zimbabwe : U**n convoi militaire en mouvement a été vu près de la capitale, Harare, au lendemain d'une mise en garde sans précédent du chef de l'armée à l'encontre du président Robert Mugabe. **Monde : L**e président américain Donald Trump a achevé une tournée marathon sur le continent asiatique, sans dissiper le brouillard qui entoure sa stratégie dans cette partie du monde. Les dirigeants de la région ont rivalisé d'efforts pour soigner le président notoirement sensible aux honneurs et au faste. **Venezuela : L**e pays a été déclaré en défaut partiel sur sa dette, comme sa compagnie pétrolière PDVSA. L'État a cependant obtenu un répit de ses créanciers internationaux. **Brexit : L**e débat s'est enflammé sur la date de sortie du Royaume-Uni de l'Union européenne, lors de la reprise du projet de loi gouvernemental abrogeant le droit européen.

Sécurité : Le nouveau patron de la Direction générale de la sécurité intérieure, Laurent Nuñez, a révélé hier sur RTL, que plus de 18 000 individus sont inscrits au fichier national de suivi de la radicalisation violente, dont 4 000, considérés comme les plus dangereux, sont surveillés par la DGSI. *Charlie Hebdo* **:** Directeur du journal, RISS, accuse le directeur du site d'information Mediapart «de condamner à mort une deuxième fois sa rédaction". Edwy Plenel avait affirmé : "La une de Charlie Hebdo fait partie d'une campagne générale de guerre aux musulmans". **Finances publiques : A**près un mois de polémiques, le Parlement a définitivement adopté hier la surtaxe sur les sociétés destinée à compenser partiellement la censure à 10 milliards de la taxe sur les dividendes, fiasco fiscal pour lequel l'Inspection générale des finances n'a pas ciblé de coupable. L'objectif de permettre à la France de tenir ses engagements européens et de sortir de la procédure de déficit excessif en 2018. Les bénéfices des 320 plus grandes entreprises réalisant plus d'un milliard d'euros de chiffre d'affaires, actuellement taxés à 33,3 %, seront taxés à 38,3 % et à 43,3 % pour ceux dont l'activité dépassera les 3 milliards cette année. Bruno Le Maire avait demandé le 20 octobre un rapport à l'inspection générale des Finances au risque de mettre en cause Emmanuel Macron, secrétaire général de l'Élysee lors de l'instauration de la taxe en 2012. Un rapport qui affirme "qu'il n'était pas possible en 2012 d'anticiper la nature des risques juridiques", notamment le revirement de la jurisprudence européenne en 2017, puis la censure constitutionnelle complète. **Audiovisuel : A**près la publication de documents "internes", "non validés", contenant "des pistes de travail" pour réformer l'audiovisuel public, la ministre de la Culture Françoise Nyssen, a annoncé son intention de porter plainte contre X. **Santé : L'**Agence américaine des produits alimentaires et des médicaments, a autorisé la mise sur le marché du premier comprimé électronique capable d'indiquer si un malade a bien ingérer son traitement et quand. **Sciences : L'**astrophysicien belge Michaël Gillon recevra vendredi à Berne le prestigieux prix Balzan. Entouré d'une équipe internationale d'astronomes, le chercheur de l'université de Liège avait annoncé en février la découverte d'un système de 7 planètes de la taille de la Terre tournant autour d'une étoile naine TRAPPIST-1, située dans notre galaxie. 3 planètes pourraient présenter de l'eau liquide sur leurs surfaces, ce qui en fait des cibles idéales pour la recherche de vie. **Économie : H**SBC Private Bank, filiale suisse du géant bancaire britannique, a accepté de payer 300 millions d'euros pour échapper à un procès pour blanchiment de fraude fiscale, une procédure inédite et un montant record en France, cependant éloigné de ceux atteints par les États-Unis. *La Voix du Nord, Temps libre, Cékoiça* : "Aujourd'hui, c'est la journée mondiale du recyclage".

Lafarge : Une perquisition était en cours hier au siège parisien du cimentier, soupçonné d'avoir indirectement financé des groupes djihadistes en Syrie, dont l'EI. Le siège du Groupe Bruxelles Lambert, holding détenant 9,4 % du capital de LafargeHolcim a été également été perquisitionnée. **Faits divers : L**a mairie de Monclar-d'Agenais, une petite commune du Lot-et-Garonne, a reçu un courrier, contenant une lettre de menace en français mais également une page du Coran en arabe et de la poudre blanche. Cependant, tous les risques bactériologiques ont été levés. **Université : U**n directeur de recherche du CNRS, accusé d'agression et de harcèlement sexuel à Marseille, a été révoqué de la fonction publique. **Paris : L**a décision du tribunal au sujet du recours du leader forain Marcel Campion, a été mis en délibéré. Celui s'élève contre la décision du Conseil de Paris de supprimer le marché de Noël des Champs-Élysées, qu'il exploite depuis sa création en 2008. **Affaire Karachi : F**rançois Léotard est de nouveau visé par une enquête pour faux témoignages, la cour d'appel de Paris ayant annulé le non-lieu dont l'ex-ministre de la Défense avait bénéficié.

Football, *Le Parisien* : "Lacazette-Martial, un duo de choc". Séduisants et percutants, les Bleus ont dominé les champions du monde allemand mais Stindl a égalisé dans le temps additionnel. Anthony Martial est à créditer d'une action de grande classe ponctuée d'un caviar pour Alexandre Lacazette, double buteur hier soir. **Mondial 2018 : L**e Danemark a décroché son billet pour la Russie après sa large victoire (1-5) en Irlande. Les dernières places qualificatives iront aux vainqueurs des oppositions Pérou - Nouvelle-Zélande et Australie - Honduras. **Italie : L**e groupe de médias RCS, propriétaire de *La Gazzeta dello Sport*, journal sportif de référence dans le pays, s'est effondré (- 8,75%) hier en Bourse (Milan) après l'échec lors des qualifications pour le Mondial des Azurri. **Transfert, *Eurosport* :** "**E**ntre Griezmann et le Barça, un accord de principe aurait été trouvé." **Féminines : B**runo Cheyrou, 3 sélections internationales, a été nommé directeur sportif de la section féminine du Paris Saint-Germain. À 39 ans, c'est sa première expérience dans ce domaine. **Procès FIFA : L**'ancien dirigeant du football argentin Jorge Delhon, s'est suicidé (se jetant sous un train), quelques heures après avoir été mis en cause dans le cadre de la procédure judiciaire. **Tennis, Masters : R**oger Federer, victorieux en 3 sets d'Alexander Zverev, s'est qualifié pour les demi-finales. Martin Cilic s'est de son côté incliné en 3 manches devant Jack Sock. En double et pour son second match, le duo français Nicolas Mahut/Pierre-Hugues Herbert s'est incliné 6-7 (4/7), 6-4, 10-5, face à la paire formée par l'Américain Ryan Harrison et le Néo-zélandais Michael Venus.

Retraite : Radek Stephanek, 39 ans le 27 novembre prochain, met un terme à sa carrière professionnelle. Le Tchèque est connu pour ses 2 coupes Davis, ses nombreux titres en double mais aussi en raison de son style d'attaquant d'un autre temps et de ses nombreuses conquêtes (Hingis, Kvitova...). **Basketball, NBA :** Sans vraiment dominer ses rencontres, Boston a enchaîné hier soir contre Brooklyn, une 13e victoire consécutive. Les Celtics affronteront Golden State jeudi. Kyrie Irving a inscrit 25 points. San Antonio, victorieux (avec 32 points du "renaissant" Aldridge) de son voisin Dallas, est 3e à l'Est. Face au Spurs, Dennis Smith Jr (encensé par LeBron James et qui selon lui aurait dû être drafté par New York) a réalisé sa meilleure performance en carrière. 27 points, tout en tirs extérieurs et dunks. Toronto s'est imposé sur les terres de Houston, mettant fin à la série de six succès de suite des Rockets de James Harden (38 pts, 11 pds). **Athlétisme :** Mo Farah, 34 ans, a été fait hier chevalier ("sir") par la reine Elisabeth II. Double champion olympique et triple champion du monde sur 5 000 et 10 000 mètres, l'ex-coureur britannique aura marqué son sport.

Loisirs : Les parcs d'attractions français sont en pleine forme. **Futuroscope :** Le parc a présenté hier soir sa future attraction en 5 dimensions qui vous invite dans la voiture du champion du monde des rallyes, Sébastien Loeb. Lancement en avril 2018.

En salles : *Maryline* (5 étoiles *Le Parisien*, de Guillaume Gallienne, avec Adeline d'Hermy, Vanessa Paradis Alice Pol...) ; *M* (de et avec Sara Forestier, Redouanne Harjane) ; *Happy Birthdead* (un jour sans fin avec Jessica Rothe, vue dans La La Land) ; *Par instinct* (drame avec Alexandra Lamy) ; *Le semeur* (drame avec Pauline Burlet, Géraldine Pailhas) ; *Diane a les épaules* (avec Clotilde Hesme).

Au programme. *Des racines et des ailes* : "un balcon sur les Pyrénées". *Mes trésors* (Jean Reno) ; *La fille de Brest* (Benoît Magimel) ; *Viol sur mineurs : mon combat contre l'oubli* (documentaire de Flavie Flament et Karine Dusfour) ; *Griezmann confidentiel* (portrait du joueur par Alexandra Sublet) ; *Tuer n'est pas* *jouer* (James Bond avec Timothy Dalton) ; *L'enfer d'Henri-Georges Clouzot* (récit sur ce film maudit) ; *Tokarev* (Nicolas Cage) ; *Sils* (Juliette Binoche). Football féminin, 8e de finale de la Ligue des champions, Montpellier - Brescia.

Météo : Grisaille et pluie de la Bretagne au Nord-Pas-de-Calais jusqu'aux Ardennes.

Proverbe : "Quand un chien se noie, chacun lui offre à boire".

... Jeudi, 16 Novembre 2017.

Citations : "Il faut renoncer au monde pour le comprendre". **Jean Grenier** (1898-1971), philosophe et écrivain français. **& :** "Si tu ne sais pas quoi faire de tes mains, transformé-les en caresses." **Jacques Salomé** (né en 1935), psychologue et écrivain français.

Journée internationale de la tolérance. 1945 : L'acte constitutif de l'Organisation des Nations Unies pour l'éducation, la science et la culture (Unesco) est signé par les représentants de 37 pays à Londres. Il rentrera en application l'année suivante.

Le Monde. "Altice : les faiblesses d'un empire construit à crédit. Après avoir longtemps été séduits par Altice, les marchés se sont mis à douter ces derniers mois. L'action a perdu 61 % depuis juin". France : Entre "Charlie" et "Mediapart", l'histoire d'une haine. & : Le phénomène Emma, un féminine du quotidien. Après le succès de son album qui a popularisé la notion de "charge mentale", la bédéaste publie le tome 2 d' « Un autre regard ». Zimbabwe : "Confusion sur le sort de Mugabe, après un vrai-faux coup d'État". États-Unis. "Affaire russe : les demi-aveux des proches de Donald Trump". *La Croix* : "La société saoudienne fait sa mue. Les interdits pèsent lourd dans le pays, mais s'effacent peu à peu. Sous le strict contrôle du pouvoir. Reportage". *La Tribune* : **"G**iga commande de 50 milliards de dollars pour Airbus". Finance : "Goldman Sachs relocalise en masse à Paris et à Francfort". Biotech : "La Française Erytech va se faire coter au Nasdaq". *Les Échos* : **"J**our historique pour l'aéronautique mondiale". & : "Les fragilités de la surtaxe imposée aux grands groupes". Climat : "Macron et Merkel invitent l'Europe à se mobiliser". "Formation professionnelle : la contribution des entreprises remise à plat". *Le Figaro.* **"C**ode du travail : la bataille perdue des syndicats". Aéronautique : "À Dubaï, Airbus signe le plus gros contrat de son histoire". Finances : "Le déficit public devrait repasser sous les 3 %". Figaro littéraire : "Les amours cachés de Camus, Claudel et Sollers". *Libération* : **"M**élenchon infiltre les amphis. Refroidi par le peu de succès des manifs syndicales de la rentrée, le leader de la France insoumise fait du pied à la jeunesse, espérant qu'elle donne un second souffle à la contestation. Premier test ce jeudi, avec la mobilisation contre la sélection à la fac". & : "Françoise Héritier, mort d'une anthropologue pionnière". "Jeudi idées et essais : Les croquis de Canto". *Le Parisien - Aujourd'hui en France* : **"U**ne belle journée pour la France ! Décryptage. Entre la vente record effectuée par Airbus et l'organisation du Mondial de rugby en 2023 attribuée à la France, ce sont deux grandes nouvelles pour le pays". Faits divers : "Les mystérieuses dernières heures d'Alexia". Paris : "De nouveaux ponts prévus sur la Seine". Société : "L'homme qui livre les secrets du Saint-Siège". Télévision : "Un village français", clap de fin. 75. Loisirs : "Vous allez pouvoir faire du surf en plein Paris". **L'éditionfrance par Ouest-France. "N**DDL : Air France veut une réponse". Monde. "Zimbabwe : la fin de Robert Mugabe ?". **Presse Océan. "A**éroport : pour le patron d'Air France, l'urgence c'est la décision". **& : "S**imulation d'attentat. Héric, hier après-midi : les services de secours et les forces de l'ordre ont participé à un exercice anti-terroriste organisé au collège Marcelle-Baron". **Corse-matin : "L'**obole pour rénover les églises. Si l'idée de contrainte paraît excessive, le problème de l'entretien se pose à Ajaccio". Guerre des offices HLM. "Matignon veut s'imposer. Le Premier ministre tranche en faveur du préfet après le courrier du président de l'Exécutif". Conflit social : La mort programmée d'un hôpital de Bastia "sans moyens". **L'Équipe : "R**ugby. Coupe du monde 2023. France 24-15 Afrique du Sud. Le retour du french flair. La France a décroché hier à Londres, l'organisation de la Coupe du monde 2023. Elle a devancé l'Afrique du Sud (24 voix contre 15), qu'elle retrouvera samedi au Stade de France pour son deuxième test-match de la tournée de novembre". Football. "Ligue 1. Saint-Étienne. Des verts à la dérive". Rallye. "WRC. Ogier ne retournera pas chez Citroën". **Loto Foot magazine : "G**azon maudit. Ligue 1. Invaincu depuis 7 journées, l'OM se déplace à Bordeaux, dimanche à 21h, où les Olympiens n'ont plus gagné depuis 40 ans. Malgré leur mauvaise passe actuelle, les girondins restent favoris de ce duel et tenteront de conserver leur statut de bête noire des Marseillais". **La Provence : "O**n a gagné ! C'est une divine surprise : dans six ans, la France organisera, toute seule, la grande messe du rugby mondial. Marseille accueillera notamment plusieurs matchs. Un jackpot économique. Et on rêve de revoir les All Blacks au Vélodrome. Notre dossier". Conseil de territoire : "Le vrai prix de l'absentéisme". **La Voix du Nord : "E**ssai transformé. Cap au nord. Rugby. Surprise... la France obtient l'organisation de la Coupe du monde 2023 et le stade Pierre-Mauroy sera de retour la fête". **La Dépêche du Midi : "I**nsécurité. Forte hausse des agressions de pompiers". **Sud Ouest : "B**ordeaux. Immobilier : la métropole hors de portée des plus modestes". Airbus. "Vente d'A320 : la région en première ligne". Saint-Jean Belcier : "le quartier des nuits chaudes". **Midi Libre : "T**radition. L'arrivée des vins primeurs de moins en moins fêtée". **La Montagne Tulle : "É**cole primaire. Les devoirs interdits depuis 60 ans mais toujours d'actualité". **L'Indépendant catalan. "A**scension du Canigou : la chasse aux voitures est ouverte". **Le journal du Centre : "I**l y a des châtaignes qui se perdent". **Paris Match : "D**u rififi chez les Bourbon des Deux-Siciles". **Stylist : "N**ous partageons 50 % de nos gènes avec la banane et c'est la seule information sur l'ADN qui crée 0 % de polémique".

Grèce : Après des pluies diluviennes, un torrent de boue "venu comme un tsunami" a déferlé sur deux localités de la grande banlieue d'Athènes, tuant au moins 14 personnes (en grande partie des personnes âgées). **COP 23 :** Emmanuel Macron a appelé l'Europe à compenser le manque de financements du Groupe d'experts du climat de l'ONU, lié au retrait américain. **Liban : Le** président libanais Michel Aoun a durci le ton hier contre l'Arabie Saoudite, l'accusant de détenir son Premier ministre Saad Hariri, démissionnaire le 4 novembre. Son séjour saoudien coïncide avec la vaste purge visant des personnalités du Royaume. **Venezuela : Le** pays, déclaré en défaut partiel de paiement, a obtenu hier un répit financier de 6 ans de la part de son allié russe, qui assure vouloir favoriser le remboursement de l'énorme dette étranglant le gouvernement du président Maduro. Les remboursements du crédit de 3,15 milliards contracté pour acheter des armes russes sera rééchelonné sur 10 années. Le pays (autrefois le plus riche d'Amérique latine), mis en difficulté par les chutes des cours du pétrole, par des sanctions américaines, et sanctionné par les agences de notation, est forcé de restructurer une dette extérieure estimée à 150 milliards de dollars, alors que sa population souffre de graves pénuries d'aliments et de médicaments. **Centrafrique :** Le Conseil de sécurité de l'ONU a voté à l'unanimité un prolongement d'un an de la mission de paix dans le pays, et du renforcement de ses effectifs de 900 militaires, lui demandant d'être plus mobile et réactive. Ce renforcement de la MINUSMA avait été demandé par le secrétaire général des Nations unies, en raison du risque de nettoyage ethnique dans la région. **Zimbabwe :** Caricature du despote africain prêt à tout pour perpétuer son règne, Robert Mugabe devrait être poussé vers la sortie à 93 ans (il avait un jour promis de fêter ses 100 ans au pouvoir). Des officiers de l'armée du Zimbabwe ont annoncé être intervenus pour arrêter des "criminels" proche maître absolu du pays depuis 1980, mais ont démenti toute tentative de coup d'État contre le président. Malgré les critiques, il a cependant gardé jusqu'au bout son aura de libérateur chez ses voisins africains. **Environnement :** L'Espagne sera indemnisée à hauteur de 1,6 milliards après la marée noire entraînée par le Prestige en 2002. De son côté la France recevra 61 millions. Le tribunal de La Corogne (nord-ouest espagnol) s'est prononcé pour 272 parties lésées. Le capitaine du navire et son assureur sont les principaux condamnés mais la société propriétaire et le Fond international d'indemnisation des marées noires pourront aussi être mis à contribution. **Économie : A**près l'adoption par son parlement d'une nouvelle approche des droits antidumping conçue spécialement pour Pékin, l'Union européenne souhaite s'entendre "avant Noël" sur un texte qui l'autoriserait à sanctionner plus lourdement qu'auparavant la concurrence des produits chinois à prix cassés. **Google : A**près l'amende européenne record infligée au géant pour abus de position dominante, le groupe fait l'objet de poursuites au niveau local aux États-Unis. **Aéronautique : A**irbus et Boeing poursuivent leur compétition sur le segment des avions moyen-courrier. L'Européen a annoncé la plus grande commande de son histoire (pour 49,5 milliards de dollars, quelque 42 milliards d'euros). L'Américain a répondu avec un énorme contrat pour la livraison de 225 appareils (27 milliards de dollars, 23 milliards d'euros, au prix catalogue).

Terrorisme : À leur arrivée mardi à l'aéroport de Roissy Charles-de-Gaulle, un homme et une femme ont été arrêtés, soupçonnés d'avoir tenté, séparément, de rejoindre la zone de combats djihadistes en Syrie. **Mehdi Nemmouche : L**'auteur présumé de la tuerie du Musée juif de Bruxelles (24 mai 2014) est de nouveau mis en examen, suspecté par 4 journalistes, ex-otages de Daech en Syrie, d'avoir été un de leurs plus cruels geôliers. **Australie : L**ors d'un vote consultatif qui a suscité des scènes de liesse à travers le pays, les Australiens ont dit de manière résolue "oui" au mariage gay. La classe politique ont immédiatement pris des mesures pour entériner la loi. **Écosse : L**'Écosse a remporté une bataille dans sa lutte contre l'alcoolisme, la justice l'autorisant à fixer un prix minimum à la vente de boissons alcoolisées dont son célèbre whisky. *La Voix du Nord, Le monde à l'envers :* "Arcturus, le plus grand chat du monde porté disparu."

Football, Coupe du monde 2018 : L'Australie est devenue la 31e nation à se qualifier pour le mondial grâce à sa victoire 3 buts à 1 contre le Honduras à Sydney, en barrage retour intercontinental (0-0 à l'aller). **Ligue 1 : L**es commissions de sécurité de la préfecture de la Somme et de la LFP ont autorisé la réouverture du Stade de la Licorne. Le match Amiens - Lille sera donc rejoué lundi à 19 heures (après une journée de championnat de week-end...). Au total 29 personnes avaient été blessées dont 5 grièvement. **Saint-Etienne :** Julien Sablé, 37, ans, ancien directeur du centre de formation et ancien capitaine des Verts, a dirigé hier sa première séance d'entraînement. **Ligue 2 :** Le RC Lens a officialisé hier la sanction financière prise à l'encontre de son gardien de but, Nicolas Douchez, accusé de "violences volontaires en état d'ivresse". Le portier réintégrera le groupe professionnel de son équipe le 22 novembre. **Équipe de France, *Le Parisien* :** "2017 a rebattu les cartes". **Allemagne :** Après sa blessure aux ligaments du genou, Franck Ribéry a repris l'entraînement avec ses coéquipiers du Bayern Munich. *Eurosport.* "Real Madrid : entre Cristiano Ronaldo et Sergio Ramos, le torchon brûle". **Rugby, Coupe du monde 2023, Lobbys :** Devant le revirement du World Rugby, l'Afrique du Sud dénonce l'opacité du processus d'attribution ces deux dernières semaines. **Tennis, ATP, Masters :** Le N°6 mondial, le Bulgare Grigor Dimitrov, s'est qualifié pour la première fois pour les demi-finales du tournoi des "maîtres", balayant le Belge David Goffin (8e mondial) touché au genou, 6-0 6-2. Le Wallon, tombeur de Rafael Nadal jouera, s'il le peut, sa qualification contre l'Autrichien Dominic Thiem. **Cyclisme :** Les charges contre la fédération britannique de cyclisme et l'équipe Sky, mis en cause par l'Agence antidopage britannique (colis suspect reçu en juin 2011 par le médecin de la star Bradley Wiggins lors du Dauphiné), ont été abandonnées après 14 mois d'enquête infructueuse. Wiggins était soupçonné d'avoir eu accès à du triamcinolone, un corticoïde réglementé nécessitant une autorisation d'usage thérapeutique. **Basketball, NBA :** Joel Embiid a offert un récital de basket à son équipe Philadelphie avec 46 points, 15 rebonds et 7 passes. Le pivot de 2 mètres 18, capable de tirer à 3 points, a été le grand artisan de la victoire des Sixers sur les Los Angeles Lakers. Grâce à une troisième victoire consécutive (cette nuit contre Charlotte, merci LeBron), Cleveland possède de nouveau un bilan positif (8 victoires, 7 défaites). Le Français Nicolas Batum, de retour de blessure, a inscrit 16 points (assortis de 5 rebonds, 6 passes en 32 minutes) lors de son premier match de la saison avec les Hornets. Evan Fournier malgré ses 22 points n'a pu empêcher la défaite du

Magic d'Orlando à Portland. Milwaukee, vainqueur de Detroit, a enchaîné une 4e victoire en 4 rencontres depuis l'arrivée de l'ancien joueur des Phoenix Suns, Éric Bledsoe. **Équipe de France féminine, Qualifications pour l'Euro 2019 :** France - Roumanie... 87-45.

Disparition : Françoise Héritier, figure de l'anthropologie française, est morte à 84 ans. Le jury du prix Fémina lui avait remis un prix spécial pour l'ensemble de son œuvre. Elle venait de publier *Au gré des jours*, livre dans lequel elle se confiait et faisait partager selon son éditeur, "son amour des mots et son goût de vivre". Elle était une spécialiste des relations humaines, des liens de parenté et de pouvoir (Masculin/Féminin : "la Pensée de la différence" et "Dissoudre la hiérarchie"). **Miss Univers.** Iris Mittenaere au sujet de l'humoriste Kev Adams : "C'est vrai, je suis amoureuse, vraiment !". **Télévision :** Maître Gims se retrouveront en tête à tête devant les caméras de TF1 sur une île déserte (production Laroche-Joubert, présentation Denis Brogniart). **Radio :** Malgré le renouvellement de sa grille de programmes, les audiences d'Europe 1 ne décollent pas. RTL, France Inter, NRJ, RMC et France Info ne semble pas touchés par cette tentative de relance et devancent leur rival.

Au programme. *Un village français :* "Prisonniers de guerre" (saison 7). *I'm dying up here* (Melissa Leo) ; *La France a un incroyable talent* (demi-finale présentée par David Ginola) ; *Transferts* (Le Parisien : "La série d'anticipation française est l'une des meilleures de l'année") ; *Coup de foudre à Notting Hill* (Hugh Grant, Julia Roberts) ; Daylight (Sylvester Stallone) ; *À l'aube du sixième jour* (Schwarzy) ; Identité secrète (Lily Collins) ; *Les miracles de la chirurgie pour enfants* ; *Happiness therapy* (Bradley Cooper, Jennifer Lawrence) ; *Superman returns* (Brandon Routh, Kate Bosworth) ; *Loup* (film d'aventure avec Nicolas Brioudes).

Météo : Ciel chargé.

Publicité, Arte : "Le nouveau thriller d'anticipation Transferts. Êtes-vous prêts à risquer votre peau pour en changer ?".

Proverbe : "Qui tout convoite, tout perd". **Dicton :** "Novembre par tous les temps, le bois dans la cheminée est flambant".

... Vendredi, 17 Novembre 2017.

Citations : "Nos passions sont les principaux instruments de notre conversation : c'est donc une entreprise aussi vaine que ridicule de vouloir les détruire." **Jean-Jacques Rousseau** (1712-1778), écrivain, philosophe et musicien francophone. Orphelin très jeune, sa vie fut marquée par l'errance. Il est un collaborateur de l'*Encyclopédie* et un élément majeur des Lumières françaises. **& :** "Je ne peins pas ce que je vois, je peins ce que je pense." **Pablo Picasso** (1881-1973), peintre espagnol.

1558 : La reine d'Angleterre Marie Tudor, baptisée "Bloody Mary" ("Marie la sanglante") par les protestants en raison de la violente répression qu'elle leur infligea, décède après un règne de 5 années. Sa demi-sœur, Elisabeth, lui succédera sur le trône.

Le Monde **:** "Brexit, Catalogne : Moscou accusé d'ingérence". Françoise Héritier : "Femme de combats". Liban : "Saad Hariri est attendu en France, annonce l'Élysée". Kosovo : "Démission du chef des juges européens". Laïcité : "Manuel Valls le retour plein de bruit et de rage". Musique : "Charlotte Gainsourg chante ses deuils". *Le Figaro.* "Affaire Hariri : la France s'impose comme médiatrice. Retenu par Riyad depuis le 4 novembre, le premier ministre libanais démissionnaire a accepté l'invitation d'Emmanuel Macron. Il est attendu à Paris samedi". & : "Deux ans après la fermeture de la mosquée, l'islamisme empoisonne toujours Lagny". Léonard de Vinci : "Salvator Mundi", l'œuvre d'art la plus chère du monde. Présidentielle : "Il y a un an, les quinze jours où tout a basculé pour la gauche". Sondage : "Les Français jugent sévèrement La République en marche". Société : "Le divorce sans juge s'impose en

France". *Libération* : "Climat. Non, il n'est pas trop tard ! **&** : L'ermite, la Parisienne et le testament". *Libération Champagne.* "Loi Travail : le coup de mou. Forêts : Champignons, insectes et sécheresse ont eu raison des pins ricetons". *L'éditionfrance par Ouest-France.* Justice : la prison "dernier recours". Point de vue : "Vers la prolifération des États". Économie : "Trop de commandes pour Airbus ? Dossier : Le sport un allié face au cancer". *La Voix du Nord* : "Baclofène. Un espoir contre l'alcoolisme". TV Magazine : "Yves Calvi répond aux critiques contre son émission". *Le Parisien - Aujourd'hui en France* : "Laïcité. Pourquoi tant de haine ?". Vente aux enchères : "La folle histoire du tableau à 450 millions de dollars". Faits divers : "Ces bikers qui inquiètent la police". Société : "Le secret dévoilé de la longévité des Amish". Tourisme : "Votre rendez-vous du vendredi. "Âge tendre", la croisière s'amuse". *Le Télégramme* : "Dans la cour des grands ! Hier, le 30e Goncourt des lycéens a été attribué à la romancière Alice Zeniter pour "L'art de perdre". Synonyme de succès assuré pour les lauréats, ce prix s'est construit une solide réputation au fil des ans, devenant même plus "vendeur" que le Goncourt, le Renaudot ou encore le Femina". Piscines : "un marché en pleine forme". *La Tribune* : "Sondage exclusif BVA/La Tribune. Les Français jugent Macron trop libéral". Climat : "Les green bonds ~~(obligations environnementales)~~ franchissent les 100 milliards de dollars". *Le nouvel Économiste* : "11 millions de km². Cadeau du ciel. La France possède la deuxième zone économique exclusive maritime de la planète derrière les États-Unis. Mais le sait-elle ?". "Cela ne vous rappelle rien ? Démocrates et Républicains, le champ de ruines. Avec un parti de l'éléphant en soins palliatifs et un parti de l'âne en réanimation". *La Montagne Tulle* : "Brive dans le Top 5 régional pour l'ISF. Clermont-Volcans : Gare aux contresens sur les autoroutes". *La Dépêche du Midi* : "Haute-Garonne. Ils ont le droit aux allocs et l'ignorent". Toulouse : "Elle accouche en urgence au milieu des embouteillages". Code du Travail. "Social : mobilisation en demi-teinte". Rugby / Test-match. "France-Springboks : on prend les mêmes...". *Midi Libre* : "Montpellier. Tensions autour de l'aéroport". *Presse Océan.* "St-Nazaire : 70 % des bâtiments amiantés". Nantes : "Mieux dépister les enfants violentés". FC Nantes : "Contrer l'armada parisienne". *La Nouvelle République* **Tours et agglo.** "**B**ébé secoué : la nounou risque 4 ans avec sursis". *Corse-matin* : "**P**ietrosella. Nouvel attentat contre la résidence de la famille Francisci". *L'Équipe* : **R**onaldo. "Je veux sept enfants et autant de ballons d'or". Football. "Entretien exclusif". Ligue 1 : "Sablé, l'espoir des Verts. Rugby : Novès au crash test". *La Provence* : "**I**AM. Kings du hip-hop". **& :** "**G**énération Johnny ! L'album sur aujourd'hui". *L'Indépendant catalan* : "**P**rades. Dimanche foire au gras". **Challenge**ˢ**, Le news de l'économie** : "**S**élection. Nucléaire. Fonctionnaires. Régimes spéciaux. Contrôle des chômeurs... Macron face aux tabous". *Le Figaro magazine* : "**L**es hommes du président. Cette garde rapprochée qui gouverne la France avec Macron. Emmanuel Macron avec Alexis Kohler, secrétaire général de l'Élysée et Ismaël Emelien, conseiller spécial". *L'Obs* : "**L**e peuple de Macron. Qui sont les "marcheurs" du président". *Les Échos Week-end* : "**H**eu-reux ! L'enfer de Matignon, Édouard Philippe ne connaît pas. Il raconte ses six premiers mois de Premier ministre et revient sur sa relation avec Emmanuel Macron". Marks & Spencer : "De plus en plus food. Voyage : Ces îles où le whisky est roi". *Stratégies.* "**D**ossier : la radio à l'ère de la personnalisation". *Politis* : "islamo-gauchiste". "Un mot pour interdire le débat". Nicolas Hulot : "La fin d'une illusion". Paradise papers : "Hypocrisies". *Marianne* : "**H**arcèlement sexuel. Les 2 000 victimes oubliées". **& :** "Régions, départements, communes... La colère des territoires abandonnés". *La Tribune Hebdomadaire* : "**L**a guerre invisible de l'internet sous les mers". Automobile : "Les 12 travaux de Tavares. Les défis du patron de PSA après le rachat d'Opel". *Le Revenu* : "**L**es actionnaires individuels sont de retour ! Sondage exclusif : les Français reprennent goût à la bourse". *Cerveau & Psycho* : "**D**ouleur, dépression, Alzheimer... La méditation thérapeutique. Somniloquie : Les mots qu'on dit en dormant". *Guerres & Histoire,* **Hors-série** : "**E**t si... ça s'était passé autrement ? 20 uchronies militaires. Le D-Day est un désastre. Venise sauve Constantinople. Trafalgar n'a pas lieu. Les États-Unis restent neutres en 1917". *Elle* : "**J**ulia Roberts. 50 ans toujours aussi pretty". *Madame Figaro* : "**C**over story. Cate Blanchett star suprême. Nouvelles inspirations : Notre sélection de cadeaux insolites. & le champagne dans tous ses états". *Grazia* : "Exclusif. Sophie Fontanel, nouvelle icône, fait éclater les codes du style. Son premier shooting de mode et ses décryptages des looks de rue". Cheveux : "Trop blancs, oin ! trop frisés ou trop raides. Et si c'était cool". "Shopping : Du rose, de la moumoute, des bottes... L'allure de l'hiver en 34 pages". Destination : "Joshua Tree, les adresses de l'éden californien". *Management* : "J.K. Rowling. Apprenez de vos échecs. Une leçon de vie inspirée de son nouveau livre". "L'échec m'a appris des choses que je n'aurais jamais pu apprendre autrement". *Rock & folk* : "Étienne Daho. Un roman français". *Public, 1 €* : "Laetitia Milot. Enceinte ! Sa victoire contre l'endométriose". Caroline Receveur : "Scoop. Elle attend son premier enfant !". Camille Lacourt : "Il ne paie plus les employés de son restaurant". Ben Affleck : "Jennifer, affaire Weinstein, rehab... Il nous balance tout !". *Closer teen* : "Ma plus grosse honte". "Avec les mecs. En virée shopping. En cours. En famille. En vacances... Vos 250 moments les plus gênants". *Auto Plus* : "Projets secrets. Future Peugeot 308. Impressionnante ! Elle sortira en 2020". *Tiercé magazine. Le journal du Quinté* : "Les Beaufs revient fort. Longtemps sur la touche, Les Beaufs a retrouvé son meilleur niveau. Prono vérité".

Iran : "Le bilan du séisme ayant frappé dimanche soir l'ouest du pays a été revu officiellement à 436 morts et entre 7 700 et 9 400 blessés". **COP 23** : Lors de la conférence de l'ONU à Bonn, une vingtaine de pays ont annoncé la création d'une alliance anti-charbon, lancée par le Royaume-Uni et le Canada, incluant la France. Cette énergie, première source d'électricité dans le monde (40 %), n'en est pas moins la plus dommageable pour le climat et la qualité de l'air. Les membres de cette alliance ne représentent cependant une part minime de la consommation charbonnière mondiale, concentrée en Asie (Chine, Inde, Asie du Sud-Est). **Afghanistan** : "Au moins 7 personnes ont été tuées lors de l'explosion de la bombe d'un kamikaze à l'extérieur d'une salle de mariage". **Zimbabwe** : Après le coup de force de l'armée, les Zimbabwéens commencent à penser que le président Robert Mugabe, placé en résidence surveillée, pourrait ne pas revenir au pouvoir.

Chômage : Le taux de chômage a augmenté au troisième trimestre à 9,4 % (+ 0,2 point) en métropole selon les données provisoires de l'INSEE. **Notaires : P**lus de 2 années après la loi "Macron", qui devait entrouvrir à la concurrence la profession, seuls 684 professionnels ont été nommés en France, soit 41 % de l'objectif fixé pour la mi-novembre (1 650 postes). **Caisse des dépôts :** La puissante institution financière sera dirigée pour la première fois par un bancassureur, après la nomination, à sa tête, d'Éric Lombard. **Jean-Louis Borloo :** L'ancien ministre et maire de Valenciennes ne souhaite pas reprendre sa carrière politique, qu'il a quitté pour s'occuper de l'électrification de l'Afrique. Cependant, à la demande du président de la République, il a selon sa méthode éprouvée, accepté de "remettre les gants" pour quelques mois, le temps de "mettre tout le monde autour de la table" sur un chantier (élaboration d'un plan pour les quartiers en difficulté) qu'il a lancé en 2005 sous la présidence de Jacques Chirac. **Justice :** Le recours du forain Marcel Campion contre la décision du Conseil de Paris de supprimer le marché de Noël qui attire 13 millions de visiteurs chaque année, a été rejeté par le tribunal administratif de Paris. **Animaux, Le Parisien : "A**dieu vison, lapin et campagnol". Sont en danger critique : Ours brun, rhinolophe de Méhély, vison d'Europe. Sont en danger : Bouquetin ibérique, grand hamster, murin des marais, lynx boréal. Sont vulnérables : Loup gris, mouflon d'Arménie, miniopère de Schreibers, murin d'Escalera, grande noctule, noctule commune, oreillard montagnard, desman des Pyrénées. Sont quasi menacés : bouquetin des Alpes, campagnol amphibie, noctule de Leisler, pipistrelle commune, putois d'Europe, taupe aveugle et lapin de Garenne. **Langue, Mot le plus long : "**Anticonstitutionnellement" cède son trône à "intergouvernementalisations".

Saad Hariri : La France qui entretient des liens étroits avec le Liban, s'est démenée pour trouver une solution à la crise. **Allemagne : A**ngela Merkel a reconnu l'existence de "différences profondes" entre conservateurs, libéraux et écologistes, compliquant la formation d'un gouvernement. S'il ne pouvait se constituer, des élections législatives anticipées pourraient être convoquées.

Football, Coupe du monde 2018 en Russie : Quel tirage pour l'équipe de France ? Réponse le 1er décembre au Kremlin. Équipes, **Chapeau 1 :** Russie, Allemagne, Brésil, Portugal, Argentine, Belgique, Pologne, France. **Chapeau 2 :** Espagne (attention !), Pérou, Suisse, Angleterre, Colombie, Mexique, Uruguay, Croatie. **Chapeau 3 :** Danemark, Islande, Costa Rica, Suède, Tunisie, Égypte, Sénégal, Iran. **Chapeau 4 :** Serbie, Nigéria, Australie, Japon, Maroc Panama, Corée du Sud, Arabie Saoudite. **Hors-jeu :** L'attaquant vedette, Pierre-Emerick Aubameyang, a été suspendu pour "raisons disciplinaires" par le Borussia Dortmund (il serait apparu éméché durant un voyage à Barcelone sur des photos postées puis retirées sur son compte Instagram). **PSG, Neymar Jr,** *Le Parisien* **:** "Alors heureux ?" **&** : "Année terminée pour Thiago Motta." *Eurosport* **:** "Pour des raisons de sécurité, Neymar a déjà déménagé". **Espagne :** Manquant de liquidités après la construction de son nouveau stade, l'Atlético Madrid a validé l'augmentation de son capital, en vue de permettre à un nouvel actionnaire israélien d'investir 50 M € et de prendre 15 % de ses parts. **Mercato d'hiver,** *Eurosport* **:** "Le Barça voit en Fekir une alternative à Coutinho... mais Aulas ne l'entend pas de cette oreille." **Tennis, Masters :** Victorieux en 3 sets d'Alexander Zverev, l'Américain Jack Sock s'est qualifié pour les demi-finales de la compétition. C'est le premier américain à atteindre le dernier carré d'un Masters depuis Andy Roddick en 2007. Il affrontera le Bulgare Grigor Dimitrov. **Faute :** L'ancienne ministre de la Santé et des Sports, Roselyne Bachelot, a été condamnée à 500 € d'amende et 10 000 € de dommages et intérêts pour avoir accusé le tennisman espagnol Rafael Nadal de dopage. **Basketball, Équipe de France :** La liste des 17 joueurs retenus pour les qualifications à la Coupe du monde 2019 a été dévoilée. Nando De Colo, y est absent, retenu par son équipe comme beaucoup d'autres joueurs participant à l'Euroligue. Heurtel, Causeur ou Séraphin, qui évoluent en Espagne, seront présents ainsi que son capitaine Boris Diaw. Ces absences s'expliquent par le conflit qui oppose la Fédération internationale (FIBA) et l'Euroligue, structure privée discidente, gérant la compétition européenne phare. **NBA :** Les 2 leaders de Conférence Est se rencontraient hier soir, et Boston a décroché sa 14e victoire de suite, faisant sensation en remontant par deux fois un déficit de 17 points sur Golden State ! 92-88. Malgré la présence de Chris Paul (il faut bien partager le ballon), James Harden s'est fendu de 48 points 7 passes lors de la victoire de Houston sur les Suns, 142-116. Les Rockets ont inscrit 90 points en 24 minutes. **Sports mécaniques, F1** *Eurosport* **:** "Confirmé par Toro Rosso pour la saison 2018, Pierre Gasly est *super excité*". **Dopage : L**e Kremlin a trouvé "injuste" le maintien de la suspension de la Russie par l'Agence mondiale antidopage, à moins de 3 mois des Jeux d'hiver de Pyeongchang.

Le Parisien **:** "**J**ésus Christ superstar". **Enchères : L**ors d'une vente chez Christie's à New York, le tableau de Léonard de Vinci *Salvator Mundi* (sauveur du monde), représentant le Christ, a été adjugé à 450,3 millions de dollars. Le dernier tableau du maître encore en possession d'un collectionneur privé a pulvérisé le record de la peinture la plus chère du monde, laissant loin derrière elle, *Les femmes d'Alger* (version 0) de Pablo Picasso, vendu 179,4 millions de dollars en 2015. **Disparition : D**istingué 4 fois par l'académie des Molières, le monstre sacré du théâtre français, Robert Hirsch est mort hier. **Musique : M**ichel Polnareff sera de retour en janvier 2019 dans une comédie musicale, *Le fantôme de l'Opéra*.

Au programme : La *folle histoire de Jean-Paul Belmondo ; L'art du crime* (série) ; *Les super-juniors, ils s'engagent pour la planète* (documentaire) ; *The Knick ; De grandes espérances* (série avec Gillian Anderson) ; *Koh-Lanta Fidji ; La folle histoire de Max et Léon* (Grégoire Ludig) ; *Ma sœur* (Lisa Martinek) ; *Personne ne bouge !* "Libération sexuelle". *Ultimate Avengers* (animation) ; *Very bad nanny ; Les Edelweiss quand les parents débarquent* (Claire Keim, Marie-Anne Chazel).

Météo : Très nuageuse.

Dicton : "À la Sainte-Élisabeth, tout ce qui porte fourrure n'est point bête." **Proverbe : "T**out gredin rencontre pire gredin".

Citation : "On ne peut à la fois être sincère et le paraître". **André Gide** (1869-1951), écrivain français. Auteur notamment des Paludes, il épousera après la mort libératrice de sa mère sa cousine Madeleine et achèvera Les nourritures terrestres, dont le lyrisme est salué par une partie de la critique lors de sa parution en 1897.

1307 : Selon la tradition, un méchant bailli aurait obligé Guillaume Tell à viser avec son arbalète une pomme placée sur la tête de son fils... Cette histoire poignante est le plus célèbre mythe de l'histoire suisse.

Le Monde. "**S**yrie : la Russie s'aborde l'enquête sur le contrôle des armes chimiques. Patrimoine : L'entrée des cathédrales ne sera pas payante. Harcèlement : Des violences dénoncées à l'UNEF". Musique : "Lucienne Renaudin Vary, Fée trompette". Paradise Papers : "Le trust offshore de Nelson Mandela". *L'éditionfrance par Ouest-France.* "**C**onflit Arabie-Iran : le Liban pris en étau. Musique : Étienne Daho l'éternel ado". *Libération :* "Après Weinstein. Des paroles... mais des actes ? Six semaines après le début du scandale, les témoignages et les plaintes pour le harcèlement sexuel affluent. Mais les réactions politiques tardent. Si Hollywood a réagi, le cinéma français reste en "zone grise", déplore Isabelle Adjani". *Le Figaro.* "**E**n Marche ! : premier congrès, premiers doutes. & : "Les confidences de François Fillon au moment de passer la main à Bruno Retailleau" ~~(direction de Force républicaine).~~ Décès : "Toto Riina, le parcours sanglant du parrain des parrains". Espagne : "L'« exil » belge de Puigdemont risque de se prolonger. Sécurité : La dernière mue du grand banditisme". *La Croix :* "Europe, des histoires d'amitié". Croire : "Pour être heureux, ralentissons. À l'occasion des rencontres de Valpré sur le thème "Se libérer de l'immédiateté", la "Croix" s'interroge sur la course au temps". *Le Parisien - Aujourd'hui en France :* "**L**e modèle Uber a-t-il du plomb dans l'aile ? Neufs ans après sa création Uber est valorisé 58 Mds€. Pourtant, derrière ces chiffres qui donnent le tournis, se cache un colosse aux pieds d'argile". Politique : "Le dernier tour de piste de François Fillon". Sécurité : "La police conseille et recrute via Facebook". Santé : "Johnny devrait quitter l'hôpital ce week-end". *La Tribune* : "Après la voiture Musk (Tesla) lance le camion". Carte bancaire : "Le sans contact passe le milliard de paiements". Mobilité : "Paris pourrait taxer les vélos sans borne". *La Provence* : "Et si on se passait de bagnole ? Notre dossier. Alors que la Métropole invite 100 volontaires à tester un mois sans leur voiture, certains Marseillais en ont fait un art de vivre". L'interview. Valls : "La laïcité, c'est mon combat". Économie. "Stéphane Richard : sa vision pour Orange". Politique : "Christophe Castaner, SAV de LREM". *Midi Libre* : "Auto/moto. Au salon de Montpellier, ces modèles taillés pour les femmes". & : "Le cri d'alarme des pompiers agressés". Mafia : "Mort de Toto Riina, le parrain sicilien aux 150 meurtres. Le "fauve", son surnom, avait 87 ans". Miss Monde : "Le grand jour pour Aurore Kichenin". *Nice-matin* : "TER XXL. Les 5 tests de circulation des rames région allongées à 220 m et d'une capacité de 1 800 voyageurs ont commencé hier entre Cannes et Vintimille pour une mise en service régulière dès le 10 décembre". *La Voix du Nord.* "Très haut débit : la clé des champs". Lille : "5 bonnes raisons d'aller au marché de Noël". Lille-Moulins : "Douze ans de prison pour avoir tiré à l'arme de guerre sur un étudiant". Version Fémina. Jamel Debbouze : "Je suis mon propre psy". *La Montagne Tulle* : "La course aux achats de Noël a commencé". *Corse-matin* : "La châtaigneraie perçoit enfin l'après cynips. La récolte pâtit toujours du parasite et de la sécheresse. Mais l'état sanitaire s'améliore". *Le Courrier Picard* : "Une mère jugée pour avoir tenté d'empoisonner son fils". *Sud Ouest* : "Pessac/Clinique mutualiste. Retrouvé mourant dans un placard". *L'Indépendant catalan* : "Le musée de Tautavel menacé de fermeture. Préhistoire. Faute de financement, la structure pourrait mettre la clé sous la porte dès janvier 2018". "Johnny Hallyday hospitalisé pour détresse respiratoire". Saint-Génis : "Tout est prétexte à polémique." Occitanie. "Déchets : le recyclage cartonne". *Presse Océan* : "Carmina Burana sous tension à Nantes. Le chef-d'œuvre de Carl Orff est présenté ce week-end à la Cité des congrès de Nantes. Mais la CGT dénonce les conditions de travail au sein de l'Opéra national de Russie". Football : "Le FCN à l'assaut du PSG". *La Dépêche du Midi* : "**P**aris sportifs. Quatre joueurs du TFC épinglés". *L'Équipe* : "**R**ugby. Tournée de Novembre. L'heure de vérité. France 21h Afrique du Sud. Un nouveau revers des Bleus qui restent sur quatre défaites d'affilée, pourrait accentuer la menace pesant sur Guy Novès et ses adjoints". Football, Ligue 1 : "Amiens 1-1 Monaco. Paris-SG 17h Nantes. Paris apprécie le cadeau. Les Monégasques, tenus en échec, offrent aux Parisiens la possibilité de prendre six points d'avance en cas de victoire". *L'Équipe le magazine* : "**L**a nouvelle bataille des sexes. Quarante-quatre ans après la raclée historique infligée par Billie Jean King à Bobby Riggs, le sport n'a jamais autant opposé les sexes sur le terrain. Mais jusqu'où la femme peut-elle rivaliser avec l'homme ?". *4x4 Magazine* : "**S**coop. Au volant du Pick-up Mercedes. 1er essai complet du X 250 d". Pick-up de l'année 2018 : "**L**e Ford Ranger récompensé".

Irak : **L**e pays a repris Rawa, dernière localité du pays tenue par l'EI, dans l'immense province désertique d'Al-Anbar, frontalière de la Syrie. **Italie** : **L**e pays a rendu un hommage sobre aux 26 migrantes mortes noyées il y a 15 jours au large de la Lybie. Aucun ministre n'a assisté à la cérémonie. Âgées de 13 à 20 ans, les victimes probablement originaires du Nigeria ne présentaient pas de traces de violences. **Faune.** L'ONG *The Elephant Project* a fustigé la décision de l'administration Trump d'autoriser les chasseurs américains à importer des trophées d'éléphants : "100 éléphants sont déjà tués chaque jour. Cela amènera à davantage de braconnage." De son côté, l'administration estime que l'importation peut s'avérer légale si la chasse bénéficie à la conservation des espèces. Un raisonnement que dénonce PETA : il "revient à vendre un enfant sur le marché noir afin de lever de l'argent pour combattre les violences faites aux enfants". **Crise catalane** : **L**e parquet de Bruxelles a demandé à la justice belge de mettre en œuvre le mandat d'arrêt européen émis par l'Espagne à l'encontre du dirigeant séparatiste catalan Carles Puigdemont et de quatre ex-ministres de l'exécutif régional. **Zimbabwe** : **L**'ancien vice-président Emmerson Mnangagwa, dont l'éviction à provoqué le coup de force de l'armée, est rentré au pays.

Le débat sur l'avenir de Robert Mugabe, déterminé à s'accrocher au pouvoir, se poursuit. **OTAN : L**'organisation politico-militaire a présenté ses excuses à la Turquie à la suite d'incidents lors de manœuvres militaires en Norvège. **Italie : S**alvatore "Toto" Riina, dit "La Belva", ancien chef suprême de la mafia sicilienne, 87 ans ce jeudi, est décédé dans l'aile des prisonniers d'un hôpital de Parme. Il purgeait 26 peines de détention à vie pour avoir commandité plus de 150 meurtres. Ces crimes les plus médiatisés furent les assassinats en 1992 des juges anti-mafia Giovanni Falcone et Paolo Borsellino, qui en 1987 avaient traduit en justice plus de 300 membres de la mafia.

Santé : À partir de la première semaine de décembre, une alternative supplémentaire au Levothyrox, le Thyrofix, sera mis à disposition les malades de la thyroïde. **Vie : S**elon un sondage mené par le site Internations, nommé "Expat Insider", dont l'objectif est de déterminer les pays et les villes les plus agréables pour un candidat à l'expatriation, le Bahreïn, le Costa Rica et le Mexique sont les destinations plébiscitées. La France est 38e. Le Nigeria, le Koweït ou la Grèce figurent en fin de classement. Parmi les villes citées, Panama (Bahreïn) a été désignée comme la plus accueillante (même sans parler l'Arabe, 92 % des personnes interrogées). Suivent Prague (possibilités professionnelles) et Madrid (climat, loisirs). Paris se classe à la 49e place soit l'antépénultième position (Parisiens hostiles, nécessité de parler Français, problèmes de logement, situations financières insatisfaisantes). Sont également citées parmi les grandes villes européennes mal classées, Bruxelles (38e), Milan (43e) ou Dublin (47e). **Consommation, *La Voix du Nord* : "C**inq conseils pour arriver à réduire ses déchets" : "acheter des produits peu emballés" ; "acheter des produits qui se recyclent" ; "réparer" ; "donner et troquer" ; "faire du compost".

Affaire Grégory : Mise en examen avec son époux, Jacqueline Jacob, a défendu devant les juges un "alibi inattaquable" puisqu'elle était "au travail le 16 octobre 1984 de 14 h 30 à 21 heures". **Faits divers : U**n octogénaire a tué son fils à coups de couteau avant de se suicider dans sa maison de Liancourt dans l'Oise. **Tirs : D**es gendarmes ont tiré plusieurs coups de feu sur des malfaiteurs en fuite qui venaient de percuter leur véhicule en faction devant une entreprise de bijoux en Seine-et-Marne. **Partis politique : U**n proche de Marine Le Pen est accusé d'harcèlement sexuel.

Football, Ligue 1, *Eurosport,* **Vidéo :** "**P**our Bielsa, c'est un *soulagement*". Sursaut pour Lille, vainqueur à Villeneuve d'Ascq de Saint-Étienne (3-1). Amiens - Monaco... 1-1. **Hors-jeu : E**n raison des menaces proférées par un mystérieux groupe d'ultra-droite, le match de Ligue 1 Dijon-Troyes se déroulera sous une surveillance policière renforcée (40 CRS, 90 policiers de sécurité publique). Les militants (il se baptise "Commando de défense du peuple et de la patrie française") revendiquent des attaques au marteau et réclament la libération de 8 "collègues" de leur mouvance. **Ligue 2 : R**eims - Paris FC... 1-1. Sochaux - Nîmes... 2-1. Nancy - Ajaccio... 2-2. Clermont - Auxerre... 1-0. **Classement : 1. R**eims (32 pts), 2. Nîmes (28), 3. AC Ajaccio (28), 4, 5, 6. Lorient, Clermont, Paris FC (26). 17. Bourg-en-Bresse (13), 18. Lens (11), 19. Quevilly-Rouen (8), 20. Tours (5). **Angleterre,** *Le Parisien* **:** "**R**evoilà Ibra et Pogba". **Rugby, Attribution de la Coupe du monde / Tournée de novembre,** *La Voix du Nord* **:** "France - Afrique du Sud, comme on se retrouve..." *Eurosport* **:** "**N**ovès ne risque rien" ; "XV de France. Vivre libre ou mourir". **Cyclisme : L**'équipe Cofidis a nommé Roberto Damiani (il a travaillé avec les sprinters McEwen ou Petacchi) au poste de directeur sportif dans le but d'aider Nasser Bouhanni. **Retraite : J**ohn Gadret (3e du Tour d'Italie 2011) met un terme définitif à sa carrière. **Tennis, ATP, Masters : L**e Belge David Goffin (n°7), victorieux de Dominic Thiem en 2 sets, s'est qualifié pour les demi-finales hier à Londres. Il y affrontera aujourd'hui Roger Federer (n°2). **Serena Williams : À** 36 ans, la championne américaine a épousé le co-fondateur de Reddit Alexis Ohanlan, à la Nouvelle-Orléans devant 250 invités. Victorieuse de l'Open d'Australie en janvier (elle était alors enceinte d'Alexis Olumpia née le 1er septembre). Elle s'est engagée à défendre son titre. **Sports mécaniques, WRC : À** l'issue de la première journée du rallye d'Australie (13e et dernière épreuve du championnat du monde), le Norvègien Andreas Mikkelsen (Hyundai), est en tête de l'épreuve (il en est le tenant). **Patinage artistique : G**abriella Papadakis et Guillaume Cizeron continuent de monter en puissance, à 3 mois des Jeux Olympiques d'hiver (février 2018). Ils ont encore amélioré leur record personnel en danse courte (81,40 points), hier à Grenoble, cinquième et avant-dernière étape du Grand Prix de patinage artistique. **Basketball, NBA : C**leveland va mieux. Auteur de 39 points, LeBron James bien épaulé par Kevin Love (25 points) a guidé les Cavaliers vers une victoire en prolongation face aux Los Angeles Clippers (118-113). Mais à 33 ans, James ne s'économise pas. Le Big 3 d'Oklahoma City (Westbrook, George et Anthony) a donné jusqu'à 23 points d'avance (43-20) au Thunder sur San Antonio. Cependant et bien que privé de Kawhi Leonard (et de Tony Parker), les Spurs sont repassés en tête lors de la 3e période pour ne plus être inquiétés. MVP de la saison passée en raison de sa conséquente collection de "triple doubles", Russell Westbrook ne parvient plus (pour l'instant) à affoler les compteurs statistiques (15 points, 9 rebonds, 9 passes, malgré tout, hier soir). Après avoir signé sa 10e victoire en 15 matchs, Minnesota possède le 3e bilan de la Conférence Ouest. Hier, Jimmy Butler (21 points) et Andrew Wiggins (19 unités) ont vaincu le Dallas de l'inusable Dirk Nowitzki (15 pts). Les Mavericks restent enchaînés à la dernière place. Malgré la défaite de Charlotte, Kemba Walker a inscrit 47 points à Chicago.

Musique : Pharrell Williams a présenté à 100 invités triés sur le volet une chanson inédite *100 years*. Cependant, l'enregistrement a été enfermé dans un coffre-fort et enterré dans un caveau qui ne pourra être ouvert qu'en 2117. Une manière pour l'artiste, d'alerter le monde sur le réchauffement climatique. **La Guerre des théâtres,** *Le Parisien* : "Pour fêter ses 240 ans, le Théâtre Montansier de Versailles propose à partir de ce soir une pièce jouée dans les conditions du XVIIIe siècle". **Livres : L**es prix Goncourt et Renaudot 2017, à peines primés, sont d'ores et déjà en tête des ventes de romans. *Astérix et la Transitalique* reste en tête des ventes, tous genres confondus, pour la 4e semaine consécutive. **Harcèlement : 1** 993 artistes suédoises, dont les stars internationales Zara Larsson et Robyn, ont dénoncé dans une tribune publiée dans un quotidien "la culture du silence", les agressions, les viols et le harcèlement dans le milieu de la musique. Les agressions sont "plus la règle que l'exception". **Johnny Hallyday, *Le Parisien* :** "Entre deux chimios, il travaille à son nouvel album". **Patrimoine :** La ministre de la Culture, a annoncé officiellement la tenue d'un tirage spécial de la Française des jeux, la veille des Journées du patrimoine, pour récolter des fonds destinés à la sauvegarde des sites historiques. Le dispositif sera complété par un nouveau jeu de grattage. **Justice : 1**8 mois de prison avec sursis, ainsi qu'une amende de 40 000 € ont été requis envers l'ancien patron de l'INA et actuel président de Radio France Mathieu Gallet, soupçonné de favoritismes. L'ami d'Emmanuel Macron s'est défendu, expliquant que ses équipes ne lui avaient pas transmis de "signaux d'alerte". **Business :** Emily Ratajkowski lance sa marque de maillots de bain.

Au programme : *Danse avec les stars*. Rugby : France / Afrique du Sud ; *On n'est pas couché ; Meurtre à Sarlat* (Cécile Bois) ; *Deep water* (Mark Wahlberg). *Échappées belles :* "Week-end à Madrid" ; *Les secrets du Parthénon ; Le mystérieux volcan du Moyen Âge* (vers 1259, un volcan a provoqué un refroidissement planétaire provoquant conditions météo exécrables et des famines de la Grande-Bretagne au Japon) ; *Stéphane Guillon, certifié conforme ; Seuls à la maison* (saison 2,"connaissez-vous vraiment vos enfants ?"). *Ses raisons d'être : la story de Pascal Obispo. Barbie : Héroïne de jeux-vidéo.*

Météo : Percée du soleil.

Communiqué Secours Catholique Caritas France : "Bien au chaud dans ma chambre étudiant" ~~(il s'apprête à passer la nuit dans la rue)~~. "Qui croit encore que les démunis ont la belle vie ? #Révolution fraternelle", secours-catholique.org "don en confiance".

Proverbe : "Une hirondelle ne fait pas le printemps".

Citations : "Ne pouvant pas supprimer l'amour, l'Église a voulu le désinfecter, et elle a fait le mariage" **Charles Baudelaire** (1821-1867), poète français, auteur des *Fleurs du mal*... **& : "C**omme un homme politique ne croit jamais ce qu'il dit, il est étonné quand il est cru sur parole." **Charles de Gaulle** (1890-1970), général et homme d'État.

Le Monde **: "P**ourquoi le retour d'Hariri au Liban passe par Paris". & : "Kodak après Kodak, Rochester après Kodak". Brésil : "Lula prêt à" prendre le pouvoir" à la présidentielle de 2018". "International : "Catalogne, une campagne en exil ou en prison". *Libération Champagne.* "COP 23 : Le sommet et la souris". *Le Parisien - Aujourd'hui en France* **: "E**lle ne s'en relève pas. Front national. Depuis sa défaite à la présidentielle, Marine Le Pen ne parvient plus à s'imposer. Au point qu'au FN certains évoquent sa succession". Politique : "Christophe Castaner élu délégué général de LREM". Expédition : "Sur les traces du yéti !". Rugby. "France - Afrique du Sud : 17-18. C'est la France qui perd". Sarcelles : "Un policier tue trois personnes et se suicide". *Le Journal du Dimanche* **:** "**C**omment Macron va utiliser son parti. Coulisses. Le président dirige tout (et ne s'en cache pas)". *Corse-matin* **: "A**u CD2B, des doutes sur la collectivité unique. À l'occasion du congrès de la CFDT, cadres et agents ont exprimé leurs craintes". *Le Courrier Picard* **: "L**es pompiers encore agressés". *La Provence* **: "À** qui appartient "Marseille"? Tourisme, télé, cinéma... Le nom "Marseille" est aussi une marque déposée. Mais pas par la ville". Football : "Gagner enfin à Bordeaux (21h). OM : maintenant ou jamais ?". *L'Équipe* **: "L**e néant. Rugby. Tournée de novembre. France 17-18 Afrique du Sud. Au terme d'un match indigne du plus haut niveau international, les Bleus concèdent une cinquième défaite officielle de suite. Même le Japon, dans une semaine, semble capable de battre cette équipe de France-là". Football : "Paris renverse le bus nantais. Ligue 1. Paris-SG 4-1 Nantes". Tennis, Masters : "Goffin tombe le maître". Rugby : "Le LOU piégé à Clermont. Top 14. Clermont 39-18 Lyon". *Sud Ouest*

Dimanche, XV de France : "Il y a le feu chez les Bleus. Entretien : Boris Cyrulnik met Dieu sur son divan". **La Voix du Nord** : Tennis. Yannick Noah : la Coupe Davis se gagne "avec la tête et le cœur". **Midi Libre,** Montpellier et sa région : "Rugby. Le MHR reprend la tête du Top 14". **&** : "Bravo Aurore ! À 22 ans, elle termine quatrième du 67e concours de Miss Monde qui s'est déroulé hier en Chine". **La Dépêche du dimanche** : "Manquera-t-on de foie gras à Noël ? Après les deux épisodes de grippe aviaire, la production a chuté de 44 %". Interview : "Louane veut renouer avec "une certaine intimité" au Bikini de Toulouse". Colombiers : "Les femmes aiment aussi la BD". **DNA, Dernières nouvelles d'Alsace** : "Le loto des châteaux". **&** : "En Allemagne avec ou sans pneus neige ?". **L'éditionfrance par Ouest-France** : "Humour. Laurent Gerra fête sa 2 500e matinale". **L'Est républicain** : "Le dernier combat de Johnny. Besançon : "Les morts pour la France voués aux fosses communes". *Mieux vivre votre argent.* "Fin du RSI : le pire est à craindre". Immobilier. "Toutes les opportunités à saisir".

Football, Rétro, *Eurosport* : "Il y a 48 ans, la légende Pelé marquait encore un peu plus l'histoire avec son 1000e but". **Tennis, Masters, *Eurosport*** : "Federer, une fausse note pour achever la symphonie". **Basketball, NBA** : Philadelphie et Atlanta pensaient réaliser l'exploit hier, de vaincre Golden State et Boston, mais le champion en titre et le leader de la conférence Est se sont repris avant de les vaincre sans ménagement. 15e victoire de rang pour les Celtics, à 4 longueurs du record (Boston 2008-2009). En raison du nouveau succès du leader Houston, les Warriors restent seconds à l'Ouest. **&** : Si Charlotte, qui restait sur 6 défaites consécutives, a repris goût à la victoire, 102-87 face aux Clippers, la franchise de Los Angeles (8e défaite de suite) connaît sa pire série depuis 2010.

Smartphone, Rappel Antivirus : Les réseaux sociaux "vident votre batterie".

Dicton : "À la Saint-Tanguy toujours temps gris".

Météo : ?

Proverbe : "À qui sait comprendre peu de mots suffisent".

... Lundi, 20 Novembre 2017.

Citation : "Ce qui importe ce n'est pas de lire mais de relire". **Jorge Luis Borges** (1899-1986). Écrivain argentin. **& :** "Lorsque l'homme s'habitue à voir les autres porter les chaînes de l'esclavage, c'est qu'il accepte lui-même un jour de les porter." **Abraham Lincoln** (1809-1865), 16e président des États-Unis d'Amérique. Durant la guerre de Sécession, il fait ratifier le XIIIe amendement de la Constitution de son pays et abolit l'esclavage.

Journée mondiale de l'enfance.

2016 : Dans le nord de l'Inde, l'accident ferroviaire de Pukhrayan fait plus de 150 morts et près de 200 blessés. Le déraillement du train de la compagnie Indian Railways est causé par la fracture des rails.

Le Monde : "Crise politique majeure en Allemagne". Politique : "Macron prépare les prochaines élections (Européennes de 2019)". Technologie : "La commande vocale, nouvelle porte d'entrée du numérique". Immigration : "L'OCDE critique le système français de recrutement des étrangers". Disparition : "Azzedine Alaïa, couturier de la femme conquérante". États-Unis (Oléduc) : "Ces fermiers du Nebraska qui refusent Keystone". *Dernières nouvelles d'Alsace :* "Bras de fer à l'allemande". *Libération :* "La Chancelière chancelle. On la pensait inamovible, pourtant Angela Merkel n'a pas réussi à former une coalition. De nouvelles élections paraissent désormais inévitables. En forme de quitte ou double". Charles Manson : "La face diabolique de l'Amérique. Meurtrier psychopathe et gourou halluciné, le prisonnier le plus célèbre des États-Unis, emprisonné depuis plus de quarante ans pour l'assassinat de Sharon Tate en 1969, est mort dimanche en Californie. Itinéraire d'un symbole sanglant et sataniste de la période hyppie, qui a fasciné et révulsé l'Amérique". *Le Figaro* : **"D**ans la tourmente, Merkel joue sa survie politique". Politique : "Agir, le nouveau parti d'Édouard Philippe pour contrer Wauquiez". Patrick Drahi : "le magicien des télécoms a-t-il perdu la main ? L'homme qui, au prix d'un endettement faramineux de 51 milliards d'euros, a bâti en quelques années un empire dans les télécoms et les médias est pris dans une tourmente boursière. Contraint de reprendre personnellement son groupe en main, il ne parvient pas, pour l'heure, à retrouver la confiance des investisseurs". Zimbabwe : "La dernière valse-hésitation de Mugabe. Éducation : Des réunions de SUD séparent les profs blancs et les "racisés". Cancer : Le glyphosate dédouané ?". *Le Parisien - Aujourd'hui en France* : **"J**eunes et optimistes ! Enquête. Selon un baromètre que nous revèlons, les moins de 26 ans sont confiants dans leur avenir". Météo : "Cette inquiétante absence de pluie". Économie : "Airbnb joue la carte de la transparence". Paris : "Vers un retour de l'écotaxe sur le périphérique ?". Supplément offert : "Numérique. Choisissez la bonne école". Argent. "Votre rendez-vous du mardi". Assurances : quand les bons élèves sont remboursés". *L'éditionfrance par Ouest-France* : **"A**griculture. La FNSEA ~~(Fédération nationale des syndicats d'exploitants agricoles)~~ fait sa révolution verte". *La Provence* : **"G**ouvernement. Un mini-remaniement est imminent". ~~Répétition :~~ "Le palmarès des voitures... les plus volées". *L'Indépendant catalan* : **"G**ouvernement. C. Castaner va-t-il rester ?". *La Montagne* **C**lermont-Métropole : **"L**a taxe d'habitation casse-tête financier". "Intercepté à Montmatault : 1.013 kg de cannabis dans un camion : le chauffeur écroué". *Sud Ouest.* **"A**pprentissage : il y a des offres près de chez vous. Trafic de drogue. Bordeaux et Lacanau : 1,2 t de cocaïne saisie. Football : Les Girondins ont retrouvé leurs bases". *L'Humanité* : **"C**es communes qui placent l'imagination au pouvoir". Élections européennes. "2019 : vers une liste nationale ?". *La Tribune* : **"C**ommerce. La Poste teste la livraison dominicale". *Les Échos.* **"R**etraites : la pression se réduit pour Macron". Allemagne : "Merkel prête à de nouvelles élections pour rester au pouvoir".

Économie : "Auchan devient partenaire du géant Alibaba". Plan Juncker : "la France a bien tiré son épingle du jeu". *Libération Champagne* : "**À** vos marques, prêts, fermez...". *Presse Océan* : "**B**ras de fer financier au port de Nantes. L'État n'apportera pas l'effort financier qu'il avait annoncé au grand port maritime. Les élus craignent que cette décision ne vienne freiner le renouveau en cours". Musique : "Nantes reste marquée par Barbara, 20 ans après sa mort". *La Croix*. Sciences & éthique : "**P**sychiatrie, de plus en plus de soins sans consentement". *La Dépêche du Midi*. "**R**estos du cœur : le combat continue". Toulouse. "Pollution : la vignette est dans l'air. Transport : Comment Airbus prépare le premier vol de son taxi volant. C'est dans un hangar de l'Oregon que l'avionneur européen travaille sur son taxi volant autonome. Vol d'essai d'ici la fin de l'année". Consommation : "Starbucks dévoile sa stratégie". *La Voix du Nord* : "**R**aconte-moi la Coupe Davis. Lille. Des crèches et des écoles sur des sites pollués". Brexit : "Amsterdam a gagné, Lille n'accueillera pas l'Agence européenne des médicaments". Sécurité : "Chez Amazon, dénoncer les erreurs de ses collègues est un jeu...". Internet. "Fake news" : "nos conseils pour devenir débusqueur de fausses nouvelles". *Le Journal du Centre* : "**O**rthographe le féminin se rebelle". Nevers : "Chute des personnes âgées un bilan pour l'éviter". Testé pour vous. "Débarder à cheval : être précis et attentif". *Midi Libre* : "**M**ontpellier. Le ras-le-bol des animateurs dans les écoles". *L'Est républicain* : "**U**ne "boulette" de la FDJ sourit aux parieurs bisontins. Jeux d'argent. Des parieurs bisontins ont empoché, sans grand risque, un gain de plusieurs centaines d'euros". *L'Équipe* : "**À** quoi joue Labrune ? Football. Transferts. Depuis son départ, en juillet 2016, l'ancien président de l'OM est intervenu sur de nombreux transferts, à Saint-Étienne, Nantes, Amiens, Guingamp ou Caen. S'il se défend d'être un agent rémunéré, cette hyperactivité agace certains acteurs du foot français". Ligue 1 : "Amiens 3-0 Lille. Rechute à Amiens". Ligue des champions. "Monaco 20 h 45 Leipzig. Un fol espoir". *Le Courrier Picard*. "**A**miens surclasse les Lillois. L'ASC remporte le derby des Hauts-de-France (3-0) et s'éloigne de la zone rouge : ils sont 12e de L1". *France football* : "**A**près Messi-Ronaldo, Neymar-Dybala ?". "Dybala. Dossier : Peut-on encore chambrer sur un terrain". **Psychologies : "C**omment "faire famille". Dossier. Nouvelles tribus, parents solos, homos...". Divan : Laura Smet. "Je n'ai plus peur d'être vraiment moi-même." Empathie : "Pourquoi la souffrance animale devient insupportable". Conseils : "Savoir réagir quand on vous dit non". L'atelier du Moi. "Cultivez votre paix intérieure". *Le Télégramme.* **"S**an Juan : le SOS de 44 marins. Depuis mercredi, le sous-marin argentin San Juan (ci-dessus), avec 44 marins à bord, est porté disparu dans l'Atlantique sud. Des signaux de détresse ont toutefois été perçus samedi, redonnant l'espoir de le retrouver. Pour comprendre ce qui a pu se passer, nous avons interrogé un ancien commandant de sous-marins français". *La Croix* **: "L**e Liban otage du Moyen-Orient. Le retour dans son pays du premier ministre démissionnaire Saad Hariri, prévu mercredi, ne réglera pas les luttes d'influence entre l'Iran et l'Arabie Saoudite". *Libération* **: "L**icenciements abusifs. Patrons, faites-vous plaisir. L'Assemblée doit ratifier cette semaine le nouveau barème des indemnités prud'homales prévues en cas de conflit entre salarié et employeur. À travers l'étude de quatre cas réels, radioscopie d'un système pousse-au-crime ou le salarié sera (presque) toujours perdant". Disparition : "Azzedine Alaïa. La vie des formes". Copé : "Moi, je suis resté de droite". Zimbabwe : "Mugabe s'accroche encore". *Les Échos* **: "L**es pays de la zone euro vont emprunter 860 milliards en 2018". Corruption : "Bercy au chevet des entreprises". & : Le groupe Eurotunnel se rebaptise "Getlink". *Le Figaro* **: "M**acron veut désarmer la colère des maires". & : "Les forces de l'ordre face à une nouvelle vague migratoire à la frontière italienne". Allemagne : "Échec des tractations pour former un nouveau gouvernement". *Champs libres* : "Pourquoi la crise libanaise ne fait que commencer" . *Figaro Santé* **: "N**ouveaux espoirs dans le traitement de la dégénérescence maculaire ~~(région centrale de la rétine)~~". *L'éditionfrance par Ouest-France* **: "L'***Aquarius*, sauveteur des migrants en mer". **Société : "R**enforcer les droits de l'enfant". *Le Journal du Centre* **: "S**OS médecins". *Le Parisien - Aujourd'hui en France* **: "S**upplément éco. Il raconte la communication de crise". Faits divers : "Itinéraire du policier de Sarcelles devenu meurtrier". Automobile : "Le palmarès des voitures volées". Rugby : "Novès n'a plus qu'un match face au Japon pour sauver sa tête". Santé, *Votre rendez-vous du lundi* : "Tous sur les mystères de l'horloge biologique". **Presse Océan :** "Dimanche ouverts : grand bazar à Nantes. Les commerces ouvriront ils les dimanches avant Noël ? Des arrêtés municipaux sont entachés d'irrégularités et des magasins boudent le dimanche 24 décembre". Migrants : "Les Beaux-Arts évacués. Loire-Atlantique". "Filière recyclage : trop d'inconnues". **Corse-matin :** "Assises. Incestes en série jugés en Corse-du-Sud". **L'Est républicain.** "Alexia : "La famille veut savoir". Territoire de Belfort : Malaise mortel d'un jeune footballeur de l'US Sochaux". **Midi Libre :** "Gard. Il aurait tué son beau-père pour venger sa mère". Sécurité : "Même en repos, les policiers resteront armés". Psychologie : "Les pervers narcissiques sont-ils partout ?". **La Provence :** "Week-end noir sur les routes". **Faits divers :** "Un policier provoque un carnage et se tue". **Allemagne :** "Angela Merkel joue sa survie". **Course pédestre :** "1 800 fidèles au rendez-vous. Les 10km de la "Provence" à Marseille". **Santé :** "Mieux dormir pour mieux vivre". **& :** "Indémodable foire aux santons. La 25ᵉ édition a été inaugurée hier". **Football :** "Bordeaux 1 - OM 1. En vain". **L'Indépendant catalan :** "Les P.O. expérimentent la chimiothérapie à domicile". Cerdagne : "Encore des chevaux à l'abandon". Retirada : "Travail de mémoire primordial". XV de France : "l'échec d'un système". Canet : "L'hommage au gorille du général de Gaulle". **La Dépêche du Midi :** "Toulouse. Gros travaux à la gare Matabiau". Tournefeuille : "L'ancien soldat sème la violence". Toulouse : "Le plein de PV avec la vidéosurveillance". Castanet-Tolosan : "Grève à l'usine Coca-Cola". **Sud Ouest.** "Bordeaux - OM : la fête et des regrets. Hier soir, les Girondins ont laissé filer la victoire à la dernière seconde face à l'OM (1-1). Bordeaux reste cependant invaincu à domicile par les Marseillais depuis 40 ans". Société : "Pourquoi la région attire autant les Anglais". Rugby/Quinze de France : "Laporte feutre faire le bilan calmement. Nouvelle Aquitaine/Santé : Ici, on a les bronches fragiles". **L'Équipe :** "Football. Ligue 1. Bordeaux 1-1 Marseille. Et Sanson les délivra". Tennis : "Coupe Davis. Goffin fait quand même peur. Bien que battu par Dimitrov en finale du Masters (7-5, 4-6, 6-3), le numéro 1 belge sera la principale menace pour les Bleus, ce week-end, en finale de la Coupe Davis". Rugby : "Équipe de France. La chape de plomb". *Midi Olympique, le journal du rugby* : "Dépôt de bilan. Cinquième défaite consécutive et bilan pathétique pour le XV de France. Tout est à rebâtir, à reconstruire, avec des jeunes de préférence". **Top 14** : "Toulon coule, Clermont caracole et s'angoisse". **Publicité** : "Orange. Être toujours à la page avec ePresse.fr". *La Voix des Sports* : "France-Belgique, 24-26 novembre stade Pierre-Mauroy". "Tous contre Goffin". *L'Yonne républicaine* : "La grande famille du cross". *La Montagne* : "Le Prince Philip et la reine Elizabeth fêtent leurs 70 ans de mariage". Corrèze : "Le permis de tronçonner n'est pas obligatoire". & : "La saison du gras est lancée à Brive". *La Voix du Nord* : "Un concours de coiffure pour réinventer la tresse". *Santé & Travail* : "Mieux protéger les travailleuses enceintes". Suicides : "La SNCF sur la mauvaise voie". *Tiercé magazine* : "Quinté + / La préférée du réseau. Cry baby ne fera pas pleurer". *Bilto*, "imprimé sur du papier écologique" : "Lilly Kaféïne c'est fort". *Télé Poche* : "Documentaire. Mireille Darc. Son émouvant testament télé". Maltraitance animale : "La SPA plus mobilisée que jamais". Exclusif : "Le best of de Jean-Marie Bigard". **TéléStar** : "*Demain nous appartient*, son nouvel album... À 35 ans, elle revient enfin". Lorie Pester : "J'ai eu envie de tout plaquer". Exclusif : "Michel Drucker. Laurent Delahousse. Maintenant c'est la guerre !". Johnny Hallyday. "Il va mieux qu'on ne le dit". Ses proches rassurent. The Voice. "Pascal Obispo fait déjà le show. Reportage en coulisses". *À nous Paris* : "Charlotte Gainsbourg. Telle qu'elle". *Télé 7 jours* : "Jennifer fête le n°3000. Collector. Télé 7 Jours le numéro 1 + nos couvertures les plus étonnantes".

Le débat du jour. *La Voix du Nord*. Par Matthieu Vernier. Le nouvel enfer Libyen. "L'indignation monte dans le monde sur le sort réservé aux migrants arrivés en Libye ou certains sont vendus comme esclaves". **Maroc** : **A**u moins 15 personnes, des femmes venues chercher de la farine, sont décédées et 5 autres blessées, lors d'une bousculade provoquée par une distribution d'aide alimentaire, dans un village de la région d'Essaouira, dans le sud-ouest du Maroc.

Weinstein : *The Observer* a révélé samedi que le producteur américain aujourd'hui poursuivi pour de nombreuses accusations de harcèlement et agression sexuelle avait demandé 9 mois avant les révélations "une liste noire de presque 100 personnes, dans une extraordinaire tentative de découvrir ce que (ses accusatrices) savaient". Sont citées 91 personnalité du monde du cinéma. Le producteur aurait engagé une équipe de détectives, chargée d'accumuler les informations. L'actrice Rose McGowan, l'une des premières victimes à s'être exprimée publiquement, aurait été ainsi espionnée. **Vatican :** Le pape y a convié pour un déjeuner plusieurs milliers d'exclus, à l'occasion de la première journée mondiale des pauvres, appelant les croyants à combattre "l'indifférence" face aux plus démunis. Nous sommes souvent "dans l'idée de n'avoir rien fait de mal et pour cela nous nous (en) contentons, présumant être bons et justes", a-t-il déclaré lors d'une messe dans la basilique Saint-Pierre à laquelle a assisté quelques 7 000 nécessiteux. **Arabie Saoudite :** Lors d'une réunion extraordinaire de la Ligue arabe au Caire, tenue à la demande de Ryad, l'Arabie Saoudite s'en est violemment prise à l'Iran. Elle a affirmé qu'elle ne resterait pas "les bras croisés" face à sa politique "agressive", en pleine exacerbation des tensions entre les deux puissances rivales au Moyen-Orient. **Allemagne :** Angela Merkel et son parti conservateur ont échoué à forger une coalition pour diriger le pays, plongeant la première puissance européenne dans une crise politique inédite qui pourrait signer la fin de la carrière politique de la chancelière. Après plus d'un mois de laborieuses tractations entre les démocrates-chrétiens d'Angela Merkel (CDU-CSU), écologistes et Libéraux du FDP, ces derniers ont jeté l'éponge. C'est sur la question de l'Immigration et des suites de la politique d'accueil des demandeurs d'asile en 2015 et 2016 que les tractations ont buté : les partis n'ont pu s'entendre sur la question de savoir si tout ou partie des réfugiés devait avoir droit au regroupement familial en Allemagne. **Irlande du Nord.** Le président du Sinn Fein irlandais, Gerry Adams, a annoncé en clôture du congrès du parti nationaliste qu'il quitterait sa présidence en 2018 et qui passerait le relais lors d'un congrès extraordinaire. Il ne briguera pas non plus un nouveau mandat de député au Parlement irlandais où il siège depuis 2011. **Israël : L**e président israélien Reuven Rivlin, a rejeté la demande de grâce d'un soldat franco-israelien reconnu coupable et condamné pour avoir achevé un assaillant palestinien, blessé et au sol. **Zimbabwe,** *La Voix du Nord* : "L'autoritaire Robert Mugabe, au pouvoir depuis 1980, a été dévoré par son parti qu'il a menacé de destitution s'il ne quittait pas aujourd'hui la présidence du Zimbabwe, auquel il s'accroche après un coup de force inédit de l'armée. Au lendemain de manifestations monstres, la Zanu-PF l'a également évincé, à l'unanimité, de la direction de sa formation. Contre toute attente, le chef de l'État, assigné à résidence depuis mercredi, n'a pas annoncé sa démission lors de son allocution télévisée hier soir. Mugabe, 93 ans, a été immédiatement remplacé à la tête du parti par Emerson Mnangagwa, le vice-président qu'il avait démis de ses fonctions le 6 novembre. Ce dernier a également été nommé candidat officiel de la Zanu-PF à l'élection présidentielle de 2018, en remplacement du chef d'État. L'ambitieuse épouse du chef de l'État, Grace Mugabe, 52 ans a, elle était exclue du parti.

Culte : Le ministre de l'Intérieur, Gérard Collomb, a affirmé que les autorités empêcheront les prières de rue à Clichy-la-Garenne, dans les Hauts-de-Seine, alors qu'une association locale de musulmans souhaite en organiser une en signe de protestation, contre la fermeture de son lieu de culte, vendredi dans le centre-ville. La situation s'est envenimée vendredi 10 novembre lors du rassemblement d'une centaine d'élus ceints de leur écharpe tricolore, qui ont tenté d'empêcher des fidèles de faire la prière dans la rue. **France. S**elon le *Journal du Dimanche*, les tarifs des péages d'autoroutes vont augmenter de 1,03 % à 2,04 % à partir du 1er février. Cette hausse sera plus importante que celle de ces deux dernières années. Il s'agit de l'application de l'inflation et des contrats conclus depuis plusieurs années entre l'État et les sociétés concessionnaires", indiquer un porte-parole du ministère des Transports. **Politique : L**a présidente du Front National, Marine Le Pen, a jugé envisageable que le parti d'extrême-droite choisisse un autre dirigeant qu'elle, avant la prochaine élection présidentielle. Elle suggère par ailleurs au probable prochain président des Républicains Laurent Wauquiez de "sortir de l'ambiguïté" et de lui "proposer une alliance politique". **& :** François Fillon, candidat malheureux de l'élection présidentielle, a déclaré que "dans la défaite, le chef se retire sans chercher d'excuses", lors d'une intervention devant les militants de son microparti, *Force républicaine*, dont il a cédé la présidence à Bruno Retailleau.

Solidarité : Les parents de la petite Maëlys sont toujours sans nouvelles de leur fille, disparue fin août en Isère. Pour soutenir à Jennifer de Araujo, la mère, ses collègues de l'hôpital de Pontarlier vont lui faire un don de RTT ou d'heures de travail supplémentaires. **Sarcelles :** Un policier de 31 ans, "bon fonctionnaire" apprécié de sa hiérarchie et qui était en instance de séparation, a tué samedi soir à Sarcelles (Val-d'Oise), 3 personnes avec son arme de service et blessé grièvement sa petite amie avant de se suicider. **Toulouse :** Un homme de 21 ans a poignardé mortellement, au niveau du cœur, sa grand-mère de 85 ans. **& :** Un homme de 40 ans qui conduisait en état d'ivresse, a tué samedi un garçon de 7 ans et grièvement blessé sa mère, quand il a percuté leur voiture sur une route départementale de Seine-et-Marne. **Société.** *On vous en dit plus. La Voix du Nord.* "Égalité. À quand un vrai congé paternité ?". **Santé.** *Le Parisien.* "Ne déréglez pas votre horloge biologique. (...) 7 heures de sommeil par nuit en moyenne sont nécessaires pour assurer un bon fonctionnement de notre horloge interne". **& : "C**ontre le mal de dos bougez !". L'Image surprise. *La Voix du Nord.* "Drôle de palmipèdes".

Football, *Le Parisien* : " Cavani, chasseur de records. Football. Désormais co-meilleur buteur d'Europe avec 19 réalisations, Edinson Cavani est sur les bases d'une saison exceptionnelle en termes de statistiques". **& : "P**artez à l'aventure au cœur du Parc. Le PSG lancera, à partir du 16 décembre au sein du Parc des Princes, un jeu sur le principe de l'Escape game. **Ligue 1 : B**ordeaux-Marseille... 1-1. Caen-Nice... 1-1. Lyon-Montpellier... 0-0. **Espagne : E**spanyol Barcelone - Valence 0-2. Inter Milan - Atalanta Bergame... 2-0. Sampdoria - Juventus Turin... 3-2. **Italie : L**e petit poucet de Serie

A, Bénévent (ou Benevento en italien) s'est emparé hier du record du plus mauvais départ d'une équipe dans l'histoire du football européen, avec 13 défaites et autant de matchs. Le record (12 défaites) appartenait jusqu'alors à Manchester United depuis 1930. **Tennis Masters :** David Goffin, futur adversaire des Bleus en Coupe Davis, a été dominé par le Bulgare Grigor Dimitrov, 7-5 4-6 6-3, hier, au terme d'une finale haletante. Dimitrov termine donc sa semaine londonienne invaincu et devient numéro 3 mondial (meilleur classement de sa carrière). **Handball :** Montpellier a assuré sa qualification pour les barrages de la Ligue des Champions en emportant sa 8e victoire en 8 matchs, hier face aux Russes de Tchekhov (34-23). Nantes, s'est de son côté imposé face à Zagreb (28-27) lors d'une dernière minute de folie, faisant ainsi un grand pas vers les 8e de finale. **Sports mécaniques, W**RC : Malgré avoir été le pilote le plus rapide de 2017 et celui qui a décroché le plus de victoire, le Belge Thierry Neuville (Hyundai) devra se contenter du titre honorifique de vice-champion du monde, après son succès en Australie, hier. **Basketball, NBA, *Eurosport* :** "Le chef d'œuvre de Kyrie Irving sauve (encore) les Celtics." 16e succès consécutifs pour Boston. Avec 47 points dont plusieurs tirs décisifs, celui qui souhaitait sortir de l'ombre de LeBron James et quitter Cleveland, a mené la révolte des Celtics, cette nuit. Menés de 10 points à 5 minutes du terme de la rencontre, Boston a finalement vaincu Dallas en prolongation. C'est déjà la 8e fois que la franchise du Massachusetts parvient à surmonter un handicap dans le quatrième quart-temps. **& :** **5**e victoire de suite pour Cleveland qui a écrasé Detroit. Emmené par Dwight Howard (25 pts, 20 rbds), Charlotte s'est imposé contre Minnesota. **Pro A : 1.** Le Mans, 2. Monaco, 3. Strasbourg, 4. Dijon, 5. Limoges... 16. Levallois, 17. Chalon, 18. Boulazac. **Ligue féminine : 1.** Bourges, 2. Charleville-Mézières, 3. Basket Landes... 10. Tarbes, 11. Mondeville, 12. La Roche-sur-Yon. **Volley-ball, Ligue A : 1.** Chaumont, 2. Poitiers 3. Tours, 4. Paris, 5. Montpellier... 10. Sète, 11. Toulouse, 12. Rennes. **Rugby, Top 14, *Le Parisien* :** "Le Racing cartonne, le Stade Français respire. Vainqueurs à Toulon, les Franciliens marquent les esprits. Les Parisiens ont mis fin à quatre défaites d'affilée. **Classement : 1.** Montpellier, 2. Lyon, 3. La

Rochelle, 4. Racing 92, 5. Toulouse... 12. Agen, 13. Brive, 14. Oyonnax.

Enchères : Une feuille de laurier en or, destinée à la couronne portée par Napoléon lors de son sacre en 1804, a été adjugée à 625 000 € (frais inclus), lors d'une vente aux enchères organisée à Fontainebleau par la maison Osenat. Ce montant dépasse très largement l'estimation, qui avait été fixé entre 100 000 et 150 000 €. **Entertainment : L**e temps d'un défilé, les anges de Victoria's Secret ont enflammé Shanghai. **Affaires : K**evin Spacey face à 20 nouvelles accusations de harcèlement sexuel. **& : L**e mannequin Sara Sampaio accuse le magazine français *Lui* de l'avoir "agressivement" encouragée à poser nue malgré un accord préalable dans lequel il stipulait ne pas vouloir le faire. Tirant parti de cliché dévoilant les parties de son corps qu'elle ne souhaitait exposer, le magazine est arrivé à ses fins contre sa volonté. **Loisirs, L**e *Parisien* : *Vous n'aurez pas ma haine*, jusqu'au 10 décembre, à 18h30, au Théâtre du Rond-Point (Paris VIIIe). (Avec Antoine Leiris qui a perdu son épouse dans l'attentat du Bataclan). **Cinéma : " J**e jouerai mon propre rôle". Le chanteur Black M se lance dans le cinéma. Il a coécrit *Sur ma route*, un film sur sa vie de rappeur populaire, dans lequel il interprétera le rôle principal. **Accessibilité : "É**douard VII guide d'aveugle. (...). Paris (IXe), samedi. Aveugles et malvoyants ont pu explorer le décor de la pièce avant la représentation". **& : "E**nceinte ! Je n'y croyais pas...". Elle attendait ça depuis 10 ans ! Laetitia Milot, 37 ans, héroïne de la *Vengeance aux yeux clairs*, dont la deuxième saison débute de ce soir à 21 heures sur TF1, savoure sa grossesse. **DVD.** *Naked War*. Joseph Paris. Édition Montparnasse. 15 €. *La Voix du Nord*. "Le DVD le résultat d'une immersion complète par le réalisateur dans l'univers des Femen le mouvement féministe venu d'Ukraine".

Au programme : *La vengeance aux yeux clairs* (Laetitia Milot). *Thirteen* (Jodie comer). *Faut pas rêver, "En Sicile, de l'Etna à Palerme"*. *Mariés au premier regard. Le Corbeau. La robe de ma vie. First kill* (Bruce Willis, Hayden Christensen). *Big Game* (Samuel L. Jackson). *Indiana Jones et la dernière croisade ; Indiana Jones et le* *temple maudit* (Harrison Ford). *Anges et démons* (Tom Hanks). *Da Vinci* Code (Tom Hanks, Audrey Tautou). *Les duos impossibles de Jérémy Ferrari 3. Les duos impossibles de Jérémy Ferrari 2. Kaamelott* (Alexandre Astier). *Highway thru hell : Norvège. Grey's Anatomy. Après les coups, la reconstruction d'une femme.*

Sondage *LeParisien.fr* : "Le Front national pourra-t-il se redresser avec Marine Le Pen à sa tête ? Non : 78,6 %".

Météo : La France est coupée en deux.

France Singles Top 100, Acharts, SNEP. Top 20 & more : 1. Katchi. Ofenbach and Nick Waterhouse. **2. Perfect.** Ed Sheeran. **3. Si t'étais là.** Louane Emera. **4. Havana.** Camila Cabello and Young Thug. **5. Dusk till dawn.** Zayn and Sia. **6. What about us.** P!nk. **7. Caméléon.** Maître Gims. **8. Feel it still.** Portugal The Man. **9. Mwaka Moon.** Kalash and Damso. **10. Dommage.** Bigflo & Oli. **11. On était beau.** Louane Emera. **12. Too good at goodbyes.** Sam Smith. **13. Walk on water.** Eminem and Beyoncé. **14. Rockstar.** Post Malone and 21 Savage. **15. No roots.** Alice Merton. **16. Sonotone.** MC Solaar. **17. Shape of you.** Ed Sheeran. **18. What lovers do.** Maroon 5 and SZA. **19. All stars.** Martin Solveig and Alma. **20. Feels.** Calvin Harris ft. Pharrell Williams, Katy Perry and Big Sean. **46. Chandelier.** Sia (124 semaines). 50. Intuition. Dadju.

Proverbe : "La difficulté est grande de rendre savant celui qui ne fait rien ; parce que son ignorance lui fait croire qu'il en fait plus que celui qui entreprend de l'instruire". **& :** "Ce que tu donnes, donne le avec un visage joyeux".

Le Figaro. "Cette vague populiste qui ébranle l'Europe. Ces dernières semaines, les législatives allemandes, autrichiennes et tchèques ont été marquées par la progression de partis hostiles à l'immigration et à l'UE". "La présidence Trump rattrapé par la justice pour des liens avec la Russie". "La filière française du pétrole fragilisée par la chute des cours". "Éditorial par Patrick Saint-Paul. L'Europe de l'Est offre un terreau fertile populisme". "Proche-Orient. Il y a cent ans, la déclaration Balfour ouvrait la porte à la création d'Israël". Sport. "Comment le PSG veut imposer sa marque dans le monde". "Droite. Le sort des Constructifs à nouveau examiné". "Catalogne. Puigdemont s'exfiltre chez les Belges". "Justice. Arbitrage Tapie : L'homme d'affaires veut les archives du Crédit Lyonnais". "Éducation. Accès à l'université : le "recrutement" plutôt que la sélection". "Réchauffement. Le changement climatique, un défi majeur pour la santé". "Europe. Une pénurie de douaniers en vue avec le brexit". "Automobile. Les Japonais en ordre de marche pour 2020". "Champs libres. La France en a-t-elle fini avec la désindustrialisation ?". Figaro Oui Figaro Non : "La crise en Catalogne vous inquiète-t-elle ? Non. 54 %". *Libération*. "Allemagne. La chancelière chancelle. On la pensait inamovible, pourtant Angela Merkel n'a pas réussi à former une coalition. De nouvelles élections paraissent désormais inévitable. En forme de quitte ou double. Charles Manson. La face diabolique de l'Amérique. Les maires attendent Macron de pied ferme". *La Croix*. "À l'école de la deuxième chance. Ces 51 écoles accueillent chaque année près de 15 000 jeunes". *L'Humanité*. "Ces communes qui placent l'imagination au pouvoir". "Le centième congrès des maires s'ouvre en pleine austérité". "Focus sur ces villes qui résistent". "Élections européennes. 2019 : vers une liste nationale ?". *L'éditionfrance par Ouest-France* : "Allemagne : comment sortir de la crise ?". Commentaire. "Croissance bleue. Agriculture. La FNSA a fait sa révolution verte". Automobile. "24 H du Mans : une année de transition". *Le Parisien - Aujourd'hui en France*. "Jeunes et optimistes. Enquête. Selon un baromètre que nous révélons, les moins de 26 ans sont confiants dans leur avenir". Miss France. "Reportage en Californie avec les candidates". *La Croix* : **"L'**Europe face aux géants du web. Paiement des impôts, protection des données, amendes pour abus de position dominante... L'Europe a engagé l'épreuve de force avec les grands acteurs du numériques". Éditorial. Jean-Christophe Ploquin. "L'Allemagne a changé. Religion. Le dernier combat des moines de Turquie". Science & éthique. "Psychiatrie, de plus en plus de soins sans consentement. Histoire d'amitié. Les liens profonds et intimes des amitiés d'enfance". *Les Echos.* **"R**etraites : la pression se réduit pour Macron. En 2020, le besoin de financement du système de retraite sera ramené à 0,1 point de PIB. Mais les déficits se creuseront ensuite. Les comptes de l'Argic-Arrco se redresse". Distribution. "Auchan devient partenaire du géant chinois Alibaba. Après Whole Foods et Amazon, Walmart JD.com, c'est au tour du français Auchan de nouer un partenariat fort avec un géant de l'e-commerce". Europe. "Le gendarme des banques siègera à Paris". L'essentiel. "Salariés détachés : nouveau bon en 2016". "Paiement instantané : les banques en ordre dispersé". "Éolien en mer". "L'État examine la rentabilité des projets français". *La Voix du Nord* : **"P**ersonne ne veut de nos déchets". Hauts-de-France. "Décharges, unité de méthanisation... La fronde grandit. Lille. Au CHR, on soigne les patients sous hypnose". *Le Télégramme.* **"V**illages fleuris. Retrouver la liste des primés en Bretagne. Guerre en Libye. Le témoignage rare d'un ex-pilote breton". **Corse-Matin.** **"S**alined la flèche qui effleure le danger. Un ouvrier blessé sur le chantier de l'école ajaccienne par la chute d'une partie de la grue". "Sarrola è Carcopinu. Un homme perd la vie écrasé par un engin sur un chantier". "Assises Corse-du-Sud. Le douloureux secret d'un inceste survenu après un divorce". Université. "Le médecin du campus face à la précarité étudiante". Portivechju. "La renaissance du sel de la terre dans l'Extrême-Sud". *La Provence Marseille.* **"P**réfecture. Les dessous d'un étonnant mercato. Un nouveau préfet de région devrait enfin être désigné demain en Conseil des ministres... Un mois après le départ précipité de Stéphane bouillon. Une nomination arbitrée par l'Élysée". "Feuilleton judiciaire digne de "Dallas" dans les Hautes-Alpes. La jeune veuve touchera-t-elle l'héritage ?". Justice. "Assises D'Aix. Un accusé au procès de la "pool party" mortelle de Velaux". *Midi Libre* : **"Le** blues des maires mis au régime sec". Montpellier. "Le cimetière va s'agrandir sur l'Espace Rock". Montpellier. "Le ras-le-bol des animateurs dans les écoles". *La Dépêche du Midi.* **"R**estos du cœur : le combat continue". "Toulouse. Pollution : la vignette est dans l'air". "Transport. Comment Airbus prépare le premier vol de son taxi volant". "Occitanie. La carte des voitures les plus volées". Toulouse. "Pourquoi Kevin a-t-il tué sa grand-mère ?". *L'indépendant catalan.* **"L**es bus à 1 € passent le volant mais ne changent pas de prix". Tournelle. "Un film sur la barque catalane". Gouvernement. "C. Castaner va-t-il rester ?". *Sud-ouest.* **"S**ud-ouest" aime "Les gens qui sèment". "Avec "Les gens qui sèment", "Sud-ouest" met en lumière ceux dont les initiatives valorisent nos régions". **Bordeaux. "P**ont Simone Veil : le chantier lancé sur la rive gauche". Bordeaux / Politique. Juppé désigne Édouard Philippe comme "la relève". *France-Antilles Guadeloupe.* **"P**arents, la corvée des devoirs est finie. Il se lance dans le trafic de cocaïne avec l'argent de la Sécu". "Pointe-à-Pitre. La solidarité s'affiche sur les murs". *France-Antilles Martinique.* **"L**e dernier acte d'une tragédie. Ils étaient nombreux, hier à l'église de Schoelcher, venus soutenir la famille Béroard dans ce moment douloureux. Glennis Béroard était parti prendre un bain de mer dentelle n'est jamais revenue...". Fort-de-France. "Un jardin anti-gaspillage". François. "Les futurs skippers. Social. Discussions sous tension au parc naturel". *France-Guyane.* "Noyade : comment les secours s'organisent. Île de Cayenne. Des bus restent à l'arrêt. Trop de gaspillage à la cantine".

Citations : "Je n'en veux point aux sots, j'en veux à la sottise." **Jacques Du Lorens** (1580-1655), poète satirique français. **& :** "Quand il y a silence des mots, se réveille trop souvent la violence des maux." **Jacques Salomé** (né en 1935), psychologue et écrivain français.

1977 : Le Concorde réalise son premier vol commercial entre Paris et New York. La date du 22 novembre est symbolique : jour de l'assassinat de Kennedy et de naissance de Charles de Gaulle, noms des 2 aéroports que relie le trajet. & : Naissance de Scarlett Johansson, actrice et chanteuse américaine, devenue célèbre, à 14 ans grâce à son rôle dans L'homme qui murmurait à l'oreille des chevaux. Muse de Woody Allen et sex-symbol, elle sort l'album Break Up en 2009, enregistré en duo avec Pete Yorn.

Libération **: "E**x-Yougoslavie. Le dernier boucher. Le verdict tombe ce mercredi pour le chef militaire des Serbes de Bosnie Ratko Mladic, accusé de génocide, crimes de guerre et crimes contre l'humanité". "Afrique : Mugabe, chute d'un despote". Cinéma : "Western", pour une poignée de Bulgares. & : "Billie Jean King. La militante remonte au filet. Quarante-quatre ans après le match-barnum qui l'opposa au misogyne autoproclamé Bobby Riggs, et à l'occasion de la sortie du film Battle of the Sexes, rencontre avec l'ex-tenniswoman américaine, qui s'engagea pour les droits de toutes les minorités". *Le Monde* **: "D**ébat ethnique et politique sur l'interdiction des robots tueurs". Cinéma : "Western", Grisebach filme l'Europe des disparités. Enquête : "Plongée terrible dans les archives du tribunal pour l'ex-Yougoslavie". Référendum : "Situation politique tendue en Nouvelle-Calédonie". *L'Humanité* **: "E**n route pour la privatisation des facs ?". *Le Figaro.* **"U**niversité : la sélection n'est plus un tabou pour les jeunes". "Embouteillages, bruit, pollution : à Paris, le chaos de la fermeture des voies sur berge". Monde : "Poutine affiche son soutien à Assad avant les négociations sur la Syrie". *Nice-matin* **: "B**lack Friday. Jour de folie. C'est le grand rendez-vous commercial de l'année qu'il ne faudra surtout pas manquer vendredi. (...) Du shopping XXL avant le lancement des fêtes". *Les Échos.* **"A**T&T-Time Warner : l'antitrust veut bloquer le deal du siècle". & : "Comment Paris veut tirer profit du Brexit". *La Tribune :* **"A**utorité bancaire européenne. Banco pour la place de Paris". Services : "Deliveroo a déjà levé un milliard de dollars". Emploi : "Les lourdeurs de la France découragent les talents étrangers". *Corse-matin.* **"M**iel importé : un apiculteur pris la main dans le pot. Selon le syndicat AOP, l'exploitant s'était procuré 600 kg de marchandise sur le Continent". Assises de Corse-du-Sud. "Inceste : le grand-père condamné à 12 ans de réclusion criminelle". Châtaignes : "À Campile, le feu sacré du castanéiculteur". *La Voix du Nord :* **"P**ersonne ne veut de nos déchets". "Haut-de-France : Décharges, unités de méthanisation... La fronde grandit. Lille au CHR, on soigne les patients sous hypnose". Tourcoing : "Des cambrioleurs ont dévalisé les ateliers des baby-foots Stella". Bullecourt : "Engie renonce aux éoliennes et apaise la colère australienne". Internet : "Orange en panne : Bruaysis et Béthunois sans connexion, 36 heures de galère...". *L'éditionfrance par Ouest-France.* **"É**tats ou Régions : qui va gérer les ports ?". Commentaire : "Contrer la désinformation russe". Portrait : "Cavani, un ovni sur la planète foot". *Le Parisien - Aujourd'hui en France* : **"A**bsentéisme. La réalité dans le privé et dans le public. Économie. Les arrêts de travail ne cessent d'augmenter, tous secteurs confondus. Nuage radioactif : L'inquiétante ambiguïté de la Russie". Affaire Ramadan : "L'accusatrice porte plainte pour menaces". Voies sur berge : "Paris persiste malgré un rapport au vitriol". *La Provence* : **"S**uppression de la taxe d'habitation. Cadeau empoisonné ? Marseille. 178 millions d'euros à compenser par l'État". Remaniement : "Emmanuel Macron joue la montre". Procès : "Les rois de l'évasion avaient aussi tenté le casse du siècle. L'un est Montpelliérain, l'autre Varois". & : "Éoliennes en vue au pied de Sainte-Victoire. Un projet de 22 éoliennes de 125 mètres de haut est à l'étude dans le Var, sur les communes d'Ollières et Artigues, à proximité du périmètre du Grand Site de Sainte-Victoire. Des associations alertent sur les possibles impacts visuel et écologique". *La Dépêche du Midi :* **"R**éforme choc pour les retraites". Lot-et-Garonne : "Le collégien meurt durant un cross. Un élève de 6e d'un collège de Marmande est décédé à l'hôpital hier, après avoir fait un malaise cardiaque durant le traditionnel cross du collège". **Sud Ouest** : "Le Sud-Ouest, plaque tournante de la drogue". "Souffrance au travail : Bordeaux. Un audit alarmant sur l'Inserm". Cinéma : "Battle of the Sexes" : jeu, set et macho. "Communiqué : Salon Emmaüs. 25-26 nov. 2017. Aidez-nous à aider". **Midi Libre** : "Celleneuve. Le bidonville sera bientôt démantelé". **La Croix** : "Féminiser l'écriture ou pas ?". "Cinéma : "Thelma", plongée dans les tourments de l'inconscient". **Le Télégramme.** "Écriture inclusive : Pivot dit non ! Hier, le Premier ministre a officiellement banni des textes officiels l'écriture inclusive qui prône un élargissement du féminin dans sa langue française. Une décision qu'approuve Bernard Pivot, célèbre présentateur d'Apostrophes et aujourd'hui président de l'Académie Goncourt. Interviewé par le Télégramme, il nous explique pourquoi". Golfe du Morbihan : "Le renouveau de l'île d'Ilur". **Charlie Hebdo.** "Fugues : Toujours plus d'enfants en cavale". **La Montagne Creuse** : "Comment affronter les peurs enfantines". **L'Équipe** : "Les Nouveaux monstres. Ligue des champions. Avec 3,5 buts de moyenne par match depuis le début de la saison, l'attaque du Paris Saint-Germain est la plus prolifique des grands Championnats européens. Son trio Neymar, Mbappé, Cavani ambitionne une nouvelle démonstration ce soir contre le Celtic Glasgow, battu 5-0 à l'aller". "Monaco 1-4 RB Leipzig : Monaco l'incroyable fiasco. Humiliés à domicile, les champions de France sont éliminés de toutes les compétitions européennes avant même la dernière journée". Rugby : "Équipe de France. Altrad veut s'emparer du maillot bleu". **L'express.** "La République en Marche. Le talon d'Achille de Macron. Paroles de déçus. La crise de croissance. Le défi de Castaner". Études de médecine : "Le scandale de la filière roumaine". **Le Canard enchaîné** : "Emmanuel Macron aux édiles en colère". "Ça se soigne très bien, le mal des maires !". **&** : "Castaner de la guerre". **Géo Histoire** : "Napoléon III et le Second Empire. 1852-1870. Un nouveau regard sur deux décennies qui ont changé la France. (...) Un Paris agrandi, embelli, assaini. L'effervescence artistique et culturelle. (...) Victor Hugo, l'ennemi pour l'éternité". Corée du Nord : "70 d'affrontements avec l'Occident". *Les Inrockuptibles* : "Avec Katerine en Amérique. En exclusivité, nous avons pu suivre le chanteur à New York dans les coulisses du show de Jimmy Fallon. Récit d'une incroyable aventure". *VSD* : "Johnny. Dernier combat. Récit et témoignages exclusifs. Son biographe et ami nous raconte sa lutte contre le cancer, entouré des siens. Une émotion partagée par des millions de Français". *Auto hebdo* : "Permis de conduire. WEC Bahreïn. Au lendemain d'une course jubilé pour Porsche, et remportée par Toyota, Alonso a testé la TS050 Hybrid avec laquelle il veut participer aux 24 heures du Mans". *GQ* : "Spécial hommes de l'année 2017. Nikos Aliagas. Le mec le + cool du PAF". "Les nouveaux snobs m'aiment bien". Style : "10 beaux costumes taillés pour vous". Espionnage : "Et si Fabien de la compta était un agent double ?". *Science & Vie* : "Elles pensent ! Révélations sur l'intelligence des plantes". Spermatozoïdes : "Les raisons d'un déclin". Lumière : "Elle peut devenir liquide". *Le journal de Mickey* : "Donald. Aventure pas si virtuelle !".

Irak. Au moins 21 personnes ont été tuées et des dizaines blessées hier dans un attentat à la voiture piégée à Touz Khormatou, au nord de Bagdad. **Allemagne.** 6 demandeurs d'asile syriens, membres présumés de l'organisation État islamique et soupçonnés de préparer en Allemagne "une attaque avec des armes ou à l'explosif" ont été interpellés dans plusieurs villes, hier. **Russie :** Vladimir Poutine a reçu hier le président syrien Bachar al-Assad avant d'accueillir aujourd'hui un sommet Russie-Iran-Turquie visant à relancer la recherche d'un règlement politique à la crise. Le président russe multiplie les contacts à quelques jours de nouveaux pourparlers sous l'égide de l'ONU prévus à Genève le 28 novembre, avec l'objectif de mette fin à une guerre qui a fait aux 330 000 morts en 6 ans et des millions de déplacés. **États-Unis :** Le Washington Post a compté le nombre de mensonges ou d'affirmations incorrectes prononcés par Donald Trump depuis son investiture. Toutes ses déclarations sont analysées et vérifiées. À ce jour, le journal a dénombré 1628 affirmations incorrectes et/ou mensongères depuis janvier. Ce qui représente 5,5 mensonges par jour. Selon le journal, ce dernier mois, il aurait même explosé son record jusqu'à atteindre au moins 9 fausses déclarations par jour. **États-Unis,** *Le visage, La Voix du Nord* : Janet Yellen, qui doit quitter la banque centrale américaine (FED) en février, restera la première femme à avoir dirigé une institution financière la plus puissante de la planète mais pour seulement 4 ans. Écartée par Donald Trump au terme de son premier mandat de présidente, elle a fait savoir qu'elle ne conserverait pas son poste de gouverneur, comme elle était en droit de le faire jusqu'en 2024. À 71 ans, Janet Louise Yellen, nommée à la tête de la FED en 2014 par Barack Obama - va partir sur un bilan très favorable : chômage à 4,1 %, croissance à 3 %, l'économie américaine semble bien sortie de la crise qui l'avait frappée avec le reste du monde, en 2008.

France, *La Voix du Nord* : "Édouard Philippe répond aux maires par la pédagogie. Au premier jour du congrès de l'Association des maires de France, hier à Paris, le Premier ministre a fait face aux mécontentements sans reculer. Il a expliqué ses décisions qui font réagir les édiles". Outre-mer (La Voix du Nord) : "Après Irma, l'État et Saint-Martin s'accordent sur la reconstruction". Il prévoit notamment de renforcer les services de l'État sur place, de mettre en place une politique d'urbanisme "responsable et contrôlée", et d'améliorer la coopération Franco-néerlandaise. **Fiscalité.** L'Assemblée nationale a approuvé à une large majorité en première lecture l'ensemble du projet de budget 2018, recettes et dépenses, qui traduit plusieurs promesses du candidat Macron et vise à revenir dans les clous européens des 3 % de déficit.

Attentat. 2 hommes et une femme ont été placés en garde à vue dans l'enquête sur la fourniture des armes liées aux attentats contre *Charlie Hebdo* et un supermarché casher à Paris en janvier 2015. **&** : **U**n militant nationaliste corse, condamné pour un attentat contre une gendarmerie en 2004 a été sanctionné d'une amende de 500 € pour avoir refusé son inscription dans un nouveau fichier antiterroriste. **Drogue. U**n Espagnol de 35 ans, interpellé par les douanes dans l'Allier alors qu'il convoyait plus d'une tonne de cannabis, a été mise en examen à Lyon et écroué. **Agression : La**

journaliste de LCP, Astrid de Villaines, a déposé une plainte pour agression sexuelle à l'encontre de Frédéric Haziza, présentateur de plusieurs émissions sur la Chaîne parlementaire. **Parti Socialiste :** Le Bureau national du parti a exclu l'ancien syndicaliste Gérard Filoche après un tweet antisémite que l'intéressé affirme avoir écrit par "négligence".

Football, Ligue des champions, Groupe G : Humilié par Leipzig, Monaco (dernier de son groupe) quitte l'Europe par la petite porte. Besiktas - FC Porto... 1-1. Besiktas leader (11 pts), Porto et Leipzig devront se départager. **Groupe F :** Manchester City - Feyenoord Rotterdam... 1-0. Naples - Chakhtior Donetsk... 3-0. Donetsk (2e, 9 pts) et Naples (3e, 6 points) se disputeront une place pour les 8e de finale lors de la dernière journée des matchs de poule. **Groupe H :** Derrière Tottenham, le Real Madrid (vainqueur 6 à 0 à Nicosie) s'est assuré la seconde place qualificative. Avec un doublé et désormais un total de 53 buts, Karim Benzema est désormais seul meilleur buteur français en Ligue des champions. **Zinedine Zidane :** L'entraîneur du Real Madrid et ancien meneur de jeu des Bleus se classe second de la liste des 50 français les plus influents de l'édition française de Vanity Fair. Xavier Niel (vice-président, délégué à la stratégie d'Iliad, maison mère de Free, dont il est fondateur et copropriétaire du groupe *Le Monde*) domine ce classement. Brigitte Macron est 3e. **Basketball, NBA :** Ben Simmons (premier choix de la draft 2016, mais considéré comme un rookie après une saison blanche) est lancé sur les bases de l'une des plus brillantes saisons statistiques de l'histoire pour un débutant. L'Australien affiche après 15 matchs une moyenne de 18 points, 9 rebonds, 8 passes. Quasiment un triple double...

TV : Kev Adams sera l'un des modèles inspirant les marionnettes des Minikeums, de retour en décembre sur France 4. *Le Monde à l'envers*, *La Voix du Nord* : le premier restaurant naturiste de Paris a ouvert. **Montpellier :** L'espace rock va devenir... un cimetière.

En salles : *Le Brio* (comédie française avec Daniel Auteuil, Camélia Jordana) ; *Battle of the Sexes* (Emma Stone, Steve Carell) ; *Marvin* inspiré du livre d'Édouard Louis, *En finir avec Eddy Bellegueule* (Finnegan Oldfield, Jules Porier, Charles Berling, Isabelle Huppert) ; *Madame* (Tony Collette, Harvey Keitel, Rossy de Palma) ; *Ernest et Célestine en hiver* (film d'animation).

Au programme : *L'épreuve de l'amour* (Marie-Josée Croze, Fred Testot) ; *Jacques Brel, fou de vivre ; La part des anges* (Paul Brannigan, John Henshaw) ; *Les mystères de police secours ; Trafic de médicaments ; The Prince* (Jason Patric, Bruce Willis) ; *La rivière du crime* (Ray Liotta) ; *La demande en mariage* (Kayla Ewell). *Opération Foxley : l'assassinat d'Hitler.*

Météo : Quelques améliorations.

Sondage *LeParisien.fr* : "Selon vous, aura-t-on toujours besoin des Restos du cœur en France ? Oui : 87,5 %".

Proverbe : "Chat échaudé craint l'eau froide".

... Jeudi, 23 Novembre 2017.

Citation : "Être poli avec un sot, c'est s'en isoler. Quelle bonne politique !" **Jules Barbey d'Aurevilly (1808-1889).** Surnommé le "Connétable des lettres", il a contribué à animer la vie littéraire française de la seconde moitié du XIXe siècle. Il a été à la fois romancier, nouvelliste, essayiste, poète, critique littéraire, dandy et polémiste. **& :** "Rien d'audacieux n'existe sans la désobéissance à des règles." **Jean Cocteau** (1889-1963). Écrivain, peintre et réalisateur français.

1924 : La dépouille de Jean Jaurès, mort 10 plus tôt, le 31 juillet 1914, est transférée au Panthéon sous l'impulsion du gouvernement du Cartel des gauches. Un hommage grandiose est rendu à cette figure tutélaire du pacifisme assassinée à Montmartre.

Le Monde. "Corse : la poussée des nationalistes". "Chômage : Le casse-tête de l'indemnisation des indépendants". "Livre : Le réquisitoire de Stefanini contre Fillon". Photographie : "Martin Parr, portraitiste du royaume désuni". Piratage : "Uber avoue un vol massif de données". Pixels : "Les États-Unis de Trump tentés d'abandonner la neutralité du Net". *L'Humanité :* "La perpétuité pour le bourreau de Srebrenica. Le tribunal pénal international a rendu hier son verdict à l'encontre de Ratko Mladic". Assemblée : "Le Modem, allié du masculinisme ? Vives critiques de la proposition de loi sur la garde alternée". *Libération :* "Garde alternée. La prise de chou. Faire de la résidence alternée la solution par défaut en cas de séparation : la proposition de loi qui sera débattue la semaine prochaine divise". Jeudi idées et essais : "Aux États-Unis, la génération flinguée. (...) Les robots jamais trop intellos. (...) Le mal, question de vice ou de mort". Zimbabwe : "Un despot peut en cacher un autre. Emmerson Mnangagwa, qui sera intronisé président vendredi, a proclamé hier l'avènement d'une "nouvelle démocratie" dans son pays. Après y avoir scrupuleusement réprimé toute forme d'opposition pendant les 37 années que dura le règne de son mentor Robert Mugabe". *Le Figaro :* "De retour au Liban, Saad Hariri retire sa démission". *La Croix :* "Poutine distribue les cartes en Syrie. Le président russe conduit une offensive politique pour mettre un terme à la guerre civile. Il est maître du jeu". Amitié : "Prêtres et religieuses, leurs amis sont précieux". *Le Parisien - Aujourd'hui en France :* "Erreurs médicales. La fin d'une omerta ? Débat. En France, le nombre d'erreurs médicales reste largement sous-évalué. Les associations montent au créneau. Ligue des champions. Le PSG douche le Celtic : 7-1. Esclavage en Lybie : la France saisit l'ONU. Thomas Pesquet : "L'espace me manque". Paris : La grande roue bannie de la place de la Concorde". *La Tribune :* "Des actionnaires accusent Altice de tromperie, le titre chute. Civitech : LREM mise sur les techs pour recruter des militants". **Les Échos.** "**D**éficit : la France reste dans le viseur de Bruxelles. Banque : De nouveaux outils pour mieux surveiller les traders. Pain : Les artisans boulangers défendent leur survie en justice. Les chaînes de boulangerie veulent ouvrir 7 jours sur 7. Les artisans refusent". **L'éditionfrance par Ouest-France :** "**L**a France succombe au Black Friday". "Point de vue : Nouvelle donne entre l'Europe et les États-Unis". Musique : "Le retour solaire de MC Solaar". **Var-matin :** "**L**e marché de Noël en liberté". **La Provence :** "**L**e Dôme joue sa peau". Environnement : "Un loup mort retrouvé aux portes de la Crau". Économie : "McDo à domicile avec UberEats". Consommation : "Le "Black Friday" déjà adopté en France". **La Dépêche du Midi :** "**G**rand Sud. Les mamies de la maison de retraite en lice pour le titre mondial du pull moche". Aude : "Mystérieux cadavre en feu sur un parking". **La Voix du Nord :** "**À** peine sorti de prison... il se fait tirer dessus". Football : "Bielsa écarté par le LOSC". **Sud Ouest :** "**P**ourra-t-on un jour tout recycler ?". **Midi Libre.** "**P**êche. Thon rouge : les quotas fortement revus à la hausse". Fleury-d'Aude : "Un cadavre découvert dans un canapé en feu". **L'Indépendant catalan :** "**P**erpignan étranglée par les embouteillages". Vendanges : "Les récoltes de 2017 au plus bas". Bages : "Photos choquantes à l'arrêt de bus". **L'Équipe :** "**L**igue des champions. Paris-SG 7-1 Celtic Glasgow. Paris est une fête. Magnifiquement emmenés par Neymar (deux buts et une passe décisive), les Parisiens ont signé la plus large victoire de l'histoire en Ligue des champions. Seule une défaite par au moins quatre buts d'écart contre le Bayern lors de la dernière journée peut les empêcher de terminer premiers du groupe". Football : "Ligue 1. Bielsa à Lille, ça se termine mal". Auto-moto : "Dakar 2018. Un Dakar à l'Africaine". **Paris Match :** "**S**égolène Royal. La survivante. Elle est toujours là ! Sa nouvelle mission. Reportage en Laponie. Azzedine Alaïa : Adieu au sculpteur de la mode". **Stylist.** "*Mode culture beauté société idées. Et gratuit :* Happy irrésistible Pink Friday !". **Politis :** "**L**e smartphone nous rend-il cons ?". **Le Revenu :** "**D**ividendes. Comment en tirer le meilleur profit". **Le Particulier :** "**A**ssurances. Vous en avez trop, faites le tri ! Réformes Macron. Tirer parti du Big Bang Fiscal". **Le Quotidien du Tourisme.com :** "**E**ntretien Sur les clubs de vacances, il y a l'enjeu de gagner en qualité." Hugues Defline, président de l'Association Clubs de vacances Qualité garantie". Événement : "Une Premium Economy, c'est la classe affaires d'il y a 15 ans". *Challenge*ˢ : "**Z**uckerberg. Businessman, visionnaire, cynique, philanthrope, mégalo... Futur président des USA ?". *Capital* : "**L**'immobilier s'emballe. Gare aux coups tordus. Vices cachés, promoteurs truqueurs, prix surévalués, syndicats indélicats, artisans incompétents... Un guide complet pour vous défendre". "Le Business de la pâtisserie, une folie !". Amazon. "Enquête sur une machine de guerre". "Le nouveau patron de Danone : un faux gentil ?". "Burger King retrouve la frite. Neymar. Les secrets du salarié le mieux payé de France". Action Co : "Pourquoi il faut savoir tuer sa vache à lait". Savoir-faire : "Hackez le management de votre entreprise". Joggeur. "Santé. Je suis enrhumé... donc je cours !". *L'Obs* : "**F**aut-il déboulonner les grands hommes ?". Brigitte Bardot. "Quand j'étais chanteuse". *Pour la science* : **L**es volcans berceau de la vie ? La nouvelle piste des sources chaudes terrestres. Astrophysique : Quand un trou noir dévore un soleil. Neurosciences : Séjourner dans l'espace nuit au cerveau ! *Sciences et avenir* : "**L**'avenir est quantique. Le premier qui maîtrise les photons devient le maître du monde". *La Recherche* : "**L**a topologie bouleverse la physique. & : Les promesses de la matière exotique". *Connaissance des arts* : "**L**a danse selon Degas". *Ça m'intéresse* : "**F**êtes, rituels, superstitions... Pourquoi avons-nous besoin d'y croire ? + le tour du monde des coutumes les plus insolites". Thérapie génique. "Que peut-elle vraiment soigner ? Société : Les enfants sont-ils trop sous pression ?". *Historia* : "**D**e la préhistoire à nos jours. Le chat. Comment il a conquis le monde". *L'histoire* : "**L**es Vikings. Une saga européenne. Code noir. Faut-il brûler Colbert". *Le Figaro Histoire* : "**L**a guerre de sécession. La véritable histoire. Autant en emporte le Sud".

Monde : **R**atko Mladic, commandant de la sanguinaire armée responsable du massacre de près de 10 000 personnes à Sarajevo entre 1992 et 1995, a été reconnu coupable de crime contre l'humanité, génocide et crime de guerre. Une des pages les plus cruelles de l'histoire européenne se referme. Plus de vingt ans après la guerre qui a fait plus de 100 000 morts et plus de 2 millions de réfugiés, le Serbe est considéré comme l'un des "architectes du nettoyage ethnique" d'une partie de la Bosnie par le Tribunal pénal international pour l'ex-Yougoslavie. Il est reconnu coupable de l'enlèvement de 200 employés des Nations unies, dont il s'est servi comme boucliers humains contre les bombardements de l'OTAN. Mais, c'est le terrible siège de Sarajevo qui reste dans toutes les mémoires. Pendant plus de trois années, les hommes de Mladic ont encerclé la ville, prise en tenaille entre bombardements et tirs de sniper, avant qu'un massacre ne mette un terme au siège. 8 000 hommes, parfois encore adolescents, avaient alors été exécutés car musulmans en 1995. Arrêté en 2011, après 16 ans de cavale, Ratko Mladic, traitant ses juges de menteurs, n'a concédé aucune part de culpabilité au cours des 5 années de son procès. Il affirme encore avoir agi de droit et a annoncé son intention de faire appel. **& : Il** aura fallu ce massacre, après que les Casques bleus de l'ONU se soient retirés du siège de Srebrenica, pour que la communauté internationale (les USA en tête), ne viennent porter main forte à l'armée croate afin de faire tomber les tyrans. Radovan Karadzic a été condamné l'an dernier, après 13 années de fuite, à 40 ans de prison pour génocide. L'ex président serbe Slobodan Milosevic, qui a mené son pays à la guerre (1991-1995) en Bosnie (1992-1995) et au Kosovo (1998-1999) est mort lors de son procès en 2006, devant le TPIY. Après 24 ans d'existence, ce tribunal est arrivé au bout de sa mission. **Corée du Nord : D**es images rendues publiques par le Commandement des Nations unies en Corée montraient hier la défection rare, le 13 novembre, d'un militaire nord-coréen blessé franchissant la frontière sous les tirs de soldats du Nord avant d'être secouru par l'armée sud-coréenne. Un des gardes nord-coréens poursuivant le fuyard a passé brièvement la ligne de démarcation avant de se raviser, ce que l'UNC décrit comme une violation de l'accord de l'armistice de 1953. **Syrie : U**n règlement du conflit syrien, responsable de plus de 330 000 morts en 6 ans, exigera des "concessions" de tous ses participants, "y compris du gouvernement syrien", a estimé Vladimir Poutine en ouverture d'un sommet avec la Turquie et l'Iran. "Il revient au peuple syrien de déterminer lui-même son avenir", a-t-il ajouté.

Réforme : L'Assemblée nationale a validé deux premières ordonnances réformant le Code du travail, notamment celle sur la fusion des instances représentatives du personnel, malgré les protestations des gauches. **Attaque du Thalys :** Un homme de 25 ans, proche d'un suspect dans l'enquête sur l'attentat du Thalys en 2015 a été interpellé en Seine-Maritime, à la demande du juge d'instruction en charge de l'enquête. **Front national :** Marine Le Pen et le FN vont porter plainte pour "discrimination" contre la Société générale et HSBC, qui ont clôturé leurs comptes. Le parti, qui n'a pu trouver une autre banque, a saisi la Banque de France qui a enjoint le Crédit du Nord d'ouvrir un compte. Cependant, selon le trésorier du parti, la banque nordiste refuse au FN de disposer d'un chéquier, les sorties ne pouvant se faire que par virement, empêchant également les dons par carte bancaire via internet, et ne permettant que les entrées par chèques et virements. Le parti assure ne pas avoir connu d'incidents bancaires et explique que son emprunt de 9,3 millions d'euros arrive à échéance en 2019. **Royaume-Uni :** Le royaume a déclaré abaisser ses prévisions de croissance jusqu'en 2021, alors que son économie est confrontée à l'impact du Brexit et à une productivité plus faible que prévue. Philipp Hammond, chancelier de l'Échiquier s'attend à une croissance de 1,5 % en 2017 (2 % initialement prévus en mars à l'annonce du dernier budget) et de 1,4 % en 2018 (contre 1,6). Le retour à l'équilibre budgétaire était initialement désiré autour de 2025.

Politique : Selon Paris Match, Patrick Stefanini écrit dans le livre Déflagration (Robert Laffont) que François Fillon a donné 300 000 euros à Nicolas Sarkozy après la primaire de la droite pour la présidentielle afin de lui permettre de boucler ses comptes de campagne. **Justice :** Dominique-Claire Testart-Mallemanche a été condamnée à 3 ans de prison ferme et 20 000 euros d'amende pour corruption par la cour d'appel d'Aix-en-Provence. L'ancien sous-préfet de Grasse s'est également vu interdire et de manière définitive, tout emploi ou fonction publics. **Française des jeux : L**a FDJ lance un grand loto de Noël doté d'un jackpot doublé à 20 millions d'euros. Le tirage aura lieu le 22 décembre et le jackpot sera forcément remporté à cette date (en l'absence de gagnant de premier rang, il sera réparti entre l'ensemble des gagnants de rangs inférieurs). Ces gains exceptionnels sont la conséquence de la mise en vente de grilles à prix plus que doublées (5 € au lieu de 2,20 € pour un tirage classique). **Société**, *La Voix du Nord*, **On vous en dit plus : "L**es parpaings grignotent les champs".

Football, Ligue des champions, Groupe B : Vexé d'avoir concédé un but d'entrée face au Celtic Glasgow (il n'avait pas encore encaissé de but en Ligue des champions cette saison), le PSG a écrasé le club écossais 7 buts à 1. Paris est ainsi devenu selon *Opta*, détenteur du record du nombre de buts inscrits en phase de poule (il reste un match à jouer), avec 24 unités en 5 rencontres. Auteur tous deux d'un doublé, Neymar et Cavani ont régalé. Le Bayern s'est imposé sur la pelouse d'Anderlecht, 2 buts à 1. **Groupe A : F**C Bâle - Manchester United... 1-0. CSKA Moscou - Benfica... 2-0. Bale et Moscou reviennent à 2 longueurs de United. **Groupe C :** L'Atlético Madrid a vaincu l'AS Rome 2-0 avec un superbe ciseau d'Antoine Griezmann. Chelsea s'est imposé chez le Qarabag Agdam (0-4), reprenant ainsi la tête de la poule. **Groupe D :** Juventus Turin - Barcelone : 0-0. Sporting Portugal - Olympiakos. Les Portugais revenus à une longueur des italiens, la dernière journée sera décisive. **Ligue 1 : L**e LOSC a décidé de suspendre Marcelo Bielsa de "sa fonction d'entraîneur dans le cadre d'une procédure engagée par le club". Cette décision pour coûter entre 14 et 15 millions d'euros au club nordiste. **Maladie : L**'entraîneur du FC Séville, Édouardo Berizzo, 48 ans, souffre d'un cancer de la prostate. Les Sévillans sont passés en quelques heures de la joie née d'une folle remontée contre Liverpool en Ligue des champions (3-3), à la douleur d'apprendre la maladie de leur coach. **Rugby, Top 14 : L**'ouvreur international néo-zélandais Luke Mc Allister a été prêté par Toulon à Clermont sous le statut de joker médical et vient pallier l'absence de Camille Lopez, éloigné des terrains en raison d'une fracture pour environ 4 mois. L'ASM est également privée de l'ouvreur argentin Patricio Fernandez pour 2 mois (luxation de la rotule). **Toulon : S**on président, Mourad Boudjellal, a décrété que son équipe ne jouerai plus le dimanche, son stade n'étant pas rempli lors des diffusions télévisées dominicales. **Fédération française : B**ernard Laporte se représentera à la présidence en 2020. **Cyclisme : B**ernard Sainz, surnommé "docteur Mabuse" et déjà condamné dans des affaires de dopage, a été écroué hier, conformément aux réquisitions du parquet, au soir de sa mise en examen pour des faits similaires. Un juge des libertés et de la détention a ordonné l'enfermement provisoire du naturopathe de 74 ans, après sa mise en examen pour "exercice illégal de la médecine" et "incitation à l'utilisation par des sportifs de substances ou méthodes dopantes interdites", en récidive légale. **Sports mécaniques, Formule 1 : L**e Polonais Robert Kubica, qui n'est plus apparu en Grand Prix depuis 2010 et son terrible accident en rallye, participera à des essais menés par l'écurie Williams et le fournisseur de pneus Pirelli à Abou Dhabi, mardi prochain. **Basketball, NBA : R**ussell Westbrook, déterminé (34 pts, 10 rbds, 9 pds), a mené Oklahoma City à la victoire sur le Golden State de Kevin Durant, 108-91. **Fin de série p**our Boston, qui s'incline après 16 victoires consécutives. Invaincus depuis la première semaine de la saison, les Celtics ont été défaits par le Heat de Miami. **Cleveland s**'est imposé pour la sixième fois consécutivement. Mal en point il y a quelques semaines, les Cavaliers sont l'équipe du moment. Cleveland - Brooklyn... 119-110. New-York, mené, a réalisé un 28 à 0 pour vaincre Toronto. Blake Griffin, auteur d'un triple double (26 pts, 10 rbds, 10 passes), a permis aux Los Angeles Clippers de s'imposer après 9 défaites consécutives. **Classement Conférence Est : 1.** Boston. 2. Detroit. 3. Toronto. 4. Cleveland. 5. New York... 13. Brooklyn. 14. Chicago. 15. Atlanta. **Conférence Ouest : 1.** Houston. 2. Golden State. 3. Minnesota. 4. San Antonio. 5. Portland... 13. L.A. Clippers. 14. Sacramento. 15. Dallas. **Blessures : C**oup dur pour les Clippers. Son meneur de jeu, Patrick Beverley, touché au genou droit, doit tirer un trait sur sa saison. Nicolas Batum (Charlotte) est sorti sur blessure lors du second quart-temps contre Washington, touché au coude gauche. Le Français avait manqué les 12 premiers matchs de la saison en raison d'une déchirure d'un ligament de ce coude, survenue lors d'un match de préparation et ayant nécessité une intervention chirurgicale.

Récompense : L'écrivain et journaliste, Jean René Van der Plaetsen, a reçu le prix Interallié (après le Jean Giono le mois dernier) pour La Nostalgie de l'honneur (Grasset), un essai consacré à la figure de son grand-père, le général Jean Crépin, Compagnon de la Libération et héros de la 2e DB. Ce livre se révèle être davantage une méditation sur les valeurs traditionnelles telles que la fidélité qu'une biographie de celui que l'auteur appelle "Grand-Père". **Harcèlement :** John Lasseter (*Toy Story, Cars*), figure emblématique des studios *Pixar*, directeur artistique de Disney est à son tour mis en cause, dans le sillage du scandale Weinstein. Il est mis en congé 6 mois. **& :** La directrice de la Chaîne parlementaire a décidé de suspendre son journaliste Frédéric Haziza, qui avait déjà reçu un avertissement sous la précédente direction.

Musique : Le magazine Forbes a dévoilé la liste des femmes les mieux payées de l'industrie en 2017. Avec 105 millions de dollars gagnés en un an, Beyoncé occupe la tête du classement. "Queen B" y devance Adele et Taylor Swift. Ce succès est le fruit de son sixième album *Lemonade* et de sa tournée mondiale. **TV :** Après Panayotis Pascot, le journaliste Hugo Clément quitte l'équipe de l'émission *Quotidien* diffusée sur TMC et Yann Barthès. **Miss Univers :** Miss France qui devait revêtir une robe (d'escrimeuse) sur laquelle figurait des anneaux olympiques (clin d'œil à Paris 2024), devra les retirer. Ce symbole reste en effet la propriété du CIO et est strictement protégé par la charte olympique.

Au programme : *Klaus Barbie : un procès pour mémoire ; Quatre étoiles* (Isabelle Carré, José Garcia) ; *Le diable s'habille en Prada* (Meryl Streep, Anne Hathaway, Emily Blunt) ; *La dernière légion* (Colin Firth, Ben Kingsley) ; *Gone baby gone* (Casey Affleck, Michelle Monaghan, Morgan Freeman) ; *Le jouet* (Pierre Richard).

Sondage *Le Figaro* : "Approuvez-vous l'interdiction de l'écriture inclusive dans les textes officiels ? Oui : 93 %".

Météo : Venteuse.

Proverbe : "Descend la rivière si tu veux atteindre la mer".

... Vendredi, 24 Novembre 2017.

Citation : "S'il y a plusieurs façons de faire quelque chose, et que l'une d'elles peut aboutir à une catastrophe, alors quelqu'un la choisira." **Edward A. Murphy Junior** (1918-1990), ingénieur en aérospatiale américain. Il travailla sur la sûreté de fonctionnement de systèmes critiques. Il est principalement connu pour le principe qui porte son nom : la Loi de Murphy ("tout ce qui est susceptible de mal tourner tournera mal"). **&** : "Choisir, c'est se priver du reste." **André Gide** (1869-1951), écrivain français.

1864 : Naissance de Henri de Toulouse-Lautrec à Albi. Fasciné par l'effervescence tumultueuse et désordonnée de Montmartre, lieu où il prend ses quartiers, ce lithographe et illustrateur de talent deviendra l'âme tourmentée et géniale du Paris bohème et décadent.

Le Monde. "Enquête : ces ouvrières et employées victimes de harcèlement sexuel". Monnaies. "Envolée du bitcoin : émergence d'une révolution ou pure spéculation". Entretien. Steven Hill : "Uber ne peut pas être rentable, sauf à doubler ses prix." Planète : "La viande, à consommer avec modération". ***L'Humanité des débats*** : "Violences contre les femmes. Le temps d'agir". Numéro spécial : "Journée internationale pour l'élimination de la violence à l'égard des femmes. Un quart des agressions se déroulent sur le lieu de travail. Les syndicats se mobilisent. (...) Les féminicides sont fléau en Amérique latine, pourtant pionnière côté législation". ***Le journal du***

Centre : "Êtes-vous prêts à lâcher le volant ?". **La Croix** : "Colombie. Un an après la paix, la désillusion des Farc". Initiatives et solidarité : "Le campus de Bordeaux, champion de la récup". **Libération** : "PS. La tentation Vallaud-Belkacem. Plébiscitée par une partie des socialistes, l'ex-ministre pourrait renoncer à sa retraite politique pour reprendre le mouvement en main". Rohingyas. "Déni officiel, maux réels. En réponse au rapport de l'armée birmane qui nie tout nettoyage ethnique, Libération rapporte les témoignages de survivants rencontrés après leur fuite au Bangladesh". Levothyrox : "Jusqu'au bout de l'ubuesque. L'Agence du médicament se réunit aujourd'hui, en pleine affaire du Levothyrox, produit jugé instable mais dont la justice a réclamé le retour dans les pharmacies". **Le Figaro.** "Fiscalité locale : "Macron promet une grande réforme... en 2020. Invité du Congrès de l'Association des maires de France, le chef de l'État s'est efforcé de cajoler les élus locaux, tout en leur faisant comprendre qu'il ne reculerait sur aucun de ses engagements". & : "Première greffe totale de peau sur un grand brûlé". Tsipras ~~(Premier ministre grec)~~ : "L'Europe ne peut plus prendre des décisions derrière des portes closes." Libye. "Esclavage des migrants : les autorités locales montrées du doigt". Immigration : "Le Sénat épingle la politique de Macron". Langue : "L'Académie française évolue sur la féminisation de la langue". Social : "L'exécutif va lancer l'épineuse réforme de l'assurance-chômage". Cinéma : "Pékin met un coup d'arrêt au déversement de capitaux sur Hollywood". Tennis : "La coupe Davis, un siècle de passion française". **L'éditionfrance par Ouest-France** : Face aux maires, Macron assume. **Points de vue** : Les vertus politiques du patrimoine. Coupe Davis : Les choix de Yannick Noah. **Le Parisien - Aujourd'hui en France** : "Enquête. Ces adolescentes prostituées dans les cités. Criminalité. La police démantèle de plus en plus de réseaux de proxénétisme qui asservissement de très jeunes femmes issues des quartiers". Attentat de Nice : "Les juges s'intéressent de nouveau à la vidéosurveillance". Interview. Mélenchon : "Avec Benoît Hamon, cela avance." Art : "La machine qui fait parler le cœur des sculptures". Paris : "Ces riverains qui portent plainte contre les espions". Coupe Davis : "Dernière chance pour la génération Tsonga". Tourisme, Votre rendez-vous du vendredi : "Tallinn, le joyau de l'Estonie". *La Provence* : "Aéroport Marseille-Provence. Décollage imminent. Pour affronter la concurrence et viser les 16 millions de passagers à l'horizon 2027, la plate-forme provençale investit 500 millions d'euros et confie le symbole de cette révolution à une star internationale de l'architecture, l'Anglais Norman Foster". "Assises d'Aix "Pool Party" mortelle de Velaux". "Mort de Julien Mendy : 8 ans de réclusion". "Automobile : Du 24 au 27 novembre au Parc Chanot. Un salon pour acheter... et pour rêver". Le débat : "Faudra-t-il bientôt payer pour aller prier à la Bonne Mère ?". Environnement : "À Miramas, le plein d'idées pour un avenir zéro déchet". Football : Ligue Europa. "Konyaspor 1 - Marseille 1. OM, le miracle permanent. Menés au score et même réduits à dix les Olympiens ont évité la défaite dans les arrêts de jeu. Comme à Bordeaux, il y a une semaine. Auront-ils autant de réussite face à Salzbourg dans un match décisif pour la qualification ? Réponse au Vélodrome le 7 décembre". *Dernières nouvelles d'Alsace* : "Marché sous cloche". *La Tribune* : "Le climat des affaires en France au plus haut depuis 2008". *Le nouvel Économiste* : "La juste redistribution de valeur, un vieux rêve paysan. Le prix le plus bas ne peut pas être un juste prix". Hyatus comptable : "Les statistiques économiques sont-elles encore crédibles ? Peut-on continuer à faire confiance aux indicateurs économiques alors que les échanges du cyberespace leur échappent ?". Tech : "Martin Wolf. Maîtriser les maîtres de l'univers". Laxisme gouvernemental : "Les mauvaises habitudes ont la vie dure. Les dépenses de l'État ont encore augmenté en 2017". Zéro-émission : "Les voitures électriques, pas si vertes". E-Commerce : "La révolution du direct-to consumer". *Les Échos* : "Les prix ds l'assurance grimpe de nouveau. En 2018, les hausses pourront atteindre 2,7 % en auto et plus de 3 % en habitation. La complémentaire santé va augmenter". Économie : "La croissance française s'annonce forte en fin d'année". Dépense : "La mise en garde de la cour des comptes". Entreprises et marchés : "Altice s'engage dans la voie des cessions d'actifs". *La Montagne Clermont-Métropole* : "Premiers adieux à la Muraille de Chine. Clermont-Ferrand. Dans le cadre du projet de rénovation urbaine du quartier Saint-Jacques, à Clermont, la Muraille de Chine va être démolie en 2023". Déménagement. "Les premiers relogements de près de 900 habitants ont débuté. Non sans quelques inquiétudes des locataires. Tous ne pourront pas rester dans le quartier". *Le Courrier Picard* : "**D**ans la peau de son jumeau. Franck 33 ans, brûlé à 95 % lors d'un accident de travail à Moreuil, revit grâce à la peau de son frère jumeau". "Bébé secoué : le cauchemar d'un couple accusé à tort". Animations : "Le marché de Noël ouvre ce soir". *La Dépêche du Midi* : "**C**annabis, cocaïne, bébés en danger". Violence : "Un bébé de dix semaines maltraité". Fleury d'Aude : "La victime décédée avant d'être brûlée". Rugby. "Bleus : le grand chambardement". *Presse Océan*. "**F**C Nantes : Ranieri règle ses comptes. Agacé par les critiques de Raymond Domenech à son égard, le technicien italien Claudio Ranieri a répondu à sa manière à l'ancien sélectionneur de l'équipe de France". *Midi Libre* : "**R**évolution chez les médecins de famille. En dix ans, la région a perdu 18 % des généralistes. Les maisons de santé fleurissent". Congrès. "Macron devant les maires : "J'ai besoin de vous". Le président s'est attiré des sifflets. Coupe Davis. Pour la finale : Pouille et Tsonga, Gasquet et Herbert". *Sud Ouest* : "**L**e plan de Juppé contre les bouchons". Gironde : "Les colis de Cdiscount seront bientôt livrés par drone". "Les retraités et l'argent : le vrai du faux". Économie. "On les présente à tort comme des privilégiés. Pourtant ils touchent en moyenne 1 306 € par mois. En quoi le quotidien des retraités a-t-il changé ? Reportage : Spectacle ou sport, voici la plus grande salle d'Europe". *Corse-matin* : "**As**sises de Corse-du-Sud. L'enfance volée d'une fille qui accuse son père de viol". Ajacciu : "Touche pas à mon ticket de transport gratuit pour les fêtes". *L'Indépendant catalan*. "**P**erpignan : la justice enquête sur le Carré d'or. Le procureur de la République s'intéresse aux conditions d'attribution des marchés". Littoral : "Les filles passent à XV". *La Voix du Nord* (**b**leu blanc rouge) : "C'est parti ! Finale de la Coupe Davis. Lucas Pouille lance les Bleus face aux Belges à 14 heures, à Villeneuve-d'Ascq". Lille : "8 000 logements vacants, un véritable casse-tête". *TV Magazine*. "**C**arole Gaessler célèbre les 20 ans de "Des racines et des ailes". *L'Équipe* : **T**ennis. Coupe Davis. "Finale France - Belgique. Tout à gagner". Football. Ligue Europa : "Marseille patine,

Lyon et Nice assurent". Ligue 1 : Lille. "Après Bielsa, la reconstruction. La destitution de Marcelo Bielsa a remis Luis Campos au centre du jeu à Lille, où règne un parfum de chaos". *Midi Olympique* **"V**ert. Le journal du rugby Week-end : Sous pression. Après avoir relevé la tête dans l'engagement face aux Springboks, Louis Picamoles et les Bleus doivent battre le Japon, samedi soir à l'U Arena. Sans quoi...". *La Tribune Hebdomadaire* : **"L**e Grand Paris face aux défis du XXIe siècle". **Les Échos Week-end : "L**es 100 questions qu'il est temps de se poser". *Marianne* : **T**émoignage exclusif. "Le jour où Tariq Ramadan m'a violée." & : "Élus, patrons, intellectuels, artistes... Comment le Maroc infiltre la France". Politique : "Les naufrages de Filoche. Enquête : Les mensonges du bouddhisme". Culture : "Où est l'art.... dans l'art contemporain ?". *Le Figaro magazine* : **"C**lasses moyennes, retraités, familles... Impôts. Ceux qui paient pour les autres". Transmission : "Les astuces antifisc. Succession : les pistes pour donner sans se ruiner". *Le Parisien Aujourd'hui en France* **(Week-end) : "J**amel Debbouze. L'identité heureuse". *Public* : **"L**aetitia Hallyday. Si courageuse dans l'épreuve. Demi Lovato & Neymar. Eh oui, ils sont ensemble ! Kim Kardashian : Tensions avec sa mère porteuse". *Closer* : **"J**ohnny et Laeticia. De l'amour et des larmes". Céline Dion et Pepe : "Leur rendez-vous secret à Vegas". *Voici* : **"J**ohnny et Laeticia. Ils veulent y croire...". Vincent Cassel : "Tina est partie avec un rappeur". Victoria's Secret : "Les tops font dans la dentelle". *Elle* : **"E**lle MacPherson photographiée par Gilles Bensimon en 1986. Azzedine Alaïa. Le sculpteur des femmes. Notre adieu à un géant de la mode. Retour sur la création d'une allure mythique. L'hommage des tops et des artistes. Les secrets d'un discret". *Grazia* : **"U**ne veste, des mocassins, un pantalon bien coupé...". Le vrai chic urbain. + Notre shopping d'intemporels revisités. En couverture : "Penelope Cruz. Tête-à-tête avec une actrice rare". Littérature jeunesse : "L'inventivité bluffante des livres illustrés". & : Déjà Noël ! "Mode, culture, déco, high-tech... Nos 25 cadeaux coups de cœur". *Madame Figaro* : **"M**odernes muses. Anthony Vaccarello avec Charlotte Gainsbourg & les amies du créateur. Beauté : Le sens caché des parfums". *TV Magazine* : **"N**etflix, Amazon Prime, Canalplay, SFR

Play... L'autre royaume des séries. L'arrivée des plates-formes de vidéo à la demande par abonnement bouleverse les habitudes des Français depuis 2014. Décryptage d'un phénomène qui n'en est qu'à ses débuts". *Le film français* : "Girls Trip. "Pardonnez-nous nos offenses pour ce week-end de folie." Le 13 décembre". *Les Inrockuptibles 2* : "U2. 40 ans au sommet". *Vidéo Gamer.* "Guide d'achat 100 jeux et accessoires qui méritent vraiment d'être sous votre sapin. &: Detroit become Human. Dead Space. Call of Duty : Tout ça pour ça !". *Grands Reportages.* "Explorer le monde : Numéro spécial. Terres oubliées. Osez la rencontre ! Népal. Inde du Nord-Est. Azerbaïdjan. Groenland. + Partez à la rencontre de peuples premiers. Lozi, Bushmen, Mentawai...".

Irak : L'ultime bataille pour éradiquer le groupe État islamique a été déclenché, 3 ans après la prise du tiers de ce pays par l'organisation djihadiste, proclamé "califat". À l'issue de cette bataille, le Premier ministre Haider al-Abadi devrait annoncer la défaite totale dans le pays du groupe ultraradical sunnite, qui avait menacé en 2014 l'existence même du pays. **Birmanie :** La Birmanie et le Bangladesh ont signé un accord au contenu flou sur le retour "dans les deux mois" de réfugiés récemment passés au Bangladesh, terre où 620 000 Rohingyas ont afflué depuis fin août. **Argentine :** Selon un rapport communiqué hier, porteur de désespoir, c'est une explosion qui a causé la perte du sous-marin militaire argentin San Juan (44 membres d'équipage à son bord) le 15 novembre. **Emmanuel Macron devant les maires,** *La Voix du Nord* : "Vous m'infligez le supplice de Shérazade qui consiste à parler pour ne pas être exécuté. Je peux être Shérazade", lance le chef de l'État jupitérien, souvent aussi prolixe sur les estrades que mutiques dans les médias." Au sujet de la limitation des mandats dans le temps, le président de la République s'est voulu rassurant : ceux antérieurs à la prochaine élection ne seront pas pris en compte et les collectivités de moins de 3 500 habitants sont exemptées. **Algérie :** Forte abstention lors de l'élection des élus communaux et départementaux. Les Algériens démontent ainsi leur défiance d'un système politique figé, dans un contexte économique et social morose. Les résultats officiels seront communiqués aujourd'hui.

Code du Travail : Au 3e jour de débat sur la ratification des ordonnances, le barème des indemnités prud'homales en cas de licenciement abusif a agité l'Assemblée. Alors que ce barème est une "sécurisation" par la majorité, la gauche le qualifie de "cadeau aux employeurs". **Environnement :** L'association Générations Futures s'est battue à Nice afin d'obtenir du tribunal administratif le gel de l'autorisation de vente de 2 nouveaux pesticides du fabricant américain Dow en raison de risques pour la santé des abeilles. **Social.** **5** sinistrés de l'immeuble de Saint-Denis détruit lors de l'assaut antiterroriste contre 2 djihadistes le 13 novembre 2015 ont obtenu d'être réintégrés dans le dispositif d'hébergement d'urgence. **Santé :** Selon un rapport de l'Agence de sécurité sanitaire, les professionnels du soin et de la décoration des ongles sont exposés à une soixantaine de substances très préoccupantes (responsables entre autres d'allergies cutanées, d'asthme, de maux de tête). Elle recommande à ces professionnels de renforcer les mesures de prévention du risque chimique pour réduire au minimum les expositions à des agents dangereux. Elle préconise la recherche de produits de substitution, une meilleure ventilation et le port d'équipements de protection individuelle adaptés.

Procès : Jugé pour tentatives d'assassinat lors de son périple armé à Paris, à *BFMTV*, à la *Société générale* et *Libération* en novembre 2013, Abdelhakim Dekhar, a déclaré qu'il souhaitait "intimider" ses cibles mais ne blesser personne. **Justice :** Les 3 personnes mises en garde à vue en début de semaine dans l'enquête sur les attentats contre Charlie Hebdo et un supermarché casher à Paris en janvier 2015 ont été remises en liberté. **Kazakhgate :** Le patron d'Airbus, Tom Enders, et des responsables de l'avionneur ont été entendus comme témoins en octobre dans l'enquête sur le "Kazakhgate", qui porte sur des soupçons de corruption en marge d'importants contrats conclus sous la présidence de Nicolas Sarkozy avec le Kazakhstan. **Corruption :** Une association anticorruption du Finistère a déposé une plainte contre l'ancien ministre de la Justice, Jean-Jacques Urvoas. L'ex député aurait, selon la plainte, contacté en 2008, deux emprunts bonifiés auprès de l'Assemblée nationale pour un montant total de 203 206 euros. Sur 10 ans, ces emprunts auraient été remboursés sur les frais de mission parlementaires mensuels. Selon une enquête du site franceinfo.fr auprès de 250 députés sortants de juin, 32 des ex-députés (152 ont répondu) ont reconnu avoir financé l'achat d'une permanence, de la même manière, via leur enveloppe pour frais de mandat. **Parti socialiste : L**e choix du bureau national du PS d'exclure Gérard Filoche suite à son tweet antisémite n'est pas, d'après ses avocats, conforme aux statuts du parti et sera dénoncée devant le tribunal de Paris. **Violences sexuelles, *La Voix du Nord*, On vous en dit plus : "l**a parole des femmes se libère... et l'oreille ?".

Football, Ligue Europa : Everton - Atlanta Bergame... 1-5. Lyon - Apollon Limassol... 4-0. Lyon qualifié, jouera la première place du groupe E contre Bergame. **Groupe K : N**ice - Zulte Waregem... 3-1. Les Aiglons deuxièmes à 4 longueurs de la Lazio Rome sont qualifiés. **Stades, *Le Parisien* : "D**es supporteurs insupportables ? Les incidents se sont multipliés dans les tribunes françaises depuis plusieurs semaines. Ces événements ne manquent pas de poser problèmes et nécessitent une prise de conscience générale." **Justice : L**'ancien attaquant du Brésil et du Real Madrid Robinho, 33 ans, a été condamné hier en Italie à 9 années de prison pour "viol en réunion". Alors joueur de l'AC Milan, l'actuel joueur de l'Atlético Mineiro, a participé au viol collectif d'une Albanaise de 22 ans dans une boîte de nuit de la ville italienne. **Hors-jeu. C**laudio Ranieri au sujet d'un Raymond Domenech moqueur quant à sa défaite 4 buts à 1 au Parc des Prince : "S'il parle de théâtre, je peux l'écouter. Mais jamais quand il parle de football". **Ski Alpin, H**ommage : 2 semaines après son décès accidentel au Canada, les obsèques civiles du skieur français David Poisson se dérouleront dimanche à Pelsey-Nancroix, son village de Savoie. **Rugby, Stades, *Eurosport* : "L**a U Arena, entre excitations et réserves". **Affaire Laporte : L**a situation se complique pour le président de la Fédération et Mohed Altrad, patron de Montpellier et sponsor de l'équipe de France. L'enquête les concernant tous deux, autour d'un conflit d'intérêts, pourrait déboucher sur une procédure judiciaire. **Formule 1, WTF, *Eurosport*.** **V**erstappen (Red Bull) : "Ricciardo pète sans arrêt ! Ça pue en permanence dans notre hospitalité !" **&, K**evin Magnussen (Haas) : "Je n'ai aucun ami parmi les pilotes". **NBA : C**harlotte se veut rassurant au sujet de Nicolas Batum. Le staff médical précise qu'il ne souffre que d'un simple coup et qu'il ne sera incertain que pour la prochaine rencontre contre Cleveland.

Concert, Le Parisien : "Les Corses l'adulent. Petit berger devenu chanteur, Antoine Ciosi, l'auteur de *Paese Spentu*, n'a cessé de mettre en lumière la beauté de la Casinca". Le 28 novembre aux Folies-Bergère. **IAM : L**e groupe marseillais fête les 20 ans de son album mythique, le *Micro d'argent* par une série de concerts qui débutent ce soir à Bercy. **Vidéo, *Le Parisien* : "T**ristement, nos textes sont encore valables vingt ans après".

Au programme : *Robin* (téléfilm avec Yoann Zimmer et Salomé Richard) ; *Brice 3* (Jean Dujardin, Clovis Cornillac, Bruno Salomone) ; *Jean-Jacques Goldman de Coluche à Céline Dion* ; *37e festival international du cirque de Monte-Carlo* ; *Dépression, une épidémie mondiale* ; *The it crowd* (Netflix).

Météo : Le temps est aux averses.

Sondage des internautes LeParisien.fr : "Craignez-vous les erreurs médicales ? Oui : 88,1 %".

Proverbe : "Grosse tête, peu de sens".

Citation : "**U**n diplomate qui s'amuse est moins dangereux qu'un diplomate qui travaille." **Georges de Porto-Riche** (1849-1930). Dramaturge et romancier français, membre de l'Académie française. **& : "U**ne chose ne vaut que par l'importance qu'on lui donne". **André Gide** (1869-1951), écrivain français, auteur notamment des Paludes. Après la mort libératrice de sa mère, il épousera notamment sa cousine Madeleine avant de terminer *Les Nourritures terrestres*, dont le lyrisme est salué par une partie de la critique à sa parution en 1897.

Journée internationale pour l'élimination des violences faites aux femmes.

1910 : Le syndicaliste Jules Durand est condamné à la peine de mort suite à une erreur judiciaire. Après avoir animé une grève au port du Havre, il est accusé d'avoir tué un chef d'équipe non-gréviste dont la mort est survenue lors d'une rixe entre alcooliques.

Le Parisien - Aujourd'hui en France **:** "**C**arnage en Égypte. Terrorisme. Au moins 235 personnes ont été tuées, hier, dans une mosquée de la région du Sinaï. Une attaque attribuée à des djihadistes proches de Daech". Société : "Les cadeaux de Noël low-cost ont la cote. Faits divers : Un tigre évadé abattu dans les rues de Paris. Tennis. Coupe Davis : la clé, c'est Gasquet. Nouvelle-Aquitaine : La porcelaine de Limoges obtient enfin son label protecteur. Maison. Votre rendez-vous du samedi. Jardin : c'est un le moment de planter les arbres ! *Libération :* "**Y** a-t-il vraiment un "racisme d'État" ? La plainte du ministre Jean-Michel Blanquer contre un syndicat relance le débat qui agite chercheurs et militants sur les mots à utiliser pour lutter contre les discriminations". Week-end : "Images. Hong-Kong, l'être ou le néon". Livres : "Aux origines du goulag". *Le Figaro :* "La jeunesse exposée à la violence de la pornographie". "Égypte : massacre dans une mosquée du Nord-Sinaï". Espace : "Les matières premières, nouvel enjeu de la conquête spatiale. Les planètes et les astéroïdes regorgent de ressources précieuses qui suscitent la convoitise de nombreuses entreprises. Les projets et les financements pour les exploiter se multiplient". Éditorial par Laurence de Charette : "Déshumanisation du monde". Gauche. "Sondage : la popularité de Jean-Luc Mélenchon en baisse". PS : "Vague de licenciement dans les antennes locales". Afrique : "Investi président, Mnangagwa hérite d'un Zimbabwe en ruine". Logements : "Hulot mobilise 14 milliards pour la rénovation énergétique". Restaurants : "Tel-Aviv à Paris, une vision décoiffante de la gastronomie". *Le Monde* : "La zone euro renoue avec une croissance solide". Hongrie : Soros, l' « ennemi » préféré d'Orban. France : "Le féminicide fait de société". Politique : "Macron réussit à calmer les maires sans faire aucune concession". Apple : "Ces étudiants chinois forcés de fabriquer l'iPhone X". Tribune. Robert Bradinter : "Le bagne de Guyane est un crime contre l'humanité." Allemagne : "Le SPD n'exclut plus une coalition avec la CDU". *La Nouvelle République* : "Un remaniement ministériel à minima". & : "Aux Deux-Lions, on construit sans arrêt". Économie : "Les poupées Corolle naissent à Langeais". Tours : "3 années de travaux au Printemps". *La Croix samedi & dimanche* : "Le pape à la rencontre des Birmans. Le Pape François, qui se rend du 27 au 30 novembre dans ce pays d'Asie où il est attendu avec impatience par les catholiques, rencontrera aussi des Rohingyas". *La Tribune* : "À la une. Big bang énergétique dans le logement". Smart city : "Paris va expérimenter la mobilité autonome". Banque : Revolut veut être "l'Amazon de la banque". *L'éditionfrance par Ouest-France.* "Violence aux femmes : le difficile combat". Formule 1 : "Les souvenirs de Jacques Villeneuve". *La Dépêche du Midi.* "Égypte : carnage dans une mosquée". Haute-Garonne : "4 000 victime de violences conjugales". Sorties et loisirs du week-end : déjà les premiers marchés de Noël. Lot-et-Garonne : "Soupçonnés du viol et du meurtre de leur bébé. Une mère de 23 ans et son compagnon étaient hier soir en garde à vue après le décès d'une fillette de 18 mois dimanche à l'hôpital. Ils nient avoir tué l'enfant". Gouvernement. "Remaniement : une "prise" socialiste. Disco : Cerrone passe aux platines". *Corse-matin* : "Réclusion criminelle pour le père qui vola l'enfance de sa fillette. La cour d'assises de Corse-du-Sud l'a condamné hier à 16 ans pour viols sur l'enfant alors âgée de 8 ans". Justice : "Les yourtes illégales de Saleccia devront lever le camp". *Presse Océan* : "Plainte pour viol contre un pompier". Nantes. "Jeunes migrants : grande détresse. Il faut plusieurs mois avant que des migrants soient reconnus mineurs et pris en charge". *Midi Libre* : Logement. Hulot s'attaque aux "passoires énergétiques". Violences : "J'étais amoureuse mais j'ai vraiment cru que j'allais mourir." Montpellier : "Devenez testeur de jeux vidéo". Montpellier : "Quel visage aura la ville de demain ?". *Le Courrier Picard* : "Les violences vues de prison. Des photos de femmes battues ont été exposées à la prison d'Amiens". "Le but : choquer et faire réfléchir les détenus, tous des hommes". "Page 2 : Une amende pour une pause pipi contre un arbre". *Nice-matin* : Harcèlement, violences. Basta ! Aujourd'hui c'est la journée internationale pour l'élimination des violences faites aux femmes. (...) Marlène Schiappa annonce une loi contre les "violences sexistes et sexuelles". Pour la secrétaire d'État à l'Égalité, le "harcèlement est déjà une forme de violence". Cours d'assises des Alpes-Maritimes : "Trente ans de réclusion pour le père infanticide". *La Provence* : "Sur le pied de guerre. De Toulon aux Alpes, "La Provence" s'est glissée au cœur des manœuvres. À tout moment, les forces françaises doivent pouvoir protéger les intérêts nationaux. Une mission délicate qui s'exprime lords d'exercices comme en opérations stratégiques. Des hommes qui n'aimaient pas les femmes. Par Delphine Tanguy". Salon de l'auto Marseille Provence : "Les ailes du désir". Group coup de chaud, hier, au Géant La Valentine : Vendredi noir pour le "Black friday". Société : "Marseille. Accusé d'antisémitisme, le gaffeur était... juif". Grand jeu bingo : "Dans ce journal, votre nouvelle carte". *Libération* : "Le lac ~~d'Orient~~ au régime sans eau". Saint-Savine : "Condamné pour l'incendie du restaurant de son frère. Jackpot : Il prend un café, gratte un ticket et repart avec 250 000 euros".

La Voix du Nord : "Denain. Il vivait avec son père mort pour toucher les prestations sociales. Finale de la Coupe Davis : 1-1. Les Belges mettent l'ambiance et la pression !". **"Version Femina"** : Nathalie

Baye et Laura Smet, le temps des retrouvailles. *L'Équipe* : "Double pression. Tennis. Coupe Davis. Finale. France 1-1 Belgique. David Goffin et Jo-Wilfried Tsonga ont signé hier des victoires expéditives. Le suspense reste donc entier avant le double de cet après-midi qui s'annonce déterminant". Football. Ligue 1. "Monaco demain Paris-SG. Pastore veut partir". Rugby. "Tournée de novembre. France 21h Japon. Gare au ridicule". Publicité : "Petits bijoux et gros caviars. ASM - PSG. En direct et en exclusivité sur Canal +". *L'Équipe le magazine* : "Mon métier c'est du sport ! Pas besoin de fréquenter les salles de muscu pour se dépenser comme des athlètes. Pour certains, il suffit d'aller au boulot". Juan Martin Del Potro : "J'ai été si près d'abandonner le tennis..." Télé : "Pierre Ménès en faut-il trop ?". *Sud Ouest.* "Rocade saturée : Les pistes pour en finir. Nucléaire : le périmètre de sécurité élargi". *L'Indépendant* : "Cabrel, Vianney, NTM à l'affiche des Déferlantes". Perpignan : "Les secrets du grenat catalan". *La Montagne Brive* : "Le plat du jour fait recette en Corrèze". Thiers Ambert : "Donner pour lutter contre l'infertilité".

Auto Plus : "Volkswagen, la grande offensive ! Projets secrets 2018-2022. 7 futurs modèles dévoilés : un design enfin spectaculaire". "Enquête : Les nouvelles Peugeot sont-elles fiables ? Usurpation des plaques... Attention ça repart en flèche !". "Une arnaque qui peut arriver à tout le monde". Actualité : "Nouveau contrôle technique : Ce qui vous attend vraiment. Gare aux rumeurs !". "Premier essai : Hyundai Kona : un nouveau rival pour les Peugeot 2008 et Renault Captur".

Égypte, La Voix du Nord : "Carnage dans une mosquée en Égypte, au moins 235 morts. Des fidèles qui assistaient à la prière hebdomadaire dans une mosquée de l'Est de l'Égypte ont été tués hier par des hommes armés, l'attaque la plus meurtrière dans l'histoire récente du pays. L'attaque s'est produite dans le village de Bir al-Arich, la capitale de la province du Nord-Sinaï, une région où les forces de sécurité combattent la branche égyptienne du groupe jihadiste État islamique (EI). Le président égyptien Abdel Fattah al-Sissi a promis de répondre avec "une force brutale" à cet attentat, encore non-revendiqué, qui a également fait 109 blessés. "Les forces armées et la police vengeront nos martyrs", a insisté le chef de l'État. Des témoins ont déclaré que les assaillants avaient encerclé la mosquée avec des véhicules tout-terrain et qu'ils avaient ensuite posés une bombe à l'extérieur du bâtiment. Après son explosion, les hommes armés ont fauché des fidèles paniqués qui tentaient de fuir, et mis le feu aux véhicules de ces derniers afin de bloquer les routes à la mosquée. La présidence a déclaré 3 jours de deuil national". **Royaume-Uni :** Un premier accord sur les conditions du divorce entre l'UE et le Royaume-Uni est "possible" en décembre, a estimé le président du Conseil européen Donald Tusk, mais à condition de progresser dans les négociations, en particulier sur les contentieux irlandais. Il a donné 10 jours à Theresa May pour "constater des progrès du côté du Royaume-Uni sur tous les sujets, y compris Irlande". **Angleterre :** À cause d'une fausse alerte, l'artère la plus commerçante de Londres, Oxford Street, s'est vidée brusquement en pleine journée de promotions du "Black Friday". **Irlande :** Le gouvernement irlandais est plongé dans la crise après le dépôt d'une motion de défiance contre la vice-Première ministre. Cette motion, déposée par Fianna Fail, principal parti d'opposition, pourrait aboutir à la chute du gouvernement et à l'organisation de nouvelles élections, moins de 2 ans après celle de 2016, si elle était voté mardi. **Allemagne.** Le chef des sociaux-démocrates allemands, Martin Schulz, a renoncé à son opposition de principe à une coalition avec la chancelière afin de faciliter une sortie de la crise provoquée par l'échec d'Angela Merkel à former un gouvernement.

Procès. Abdelhakim Dekhar, "le tireur de Libé" jugé pour tentative d'assassinat et séquestration en 2013, a été condamné à 25 ans de réclusion criminelle, une peine assortie d'une période de sûreté de deux-tiers, par la cour d'assises de Paris. Cette condamnation, annoncée après neuf heures de délibéré, est conforme aux réquisitions du parquet qui avait estimé que M. Dekhar avait agi par "dépit social" et "rancœur" envers la société. Son logeur Sébastien Lemoine, a été condamné à 6 mois de prison avec sursis pour lui avoir fourni de l'argent et l'avoir hébergé. M. Lemoine était avec

Abdelhakim Dekhar quand ce dernier avait jeté son fusil à la poubelle. **France :** 23 délinquants considérés comme en voie de radicalisation islamiste, mais non soupçonnés d'actes de terrorisme, ont été pris en charge avec un succès dans le cadre d'un programme judiciaire de déradicalisation expérimenté dans le Haut-Rhin, ont annoncé les promoteurs de cette initiative. **Gouvernement,** *La Voix du Nord* : "Emmanuel Macron débauche à gauche et garde le chef de son parti dans le gouvernement". Christophe Castaner quitte cependant le porte-parolat de celui-ci. "Deux nouveaux portefeuilles : le gouvernement resserré du début s'élargit encore. Mais certains ministres n'ont pas obtenu le secrétaire d'État attendu. C'est notamment le cas d'Agnès Buzyn, à la Santé, dont nombre de ses interlocuteurs s'inquiètent de la surcharge de dossiers". **France,** *La Voix du Nord* : "Rénovation énergétique : les mesures du gouvernement en 3 questions. Rénover un quart du parc immobilier de l'État en 5 ans et 500 000 logements par an : le gouvernement a dévoilé hier les nouvelles mesures pour améliorer la performance énergétique des bâtiments, et envisage même d'instaurer un "bonus-malus" écologique sur les logements". "Plus personne ne devrait payer de taxe d'habitation après 2020". "Le chômage en légère hausse en octobre". "#SoyezauRdV, elles ne veulent plus de "blabla". Cinq militantes féministes, qui ont recueilli 700 000 soutiens en ligne, ont lancé une action avec notamment le hashtag #SoyezAuRdV et réclament à Emmanuel Macron un plan d'urgence contre les violences sexuelles".

Fait divers. Un tigre de 200 kg qui s'était échappé d'un cirque dans le sud-ouest de Paris, a été abattu par son propriétaire, qui a été placé en garde à vue. Le cirque Bormann Moreno, duquel s'est échappé l'animal, venait de l'installer et prévoyait d'ouvrir ses portes au public le 3 décembre. Le corps de l'animal devrait être repris par le cirque ou transporté dans une clinique pour qu'une autopsie soit pratiquée. **Justice :** Le tribunal administratif de Nice, statuant en référé, à suspendu l'autorisation de mise sur le marché délivrée fin septembre pour deux nouveaux pesticides du fabricant américain Dow accusés par une association de présenter un risque pour la santé des abeilles. **Manifestation.** Le préfet de police de Paris a pris un arrêté d'interdiction contre une manifestation de Géneration identitaire (extrême droite) prévue aujourd'hui et contre "tout rassemblement en réaction à cette manifestation".

Football, Équipe de France féminine : Les Bleues se sont lourdement inclinées dans un match amical en Allemagne, 4 buts à 0. Ligue 1 : Saint-Étienne - Strasbourg... 2-2. Ligue 2, Le Parisien : "Lorient prend l'eau". Valenciennes - Lorient... 4-2. Classe : 1. Reims, 2. Nîmes, 3. Clermont, 4. Lorient, 5. Paris FC... 18. Bourg-en-Bresse, 19 Quevilly-Rouen, 20. Tours. **Récompense :** Lionel Messi a reçu hier son 4e Soulier d'Or de meilleur buteur des championnats européens. L'attaquant argentin du FC Barcelone a marqué 37 buts et fini pichichi (meilleur buteur) du championnat d'Espagne en 2016-2017. Au classement du Soulier d'Or, qui prévoit des coefficients en fonction du classement UEFA des différents championnats, il devance l'attaquant néerlandais Bas Dost (Sporting Portugal, 34 buts) et le Gabonais Pierre-Emerick Aubameyang (Dortmund, 31 buts). **Nouvelle Star,** *Eurosport* **:** "Mbappé a trouvé son nouvel appartement... de 600 m2 avec vue sur la Tour Eiffel". **Tennis. Coupe Davis. F**rance - Belgique... 1-1. "La tournée des patrons avant le grand bal. Dans une ambiance parfois incandescente, David Goffin et Jo-Wilfried Tsonga ont assumé leur statut de numéro 1 en apportant un point à leur équipe. Aujourd'hui, le double sera décisif avant l'affrontement entre les deux hommes dimanche". *Le Parisien* **:** "**G**asquet, à quitte ou double". "Noah n'a pas aimé l'ambiance". Goffin bat Pouille (Fra) 7-5, 6-3, 6-1. Tsonga (Fra) bat Darcis 6-3, 6-2, 6-1. Aujourd'hui : Gasquet/Herbet (FRA) - Bemelmans/De Loore. **Rugby, L**e Parisien. "Nos joueurs sont pauvres techniquement". Frédéric Michalak, l'ouvreur de Lyon, ambassadeur de France 2023, est passé par notre journal avec le trophée de la Coupe du monde qui sera présenté ce soir, lors de France - Japon. **Basketball.** L'équipe de France de basket a dominé la Belgique 70 à 59, dans son premier match de qualification au Mondial 2019, hier, à Anvers. Les Bleus, privés de presque tous leurs meilleurs joueurs, affronteront la Bosnie pour leur deuxième match, lundi à Rouen. **NBA,** *Eurosport* **:**

"**U**sé mentalement, Derrick Rose pourrait arrêter sa carrière !". **&** : LeBron James en triple double (27 pts, 16 rbds 13 pds et 3 cts), Cleveland a enchaîné une 7e victoire de suite à Charlotte (100-99). Boston a vaincu Orlando (118-103). Après avoir vaincu Golden State, Oklahoma s'est incliné à Detroit malgré un triple double de Westbrook. Les Warriors (Durant et Green au repos) se sont de leur côté repris en atomisant Chicago (143-94). **Olympisme :** Le Comité international olympique a continué hier à frapper la Russie en lui retirant les deux titres olympiques obtenus lors des JO de Sotchi, en bobsleigh, faisant chuter ce pays qui occupait la tête du classement des médailles au profit de la Norvège. Alexander Zhukov, véritable héros en Russie après son doublé en or à Sotchi (bob à 2 et bob à 4), a été disqualifié et a vu ses résultats aux JO 2014 annulés, tout comme la patineuse de vitesse russe Olga Fatkulina qui s'est vu retirer sa médaille d'argent sur 500 mètres.

TV, *Le Parisien* : "**J**e serai fou d'abandonner. France 2, 23 h 15. Laurent Ruquier fait le bilan d'une entrée contrastée entre *On n'est pas couché*, critiqué, et *Les Grosses Têtes*, plébiscité. "Vu hier soir. Koh Lanta : où sont les hommes ?". **Musique :** "**L**a pop, c'est transgressif". Rencontre avec Étienne Daho qui, à 61 ans, signe avec "Blitz" son album le plus rock. **Concours :** "**A**ndréane Le May remporte notre tremplin". **Spectacles, 5** étoiles Le Parisien : Imagine-toi. Théâtre des Mathurins (Paris VIIIe). Cirkafrica. Cirque Phénix, pelouse de Reuilly Paris (XIIe).

Au programme : **R**ugby. France / Japon. *Mongeville. Comancheria* (Jeff Bridges, Chris Pine). *Snowden* (de Oliver Stone). *Échappées belles "weekend romantique à Vienne" ; "Marrakech l'Impériale". Le Drakkar et la croix "la conversion des Vikings". Les Simpsons "Coucher avec l'ennemi" ; "Bart chez les dames". Barbie en super princesse.*

Météo, *Le Parisien* : **D**es ondées et des éclaircies.

Sondage *LeParisien.fr*. "Tennis. Pensez-vous que les Français vont gagner la coupe Davis ? Non 71,3 %".

Proverbe : "Il y a plus de peine à garder l'argent qu'à l'acquérir."
Dicton : "À la Sainte-Catherine tout bois prend racine".

... Dimanche 26 Novembre 2017.

Citation : "Entendre ou lire sans réfléchir est une occupation vaine ; réfléchir sans livre ni maître est dangereux." **Confucius** (551 av. J.-C. - 479 av. J.-C.). Il est le personnage historique qui a le plus marqué la civilisation chinoise, et est considéré comme le premier "éducateur" de la Chine. **& : "L**e seul fait d'exister est un véritable bonheur". Blaise Cendrars (1887-1961), écrivain français.

1974 : Devant une Assemblée nationale constituée quasiment uniquement d'hommes, Simone Veil, ministre de la Santé, prononce une allocution défendant son projet de loi qui aboutira à la légalisation de l'avortement. La Voix du Nord, "Rétroactif : Femmes cultivatrices pendant la guerre 39-45".

Le Monde : "Violences sexuelles. L'onde de choc mondiale". "Attaque du Sinaï : l'Égypte défiée par le terrorisme". Gouvernement : Un remaniement très "macronien". Pop anglaise : Galagher, les frères fâchés. Géopolitique : "Le Bhoutan, funambule entre la Chine et l'Inde". Débats. "Esclavage en Lybie : l'Afrique doit se regarder en face". Éditorial : "Allemagne. Un statut quo risqué". *La Provence* : "**M**étro. Une réussite sur toute la ligne. Il était mis en service le 26 novembre 1977. Rugby : Amical. Nuls ! France 23 - Japon 23. Thomas Pesquet : Objectif Terre. Le spationaute français signe le livre-témoignage d'une aventure hors du commun. &, Concert. On a vu. Black M, un rappeur satisfait. Économie. Aubagne. Jellyfishbot, le robot qui "nettoie" l'eau de la mer. Société. Violences. Les promesses d'Emmanuel Macron aux femmes. Développement durable. Comment choisir le bon sapin de Noël. Télévision. M6 23 h 10. "Enquête exclusive" au pays de Kim Jong-un. Foot. Om - Guingamp (17 h). Marquer des buts pour chasser le doute. Tennis. Coupe Davis. Finale. Les Bleus à un petit point d'un bonheur géant". *Le Télégramme* : La Bretagne protège ses remparts. Ordures : Catastrophe écologique dans la mer des Caraïbes. Bretagne : Plusieurs accidents dus à la grêle et aux verglas". *Le Parisien - Aujourd'hui en France* : "Qui peut sauver le PS ? Politique. En plein marasme, le Parti socialiste se cherche un patron. Deux favoris se dégagent : Stéphane Le Foll et Najat Vallaud-Belkacem. Portrait : Il a fait tomber le Boucher des Balkans. Politique : Les souvenirs amers de l'ex-conseiller de Fillon. Société : Les animaux de cirque n'amusent plus personne. Loisirs : Iris Mittenaere, un an dans le costume de Miss Univers". *Libération Champagne* : "Poignardée pour une séparation. Esther a été poignardée suite à une séparation amoureuse difficile. La Troyenne témoigne. Lac d'Orient : Faute d'eau, les poissons risquent de mourir. Assises : 25 ans de réclusion pour avoir étranglé Raphaël, son ami handicapé". *L'éditionfrance par Ouest-France* :" La Terre dans l'objectif de Pesquet. Société : Les jouets qui vont cartonner". *Le Journal du Dimanche* : "Le plan Darmanin contre la bureaucratie. Exclusif. Le ministre des Comptes publics dévoile ses mesurés pour simplifier les rapports entre les Français et l'Administration. Il annonce son adhésion à En Marche avec le secrétaire d'État Sébastien Lecornu et le leader des députés constructifs, Thierry Solère. Hôpitaux : Le scandale des opérations inutiles. & : La face cachée de Laurent Delahousse". *La Voix du Nord* : "Banquiers de cœur. Collecte de la banque alimentaire. Calais : Un barrage de CRS forcé par une voiture conduite par un passeur de migrants". *La Dépêche du dimanche* : "Le Hara-kiri du rugby français ? Incapables de battre les Japonais qui ont fait une démonstration de jeu à la main, les Bleus ont une nouvelle fois balbutié leur rugby (23-23). Désespérant. Toulouse. Députés : leur vie après la défaite. Harcèlement : Le ministre de la Justice explique les mesures Macron. Albi : Le pull le plus moche du monde. Ambiance décalée hier à Albi pour le concours du pull le plus moche du monde. Difficile de départager les concurrents. Une belle brochette de pulls moches portés avec beaucoup d'enthousiasme. / DDM, Émilie Cayre". *Presse Océan*. **"S**aint-Philbert : 166 collégiens intoxiqués. & : Le FCN lésé à Rennes. Saint-Herblain : Un centre soigne le sommeil. Nantes. YelloPark : un calendrier revu ?". *Midi Libre.* **"D**échets, sport : où va l'empire Nicollin ? Olivier évoque les rapports avec son père, disparu il y a quatre mois, et l'héritage préservé. Montpellier. Demain se dessine aujourd'hui. Société : L'égalité des sexes devient grande cause nationale. Attentat : La violente riposte de l'Égypte après le drame du Sinaï". *Corse-matin* : **"B**astia dans la rue pour son hôpital. Un millier de personnes pour soutenir le personnel et réclamer des moyens. & : La clémentine exporte les saveurs de l'île". *L'Indépendant catalan* : **"C**anet/Roussillon. À 85 ans, le kiné rempile. Barcelone : La maire prône la paix. Puigdemont : Un premier meeting en duplex. Violences : Macron avec les femmes". *Sud Ouest dimanche* : **"R**ugby / XV de France. Ridicules". *Le Courrier Picard* : **"O**n arrête plus l'Amiens SC. Le club picard s'est imposé à Metz hier soir (0-2) et grimpe dans la première moitié du classement". Nature : "Comment nourrir les oiseaux en hiver". Énergie : "Même en Picardie le solaire ça marche". *L'Équipe* : **"L**e match de leur vie. Tennis. Coupe Davis. Finale. France 2-1 Belgique. Au terme d'un match prenant, Richard Gasquet et Pierre-Hugues Herbert ont offert le deuxième point aux Bleus. Opposés cet après-midi (13 h 30) à David Goffin, Jo-Wilfried Tsonga peut assurer une dixième Coupe Davis à la France. Football. Ligue 1. Monaco 21h Paris-SG. Paris vise le KO. Rugby. Tournée de novembre. France 23 - 23 Japon. Hara-kiri". *Photo* : «**D**élivrez-nous du mâle. Naked war : La nouvelle série de Bettina Rheims". *Ski magazine* : **"4** randos en tarantaise. Topos et conseils. Enquête. Remontée mécanique. 7 appareils exotiques. Trip. Golden, BC. Enclave suisse au Canada. Plan du local. Les Sybelles par Alex Maulin".

Égypte, *La Voix du Nord* : **"L**'Égypte pleure ses 305 morts dans la pire attaque sur son sol. Funérailles, prières, bandeaux noirs dans les médias : l'Égypte a pleuré hier les 305 personnes - dont de nombreux enfants - tuées dans une mosquée du Sinaï, l'attentat le plus sanglant dans l'histoire récente du pays". **Lybie : P**lus de 30 migrants ont trouvé la mort et 200 autres ont été secourus après le naufrage de 2 embarcations au large des côtes libyennes, selon la marine du pays. **Pakistan : Le** gouvernement pakistanais a fait appel à l'armée pour rétablir l'ordre dans la capitale Islamabad où des affrontements entre police et islamistes ont fait le même jour au moins 6 morts et près de 200 blessés. **Argentine, *La Voix du Nord* :** "**D**ixième jour de recherches du sous-marin, les familles en deuil". **Belgique : U**ne cinquantaine de personnes ont été interpellées hier après-midi dans un quartier commerçant de Bruxelles après qu'un groupe de personnes échappées d'une manifestation a dégradé des commerces et s'en est pris aux forces de l'ordre, selon la police. Les incidents se sont déclarés près de la place Louise, non loin du centre de la Capitale. Un important dispositif de police a été employé et le calme est revenu en début de soirée. **Zimbabwe. L**a justice zimbabwéenne validé le coup de force de l'armée qui a abouti à la démission du président Robert Mugabe, une décision qui sème déjà le doute sur la "nouvelle démocratie" promise par son successeur, Emerson Mnangagwa. Ce fidèle parmi les fidèles du régime, traîne une réputation d'exécuteur de basses œuvres répressives de l'ex-président Mugabe. **Cuba. C**uba marquait le premier anniversaire de la mort de Fidel Castro, le regard déjà tourné vers une transition historique qui doit lui permettre de tourner la page, dans moins de 100 jours, après six décennies de pouvoir des frères Castro.

France : Emmanuel Macron a décrété hier l'égalité entre les femmes et les hommes "grande cause du quinquennat". Outre l'augmentation du budget dédié à hauteur de 420 millions en 2018, le président a annoncé un éventail de mesures. 1. Le consentement sexuel à 15 ans. 2. L'allongement du délai de prescription des crimes sexuels sur mineurs. 3. La création d'un délit d'outrage sexiste. Lille, La Voix du Nord : "Environ 150 personnes se sont réunies à 14 h 30, place de la République à Lille, dans le cadre de la Journée internationale contre les violences faites aux femmes. Le rassemblement, à l'appel des associations Osez le féminisme 59 ! et Solfa (Solidarité femmes d'accueil) Lille, a été marquée par un "die in" : des manifestantes se sont allongées pour symboliser les 123 femmes tuées en 2016 en France sous les coups de leur conjoint ex-conjoint". **Nantes,** *La Voix du Nord* : "Plusieurs centaines de personnes, jusqu'à 1000 selon les organisateurs, ont insisté hier matin, sur le parvis de la cathédrale de Nantes, au crash d'une réplique d'avion en polystyrène d'environ 12 mètres de long de la compagnie "Air médiation". Ces militants ont choisi de mettre l'accent sur les nuisances sonores et les risques que font peser, selon eux, le maintien d'un aéroport à proximité d'une agglomération de 620 000 habitants.

Faits divers : Le cirque propriétaire d'une tigresse abattu à Paris après s'être échappée, a déposé plainte contre X en évoquant un acte de malveillance tandis que la garde à vue du directeur du cirque a été levée. **& : 1**5 personnes ont été placées en garde à vue pour port d'arme prohibé dans le cadre de l'arrêté d'interdiction d'une manifestation à Paris du groupuscule d'extrême droite Génération Identitaire et d'éventuelles contre-manifestations, selon la préfecture de police. La manifestation avait été interdite afin d'éviter des troubles à l'ordre public. **Affaire Gregory : 5** mois après avoir quitté son domicile encadré par les gendarmes, Jacqueline Jacob 72 ans soupçonné d'avoir participé à la mort du petit Grégory, retrouvé dans la Vologne en 1984, devait regagner discrètement durant le week-end son village d'Aumontzey dans les Vosges. **Justice : À** Agen, la mère d'un bébé de 18 mois et son compagnon ont été mis en examen, 6 jours après la mort de l'enfant qui a subi des coups et un viol. Le compagnon, âgé de 30 ans, a été mis en examen pour "violences volontaires par personne ayant autorité sur mineure de 15 ans ayant entraîné la mort sans intention de la donner, viol sur mineure de 15 ans, violences habituelles sur mineure de 15 ans".

Politique. Récusant toute "déprime" Jean-Luc Mélenchon s'est montré fataliste en appelant ses troupes à "la lutte et advienne que pourra", lors de la troisième convention nationale de la France insoumise visant à structurer un mouvement vieux d'à peine 2 ans. *La Voix du Nord*, **Le débat du jour,** Jean-Michel Bretonnier. "La lutte contre le sexisme entre en politique". **Régions.** *Le Parisien*. "Il marche grâce à un fémur en céramique". *La Voix du Nord*, "**Le monde à l'envers.** E**n Inde**, une entreprise recycle les fleurs sacrées du Gange". & : "Le premier Championnat du Monde du pull moche".

Tennis, Finale de la Coupe Davis. Gasquet / Herbert ont battu Bemelmans / De Loore 6-1, 3-6, 7-6 (7/2), 6-4. L'équipe de France mène 2 victoires à 1 face à la Belgique. **Football.** Ligue 1 : Rennes - Nantes... 2-1. Caen - Bordeaux... 1-0. Montpellier - Lille... 3-0. Metz - Amiens... 0-2... *Le Parisien* : "Bordeaux coule doucement". Paris-SG. Jean-Pierre Papin : "Emery doit juste gérer les égo". Marseille. "Amavi est déjà indispensable". **Espagne. À** domicile, le Real Madrid a difficilement battu Malaga, 3 buts à 2, hier en Liga. Karim Benzema a retrouvé le chemin des filets à Santiago Bernabéu, où il n'avait plus marqué depuis le 16 août. Sa pire série avec le club merengue. **Business :** **A**ttendue depuis de longs mois, la prolongation de contrat de Lionel Messi a été officialiser par le FC Barcelone hier. Le joueur de 30 ans, qui a disputé 602 matchs avec le club catalan depuis 2004, a prolongé pour quatre saisons, soit jusqu'au 30 juin 2021. Son nouveau contrat est assorti d'une clause libératoire d'un montant de 700 M€. **Ligue 2. V**ainqueur de Lens 1 buts à 0, Le Havre revient à 1 point du podium de Ligue 22 **Rugby, Test-Match, France - Japon,** *Le Parisien* : "Désespérément nuls". France - Japon... 223-23 **Top 14.** Jacky Lorenzetti : "Le départ de Dan Carter est une perte considérable". Dan Carter, l'ouvreur néo-zélandais, double champion du monde, s'est engagé pour les deux prochaines saisons avec le club japonais des Kobelco Steelers à Kobe. **Sports mécaniques, F**ormule 1. Valtteri Bottas a dominé la qualification du dernier Grand Prix de la saison à Abu Dhabi, hier, en dominant son coéquipier chez Mercedes et champion du monde Lewis Hamilton ainsi que Sebastian Vettel sur Ferrari. Esteban Ocon (Force India) s'élancera en 9e position. **Handball. À** 5 journées de la fin de la phase de groupes de la Ligue des Champions, Nantes validé son billet pour les huitièmes de finale, en battant hier, le Wisla Plock 32 à 30. **Ski alpin. L**a Française Tessa Worley n'a pu faire mieux qu'une 6e place sur le slalom géant de Killington aux États-Unis, hier. Comme à Solden c'est Laura Rebensburg (Allemagne) qui s'est imposée devant Mikaela

Shiffrin (Etats-Unis). **Basketball, NBA :** À Washington, Portland a fait preuve de caractère. Houston s'est repris après avoir mal débuté contre New York. Toujours décevant, Oklahoma s'est incliné à Dallas. Sans Rudy Gobert, Utah s'est offert un nouveau record de réussite à trois points (18) lors de sa victoire sur Milwaukee. Privé de Ben Simmons, Philadelphie a inscrit 130 points contre Orlando (130-111). Golden State, San Antonio ou encore Toronto se sont imposés.

Votre dimanche. "Héros des gueules cassées. Médecine. Le professeur Jean-François Payen ressuscite des patients plongés dans le coma, graves traumatisés crâniens. C'est un ponte de la réanimation. Même s'il déteste ce mot... Et les louanges qui vont avec". **Bande dessinée.** *Les Sisters, tome 12 : Attention tornade.* De William et Cazenove, Ed. Bamboo, 10,60 €. **Cinéma :** Accusé par plusieurs femmes de s'être livré à des exhibitions sexuelles devant elle, Louis C. K. 50 ans, humoriste de stand-up très populaire aux États-Unis et créateur de la série *Louis* a reconnu les faits. La sortie dans les salles françaises de *I Love You Daddy*, prévu le 27 décembre, a été annulé. **Exposition : "J**.F. Millet". Jusqu'au 22 janvier au Palais des Beaux-Arts de Lille (Nord)". *La somptueuse récolte de Millet.* Le peintre de "l'*Angélus*" et des paysans bénéficie d'une grande rétrospective au Palais des Beaux-Arts de Lille (Nord). *Georges Michel : le Paysage sublime,* jusqu'au 7 janvier au monastère de Brou, près de Bourg-en-Bresse (Ain). *Anders Zom,* jusqu'au 17 décembre au Petit Palais (Paris VIIIe). **Spectacle.** *Le Parisien.* "Disney sur glace a le feu sacré. Le show Disney de "Peter Pan" à la "Reine des neiges", est en tournée française. Et plutôt en forme. **Radio.** "**C**hangements en vue à Europe 1. Avec 3,89 millions d'auditeurs en cette rentrée contre 4,35 millions il y a un an, la radio reste dangereusement proche de son plus bas historique du printemps (3,84 millions) ..." .

Au programme : *Jurassic World* (Chris Pratt, Bryce Dallas Howard) ; *The impossible* (Ewan Mc Gregor). *Sur les toits de Paris, un jardin extraordinaire. Charles le catholique - 1958-1969* (Charles-de-Gaulle). *Le cercle rouge* (Alain Delon). *Hibernatus* (Louis de Funès). *Le transporteur, la série. L'étudiante* (Sophie Marceau). *À la maison* *pour Noël* (Virginie Efira). *Maman, j'ai raté l'avion* (Macaulay Culkin). *7 ans au Tibet* (Brad Pitt). *Le secret médical d'Hitler. Les visiteurs du dimanche.*

Sondage *LeParisien.fr.* "**T**rouvez-vous qu'on dépense trop d'argent à Noël ? Oui 86,9 %".

Météo, *Le Parisien* : "Gelées précoces.

Proverbe : "**L'**estomac et les membre sont solidaires".

France Singles Top 100 Acharts, SNEP & more : 1. *Perfect.* Ed Sheeran. **2.** *Si t'étais là.* Louane Emera. **3.** *Havana.* Camila Cabello and Young Thug. **4.** *Katchi.* Ofenbach and Nick Waterhouse. **5.** *Dusk till dawn.* Zayn and Sia. **6.** *Échame la culpa.* Luis Fonsi and Demi Lovato. **7.** *What about us.* P!nk. **8.** *Feel it still.* Portugal. The Man. **9.** *Mwaka Moon.* Kalash and Damso. **10.** *Shape of you.* Ed Sheeran. **11.** *Dommage.* Bigflo & Oli. **12.** *Rockstar.* Post Malone and 21 Savage. **13.** *No roots.* Alice Merton. **14.** *Catchu Catchu.* Lartiste. **15.** *On était beau.* Louane Emera. **16.** *Mi amore.* Jessy Matador. **17.** *Too good at goodbyes.* Sam Smith. **18.** *Reine.* Dadju. **19.** *Sonotone.* Mc Solaar. **20.** *All stars.* Martin Solveig and Alma. **26.** *Noche.* Lacrim et Damso (nouveau). **37.** *Gericault.* Lacrim. **39.** *Comme si de rien n'était.* Dadju. **52.** *L'envie.* Kendji Girac.

... Lundi, 27 Novembre 2017.

Citations : "**L**a meilleure action est celle qui procure le plus grand bonheur au plus grand nombre." **Francis Hutcheson** (1694-1746). Philosophe irlando-britannique, il figure parmi les pères fondateurs des Lumières écossaises. **& :** "**N**on est un joli mot, mais il faut être le premier à le dire." **Hugo Pratt** (1927-1995), illustrateur de BD italien.

2003 : La fonction des "natural killers" est expliqué par des scientifiques de l'Institut Pasteur. Ces cellules de notre système immunitaire permettent à certains individus de résister à la transmission du VIH malgré leur exposition régulière au virus.

Le Figaro : "Liban, Syrie, Irak : comment l'Iran étend son emprise. L'Iran est devenu une puissance régionale dont l'influence s'étend de la frontière afghane jusqu'à la Méditerranée. Sa rivalité avec l'Arabie Saoudite fracture les pays du Levant. Politique : Les Constructifs en ordre dispersé derrière Macron. Transports : La crise des pilotes fait tanguer Ryanair. Enquête : Edwy Plenel, le patron de Médiapart, accusé de flirter avec l'islamisme". *La Croix* : "Avec les Rohingyas, peuple apatride. Égypte : Une guerre à huis clos dans le Nord-Sinaï. Économie & entreprises : Le contrôle des chômeurs à l'épreuve du terrain". *Les Échos.* "Santé : la Sécu s'attaque au coût de l'innovation. L'essentiel : Une industrielle en renfort à Bercy. Macron entame une tournée africaine. Entreprise et marchés : Les français retournent au restaurant. Pékin réduit les taxes sur les produits étrangers". *Libération* : "Enfants pauvres, l'école en premier ligne. Hébergement, malnutrition... Face à l'extrême misère de certains de leurs élèves, les profs se démènent au quotidien, souvent abandonnés par les institutions. Virginie Calmels : "Thatcher n'est pas transposable en France, mais..." Elle revendique son libéralisme, rencontre avec la potentielle numéro 2 de Wauquiez chez LR. Coupe Davis : Pouille, ce héros". *Midi Libre* : "Le Midi veut tester le revenu de base. Fiscalité : Le "droit à l'erreur", un projet de loi qui profite aux usagers. Coalition : Quarante pays musulmans contre le terrorisme. Occitanie : Les survivalistes préparés à affronter toutes les menaces. Retraités : Une application pour créer du lien et de la confiance". *L'Humanité* : "Violences sexistes, à quand une grande cause budgétaire ? Gauche : La France insoumise définit ses priorités. Solidarité : Alerte sur l'aide alimentaire européenne". *Le Parisien - Aujourd'hui en France* : "Économie d'énergie. L'arnaque aux faux certificats. Révélations. Des escrocs détournent les dispositifs mis en place par le gouvernement pour financer des travaux de rénovation énergétique. Le préjudice s'élèverait déjà à plusieurs dizaines de millions d'euros. Économie : L'emploi intérimaire en pleine croissance. Société : Dans les collèges où les smartphones sont rois. Paris : Combien de fauves dans les cirques de la capitale. Santé : Méfiez-vous des produits anti acariens. Télévision : TF1 lance son concours de réveillons de Noël". *L'éditionfrance par Ouest-France* : "**S**anté. Ces lumières qui nous perturbent". *La Voix du Nord* : "**J**our de fête. Tennis. À Villeneuve-d'Ascq, le Loonois Lucas Pouille a offert à la France sa dixième coupe Davis". *L'Équipe* : "**C**oupe Davis. Finale. France 3-2 Belgique. Un pur bonheur. La France a remporté hier, à Lille la dixième Coupe Davis de son histoire. Cela faisait seize ans que les Bleus n'avaient plus soulevé le Saladier d'argent. Football : Ligue 1. Monaco 1-2 Paris-SG. Paris sans rival. Rugby : Équipe de France. Laporte s'interroge sur Novès. Publicité : Tissot. Style is automatic. Tissot everytime swissmatic. 390€ TTC". *La Voix des sports* : "**I**noubliable. Lucas Pouille a offert sa dixième coupe Davis à la France". *Midi Olympique "Rouge"*, **Lundi** : "**M**alades ! Incapables de battre le Japon, amorphes et insipides, les Bleus sombrent à petit feu, entraînant avec eux l'ensemble du rugby français. Des mesurés doivent être prises dans les 15 jours pour tenter d'enrayer cette lente descente aux enfers". Dossier. Vincent Moscato : "On a un problème avec la réussite". *Nice-matin* : "**H**onteux ! Battus (5-0) par des Lyonnais sur un nuage, les Niçois ont touché le fond, hier à l'Allianz Riviera. Ce matin, ils sont 18es, c'est à dire barragistes. Nice : Dans les musées des œuvres volatilisées ?". *La Provence* : "**F**inale de la Coupe Davis. Quelle saga ! Football : OM 1 - Guingamp 0. L'OM colle au podium. Musique : Rencontre. MC Solaar : "Personne n'est indispensable". Santé, "Notre chronique" : Vous aussi, faites la peau à l'eczéma. François Tonneau : "Vous reprendrez bien une IRM ?". *La Dépêche du Midi* : "**C**oupe Davis. Les nouveaux mousquetaires. Toulouse : Elle se tue en chutant du parking Victor-Hugo. Grand Sud : Ils vont expérimenter le revenu universel. Toulouse : La manif' des féministes dégénère. & : Les perruches colonisent la ville". *Presse Océan.* "**C**hambres au CHU :

des abus pointés. Nantes : selon la CGT, l'hôpital placerait, sans recueillir leur consentement les malades bien remboursés par leur mutuelle, en chambre individuelle. La direction dément. Nantes, Carnaval : Les Bogdanov élus rois". *Sud Ouest.* "**B**ouchons ~~(un refrain)~~ : les entreprises sont à bout. Services : Le concierge fait sa place loin des palaces". *Corse-matin* : "**F**ront National. Marine Le Pen en Corse contre toutes les dérives séparatistes. Environnement : Un parasite menace la grande nacre de Méditerranée". *L'Indépendant* : "**À** Perpignan, avec Axel et Antony, l'autisme s'affiche en grand. Les deux garçons autistes âgés de 8 ans, ont été choisis pour illustrer une campagne de publicité d'Autisme 66 destinée à en finir avec les regards stigmatisants. Les deux enfants sont ravis de l'expérience et leurs parents également. Catalogne : Le dilemme des votants". *Télé Star* : "Johnny Hallyday. Une si grande émotion... Kev Adams : Dans Rendez-vous en terre inconnue". "Je l'ai fait une fois mais pas deux". *Télé 7 jours* : "**S**a victoire contre la maladie". Laëticia Milot. "Être enceinte est un vrai miracle." Marraine du téléthon : Zazie. "Je veux casser la baraque". "Chaque semaine le magazine le plus lu de France". *Télé Poche* : "**T**éléthon. Zazie. "On veut casser la baraque." Michel Drucker : "La fidélité du public me touche." Noël : Les 15 jouets qui vont cartonner". *Femme actuelle* : "**1**5 astuces pour gagner du temps au quotidien. - 3kg en 9 jours : Le nouveau régime soupe". & : "Le super test pour doper ma mémoire. Tartes & quiches : Nos délicieuses recettes à partager". *Maxi* : "**O**ui, on peut apprendre à tout âge ! Nager, parler une langue étrangère...". & : "Malvoyante et professeur de danse". "Chacun peut réaliser son rêve". "**N**os recettes bluffantes au chocolat. + Leçons de cuisine en photos".

Espagne : **T**enerife a été le théâtre d'un accident dans la nuit de samedi à dimanche dans la boîte de nuit, Butterfly Disco Club, faisant 40 blessés. Vingt et un blessés, dont deux grièvement, ont été emmenés à l'hôpital. **Chine :** **U**ne forte explosion s'est produite dimanche à Ningbo, grande ville de l'Est du pays. Au moins 2 personnes sont mortes et des dizaines blessées. L'explosion qui a rasé plusieurs bâtiments, a été entendue à plus de 10 kilomètres aux alentours. **Pakistan : A**près la dispersion ratée d'un sit-in islamiste aux portes de la capitale Islamabad, le nombre de manifestants grandit, tandis que l'armée semble hésiter à intervenir dans la crise. Le mouvement est piloté par un groupe religieux méconnu, Tehreek-i-Labaik Yah Rasool Allah Pakistan, qui exige la démission du ministre de la justice à la suite d'une polémique au sujet d'un amendement abandonné, lié à la très controversée loi sur le blasphème, sujet ultrasensible dans le pays. Le TLYRAP demande que l'ancien et le nouveau Premier ministre soient poursuivis pour terrorisme. **Argentine : O**nze jours après sa disparition, le sous-marin militaire San Juan et ses 44 membres d'équipage restent introuvables malgré la mise en œuvre d'importants moyens pour les recherches. **Catalogne : U**n mois après la mise sous tutelle de la Catalogne par le gouvernement central, les partis se préparent en vue des élections de décembre, marquées par un changement de tactique des indépendantistes qui ont admis que la déclaration de sécession était sans effet. **Népal : D**ans l'espoir de mettre un terme à l'instabilité qui touche le pays depuis la fin d'une sanglante guerre civile, il y a une décennie, les Népalais se sont rendus aux urnes, dans des conditions parfois très dures. 2 millions de personnes se sont exprimées dans ce pays montagneux (65 % de participation), malgré les difficultés rencontrées pour atteindre certains bureaux de vote. **Union Européenne : L**a commissaire à la concurrence Margrethe Vestager lancera jeudi l'édition 2018 des "journées de Bruxelles", organisé par l'Obs et Le Soir. Considérée comme une "nouvelle dame de fer", elle fait trembler les géants américains de l'internet et les États européens qui leur offrent des taux d'imposition dignes de "paradis fiscaux". **États-Unis : A**lors que Donald Trump avait apporté son soutien à Roy Moore, favori à la sénatoriale du 12 décembre dans l'Alabama, ce magistrat ultra-conservateur est aujourd'hui visé par des accusations d'attouchements sur mineures, qu'il aurait commis il y a plusieurs décennies.

France : 8 présidents socialistes de conseils départementaux désirent tester le revenu de base sur leur territoire, "pour l'ajuster, avant peut-être de le généraliser." Sont concernés : la Gironde, l'Aude, l'Ariège, le Gers, la Meurthe-et-Moselle, la Haute-Garonne, l'Ille-et-Vilaine et la Seine-Saint-Denis. **Réforme :** **P**ar décret, la rémunération des médecins intérimaires employés dans les hôpitaux publics pour pallier la pénurie des praticiens sera plafonnée à compter de 2018 et de manière dégressive jusqu'en 2020. **Législation :** **Le** gouvernement présente aujourd'hui son projet de loi sur le "droit à l'erreur" visant à améliorer la relation entre l'administration et les usagers, une volonté plus ou moins couronnée de succès par le passé. **Politique :** **U**ne vingtaine d'élus "Constructifs" ont officiellement lancé, sous la houlette du député Franck Riester (ex-LR), un nouveau parti de droite, "Agir". Il se veut une alternative à LR et à sa ligne "identitaire, eurosceptique et ultra-conservatrice".

Faits divers : **N**oisy-le-sec. Après la découverte d'un homme d'une trentaine d'années, dont le visage et les bras ont été partiellement brûlés, une enquête pour tentative de meurtre a été ouverte. La victime a déclaré "avoir été aspergée d'essence par 3 individus sans en connaître la raison". **Manifestation :** **U**n proche de la mouvance identitaire, interpellé samedi à Paris après l'interdiction d'une manifestation d'extrême droite sera jugé en correctionnelle, notamment pour port d'armes. 14 militants d'ultragauche ont eux été remis en liberté.

Technologie, *La Voix du Nord*, **Temps libre :** "**L**es ordinateurs hybrides peuvent aussi être de sacré baroudeur. Le Panasonic Toughbook CF-XZ6 est un PC portable professionnel 2 en 1 détachable. Avec son écran de 30 cm de diagonale, c'est un poids plume. Mais sa capacité à résister aux chutes et à la pression en fait un poids lourd".

Tennis, Finale de la Coupe Davis, *La Voix du Nord* **:** "**L**e jour de gloire de Lucas Pouille est arrivé". Dominant largement le Belge Steve Darcis (6-3, 6-1, 6-0) lors du cinquième match décisif, Lucas Pouille a offert à l'équipe de France un 10e Saladier d'argent. Plus tôt dans l'après-midi, David Goffin vainqueur de Jo-Wilfried Tsonga 7-6, 6-3, 6-2, avait remis les 2 équipes à égalité. *Le Parisien* : "Le joli coup du père Noah...". **Football, Ligue 1, 14e journée :** Monaco - PSG... 1-2. Paris possède désormais 9 points d'avance sur Lyon et Monaco. *Le Parisien* : "C'était pas le soir de Mbappé." **& : "D**raxler éclaire Paris". **Classement des buteurs :** Cavani 16 buts. Falcao 13. Fekir 11. Nice, Lille et Metz sont relégables. **Liga :** Valence, solide, Barcelone n'est pas parvenu à s'imposer à Mestralla. Lionel Messi s'est vu refusé un but pourtant valable (ligne de but franchise). Valence - FC Barcelone... 1-1. Valence reste à 4 longueurs du leader catalan. L'Atlético et le Real Madrid reviennent à 8 longueurs. **Premier League : B**énéficiant des nuls de Tottenham (5) et Liverpool (6), Arsenal vainqueur a Burnley (0-1), fait son retour dans le Big 4. Manchester City s'est imposé sur les terres d'Huddersfield. **Allemagne : A**u lendemain de la contreperformance de Dortmund, son entraîneur Peter Bosz s'est vu offrir une dernière chance par la direction du BvB. **Serie A : V**ictoire du leader Naples et de la Juventus Turin. Nul pour l'AC Milan et l'AS Rome. **Rugby, Top 14 : L**e Racing 92 a vaincu le leader Montpellier (26-0). Toulouse s'est imposé à Lyon. **Au classement : 1.** Montpellier. 2. La Rochelle. 3. Racing 92. 4. Lyon. 5. Toulouse. **Sosie : L**e chanteur Julien Doré s'est amusé de sa ressemblance avec le joueur du XV de France, Gabriel Lacroix. **Handball, Ligue des champions :** Montpellier s'est incliné pour la première fois après 9 journées de phase de poules, hier contre Besiktas (28-33). Les Héraultais restent cependant leaders du groupe D. **Basketball, NBA :** Monstrueux près du cercle, Karl Anthony Towns (32 pts, 12 rbds) a libéré des espaces pour ses coéquipiers Wiggins (21 pts) et Butler (25 points). Victoire des Timberwolves sur les Suns 119-108. Memphis s'est incliné à domicile face au Nets. Miami s'est imposé à Chicago. **San Antonio :** Éloigné des parquets depuis mai dernier, Tony Parker sera de retour contre Dallas. **Sports mécaniques, F1 : À** Abou Dhabi, Valterri Bottas (Mercedes) s'est imposé devant son coéquipier, le champion du monde 2017, Lewis Hamilton. Sebastian Vettel (Ferrari) complète le podium au terme d'une course "ennuyeuse". **Ski, Hommage : P**lusieurs centaines de personnes se sont réunies hier après-midi à Peisey-Nancroix en Savoie, pour rendre hommage au skieur français David Poisson décédé tragiquement le 13 novembre. **Athlétisme, Dopage : L**a

Fédération internationale d'athlétisme (IAAF) a maintenu la suspension de la Russie, bannie des compétitions depuis novembre 2015 en raison d'un dopage institutionnalisé. Cette décision précède de quelques jours la réunion de la Commission exécutive du Comité international olympique (du 5 au 7 décembre à Lausanne), qui décidera de la participation de la Russie au Jeux d'hiver 2018.

Musique, *Le Parisien* : "Lavilliers, l'émotion brute". 5 étoiles *Le Parisien*. Dernier album : *5 minutes au Paradis* (Barclay). **Promesse : C**omme promis dans l'émission *Au Tableau !* lors de la campagne présidentielle, Emmanuel Macron et son épouse ont proposé un buffet aux élèves de 8 à 12 ans, qui l'avaient interviewé en mars dernier. **People, 20 Minutes.** "**E**xil fiscal au Portugal : *Ils n'ont qu'à gagner beaucoup d'argent*, rétorque Florent Pagny à ses détracteurs.

Au programme : *M*on plus beau Noël (concours arbitré par Valérie Damidot) ; *La vengeance aux yeux clairs ; Paris Etc.* (de Zabou Breitman). *Faut pas rêver :* "De la Havane à Santiago" ; *Le deuxième souffle* (Lino Ventura) ; *Gladiator* (Russell Crowe) ; *Lock out* (Guy Pearce) ; *First kill* (Bruce Willis) ; *Indiana Jones et le royaume du crâne de cristal* (Harrison Ford, Cate Blanchett) ; *L'amant* (Jane March). Football féminin, amical : France - Suède ; *Les Franglaises ; Le monsieur d'en face* (Yves Rénier, Ingrid Chauvin) ; *La rupture* (Jennifer Aniston) ; *Maux d'enfants, mots d'adultes.*

Sondage Le Figaro : "**F**igaro Oui. Figaro Non. Réponses à la question de samedi. Faut-il renforcer le contrôle de la pornographie sur Internet pour les mineurs ? Oui. 89 %".

Météo : Pluie sur le nord.

Dicton : "À la Saint-Séverin chauffe tes reins."

Citation : "Les mots peuvent ressembler aux rayons X, si l'on s'en sert convenablement, ils transpercent n'importe quoi." **Aldous Huxley** (1894-1963). Écrivain britannique, connu du grand public pour son roman Le meilleur des mondes. **& : "Le** seul moyen de guérir, c'est de se considérer comme guéri." **Gustave Flaubert** (1821-1880), écrivain français.

1956 : Et Dieu créa la femme sort dans les salles françaises. Le long-métrage, succès mondial réalisé par Roger Vadim, donne naissance au mythe de Brigitte Bardot et reste 60 ans après, un grand classique du cinéma français.

Le Monde. "Brexit, migrants, défense : pourquoi l'Europe doit faire de lourdes économies. "Dieselgate" : Fiat Chrysler soupçonné d'avoir truqué des moteurs. Optique : Le pari du reste-à-charge zéro. Éducation : La formation martingale contre le chômage ? ". *Libération* : "L'Afrique version Macron. Le Président prononce ce mardi à Ouagadougou un discours qui se veut fondateur sur les rapports entre Paris et l'Afrique, passage rituel d'un début de quinquennat. Poudre aux yeux ou véritable renouveau ?". *Le Figaro.* "Page 11 : Contre l'avis de la France, l'Europe prolonge de 5 ans l'utilisation du glyphosate. Pakistan : Le pouvoir cède aux islamistes. Royaume-Uni : Les fiançailles tant attendues du prince Harry. Éducation. Lycées français de l'étranger : le salaire des profs en débat. Justice : L'informatique défaillante, l'autre fléau. Bali : L'éruption du mont Agung inquiète habitants et touristes. Santé : Le premier budget de la Sécu de l'ère Macron entériné par les députés. Champs libres : L'inflation va-t-elle éternellement rester très basse ? Éditorial par Yves Thréard. Rassembler pour gagner". *Le Parisien - Aujourd'hui en France* : "L'inquiétant succès du "joint" électronique. Santé. La vente des liquides pour cigarettes électroniques contenant une molécule présente dans le cannabis explose. Procès : Condamné pour sa relation avec son élève. Enquête : Le préfet qui se laissait trop inviter. Paris XVIIIe : Il louait à prix d'or 60 logements indignes. Angleterre : Le mariage du prince et de la vedette américaine. Ligue 1 : Derrière le PSG, le match des dauphins est lancé. Argent : Comment faire face aux dépenses de Noël". *L'Humanité* : "Monsanto dégaine un nouveau pesticide. Débats et controverses : Peut-on sauver la planète sans toucher au mode de production capitaliste ?". *La Croix* : "Ces taxes qui nous veulent du bien". *Les Échos* : "La Société Générale s'adapte au tsunami numérique. Glyphosate : la France veut faire cavalier seul en Europe. Budget : "Flat tax" : vote d'une mesure anti-optimisation fiscale. Les sénateurs ont adopté un mécanisme "anti-abus" sur les dividendes. Défense : Airbus propose un front anti-américain. Un avion de combat commun remplacerait les Tornado, Eurofighter et Rafale. Grand Paris : La bataille de la métropole fait rage. Entreprises & marchés : PSA forcé d'importer des moteurs made in China". *La Voix du Nord* : "Cartes grises. Un clic et... Ça coince. Région. Défections, défiance, langues qui se délient : le malaise grandit au FN. Football : Bielsa a contesté devant la Ligue la résiliation de son contrat au LOSC. On vous en dit plus : Sahel - Sahara, l'opération Barkhane : un défi permanent". *La Provence* : "Enfin de l'air pour la Porte d'Aix ? Un parc devrait être livré au printemps prochain. L'espace d'un hectare prend peu à peu forme dans le quartier... Mais les riverains restent plutôt dubitatifs. Justice : Procès. Un prof condamné pour sa liaison avec une collégienne. & : Cinq-Avenues, cœur battant". *La Montagne,* Clermont-Métropole : "L'académie recrute 750 services civiques". *La Dépêche du Midi.* "Chauffage : faire baisser la facture. Le père de Joyanae veut comprendre : Le père de la petite fille de 18 mois, violée et tuée par le compagnon de son ex-femme, s'est porté partie civile. Il veut savoir ce qui s'est vraiment passé dans cette effroyable affaire. Sondage La Dépêche. Macron : un retour de confiance à confirmer. Avec 45 % d'opinions positives sur son action, la cote du président de la République est repartie à la hausse selon l'institut Odoxa. Explications. Économie : L'homme qui valait 100 milliards. Il ne sait pas encore quoi faire de sa fortune. Grâce au Black Friday, la fortune du fondateur d'Amazon vient pour la première fois de franchir la barre des 100 milliards. Retour sur l'incroyable réussite de Jeff Bezos. Stade Toulousain : Le plein de confiance". *Presse Océan.* NDDL : "Ces études qui plombent le projet. Saint-Nazaire : Forcée de sauter du 1er étage. Dans la nuit de samedi à dimanche, une femme a été violentée par son compagnon". *Sud Ouest* : "De quel bois va-t-on se chauffer ? Forêt. L'État incite les propriétaires à valoriser des parcelles abandonnées avec des essences propres à servir, notamment pour le chauffage. Une option économique et écologique. Football/Ligue 1 : Les Girondins doivent rebondir face à Saint-Étienne". *Midi Libre* : "Citoyens, l'État veut vous faire confiance. Le projet de loi sur le droit à l'erreur veut améliorer la relation entre usagers et administration. Montpellier : Un livre pour mieux... parler. & : Un nano satellite "Made in Clapas" placé en orbite. Électricité : L'Occitanie dans le trio de tête pour l'énergie éolienne". *Corse-matin* : "Le bus prend-il le train de la modernité ? & : Avec 1 M€ d'aides, les agriculteurs restent sur leur faim". *L'Indépendant catalan* : "Les retraités réclament la gratuité dans les bus. Les Angles : Les secrets du clocher. Sondage : Macron a de nouveau la cote. Violences. Féministes : pourquoi la manif a dérapé. Victor-Hugo : Chute mortelle que s'est-il passé ?". *L'Équipe* : "Tennis. Coupe Davis. Yannick Noah : "J'ai de la chance." Le capitaine des Bleus, vainqueur de sa troisième coupe Davis, réfléchissait encore hier soir à continuer l'aventure. Même si les joueurs le souhaitent ardemment. Football. Ligue 1 : Derrière le PSG, ça bataille sec. Rugby. Tournée de novembre. Gros malaise chez les Bleus. Une fissuré se dessine entre les joueurs et le staff de l'équipe de France". *Francefootball* : "Cavani. L'indispensable c'est lui ! Entretien. Ranieri : "Le foot, c'est comme le vin." Turquie. Cheick Diabaté : le silence de l'agneau Tiercé magazine : Direct Way sur le bon chemin". *Nice-matin* : "Fin des bains de la police". *L'Est Républicain* : "La cantine, "un droit de l'enfant". Bulle : Electro-sensible, il ne supporte pas les ondes". *Le dauphiné libéré* : "La comédie m'a sauvé la vie. Décisions, Le mensuel des décideurs de l'hébergement de plein air : Quand on vous dit Vacances à la Française vous pensez à quoi ?". *Auto hebdo* : "Argent. Le business de la Formule €. F1 Abou Dhabi : Le rachat de Bottas. Jean Todt : "Liberty Media ne peut pas faire les règles à la place ou au nom de la FIA".

Birmanie : **L**e pape François a débuté sa visite par une rencontres surprise avec le chef de l'armée, accusé de mener une "épuration ethnique" contre la minorité musulmane des Rohingyas. Cet ajout de dernière minute permet au général Min Aung Hlaing de se positionner en interlocuteur de premier plan **Yémen : L**'UNICEF affirmait hier que 11 millions d'enfants ont désespérément besoin d'une aide humanitaire dans ce pays en guerre touché par la famine. Selon le directeur régional du Fonds des Nations unies pour l'enfance, "2 millions d'enfants au Yémen souffrent de malnutrition aiguë et presque tous les petits garçons et filles yéménites" ont désespérément besoin d'assistance humanitaire. **Pakistan : A**yant obtenu satisfaction sur la démission du ministre de la Justice, les manifestants islamistes qui occupaient depuis 3 semaines le principal accès à la capitale Islamabad, entamait hier leur retrait. La grogne islamiste est née d'un amendement modifiant à la marge, la formulation du serment prononcé par les candidats des élections, dans lequel ils reconnaissent en Mahomet le dernier prophète. Les fondamentalistes du TLYRAP, y ont vu une tentative d'infléchir la loi très controversée sur le blasphème afin de permettre aux Ahmadis, secte musulmane non officielle, de prêter serment. Ceux-ci, persécutés de longue date, croient que Mahomet n'est pas le dernier des prophètes. **Espagne : U**n cas d'encélopathie spongiforme bovine ou maladie de la vache folle, a été détecté en novembre dans la province de Salamanque (nord-ouest). L'animal a été abattu. Un autre cas avait été détecté en mars dernier dans une autre exploitation de la région. **Union européenne : A**près plus de deux ans de débats intenses sur cet herbicide controversé, les États membres ont accepté de manière surprenante, à trois semaines de la date d'expiration de la licence actuelle, tant les divisions paraissaient insurmontables, d'autoriser pour 5 nouvelles années le glyphosate, provoquant la colère des ONG. Le changement de cap de l'Allemagne a pesé sur cette décision, à laquelle Emmanuel Macron a décidé de s'opposer. **Liban : S**aad Hariri a déclaré hier qu'il souhaitait rester Premier ministre du Liban. Sa décision est cependant liée aux discussions en cours sur l'implication de l'Hezbollah, puissant mouvement chiite du pays, dans les conflits régionaux.

Santé : Selon une étude publiée hier par le cabinet de conseil STIMULUS, spécialiste de la Santé psychologique au travail, qui a également analysé les manifestations anxieuses et dépressives qui en découlent, près d'un quart des salariés sont en état d'hyperstress dangereux pour leur santé. Les domaines santé-actions sociales, arts-spectacle, services et finances-assurances sont les plus touchés. À tous niveaux les femmes sont les plus touchées, elles sont 28 % en hyperstress contre 20 % pour les hommes (57-47 pour un niveau d'anxiété élevé, 31-28 pour un niveau dépressif élevé). **France :** Souhaitant moderniser les relations avec l'Afrique, Emmanuel Macron s'est entouré de jeunes entrepreneurs binationaux en lien étroit avec leur pays d'origine, qui lui apportent une vision différente des réseaux diplomatiques de ses prédécesseur vis à vis du continent aafricain. Les priorités du président sont d'obtenir le soutien financier des Européens pour la force antiterroriste des pays du G5 Sahel et coordonner la lutte contre les passeurs, y compris en Lybie ou certains migrants sont vendus en tant qu'esclaves. Il profitera de sa tournée africaine pour poser la première pierre du métro d'Abidjan, projet pour lequel la France a accordé un prêt record de 1,4 milliards d'euros. **Sondages :** Si le président gagne un point dans le baromètre de l'adhésion, sa décision de maintenir Christophe Castaner, ministre des Relations avec le parlement, malgré son nouveau poste de chef du parti présidentiel, ne passe pas. 63 % des personnes interrogées se disent choquées par ce cumul (source Odoxa). Au classement des personnalités, Laurent Wauquiez, favori de la course pour la présidence des Républicains, ne profite pas de sa médiatisation. En effet, seuls 16 % des sondés adhérent à sa personnalité. **Droit à l'erreur :** L'administration est désormais chargée de démontrer la mauvaise foi de l'usager, qu'il soit un particulier ou une entreprise. L'usager ne doit plus démontrer sa bonne foi. Les fraudeurs et récidivistes, mais aussi les erreurs portant atteinte à la santé publique, à la sécurité des personnes ou des biens, et celles qui conduisent à contrevenir aux engagements européens et internationaux sont bien sûr exclus de ce principe. Une erreur de bonne foi en matière fiscale entraînera une réduction de 30 % des intérêts de retard (dans le cadre d'un contrôle) et de 50 % en cas de rectification de l'erreur par l'usager lui-même. Les entreprises auront de leur côté la possibilité de demander à une administration de les contrôler pour s'assurer de leurs conformités. Les conclusions rendues seront opposables. **Administrations : D**es simplifications sont en cours. Les demandes des usagers par les différentes administrations concernées, en matière de prestations santé ou emploi, seront par exemple traités par un "référent unique". Le papier pour les démarches administratives sera supprimé à l'horizon 22022 **Enseignement : P**résentés comme un symbole de "l'excellence à la française", les lycées français de l'étranger étaient en grève hier, protestant contre les cagnottes budgétaires et les suppressions de postes en vue. Les enseignants protestataires dénoncent la baisse des dotations de l'État à l'Agence pour l'enseignement français à l'étranger, organisme public chapeautant près de 500 établissements à travers la planète.

Immigration : Des peines de quatre à six mois de prison ont été prononcées contre deux Soudanais condamnés en correctionnelle à Caen pour des violences (alors qu'ils étaient ivres sur le port de Ouistreham) à l'égard de gendarmes. **Enquête : D**'après l'avocat du mari d'Alexia Daval, de "nombreux indices" ont été retrouvés à l'endroit où a été découvert le corps de la victime. **Justice : L**a SNCF et PSA ont été reconnus coupables d'homicide involontaire à la suite du décès accidentel d'un ouvrier sur le site de l'usine PSA de Poissy (Yvelines) en 2011. En conséquence, le tribunal correctionnel de Versailles les a condamnés à une amende de 50 000 euros chacun.

Social : Un projet de cession en franchise de 22 magasins Galeries Lafayette en province (près de la moitié du parc), employant plus de 900 salariés, a été annoncé aux représentants du personnel à l'occasion d'un comité central de l'entreprise. La **Société Générale** va supprimer environ 900 postes en France d'ici 2020, pour un total de près de 3 500 emplois en tenant compte des précédentes annonces. **Bourse : L**e Chinois Tencent rivalise avec Facebook. **Jeff Bezos : A**près le Black Friday, la société de consommation a permis au principal actionnaire d'Amazon de voir sa fortune atteindre le niveau symbolique des 100 milliards de dollars, barre qui n'avait plus été atteinte depuis Bill Gates en 11999 **Vin : L**a Belgique et les Pays-Bas ont obtenu hier le label européen AOP (appellation d'origine contrôlée) pour le vin produit dans une zone transfrontalière de la région du Limbourg.

Football, Ligue 2 : Le Leader Reims s'est imposé 2 buts à 0 contre Auxerre, en ouverture de la 17e journée, enchaînant un 17e match sans défaite. **Ligue 1,** *Le Parisien.* "Lyon, l'autre machine à gagner". Statistiques des buteurs de l'OL après 14 journées : Fekir 11 buts, Mariano 10, Depay 8. **Monaco : M**ichael Emenalo a été nommé au poste de directeur sportif en lieu et place du démissionnaire Antonio Cordon. Cet homme de 52 ans occupait les mêmes fonctions qu'à Chelsea, où il avait participé aux arrivées d'Eden Hazard, Thibault Courtois ou N'Golo Kanté. Exclusif Le Parisien : "Dès que je prends l'avion, j'ai besoin de faire une prière". "Jakson Follmann, ancien gardien du club Chapecoense et l'un des six rescapés du crash aérien, il y a un an". & : "Le foot français s'inquiète des "méfaits de la chicha". **Italie : G**ennaro Gattuso a été nommé à la tête du Milan AC, 7e de Serie A. À 39 ans, l'ancien milieu international des Rossoneri remplace Vincenzo Montella, que les résultats décevants avaient affaibli (malgré une forte activité du club sur le marché des transferts). **Tennis,** *La Voix du Nord* : "Lucas Pouille, l'histoire d'une trajectoire où les planètes s'alignent. Le Nordiste a vécu une étape capitale dans sa carrière en offrant le point décisif à la France, dimanche, dans sa région, en finale de la Coupe Davis. L'histoire de Lucas Pouille est belle. Elle conte la force du destin, du talent et du travail mêlés". Frédéric Source. **Basketball, Équipe de France : L**es Bleus se sont facilement imposés 84-65 face à la Bosnie-Herzégovine hier soir en match de qualifications pour la Coupe du monde 2019. **NBA,** *Eurosport* : "La nouvelle génération peut attendre, LeBron James est toujours le King". **& : "T**ony Parker / Joakim Noah, soir de retours." Lors de la 8e victoire consécutive de Cleveland, Joel Embiid et Ben Simmons (Philadelphie) ont pu apprécier la marge qui les sépare de LeBron James (92-113). Boston, roi du money time, a cette fois craqué contre son dauphin Detroit et l'énorme performance d'Andre Drummond (26 pts, 22 rbds, 6 pds, 4 ints). Ce n'est que la 4e fois dans l'histoire qu'un joueur compile de telles statistiques. En vrac : N'en déplaise à Evan Fournier, rien ne va plus à Orlando (Pacers 121 - Magic 109). Curry et Durant au repos, Golden State s'est incliné sur ses terres contre Sacramento. Les Clippers ont dominé les Lakers. **Memphis : E**n raison d'une série de mauvais résultat et d'une relation difficile avec sa star espagnole Marc Gasol, Memphis a limogé son entraîneur David Fizdale.

Miss Univers : La Sud-africaine Demi-Leigh Nel-Peters, succédant à la Française Iris Mittenaere, a été élue Miss Univers dans la nuit de dimanche à lundi à Las Vegas. Miss France, Alicia Aylies ne figure pas dans le top 16. **Entertainment : L**e film Pretty Woman va être adapté en comédie musicale. La première devrait se tenir à Broadway (New York) en juillet 2018.

Jeux-vidéo, *La Voix du Nord* : "Débarquement réussi pour le rouleau compresseur Call of Duty, Word War 2." **Livres,** *Le Parisien* : "Dis-moi quel ado tu es... je te dirai quoi lire. **& Jean Asher, écrivain :** "Lire, cela peut éviter des drames". **Polémique,** *Le Parisien* : "La victime du Bataclan n'existait pas. Le candidat qui avait rendu hommage à un ami mort au Bataclan lors de l'émission *La France a un incroyable talent*, a reconnu avoir tout inventé". **L'image du jour,** *La Voix du Nord* : "**L**a tortue géante Jonathan vit sur l'île britannique Saint-Hélène, située en plein océan Atlantique Sud. Elle défie les lois de la nature : à 185 ans au moins, elle est sans doute le plus vieil animal terrestre vivant".

Au programme : *U*ne famille formidable ; The birth of a nation. Cholestérol : le grand bluff. Infrarouge - Hommage à Mireil Darc, réalisatrice engagée : "Excision : le plaisir interdit" (son dernier documentaire) ; Bettlejuice (de Tim Burton, avec Michael Keaton, Alec Baldwin, Geena Davis) ; Heat (Al Pacino, Robert De Niro, Val Kilmer) ; Norman sur scène (one-man-show, de et avec Norman Thavaud) ; Retour vers le futur II (Michael J. FOX). DC : Legends of tomorrow ; Monsieur Léon (Michel Serrault) ; The Tourist.

Météo : De saison.

Sondage *Le Figaro*. "Droite : approuvez-vous la création du parti Agir ? Non 67 %".

Proverbe : "La profondeur de l'eau importe peu au nageur".

... Mercredi 29 Novembre 2017.

Citation : "Dans le bonheur d'autrui, je cherche mon bonheur". **Pierre Corneille** (1606-1684), poète et dramaturge français.

1226 : À seulement 12 ans, Louis IX est sacré roi de France en la cathédrale de Reims et succède ainsi à son père Louis VIII, mort à Montpensier le 8 novembre. Sa mère Blanche de Castille exerce la régence du royaume jusqu'à la majorité du jeune souverain.

Le Monde. "Glyphosate : la fracture franco-allemande. UNEF : Enquête sur un système de violences sexistes". *Le Figaro* : "M**acron veux une Europe plus engagée en Afrique. Éditorial par Arnaud de la Grange. L'Eurafrique... Pour Macron la politique africaine de la France c'est fini. Politique. Comment l'Élysée entretient la confusion à gauche et à droite. Majorité. Thierry Solère renonce à la questure. Russie. Moscou étudie la piste du "meurtre" rituel dans l'assassinat de Nicolas II. Éducation. Jean-Michel Blanquer réhabilite le redoublement à l'école. Biathlon. Martin Fourcade : "Je ne m'accorde pas de droit à l'erreur". & : En Birmanie, François appelle au respect de tous les groupes ethniques. La justice annule l'encadrement des loyers à Paris". *Libération.* **A**frique. Le show Macron. Le Président a réussi son grand oral hier à Ouagadougou, exhortant la France et l'Afrique à fonder un nouveau pacte. France Télévisions. Info sur le fil du rasoir. Psychiatrie. Au sein des soins sans consentement. Cinéma. Le Petit Théâtre de Robert Guédiguian. *Le Parisien* -

Aujourd'hui en France : "Placement que faire de votre argent à partir du 1er janvier. Charente-Maritime. Avant les fêtes, les huîtres volées par tonnes. Météo. La neige arrive. Coupe Davis. Les héros nous ont rendu visite. Cinéma : "Coco" : mortel, le dessin animé de Noël !". *L'Humanité.* "Emmanuel Macron ou le nouveau masque de la Françafrique. Le chef de l'État a fait la leçon aux étudiants burkinabés avant de parler affaires aujourd'hui à Abidjan. Emmanuel Rahan. Cahier central. Livre jeunesse : une faim d'ogre. Auvergne Rhône-Alpes. Wauquiez, président de région brutal et sans complexe. Social. Les sales méthodes d'une filiale d'Onet. 27e jour de grève des salariés en charge de la propreté des 75 gares du réseau francilien. Oxfam défie l'Union européenne et ses paradis fiscaux. Débats et controverses. Que faire contre le harcèlement et les violences sexuelles ?". *Ouest-France.* "La Corse vers une autonomie renforcée. Commentaire. Le grain de sel du pape. France-Afrique. Le nouveau ton d'Emmanuel Macron. Sport virtuel. L'eSport bat des records". *La Croix.* "Macron en Afrique, le pari de la jeunesse. Éditorial. Regarder le passé pour bâtir l'avenir. Guillaume Goubert. Économie. Le Glyphosate, la France se démarque. Cinéma. "12 jours" de Dépardon, une humanité cabossée devant les juges". *La Provence* : "Qui garde les enfants ? & : L'aventurier de l'alcool perdu. Économie. Marseille. Lease Protect, leader national de la sécurité. International. La Corée du Nord tire un nouveau missile en mer du Japon. Montagne. Noël, Nouvel An : pensez à réserver. L'édito. Par Philippe Schmit. Bon dimanche !". *Les Échos.* "Vol transatlantiques : le défi lancé à Air France. Agriculture. Glyphosate : Macron met les agriculteurs en colère. La révolution e-mobilière. Chronique par Sabine Delanglade. La succession de Gattaz au Medef tourne à l'imbroglio. Entreprises. Monoprix avec Ocado. "L'Amazon alimentaire". Tencent veut tripler ses revenus pub d'ici à 2019. Le cuivre, superstar des métaux. Salon des entrepreneurs. La passion source de motivation". *La Dépêche du Midi.* "Afrique : Macron tourne la page. Haut-de-Garonne. Sept dentistes sur dix en grève. Perpignan. LGV : toujours la mobilisation". *Presse Océan.* "Le boom du déminage. FC Nantes. Riri de retour à la Beaujoire". **La Montagne Tulle** : "La salle de sport pour prescription". *Corse-Matin.* "Cour d'assises de Corse-du-Sud. Accusé à 81 ans de viols sur sa petite-fille. Territoriales : la course à l'Union avant le premier tour. & : Le GFCA prend l'eau. Ocana. Cambriolage au centre de secours des pompiers". *Le Télégramme.* "Escortes judiciaires : l'exaspération. Fouesnant. Motivés pour devenir agriculteurs bio". *France-Antilles Martinique.* "Meurtre de Yohann : 4 arrestations. Animation. Pas un pas sans la science. Trinité. Galion : la chaudière chauffe les esprits". *France-Guyane.* "Braquage chez le directeur de l'Iedom. Tuberculose : ce qu'il faut savoir sur la maladie". *La Voix du Nord* : "C'est grave docteur ? Les Nordistes se soignent de plus en plus seuls. Lille. L'hypercentre plongé dans le noir hier soir. Football. Ligue 2 : Lens respire, Valenciennes soupire". *L'Equipe* : "Les rois du carton. Cette saison, Paris est champion d'Europe des gros scores. Monaco et Lyon infligent aussi des corrections en Ligue 1. Ce soir ça peut encore flamber. & : Bordeaux respire, les Verts étouffent".

Indonésie : Des touristes bloqués cherchaient à se loger et des dizaines de milliers d'habitants effrayés ont fui leur maison aux alentours du mont Agung pour se réfugier dans ces centres d'évacuation. Les autorités, qui ont décrété le niveau d'alerte maximum, ont prévenu qu'il pourrait connaître une éruption majeure à tout moment. Le volcan émet de spectaculaires colonnes de fumée grise depuis plusieurs jours et les avions resteront cloués au sol jusqu'au moins ce matin. **ONU :** L'ONU a commencé ses discussions à Genève avec l'opposition syrienne pour tenter de régler le conflit en Syrie. Mais la délégation du régime de Damas a manifesté son mécontentement en retardant sa venue aujourd'hui. **Birmanie.** Le pape François a appelé en Birmanie au "respect de tout groupe ethnique" mais a évité de prononcer le mot tabou de "Rohingya" et n'a fait aucune référence directe à l'exode de cette minorité musulmane victime de persécutions. **Kenya :** le président Uhuru Kenyatta a été investi pour un second mandat à la tête de son pays divisé, comme en témoigne la dispersion au même moment, par la police, d'opposants qui voulait organiser leur propre rassemblement. Réélu à la présidentielle d'octobre, boycottée par l'opposition, il a prêté serment sous les vivats de 60 000 personnes rassemblées dans un stade du nord-est de la capitale Nairobi. **États-Unis :** Ulcérés par un tweet présidentiel, les leaders démocrates du Congrès ont décidé de boycotter une rencontre avec Donald Trump, laissant augurer d'une âpre bataille budgétaire au Congrès. **Corée du Nord.** Le pays a tiré un missile balistique intercontinental, le 1er depuis plus de 2 mois qui s'est abîmé en mer du Japon après un vol de quelques 1 000 km selon le Pentagone. Le Conseil de sécurité va se réunir d'urgence aujourd'hui. **Irlande.** La vice-Première ministre irlandaise Frances Fitzgerald a démissionné, évitant la chute du gouvernement et de nouvelles élections au moment où se déroulent les négociations du Brexit d'une importance cruciale pour la frontière avec l'Irlande du Nord. **États-Unis,** *La Voix du Nord* : Un avocat américain a découvert que l'une des photographies qui décoraient son chalet représentait la plus grande terreur de l'Ouest, Billy the Kid (2e à gauche). Achetée à peine 10 dollars sur un marché, elle vaut en réalité entre 3 et 5 millions de dollars. Si ce cliché est si cher, c'est parce que Billy the Kid n'a été authentifié que sur trois photos dans le monde. Celle-ci décèle une autre surprise de taille : à l'extrême droite de l'image se trouve Pat Garett, le shérif qui a abattu Billy the Kid, le 14 juillet 1881. **& :** Ulcérés par un tweet présidentiel, les leaders démocrates du Congrès ont décidé de boycotter une rencontre avec Donald Trump, laissant augurer une âpre bataille budgétaire au Congrès. **Allemagne, A**ltena: Les responsables politiques allemands, Angela Merkel en tête, ont clamé leur indignation après une agression au couteau visant un maire, commise par un homme voulant manifestement critiquer l'accueil des réfugiés dans le pays. Malgré une entaille de 15 cm au cou, Andreas Hollstein, maire conservateur d'Altena, commune de 17 000 habitants dans l'ouest du pays présentée comme "ville modèle" pour l'intégration des migrants, a pu ressortir de l'hôpital après y avoir été soigné.

France, *La Voix du Nord* : "L'Assemblée nationale ratifie les ordonnances du travail. Les députés ont adopté ce mardi à une écrasante majorité le projet de loi de ratification des ordonnances sur le marché du travail. La gauche a mené un baroud d'honneur. La majorité vote comme un seul homme tout comme les Constructifs".

Cruas-Meysse. Un mois et demi après la centrale nucléaire de Cattenom (Moselle), les militants de Greenpeace se sont introduits dans celle de Cruas-Meysse (Ardèche), toujours pour "alerter" les autorités sur la "vulnérabilité" des piscines où sont entreposés les combustibles usagés. Il y en a 63 en France. Elles peuvent contenir plus de combustibles que les cœurs des réacteurs mais ne sont pas protégés comme ceux-ci par des enceintes renforcées, explique l'ONG. "La centrale qui borde le Rhône se situe à une quinzaine de kilomètres au nord de Montélimar (Drôme)". **Chilly-Mazarin :** Un professeur de sport et son principal ont été agressé par un couple de parents d'élèves, lundi, dans un collège d'Essonne, un incident qui a déclenché une grève des enseignants. **Budget :** Le Sénat a adopté la partie recettes du budget 2018 après l'avoir profondément modifiée, supprimant totalement, contre l'avis du gouvernement, la réforme de la taxe d'habitation ainsi que le nouvel impôt sur la fortune immobilière. **Litige.** La Banque de France a estimé que la Société générale n'avait pas enfreint la réglementation en clôturant des comptes du Front national. Mais Marine Le Pen, insatisfaite, souhaite que la justice tranche l'affaire. **Logement.** Le tribunal administratif de Paris a annulé l'encadrement des loyers en vigueur dans la capitale depuis le 1er août 2015, un mois et demi après une décision similaire à Lille. **Questeur.** Pressé de toutes parts, le député Thierry Solère, qui a adhéré ce weekend à la République en marche, a annoncé qu'il quitterait ses fonctions de questeur de l'Assemblée nationale "dès la fin de cette année". **Nucléaire.** Le siège d'Areva, ancien fleuron du nucléaire déjà au cœur du scandale Uramin, faisait l'objet d'une perquisition hier dans le cadre d'une enquête sur une vente, présumée douteuse, d'uranium nigérien en 2011. **Outre-mer.** Les dégâts provoqués par les ouragans Irma et Maria à Saint-Martin en Guadeloupe en septembre sont estimés à près de 2 milliards d'euros. **Santé :** Alors que 25 000 personnes en France ignorent quelles sont séropositives, le ministère de la Santé a lancé une nouvelle campagne en faveur du dépistage de l'infection par le virus du sida (VIH) à l'occasion de la journée mondiale du 1er décembre consacrée à cette maladie.

Ligue 1 : Amiens - Dijon... 2-1. Bordeaux - Saint-Étienne... 3-0. Strasbourg - Caen... 0-0. **Ligue 2. C**lassement : 1. Reims, 2. Nîmes, 3. Le Havre, 4. Paris FC, 5. Clermont... 18. Bourg-en-Bresse, 19. Quevilly-Rouen, 20. Tours. Angleterre : Watford - Manchester United... 2-4. Leicester - Tottenham... 2-1. **Espagne. M**arcelo, défenseur brésilien du Real Madrid, a reconnu devant la justice espagnole avoir commis une fraude d'un demi-million d'euros au détriment du fisc et s'est engagé rembourser cette somme. **& : L'**entraîneur du FC Séville, Eduardo Berizzo, a été opéré "avec succès" d'un cancer de la prostate, a annoncé le club andalou, "confiant" sur le retour de l'Argentin de 48 ans mais incapable d'en préciser la date. **Perquisition : D**es perquisitions ont eu lieu mardi matin dans les locaux de la métropole d'Amiens et à la préfecture de la Somme dans le cadre de l'enquête sur l'effondrement d'une barrière au stade de la Licorne en septembre dans le match face au LOSC, qui avait fait 29 blessés. Des documents et des mails ont été épluchés. **Lille : L'**entraîneur argentin Marcelo Bielsa "a été convoqué dans un entretien préalable à un éventuel licenciement", a indiqué hier le club. Lundi, Bielsa a annoncé avoir "saisi la commission juridique de la Ligue pour faire constater notamment la résiliation de son contrat d'entraîneur (...) aux torts exclusifs de la société LOSC". **Rallye, WRC : Le** français Sébastien Ogier, quintuple champion du monde en titre, a décidé de poursuivre sa carrière en WRC et de rester au sein de M-Sport pour la saison 2018. Ogier, qui aura toujours pour copilote son compatriote Julien Ingrassia, sera l'un des deux pilotes de pointe de M-Sport au volant d'une Ford Fiesta RS avec le Gallois Elfyn Evans. **Tennis. J**ean-Luc Cotard a demandé à quitter son poste de directeur technique national de la Fédération française de tennis, 6 mois seulement après sa nomination. **Jeux Olympiques 2024,** *Le Parisien* : "Ça peut ressembler à un désordre". Guy Drut, membre du CIO et du comité de candidature, admet qu'il y a du flottement depuis que Paris a obtenu l'organisation des Jeux pour 2024. Il appelle à l'unité derrière Tony Estanguet, le "patron".

People : Ayant besoin de recul après une tournée de 10 mois à travers la France, Matt Pokora a annoncé son intention de faire un break. Le chanteur envisage de prendre des cours de comédie avant de commencer (éventuellement) une carrière dans le cinéma. **TV :** Malgré des durées revues à la baisse, la périodicité actuelle des émissions *Envoyé spécial* et *Complètement d'enquête* sera maintenue. Les rédactions de France Télévision ont été amputés de 6 postes (la suppression de 21 postes avait été évoquée). Après 1 h 30 de rencontres avec la société des journalistes de France 2, Delphine Ernotte, la patronne de France Télévision a confirmé que les rédactions allaient devoir se serrer la ceinture pour participer aux réductions budgétaires. 27 ETP seront supprimés sur l'ensemble des rédactions. Mais la dirigeante n'a pas donné de précision. **Cinéma,** *La Voix du Nord* : "Raymond Depardon au-delà des murs de la justice et de la psychiatrie". "Essayons d'écouter les gens !". "C'était il y a moins de 2 ans. Raymond Depardon nous quittait ainsi après avoir évoqué son film *Les Habitants*, un road-movie documentaire à l'écoute des personnes touchées par la mondialisation. Le voilà de retour, au chevet d'hommes et de victimes broyées par la vie et la société". **Temps libre, "C**ékoiça", La Voix du Nord : "Lles empruntes d'un nouveau dinosaure géant. (...) Cette nouvelle espèce, baptisée Kayentapus ambrokholohali appartient au groupe de dinosaures "mega théropodes". On trouve dans cette famille le Tyrannosaure rex (T. rex)".

En salles : *Coco* (animation) ; *La Villa* (comédie dramatique) ; *12 jours* (documentaire français). *Tout mais pas ça !* (Comédie italienne). *Bad Moms 2* (Mila Kunis, Kristen Bell) ; *Le bonhomme de neige* (Michael Fassbenger, Rebecca Ferguson, Charlotte Gainsbourg). *C'est tout pour moi !* (Nawell Madani, François Berléand). *12 jours* (documentaire de Raymond Depardon).

Au programme : *Esprits criminels ; On va s'aimer un peu, beaucoup... Des racines et des ailes, "La Grèce en héritage". Iran, le réveil d'un géant. La leçon de piano* (Holly Hunter, Harvey Keitel) ; *Sniper 3* (Tom Berenger, Byron Mann ; Casse-tête chinois (Audrey Tautou). *Walker Texas Rangers : la machination ; The Prince* (Jason Patric, Bruce Willis) ; *Punchline* (Florence Ferrari).

Sondage *LeParisien*. "**G**lyphosate : la France doit-elle être plus restrictive que l'Union européenne ? Oui. 81,9 %".

Météo : Couverte.

... Jeudi 30 novembre 2017.

Citation : "**L**e difficile n'est pas d'apprendre ce qu'on ne sait pas, c'est d'apprendre ce qu'on sait." **Jacques Salomé,** psychosociologue et écrivain français (né en 1935).

1786 : 22 ans après la publication du livre Des délits et des peines du philosophe italien Cesare Beccaria, lequel prône l'abolition de la peine de mort, le Grand-Duché de Toscane est le premier État à supprimer la peine capitale et la torture.

Le Monde. "**S**anté : les dépassements d'honoraires atteignent un niveau record. Macron "sans tabou" sur l'Afrique. Corée du Nord. Un nouveau tir de missile défie Washington. Logement. La justice porte un coup fatal à l'encadrement des loyers. Parlement. Les doutes votent de nouvelles règles sur leurs indemnités. Médias. France Télévisions : Delphine Ernotte fragilisée face à la rédaction. Allemagne. Le glyphosate s'invite dans la négociation sur la coalition. Brexit. Le Royaume-Uni accepte de payer la facture. Amiante. L'impossible procès". *Libération.* "**B**itcoin. La monnaie qui rend fou. Exclusivement électronique et soumise à aucune autorité bancaire, la devise virtuelle a vu sa valeur multipliée par dix en quelques mois, crevant hier la barre des 10 000 dollars. À quand le krach. Livre jeunesse. Spécial salon de Montreuil. Mélenchon. Vedette à l'Assemblée. Rohingyas. L'impossible retour". *L'Humanité.* "**1**00 jours dans les geôles israéliennes. "Seule votre solidarité brisera les murs de ma prison". Entretien exclusif avec Salah Hamouri. Libertés.

Chasse aux sorcières à Bobigny. Cinéma. Avec Guédiguian, la falaise devient pont. Guerres. Vingt ans après le traité d'Ottawa, le retour des mines". *Le Figaro.* "La Corée du Nord poursuit son escalade nucléaire. Européennes : Édouard Philippe annonce le retour aux listes nationales. Tony Blair au "Figaro" : "Il est encore possible d'arrêter le Brexit". Éditorial. Arnaud de La Grange. Le dilemme nord-coréen. "Faut-il laisser la bombe à Kim Jong-un ?". Astronomie. Muse, le spectromètre européen qui révolutionne l'étude des galaxies. International. L'immigration au cœur du sommet UE-Afrique. Golf. Tiger Woods, le retour de la dernière chance. Santé. La Cour des comptes étrille les médecins. Champs libres. Au cœur de la base nucléaire secrète de Mao. Le Figaro Oui, Le Figaro Non. Faut-il faciliter à nouveau le redoublement ? Oui. 85 %". *Le Parisien - Aujourd'hui en France.* "Affaire Maëlys. Le suspect face à ses contradictions. Enquête. Le principal suspect dans l'affaire de la disparition de Maëlys sera entendu pour la première fois aujourd'hui par les juges. Il va devoir s'expliquer sur de nombreux faits qui l'accablent. Insolite. Ce village qui souhaite changer de département. Divorce. La garde alternée bientôt généralisée ? Reprise économique. Les grands travaux se multiplient en France. Portrait. Marie-Lou, centenaire et tenancière de bistrot. Conso. Ventes en ligne, attention aux arnaques". *L'édition France par Ouest-France.* "Europe et Afrique au chevet des migrants. Point de vue. Quel avenir pour Angela Merkel ? Corée du Nord. Nouveau tir de missile inquiétant. Natation. Un test pour la relève des Bleus". *Les Échos.* "PSA découvre les mauvaises surprises du rachat d'Opel. Le groupe estime que General Motors n'a pas été transparent sur le plan CO2 d'Opel. Le constructeur envisagerait de réclamer une compensation de 500 millions d'euros. Brexit : un accord se dessine entre Bruxelles et Londres. Médecins : la charge de la Cour des comptes. Migrations : ces vérités qui dérangent. Robert Skidelsky. Voiture autonome. Pourquoi Google poursuit Uber. L'essentiel. Taxe de séjour en forte hausse pour Airbnb. Impôt à la source : les sanctions allégées. Les États-Unis à portée de missile de Pyongyang. Entreprises & Marchés : Big bang dans l'organisation de Toyota. Télévision : le recul des chaînes historiques. Start-up. L'Europe prête à en découdre avec la Silicon

Valley. La folie spéculative fait flamber le bitcoin. Garde alternée : cette loi qui pourrait tout changer. Lille. La rue Pierre-Mauroy, ils n'en veulent pas ! Coton. Le prêt à porter régional est-il responsable dans ses achats ? Levothyrox. Cinquante plaintes déposées par une avocate valenciennoise. Football. Lille crée la surprise à Lyon en gagnant 2-1". *Midi Libre.* "Meurtre de Servian : l'enquête rebondit. LGV. Une nouvelle démonstration de force de la Région à Perpignan. Montpellier. L'Écusson va briller de mille feux jusqu'à samedi. Éducation. Le redoublement devrait revenir pour les élèves en échec". *Le Télégramme.* "Occasions : le diesel résiste. Yéti. "L'abominable homme des neiges" enfin identifié ? Fauteuils roulants. Chaussée obligatoirement mais dangereuse. Pontivy. Faux mariages lycéens et vrai jour de fête ! Santé. La gériatrie boudée par les jeunes médecins". *La Provence.* "La belle affaire. L'OM bat Metz (3-0) et prend la 2e place de Ligue 1. Pesticides. Respirez, c'est (aussi) pollué ! Diplomatie. Macron en marche pour l'Afrique. Assemblée nationale. Les frais des députés lieux contrôlés. Corée du Nord. Le missile aurait pu atteindre les USA. Foot Mondial 2018. Le tirage au sort sur TMC, demain 15h30. Centre-ville. Quatre jeunes filles exploitées. L'ado de 14 ans fait tomber les proxénètes. Politique. Disparition des départements. L'élection de dimanche va changer la Corse". *Presse Océan.* "Région : le regain de l'apprentissage. FC Nantes : Final de rêve". *La Dépêche du Midi.* "LGV : "Gagner la bataille du fer". Électricité. Faut-il compter sur Linky. Attouchements. Un baby-sitter mis en examen. Chasse aux 10 000 €. Des liens avec une secte ? Tarn-et-Garonne. Isabella, 7 mois, morte d'une appendicite. La Haye. Suicide en direct au tribunal. École. Faut-il revenir au redoublement ?". *L'Indépendant.* Perpignan : mobilisation citoyenne réussie pour la LGV. France. "Attention, tu pourras redoubler". *France - Guyane* : "De nouvelles enseignes à la zone Collery. Deux accidents, deux morts. Page 4 : L'avenir en beauté d'Alicia Aylies. Après son parcours à Miss France et Miss Univers, la jeune femme nous livre ses projets". *France-Antilles Guadeloupe* : "Sans le CHU, les soins s'organisent. Catastrophe naturelle : Quinze nouvelles communes sur la liste. Faits divers. Il coule du béton et bloque la Traversée". *Corse-matin.* "Territoriales. Le ton monte dans les meetings. La dernière "Folie" du berger. Bastia. L'antenne des arts et métiers fermée dans l'indifférence. Assise de Corse-du-Sud. Une enfant isolée qui a bâti une carapace". *L'Équipe*. **"L**'OM se dévoile. Cyclisme. Froome au Giro. Tennis. Coupe Davis. Noah rempile. Ligue 1. Paris fait le break. L'OL pris au piège". **France, La Voix du Nord :** "**F**aut-il avoir peur du dernier tir de missile nord-coréen ? Essais nucléaires et tirs de missiles nord-coréens rythmaient déjà l'actualité. Mais l'escalade a franchi une nouvelle étape hier avec le test d'un engin que Pyongyang prétend intercontinental, capable de frapper n'importe où aux États-Unis. La menace est-elle réelle ? Éléments de réponses". "Un pays si dur à voir de l'intérieur".

Cameroun. 4 militaires ont été assassinés par des séparatistes présumés dans le Sud-Ouest anglophone du pays, un nouvel incident qui porte à 8 le nombre de militaires tués en un mois dans ces régions. **Guadeloupe. P**lus de 1 200 personnes, patients et employés, ont été évacués du CHU de Pointe-à-Pitre, en Guadeloupe, à la suite d'un violent incendie dans une salle de contrôle de l'hôpital. Les patients ont dû attendre dans des tentes ou même dans la rue avant d'être répartis dans d'autres hôpitaux de l'île. On ne déplore heureusement aucun blessé **Bali : A**u grand soulagement de quelques 120 000 touristes coincés, l'aéroport international de l'île a rouvert hier à 15h, après 3 jours de fermeture pour cause de cendres rejetées dans l'atmosphère par un volcan en risque d'éruption. Au départ, l'aéroport devait rester fermé au moins jusqu'à ce matin, mais les vents favorables ont fait changer la direction des cendres **Côte d'Ivoire : L**e 5e sommet Europe-Afrique a débouché sur une série de mesures d'urgence pour mettre un terme à l'esclavage de migrants en Libye, devenu un des thèmes centraux des débats. Évacuation d'urgence des Africains désirant quitter la Lybie, task force policière et de renseignement, commission d'enquête mais aussi une communication pour dissuader les jeunes de tenter l'exode sont prévus, a annoncé le président français Emmanuel Macron **Proche-Orient : L**'accord signé par les groupes palestiniens pour surmonter dix ans de dissensions dévastatrices chancelait dangereusement deux jours avant l'échéance test d'un transfert de pouvoir dans la bande de Gaza **Internet.** Le cours du bitcoin (monnaie cryptographique qui s'achète et se vend sur des plateformes spécialisées sur Internet) s'est envolé au-dessus des 11 000 dollars (9278 €) après avoir vu sa valeur multipliée par 10 en moins d'un an, suscitant un intérêt des investisseurs mais aussi un risque de bulles croissant. **Pays-Bas.** L'ex-haut responsable des forces croates de Bosnie Jadranko Prlic est mort dans un hôpital de La Haye après avoir bu du poison dans la salle d'audience du Tribunal pénal international pour l'ex-Yougoslavie. L'incident est survenu lors de l'énoncé du verdict en appel contre six ex-dirigeants et chefs militaires des Croates de Bosnie, accusés de crimes de guerre et crimes contre l'humanité durant le conflit croato-musulman (1993-1994) qui a éclaté durant la guerre en Bosnie (1992-1995). **Syrie :** **3** cadres de Lafargue ont été placés en garde à vue dans l'enquête sur les activités en Syrie du cimentier, soupçonné d'avoir indirectement financé des groupes djihadistes, dont l'État islamique. **Allemagne :** En dépit de ses 96 ans, Oskar Gröning, un ancien SS comptable à Auschwitz, devra être incarcéré pour purger sa peine de prison. En 2015, il avait été condamné à 4 ans d'emprisonnement pour complicité dans le meurtre de 300 000 juifs. **Grande Bretagne.** Selon le quotidien Daily Telegraph et le Financial Times, le gouvernement britannique serait tombé d'accord avec les 27 autres pays de l'UE pour s'offrir le Brexit entre 45 à 55 milliards d'euros. Une somme qui n'a été confirmée ni par Londres ni par Bruxelles.

Fiscalité. Les députés ont prolongé en commission de 3 ans, soit jusqu'au 31 décembre 2021, "le crédit d'impôt phonographique" qui a pour objectif de soutenir la création et la diversité musicale. **France : P**our guérir l'Assurance maladie de ses déficits chroniques, la Cour des comptes veut inscrire dans la loi "une règle d'équilibre" qui l'obligera réaliser des économies, grâce notamment un arsenal de mesures financières coercitives à l'encontre des médecins libéraux. Elle préconise en particulier de mieux contrôler le budget de l'assurance maladie, de reformer l'organisation du système de santé et de faire évoluer les pratiques. **Paris :** Le bureau de l'Assemblée a donné hier un large feu vert à de nouvelles règles pour les frais de mandat, fixés dans une liste et soumises à justificatifs sur da quasi-totalité avec un contrôle aléatoire de 120 députés par an. **Collège :** Le nouveau brevet entrera en vigueur dès le mois de juin 2018. Il sera noté sur 800 points : 400 pour le contrôle continu et 400 pour les épreuves finales. **Logement.** Le secrétaire d'État à la cohésion des territoires, Julien Denormandie, a confirmé que le gouvernement allait faire appel de la décision du tribunal administratif de Paris qui a invalidé mardi l'encadrement des loyers. La mesure était en vigueur à Paris depuis le 1er août 2015. Avec Lille, où la justice a pris une mesure similaire il y a un mois et demi, il s'agissait des deux seules villes à expérimenter le dispositif. **Harcèlement.** La plainte pour "harcèlement et agression sexuelle" visant le député LREM de Moselle Christophe Arend a été classé sans suite en raison du comportement ambigu de la plaignante.

Football, Ligue 1. Lyon - Lille... 1-2. Metz - Marseille... 0-3. Nantes - Monaco... 1-0. Paris SG - Troyes... 2-0. Toulouse - Nice... 1-2. Angers - Rennes... 1-2. Guingamp - Montpellier 0-0. Classement : 1. Paris-SG, 2. Marseille, 3. Lyon, 4. Monaco, 5. Nantes... 17. Strasbourg, 18. LOSC, 19. Angers, 20. Metz. **Angleterre : 1.** Manchester City, 2. Manchester United, 3. Chelsea, 4. Arsenal, 5. Liverpool... 18. West Ham, 19. Swansea, 20. Crystal Palace. **Espagne :** Le milieu croate du Real Madrid Luka Modric est le dernier footballeur à être poursuivi pour évasion fiscale sur des revenus perçus au titre de ses droits d'image. Le parquet suppose que le joueur (dont la femme Vadja est également citée) a dissimulé 870 728 euros au fisc entre 2013 et 2014 via une société écran ouverte au Luxembourg. **Handball. Équipe de France féminine.** Les Bleues ont dominé l'Angola 30 à 18, hier à Metz, et joueront leur premier match du Mondial samedi contre la Slovénie à Trèves (Allemagne). **Division 1 Masculine : 1.** Montpellier, 2. Nîmes, 3. Paris, 4. Nantes, 5. Toulouse... 12. Saran, 13. Tremblay, 14. Cesson-Rennes. **Cyclisme.** Le Britannique Chris Froome, quatre fois vainqueur du Tour de France, a annoncé qu'il participerait la saison prochaine au Tour d'Italie, le seul grand Tour qu'il n'a pas encore gagné. S'il parvenait à gagner le Giro en mai, il serait vainqueur sortant des trois grands tours, une performance qui n'a plus été réussie depuis Bernard Hinault en 1982 / 83. **Sports mécaniques, Formule 1 : La** marque italienne, Alfa Romeo, va faire son retour en Formule 1 après plus de 30 ans d'absence en devenant la saison prochaine sponsor titre de Sauber. **Olympisme, Sports d'hiver :** Les médaillés olympiques russes des Jeux Olympiques de Sotchi en 2014 sanctionnés pour dopage par le Comité international olympique, ne rendront pas leurs médailles avant l'examen de leur appel, a annoncé le ministère russe des Sports.

Disparition. La comédienne et pédagogue Véronique Nordey est décédée à Lyon à 78 ans. Elle avait notamment joué au cinéma dans *Les sorcières de Salem* avec le couple Signoret - Montand (1957). **TV :** L'ancienne miss météo de Canal + Louise Bourgoin va bientôt faire son retour sur la chaîne cryptée. L'actrice de 35 ans sera au casting d'*Hippocrate*, nouvelle série hospitalière, dans laquelle elle donnera la réplique à Anne Consigny, Géraldine Nakache et Alice Belaïdi. **Musique :** L'album intitulé *Trône* du rappeur Booba sera disponible demain. **Livres,** *La Voix du Nord* : "Emmanuel Macron, une abondance de livres qui parlent pour lui". **France 3 : D**ave va présenter "*les parents de la télé*" sur France 3. Le premier numéro sera consacré à Jacques Martin. **Cinéma.** La comédienne Isabelle Huppert sera la présidente d'honneur de la 12e édition des Globes de cristal le 12 février. **TF1.** *Le Parisien.* "Le témoin était un tueur. Pierre Conty, le tueur de l'Ardèche. C'est une boulette presque passée inaperçue dans le 20 heures de TF1 ! Jeudi 22 novembre, Gilles Bouleau lance un reportage sur les cadres de la génération Y qui ont choisi une reconversion professionnelle. "Chaque année des milliers de Français ont décident de changer radicalement de métier pour se tourner vers l'artisanat" précise le présentateur vedette de la Une. (...) Sauf que le Pierre (interviewé) en question n'est d'autre que Pierre Conty, condamné à mort par contumace en 1980 ! L'homme qui, s'il est toujours vivant, à 71 ans, a été surnommé le tueur fou de l'Ardèche. En 1977, après un braquage avec des complices, il avait assassiné 3 personnes, un père de famille, son fils et un gendarme. Depuis il est en cavale". Musique : U2 "Songs of Exprience". *Le*

Monde à l'envers. *La voix du Nord*. "Orléans et la Nouvelle-Orléans vont enfin se jumeler". "Tout nu et pas content".

Programme. *Le tueur du lac. L'émission politique. Snowfall* (Emily Rios). *American Horror Story : Cult. La grande librairie. Le quatrième homme. Top of the lake* (Elisabeth Moss). *Prête-moi ta maman* (Alain Chabat). *Mission Impossible 3* (Tom Cruise). *3 amis* (Mathilde Seigner, Pascal Elbé). *Star Trek* (Chris Pine, Zachary Kinto). *Copland* (Sylvester Stallone).

Météo : Nuageuse.

Sondage *LeParisien.fr*. "**L'**encadrement des loyers est-il un bon dispositif ? Oui 57,3 %".

... Vendredi, 01 Décembre 2017.

Citations : "**N**e pas croire qu'une chose existe parce qu'il serait trop horrible qu'elle n'existât. Il n'y a pas de preuve par l'horrible". **Rostand** (1894-1977). Écrivain, moraliste, biologiste, historien des sciences et académicien français. **& :** "**C**e sont les échecs bien supportés qui donnent le droit de réussir". **Jean Mermoz** (1901-1936), aviateur français.

Journée mondiale contre le sida.

1789 : L**e** médecin et politicien Joseph Guillotin propose à la tribune de l'Assemblée constituante l'égalité de tous les citoyens devant le bourreau. Le mode d'exécution sera la décapitation et Guillotin donnera son nom à une machine à tuer : la guillotine.

Le Monde. "**I**mmobilier : les prix s'envolent, les inégalités se creusent. Éducation : Jean-Michel Blanquer, les racines d'un politique. Politique : Édouard Philippe prépare l'échéance calédonienne. & : Puigdemont, récit des jours qui ont précédé l' « exil ». Exposition : Quand Versailles s'ouvrait aux manants. Ex-Yougoslavie : Suicide en plein tribunal, l'ultime défi d'un criminel de guerre croate. Migrants : Le casse-tête de l'accueil des mineurs isolés". **"L'Humanité des débats.** S**égrégation territoriale : la Seine-Saint-Denis accuse l'État. Éducation, justice, sécurité : une mission parlementaire dresse un constat accablant. & : Les sons de la mixité avec Africolor. Musique. Le festival du 93 donne la parole à des artistes réfugiés. Ils chantent l'espoir. Table ronde : Que reste-t-il de Paul Ricoeur chez Macron ? Entretien : Kossi Efoui. L'écrivain qui a quitté le Togo il y a 3 décennies à cause de la dictature, évoque les soubresauts de l'histoire dans son dernier roman, Cantique de l'acacia. Une mise en résonance avec l'actualité de son pays. Tribune Libre : Plus que jamais unir contre le racisme". **La Croix : "Irons-**nous encore au cinéma ? Entre sortie en salles et diffusion sur Internet, l'offre de films ne cesse de se diversifier, bousculant une économie encore protégée. Éditorial, Guillaume Goubert : Objets spéculatifs non identifiés. France : Les jeunes Corses aspirent à plus d'autonomie. Monde : Les habitants de Gaza sans illusion sur la réconciliation". **Le Parisien - Aujourd'hui en France : "Mondial** 2018. Tout commence aujourd'hui. Religion : Comment éviter les prières de rue. Tourisme : Découvrez la magie du patrimoine colombien". **Libération : "**Nouvelle-Calédonie. Sous les palmiers, la rage. Édouard Philippe arrive ce soir dans un archipel sous tension, à un an du référendum d'indépendance qui pourrait raviver les ressentiments des Kanaks. Théâtre : Mouawad et ses "Oiseaux" migrateurs. Lybie : Macron déclare la guerre aux passeurs. Sida : La contamination se poursuit". **Le Figaro. "Déficit** : le bras de fer entre Paris et Bruxelles. Allemagne : Angela Merkel ouvre avec le SPD les négociations de la dernière chance. & : De 12 à 18 % de musulmans en France en 2050, selon une étude américaine. Éditorial par Gaëtan de Capèle : Le prix de la crédulité. (...) Aucun gouvernement n'a réduit la dépense publique. Assemblée : Le rythme imposé par Emmanuel Macron épuise les députés novices. Sondage : La grande défiance des Français à l'égard du PS. États-Unis : Trump s'affranchit toujours plus des faits. Proche-Orient. À Gaza, la réconciliation entre le Hamas et le Fatah s'enlise. Coupe du monde 2018 : La planète foot retient son souffle. Harcèlement sexuel : grande purge dans le monde des médias et des technologies. Tendance : L'art victime d'un nouvel ordre moral". Figaro Oui Figaro Non : "Faut-il intervenir militairement contre la Corée du Nord ? Non 57 %". *L'éditionfrance Ouest-France*. "**Sida** : l'importance du diagnostic précoce. Commentaire : Le nautisme retrouve des couleurs. Sommet d'Abidjan : Front uni en faveur des migrants. Football. Tirage du Mondial aujourd'hui au Kremlin". *Le Figaro Magazine* : "**Il** veut ranimer la droite, devenir populaire, exister face à Macron... Et s'il y arrivait ? Laurent Wauquiez, le 22 novembre 2017". *Les Échos* : "**Comment** Danone prépare la révolution alimentaire. Emmanuel Faber succède à Franck Riboud à la tête du géant français de l'agroalimentaire. (...) Il juge dépassés les modèles de production agricole et alimentaire actuels. Chômage : Une indemnisation limitée pour les indépendants. Pétrole : l'Opep et la Russie prolongent leur accord. Les réductions de production se poursuivent jusqu'à la fin 2018. & : SNCF et RATP en passe de remporter le futur métro de Doha. Immobilier : La hausse des prix continue, Paris s'envole. & : Le "Oui mais" des français à la réforme du bac. Entreprises & Marché : Le livre jeunesse en crise. Le fondateur de Benetton revient au manette". *Le nouvel Économiste* : "**Dr** Jekyll ou Mr Hyde ? L'intelligence artificielle pose autant de problème qu'elle en résout. Croissance et déficit : La situation conjoncturelle est très bonne, et il n'y a pas de meilleur moment pour réduire fortement le déficit structurel. Omnibus législatif : Décembre, le mois du grand marchandage. Dans ce vaste foirail de fin d'année qui est le vote du budget américain, tout est lié et donc tout est... négociable. & : CO2 or not CO2. Ce qu'ils ne nous disent pas à propos du changement climatique. Stopper les émissions de dioxyde de carbone dans l'atmosphère ne suffit pas, il faut aussi résorber le stock de CO2 existant". *La Voix du Nord* : "**Faits** divers. Braquage à l'hypermarché. Métropole lilloise : Des portiques anti-fraude en service dans le métro. TV magazine : Kev Adams dans la peau d'un aventurier en Éthiopie". *La Provence* : "**Tian** à l'heure des comptes. Dominique Thian, 1er adjoint au maire de Marseille, est jugé aujourd'hui par le tribunal de Paris pour "blanchiment de fraude fiscale". Dans le viseur de la justice, deux millions d'euros sur un compte en Suisse et un hôtel de luxe en Belgique ne figurant pas dans sa création de patrimoine. Football : "L'OM finira sur le podium." Robert Pirès fut Olympien entre 1998 et 2000. & : Sida : une arme, le dépistage. Par Frédéric Cheutin. Concert : Vianney emballe le Dôme. Il a joué hier devant 6 500 personnes. Djihadisme : Le sport, cet outil de radicalisation. Foot. Mondial 2018 (16H). Tirage : il faudrait au moins éviter l'Espagne". *La Montagne Tulle* : **"Comment** contrer les maux de l'hiver". *La Dépêche du Midi.* **"Affaire** Maëlys : fin du mystère ? Le suspect dans la disparition de la fillette a été mis en examen pour meurtre hier. Lot : Matignon délocalisé à Cahors durant 3 jours. Mulhouse. Infanticide : elle aurait tué 5 de ses bébés. Confondue par des analyses d'ADN 14 ans après les faits, une mère de 53 ans a été mis en examen, soupçonnée d'avoir tué 5 nouveaux-nés. Diplomatie : Barack Obama en escale en France". *Presse Océan* : **"Ces** écoles qui luttent contre le décrochage. FC Nantes : Claudio Ranieri, le coup tactique. Le coach nantais a changé son système de jeu. Un coup de poker qui a permis de batte Monaco". *Sud Ouest.* **"Bordeaux** : dans la tête du serial creveur. Enquête. Le Taillan : ce papillon qui bloque la déviation". *Midi Libre* : **"Nos** villes sont-elles vraiment si sales ? Montpellier : Un cœur de ville en lumières. Sète : Un livre sur les "jolies fleurs", ces femmes qui ont aimé Bassens. Montpellier : Visite éclair du ministre au salon du savoir-faire agricole. Montpellier : Capitale européenne de la culture, c'est possible ?". *Corse-matin* : **"Dernières** salves avant le verdict des urnes". *L'Indépendant catalan.* "**P**.-O. : le phénomène Airbnb pèse 98 millions d'€. Tourisme. Fléau pour les professionnels, la location entre particuliers ne cesse de séduire". *Nice-matin* : **"V**iré pour 2 €". "Moustapha Debza, 42 ans, salarié handicapé depuis 2008 au McDonald's de Nice-TNL, conteste son licenciement pour faute grave". *Le Courrier Picard* : **"Un** trou géant sur la bretelle d'accès. & : Les 1 000 vaches trois ans après. Bilan de la méga-ferme, près d'Abbeville, 3 ans après l'arrivée des premières vaches, alors que des décisions judiciaires la menacent encore". *L'Équipe* : **"Surtout** pas eux. Coupe du monde

2018. Tirage au sort. Le Mondial commence cet après-midi (16 heures) à Moscou avec la composition de huit groupes. Même si les Bleus sont tête de série, le destin peut leur réserver une poule très relevée avec l'Uruguay, la Suède et le Nigeria par exemple". *Vélo magazine* : "**Il** y a 30 ans disparaissait Anquetil. Sa vie de champion. Ses excès de rock star. Photos et témoignages inédits. Tom Dumoulin : Et maintenant, le Tour ? & : Destination Gérone, la ville des cyclistes". *Midi Olympique Vert* : "**Toulouse** Castres. La fête des voisins. Entretien. Frédéric Michalak : "On a besoin de recréer du lien". & : Les blessures se multiplient... Top 14 : l'armée du Samu ! ". *Tiercé magazine* : "**Astral** Viretaute nous doit une revanche". *La Tribune hebdomadaire* : "**P**our la France, tout n'est pas perdu." "Cédric Viviani, député LRM chargé par le gouvernement de la mission intelligence artificielle. Intelligence artificielle. Ce qu'elle va vraiment changer pour vous". Entreprise. Altice : les limites d'une machine à "deals". *Les Échos Week-end* : "**Le** Janus du Cac. Désormais PDG de Danone, Emmanuel Faber est un dirigeant atypique qui se refuse à ignorer la part sombre du capitalisme. Cinéma : Clooney et l'autre Hollywood". *Marianne* : "**Ce** qu'on ne peut plus dire, ce qu'on ne peut plus faire... Les nouveaux censeurs. Ils veulent réécrire l'histoire, chambouler la grammaire, contrôler la culture, étouffer la création... Harcèlement : Quand la salutaire libération de la parole menace de fausser les relations hommes-femmes. Enquête : Ces moines qui font du business. & : Pourquoi l'Algérie nous obsède". *Capital* : "**L**es business fous du luxe. Bénéfices record. Clients toujours plus capricieux. Marketing exubérant. Pénurie organisée. Recrutement par milliers. Salaires mirobolants... Grand angle. L'étonnant retour des comédies musicales". *Elle* : "**Meghan** Clarke. À l'assaut de Buckingham. Le mariage qu'on attend tous ! Et pourquoi Harry en est fou (et nous aussi). Bijoux : On accumule et on mélange ! Le mode d'emploi des bons combos. & : Lire ou jouir, pourquoi choisir ? Le boom de la littérature érotique. Chaud bouillon ! Ultra simples, les plats réconforts de saison". *Madame Figaro* (avec la top Karmen Pedaru) : "Tentations bijoux. En superposition ou en mix détonants, les nouveaux codes de la joaillerie. Reportage : Agnès Varda à Hollywood. Le sacre d'une anticonformiste". *Glamour* :

"**R**iley Keough. Taillée dans le rock. On a rencontré la petite fille d'Elvis. & : Une promotion ? Non merci patron. Touche pas à mon steak ! Pourquoi les filles devraient manger plus (et les garçons moins). J'eBay, j'eBay pas ? 30 cadeaux que vous ne revendrez pas. Sacrées soirées : Dégaines de fêtes avec un juste doigt de paillettes". **Bilba : "O**sez dire stop ! Comment se libérer des diktats, de la charge mentale... et de nous-mêmes. Pour exister (vraiment). & : Spécial mères célib, les nouvelles héroïnes. + idées pratiques pour adoucir leur vie. Phénomène : Le burn-out amoureux sur les sites de rencontres. Test : Êtes-vous en paix avec votre corps ? Vécu : Au secours ! Je fête dix fois Noël". *Public* : "**Meghan** Markle. À peine fiancée à Harry, elle fait déjà scandale. Ses chirurgies esthétiques. Son ex-mari. Ses clichés hots. Photos exclusives. Paris Jackson : SDF à Paname ! Mika & Pascal Obispo. Ils ne peuvent plus s'encadrer ! M. Pokora. Il plaque tout pour Christina !". *Closer* : "**E**xclusif. Johnny. Laeticia l'a convaincu de reprendre son traitement. Brigitte Macron : Son couple encore attaqué. Le consentement sexuel à 15 ans relance la polémique... Charlize Theron : Un mec ? Pas besoin ! Le mariage de Meghan et Harry" : "Ma mère aurait adoré Meghan". *Top Santé* : "**On** se débarrasse des mauvaises habitudes qui font grossir ! Dossier médecine : Thyroïde après l'affaire du Levothyrox, comment bien se soigner. Ma santé au naturel : Antistress : Homéo, aroma, phyto, oligo... Tout ce qui marche !". *Le film français* : "**Tout** l'argent du monde. Un film de Ridley Scott". *TV magazine* : "**K**ev Adams. L'incroyable aventure. Le comédien débarque en Éthiopie pour un Rendez-vous en terre inconnue exceptionnel sur France 2. Le retour de Luke Skywalker. Entretien avec Mark Hamill, le héros du nouveau Star Wars - Les derniers Jedi".

Lybie : "Les "opérations d'évacuation d'urgence", annoncées par la France pour sortir de Libye des victimes de trafiquants paraissent "très compliquées", selon Matthieu Tardis, chercheur à l'Institut français des relations internationales (IFRI)". **Argentine : "L**a Marine argentine a mis fin à ses opérations de recherche de survivants parmi les 44 membres de l'équipage du sous-marin porté disparu, il y a 2 semaines dans l'Atlantique Sud. Elle continuera en revanche à rechercher le submersible lui-même. **Israël.** **U**n Israélien âgé d'une vingtaine d'années a été poignardé à mort par un ou plusieurs agresseurs qui ont pris la fuite dans la ville d'Arad, dans le sud d'Israël. **Arabie Saoudite.** L'Arabie Saoudite a intercepté et détruit un missile tiré à partir du Yémen sur la ville méridionale de Khamis Mushait. **Chine.** Le ministre français de l'Économie, Bruno Le Maire, a plaidé à Pékin pour une "nouvelle relation" économique et commerciale entre la France et la Chine basée sur la réciprocité, espérant que l'ouverture promise par Pékin devienne une réalité. **Climat : L**a justice allemande a franchi un pas inédit en acceptant d'examiner la requête d'un paysan péruvien, qui veut contraindre le géant de l'énergie RWE à réparer les effets du changement climatique dans les Andes. **Environnement : L**a France peut "absolument" interdire sur son territoire les produits contenant du glyphosate, a déclaré le commissaire européen à la Santé, Vytenis Andriukaitis, interrogé sur la promesse d'Emmanuel Macron de bannir la substance "au plus tard dans trois ans". **Social : D**es débrayages ont été observés dans la plupart des sites Alstom pour exprimer l'inquiétude des salariés avant un mariage avec Siemens en 2018, et leurs doutes sur les engagements pris en matière d'emploi, selon les syndicats. **Royaume-Uni.** Le Royaume-Uni était sous le choc après la virulente réplique de Donald Trump aux critiques de Theresa May contre ses retweets de vidéos antimusulmanes. Mais la Première ministre tentait de calmer le jeu. **Diplomatie.** Les États-Unis ont renouvelé leurs pressions sur la Chine afin qu'elle coupe ses livraisons de pétrole à la Corée du Nord après son dernier tir de missile, mais la Russie a dénoncé des "provocations" américaines visant à faire sortir Kim Jong-Un de ses gonds. **Pétrole.** L'OPEP et ses partenaires, dont la Russie, prolongent leurs quotas de production de pétrole jusqu'à fin 2018 pour stabiliser le redressement des prix, surmontant les tensions politiques au Moyen-Orient et les réticences de Moscou. **Bangladesh : D**epuis le pays, le pape François a appelé la communauté internationale à agir pour résoudre la crise humanitaire des Rohingyas. À l'occasion de son premier discours à Dacca, où il est arrivé en milieu d'après-midi en provenance de Rangoun, le chef de l'Église catholique a demandé des "mesures décisives" pour cette minorité musulmane qui fuit en masse l'ouest de la Birmanie depuis fin août.

Le débat du jour. *La Voix du Nord*, Matthieu Verrier. "Un PS sans corps cherche une tête". **Économie,** *La Voix du Nord* : "Que pensent les entreprises milliardaires de la surtaxe sur les grands groupes ? Une dizaine d'entreprises dans les Hauts-de-France sont concernées par la surtaxe exceptionnelle pour compenser le manque à gagner de 10 milliards d'euros dû à l'annulation de la taxe sur les dividendes". "Entre 2010 et 2013, Auchan a calculé avoir payé 220 millions d'euros d'impôts et taxes supplémentaires". **Météo : L**a vague de froid s'est étendu sur une partie de l'Europe de l'Ouest. La neige est tombée sur l'Allemagne et l'Est de la France. De nouveaux flocon sont attendus ce vendredi. **Santé :** L'Agence nationale de sécurité du médicament a confirmé que depuis le changement de formule du Lévothyrox, médicament prescrit à près de 3 millions de patients souffrant de problèmes thyroïdiens, un total de 14 décès ont été rapportés dans la base nationale de pharmacovigilance dont des morts fœtales. Ces décès pourraient être liés à cette nouvelle formule, sans qu'aucun lien le soit formellement établi, souligne l'ANSM, qui précise que les patients décédés souffraient par ailleurs de pathologies graves. **Économie :** **I**nvitée hier "des journées de Bruxelles", la commissaire à la concurrence Margrethe Vestager a une nouvelle cible après Google, Apple et Amazon : le géant belge ABinBev, soupçonné d'avoir "empêché" l'importation de bières meilleur marché. **Zone Euro : L**e taux de chômage moyen a poursuivi sa baisse en octobre pour atteindre 8,8 %, d'après l'Office européen des statistiques Eurostat. **France : L**e député de la 14e circonscription du Nord, Paul Christophe, (Constructifs) a présenté en commission des Affaires sociales une proposition de loi consignée par des élus de l'ensemble des groupes, hormis France insoumise. Le texte permet d'étendre le don de jours de repos aux aidants familiaux. Cette possibilité était ouverte, depuis 2014, au bénéfice des parents d'enfants gravement malades.

Affaire Maëlys : Nordahl Lelandais, l'ex-militaire de 34 ans suspecté depuis le 3 septembre d'avoir enlevé la petite Maëlys fin août en Isère, a été mise en examen pour meurtre à l'issue de son audition par un juge d'instruction. Cette nuit-là, par deux fois, le véhicule de suspect a été filmé "avec une silhouette frêle de petite taille vêtue d'une robe blanche sur le siège avant" (à sa droite). La Voix du Nord. "Quintuple infanticide : l'ADN a parlé. Mulhouse. Confondu par des analyses ADN après 14 ans d'enquête, une mère de 53 ans a été mise en examen, soupçonnée d'avoir, entre le début des années 1990 et 2005, tué cinq de ses nouveaux-nés. Les enquêteurs pensent avoir résolu "l'une des plus anciennes affaires non résolues d'infanticide en France". **Politique, C**onfidences RTL : "Contrairement à deux de ses ministres (Gérald Darmanin et Sébastien Lecornu), Édouard Philippe n'a pas annoncé le week-end dernier qu'il prenait sa carte de *Marcheur*".

Football, *La Voix du Nord*. "Tirage au sort du Mondial : l'été russe commence aujourd'hui". "Dans l'immensité russe". "Les stades russes sont très éloignés les uns des autres". Paul Pogba a propos de Patrice Evra : "C'est un leader, un grand frère... Un tonton pour tout le monde". **Discipline : L**a commission de discipline de la LFP a décidé, hier, de ne pas sanctionner le Lyonnais Nabil Fekir, qui avait brandi son maillot face aux tribunes de Geoffroy-Guichard après son dernier but contre Saint-Étienne, le 5 novembre (5-0). Ce geste avait provoqué l'envahissement du terrain par les supporters stéphanois. Le club forézien, lui, a écopé de deux matchs à huis clos des parties basses de certaines tribunes, après la révocation d'un sursis. **Biathlon : M**artin Fourcade a pris la 3e place du 20 kilomètres d'Ostersund (Suède). Pour sa première sortie individuelle en Coupe du Monde de la saison, le double champion olympique a été devancé par le Norvégien Johannes Boe et son compatriote Quentin Fillon Maillet. **Cyclisme : L**es organisateurs du Tour d'Italie ont renoncé au nom de "Jérusalem-Ouest" comme ville de départ de l'édition 2018 comme l'exigeait Israël. Le gouvernement israélien avait menacé mercredi le Giro de rompre son partenariat si la mention de "Jérusalem-Ouest" était maintenue. Jérusalem. **Natation : C**harlotte

Bonnet a impressionné, hier, pour la première journée des Championnats de France en petit bassin, en s'adjugeant deux titres et surtout le record de France du 100 m nage libre, améliorant la marque de Camille Muffat en 52" 04. Elle se rapproche à une seconde et demie du record du monde de la suédoise Sjöström. **Rugby : Le** manager de Clermont, Franck Azema, a été interdit d'accès au banc de touche pendant deux semaines après avoir critiqué la suspension de son troisième ligne Peceli Yato. **Basketball,** *La Voix du Nord* : "Figure emblématique de l'équipe de France et des Spurs, Boris Diaw est arrivé à Levallois comme un cadeau de Noël avant l'heure. Et il sera l'attraction d'un certain Le Portel-Levallois ce soir". **Patinage artistique : "L**e monde du patin déraille-t-il ? Danse sur glace. Des fans qui s'en prennent à un juge français, la Fédération canadienne tancée pour des cadeaux trop orientés, à 71 jours des Jeux Olympiques, la discipline est en surchauffe". **Tennis, Équipe de France de Coupe Davis : S**on capitaine, Yannick Noah, a été renouvelé dans ses fonction et tentera de réaliser le doublé. **Olympisme,** *Le Parisien* : "Les Jeux Olympiques, c'est aussi une marque. Les termes "olympique", "Jeux Olympiques" ou "JO" sont protégés par la loi et il est interdit d'utiliser les anneaux pour promouvoir sa société". **Temps libre,** *La Voix du Nord* : "Millet USA" : quand le peintre-paysan rencontre la nation des pionniers.

People : Dans les colonnes de *Paris-Match*, le chanteur Gilbert Montagné a raconté comment il avait perdu la vue. Né prématuré, il aurait reçu trop d'oxygène : "Les nerfs optiques ont brûlé !". Malgré ce traumatisme, il ne regrette pas de s'être accroché à la vie. Aveu : Jay-z a avoué aux journalistes du New York Times avoir trompé son épouse Beyoncé, mère de ses 3 enfants. Il déclare souhaiter sauver son couple. **Radio : L'**émission *Quotidien* a révélé mercredi qu'une partie des chroniques matinales de Philippe Vandel sur Europe 1 étaient copiées-collées sur celles qu'il assurait sur France Info. Celui-ci, ne niant pas, "assume complètement", ce qui ne dérangerait pas Europe 1. **Harcèlement sexuel,** *Le Parisien* : "Dave défend Gilbert Rozon". **Salon de Montreuil : N**os vacances de Blexbolex a reçu cette année la prestigieuse pépite d'or du Salon du livre de jeunesse de Montreuil. **&** : L'association des critiques et journalistes BD, a décerné hier son Grand Prix 2018, a l'auteur italien Gipi pour *La terre des fils*. **Festival d'Angoulême :** Trois grandes expositions seront consacrées à des maîtres japonais. Osamu Tezuka, le Hergé japonais : Osamu Tezuka, le Hergé japonais père d'*Astroboy*, Naoki Urasawa, un maître du suspense ; Hiro Mashima, une star du manga jeunesse avec sa série *Fairy Tail*. **BD, Le Parisien :** *Bug, l'apocalypse selon Bilal*. Édition Casterman. **Comédie musicale :** *Singin' in the rain*. Au Grand Palais (Paris VIIe), jusqu'au 11 janvier. **Musique, Le Parisien** : "Bon appétit diable. Le rockeur extravagant, qui défendra son 27e album à Lyon ce soir et dimanche à Paris, nous raconte les secrets de sa longévité. (...) J'ai compris que si je ne voulais pas devenir fou, je devais avoir ma propre vie, faire les courses, me marier, avoir des enfants, aller à l'église, au cinéma avec ma femme...". **&** : "Le manager de Johnny se veut rassurant".

Au programme : *Enfoirés Kids. Vendredi, tout est permis avec Arthur. L'art du crime. Demain tout commence* (Omar Sy, Clémence Poesy). *La Télé des Nuls. Le meilleur des nuls. Sœur Thérèse.com. Cut. Norbert commis d'office. Pilules bleues. Médicaments sous influence.*

Météo : Neige. Pluie. Neige.

... Samedi, 02 Décembre 2017.

Citations : "Il n'y a pas d'au revoir pour nous. Peu importe où tu es, tu seras toujours dans mon cœur". **Gandhi** (1869-1948). Dirigeant politique, important guide spirituel de l'Inde et du mouvement pour l'indépendance de ce pays. **&** : "Le Saint-Esprit n'inspire pas les gens intelligents". **Anatole France** (1844-1924). Il est considéré comme l'un des plus grands écrivains de la Troisième République et l'un de ses plus importants critiques littéraires.

Journée mondiale pour l'abolition de l'esclavage.

1939 : Le centre national d'enseignement par correspondance (CNEPC), ancêtre du CNED, est créé pour que les enfants repliés à la campagne en raison de la guerre puissent recevoir l'enseignement dispensé dans les lycées et collèges, classiques et modernes.

Le Monde. "Salaires : comment se fabriquent les inégalités hommes-femmes. & : Les oubliés du Maroc. Reportage à Sidi Boulsslam, où quinze femmes sont mortes lors d'une distribution alimentaire, le 19 novembre. Les habitants témoignent de leur dénuement. "Le développement, c'est à Marrakech, Essaouira, Agadir. Ici, on ne voit rien." Science : Récolte d'œufs de ptérosaure en Chine. Marchés : Wall Street jubile en attendant la réforme fiscale. Magazine spécial luxe. Xavier Beauvois : le cinéma à vif. Idées. Utopie, ou la fabrique d'un autre monde". *Le Parisien - Aujourd'hui en France* : "Esclave en Lybie. Que peut vraiment faire Macron ? Le président français a appelé à l'organisation d'une opération policière pour venir en aide aux migrants asservis en Lybie". Affaire Maëlys : "Les trois heures qui intriguent les enquêteurs. 75 : Prison ferme pour la fausse victime du Bataclan. Sécurité routière : La vitesse va-t-elle baisser sur les nationales ? Cambriolage : Attention à ce que vous montrez sur les réseaux. Bertrand Cantat : Polémique entre les ex-membres de Noir Désir. Maison : L'imprimé panoramique refait le mur". *Libération* : "Malaise dans le cinéma. #BalanceTonFilm ? Près de deux mois après Weinstein, les affaires s'enchaînent à Hollywood, jusqu'à interroger le contenu des films, accusés de promouvoir domination masculine et "culture du viol". Trump. Le sparadrap russe. EE-LV : Les écolos coulés". *Le Figaro* : "Comment Macron impose son style au Palais de l'Élysée. Cérémonial républicain pompeux, dorures monarchiques chargées, protocole pesant : le président n'aime guère ce lieu impersonnel. Il tente avec son épouse de modifier les habitudes et... la décoration. & : Les vérités politiquement incorrectes de Karl Lagerfeld. Allemagne : le SPD fait monter les enchères face à Angela Merkel. Éditorial par Patrick Saint-Paul : "Le système Merkel est à bout de souffle". États-Unis : En décembre, la présidence Trump joue son avenir au Congrès. Asie : Le Japon fixe le calendrier de l'abdication d'Akihito. Religion : Le Pape clôt la polémique en nommant les "Rohingyas". Automobile : Peugeot mange du lion en France grâce au succès du 3008. Enquête : Ce big bang de l'audiovisuel public que prépare le gouvernement". Livres : Audur Ava Olafsdóttir, le livre d'« Ör ». *L'éditionfrance par Ouest-France.* "Nautisme : des loisirs et aussi des emplois. Éditorial : Le pape en Birmanie, un lourd silence. Étranger : Les Libanais asphyxiés par les déchets. Rencontre : Mark Hamill redevient Luke Skywalker". *La Croix samedi & dimanche* : "Les secrets de l'attente. En ce début de l'Avent, quatre personnes livrent leur perception de l'attente, et ce qu'elle leur apporte". *La Voix du Nord* : "Sondage exclusif. Martine Aubry et les Lillois. Huit pages spéciales au centre du journal. Lille : L'hyper-centre paralysé par une fuite de gaz. Météo. Première grande offensive de l'hiver : qu'en retenir ? Tradition : Elle est célébrée ce week-end, qui fête encore la Saint-Éloi ? Version Fémina : Quand Alain Chabat joue au père Noël". *La Provence* : "Marseille libérée en 2025. Le département débloque 218 millions pour faire sauter les bouchons. (...) Coût total : 390 millions d'euros. &, Arrêté dans le Rhône : Le Marseillais roulait avec 84 kg de coke. Compte en Suisse : 5 ans d'inégibilité requis contre Tian". *La Dépêche du Midi.* "Jean-Marie Périer : "Et si on foutait la paix à Johnny ?" Témoignage. Grand ami de Johnny Hallyday, le photographe aveyronnais a publié un coup de gueule hier. États-Unis : Le procureur resserre l'étau autour de Trump. Investissement : Toulouse n'échappe pas au Bitcoin". *Presse Océan.* "Loire-Atlantique : le blues des élus". *Sud Ouest.* "Bordeaux. Vol par ruse : elle témoigne à 85 ans. & : Bergonié en déficit de 4 millions. Crise financière à l'institut de lutte contre le cancer. Une réorganisation est annoncée, sans conséquences pour les patients. Mag : Le renard, chassé, rusé, mal-aimé...". *Midi Libre* : "Un loto pour sauver les cathédrales ? Le ministère envisage un jeu pour le patrimoine en péril. L'Église dit non à une entrée payante. Cévennes : Prostituées à 14 à 15 ans, leurs clients condamnés. Catalogne : Manuel Valls fustige les indépendantistes. Montpellier : Le parc des expos bientôt modernisé. Édition : L'insolente santé de la littérature jeunesse. Un secteur en perpétuelle évolution". *Corse-matin* : "Collectivité unique, difficultés plurielles. La "super-région" verra le jour le 1er janvier 2018. Au prix de sérieux ajustements. & : Premières neiges dans le Centre Corse. Justice : Front contre front la bagarre à la barre". *L'Indépendant.* "Catalogne : Valls cinglant avec les indépendantistes. Interview exclusive. Manuel Valls s'engage dans la campagne et se rendra à Barcelone. Mondial en Russie : un tirage qui donne le sourire. Haut Cantons : La neige dans le bon tempo". **Nice-matin : "C**'est Noël". *La Montagne Tulle* : "**L**es bleus sont gâtés. Météo : La neige et le verglas ont recouvert la Corrèze. Sainte-Fortunade : Le bar L'Étape fait carton plein depuis vingt-trois ans". *Courrier Picard* : "**P**our les Bleus, c'est le Pérou". *L'Équipe* : "**L**a main de Dieu. Groupe C. Samedi 16 juin 2018. France - Australie. Jeudi 21 juin. France Pérou. Mardi 26 juin. Danemark - France. Coupe du monde 2018. Diego Maradona a eu la main heureuse pour les Bleus en tiran le Pérou, l'adversaire le plus faible du chapeau 2. En Russie, au premier tour, les Français affronteront trois adversaires passés par les barrages. Ligue 1 : Paris en répétition. Handball. Championnat du monde. France 18h Slovénie. Les Bleues affamées". *L'Équipe le magazine* : "**T**ruqué ! Un match de foot très suspect entre Fréjus et Colomiers, des paris à l'autre bout du monde, deux joueurs mis en examen, l'ombre d'un réseau criminel asiatique... Ou comment une simple rencontre de National dévoile la mécanique mondiale de la corruption. Révélations. Tour du Rwanda : La plus grande course d'Afrique". *Tiercé Magazine* : "**B**el avis c'est annoncé". *Jazz magazine* : "**Numéro** spécial. 50 voix 50 chansons. La plus belle histoire du chant jazz". *Vogue Paris* : "**R**ihanna with love ! Par Jean-Paul Goude".

Pakistan : **A**u moins 9 personnes ont été tuées et des dizaines blessées lors d'une attaque de talibans pakistanais contre un centre de formation agricole dans le nord-ouest du Pakistan, alors que le pays célébrait le jour anniversaire de la naissance du prophète Mahomet. **Bangladesh :** **L**e pape François a été acclamé vendredi à Dacca, capitale du pays, dans une ambiance simple et festive par 100 000 croyants de la minuscule et désormais inquiète minorité catholique du Bangladesh, avant une rencontre avec des réfugiés rohingyas. La venue du souverain pontife au Bangladesh est un événement pour la petite communauté de 375 000 catholiques du pays (qui pèsent seulement 0,24% des 160 millions d'habitants). **États-Unis :** L'ancien conseiller à la sécurité nationale de Donald Trump et personnage central de l'affaire russe, Michael Flynn, a plaidé coupable d'avoir menti au FBI dans le cadre de cette enquête. Il a accepté de coopérer avec la justice. **Pays-Bas.** Slobodan Praljak, le Croate de Bosnie, qui s'est suicidé mercredi en avalant le contenu d'une fiole dans une salle d'audience du Tribunal pénal international pour l'ex-Yougoslavie à la Haye, est mort d'une insuffisance cardiaque causée par du cyanure. **Allemagne,** *La Voix du Nord* : "Les sociaux-démocrates prêts à aider Angela Merkel, sous condition". **Zimbabwe.** Une semaine jour pour jour après son investiture, le nouveau président zimbabwéen Emmerson Mnangagwa s'est retrouvé sous le feu des critiques pour avoir nommé des militaires dans son nouveau gouvernement et reconduit des ministres de son prédécesseur Robert Mugabe. Georgie. Le Tchétchène Akhmed Tchataïev, soupçonné d'être l'organisateur de l'attentat de l'aéroport d'Istanbul en juin 2016 a été tué lors d'une opération antiterroriste, le 22 novembre à Tbilissi.

France. Près de 400 policiers supplémentaires viendront en renfort pour sécuriser les fêtes de fin d'année dans l'agglomération parisienne jusqu'au 14 janvier, a annoncé hier le préfet de police de Paris. Les renforts viendront compléter le dispositif de 3 500 policiers et militaires affectée à la sécurité des lieux les plus fréquentés de l'agglomération parisienne et 500 militaires de l'opération Sentinelle mobilisés en Île-de-France (dont la moitié à Paris). **& :** Le Constitutionnel a confirmé qu'une assignation à résidence pouvait être illimitée, mais a partiellement censuré et recadré deux textes sur les étrangers auteurs d'infraction sous le coup d'une interdiction du territoire ou d'un arrêté d'expulsion. Les sages ne donnent pas pour autant un blanc-seing à l'administration, en demandant un réexamen dans le temps, de la situation de l'étranger concerné par une décision judiciaire (ce qui représente la majorité des cas). *La Voix du Nord* :

"Va-t-on connaître une pénurie d'œufs ?". "La députée du Nord Charlottes Lecoq se penche sur la santé au travail". **Versailles : "U**ne fausse victime du Bataclan condamnée". **Technologie,** *La Voix du Nord* : "L'Europe a pris du retard sur l'intelligence artificielle. Aux "journées de Bruxelles" organisées par *l'Obs* et *Le Soir*, le mathématicien et député français Cédric Villani a souligné le fossé en train de se creuser entre d'un côté des États-Unis et la Chine et de l'autre le Vieux-Continent dans la mise en œuvre de la technologie du futur...". **Politique.** **L**a présidente du Front national, Marine Le Pen, ne conduira pas la liste de son parti aux élections européennes de 2019. Le **Débat du jour,** *La Voix du Nord.* Par Jean-Michel Bretonnier. "Benoît Hamon tente de se frayer un chemin. Les premières mesures du quinquennat plaisent à droite. Du coup, la gauche espère le retour de ses électeurs au bercail".

Faits divers : L'ex leader de Noir Désir Bertrand Cantat va porter plainte pour "diffamation ou injure" contre *Le Point*, après les accusations de violences rapportées par l'hebdomadaire dans son édition de jeudi. Pour son enquête, Le point s'appuie notamment sur le témoignage anonyme "d'un membre de Noir Désir". Mais les quatre membres du groupe démentent les informations parues dans l'hebdomadaire. **Enquête : 3** cadres de Lafarge ont été mis en examen dans l'enquête sur les activités du groupe franco-suisse en Syrie, soupçonné d'avoir un indirectement financé l'organisation État islamique pour faire tourner sa cimenterie dans le pays en guerre. **Agression : 4** hommes et une femme soupçonnée d'avoir participé à l'agression d'une famille juive séquestrée en septembre, en Seine-Saint-Denis, dénoncée comme antisémite par les institutions juives et le ministre de l'Intérieur, ont été mis en examen. **Loi antiterroriste. U**n mois après l'entrée en vigueur de la nouvelle loi antiterroriste, le Conseil constitutionnel a été saisi pour la première fois de ce texte controversé qui a pris le relais de l'état d'urgence. **Serbie. 2** Françaises et un Français ont été condamnés à de la prison ferme en appelle pour l'enlèvement en 2015, à Belgrade, d'une enfant de 2 ans, un rap destiné selon eux à fausser une expertise génétique.

Football, Coupe du monde 2018. *La Voix du Nord* : "La France pouvait difficilement rêver meilleur sort". Groupe A : Russie, Arabie Saoudite, Égypte, Uruguay. Groupe B : Portugal, Espagne, Maroc, Iran. Groupe C : France, Australie, Pérou, Danemark. Groupe D : Argentine Islande, Croatie, Nigéria. Groupe E : Brésil, Suisse, Costa Rica, Serbie. Groupe F : Allemagne, Mexique, Suède, Corée du Sud. Groupe G : Belgique, Panama, Tunisie, Angleterre. Groupe H : Pologne, Sénégal, Colombie, Japon. Paris SG : Neymar cible émouvante. L'attaquant du PSG n'est guère ménagé par ses adversaires en Ligue 1 qui usent, souvent, de moyens illicites pour tenter de neutraliser. Il appartient aux arbitres de mieux le protéger". Bingourou Kamara, gardien de Strasbourg : "On sait de quoi ils sont capables". **Ligue 1 :** Dijon-Bordeaux... 3-2. **Hors-jeu :** Matias Messi, 35 ans, frère de Lionel et enfant terrible de la famille, devrait être opéré lundi à Rosario après un accident de bateau et court le risque d'être arrêté pour détention d'armes. Un procureur a requis la détention de l'aîné de la fratrie, déjà condamné à des travaux d'intérêt général (pour détention d'arme). Il souffrirait de fractures au visage. L'avocat de la famille, Ignacio Carbone, a nié la présence d'une arme à bord. **& :** *L'Équipe Magazine* révèle aujourd'hui que deux joueurs ayant pris part à la rencontre de National entre Fréjus Saint-Raphaël et Colommiers le 9 mai 2016 ont été mis en examen il y a plus d'un an pour "corruption passive" et "association de malfaiteurs". Selon la justice, le match aurait fait l'objet de paris illicites en provenance d'Asie du Sud-Est. **Dopage :** Trois athlètes russes, les fondeuses Yulia Chekaleva, Anastasia Dotsenko et une biathlète, Olga Zaytseva, qui avait participé aux JO 2014 de Sotchi, ont été disqualifiées et suspendues à vie, sur la base des conclusions des auditions de la commission Oswald sur les sportifs impliqués dans le scandale de dopage d'État en Russie. Ces nouvelles sanctions portent à 25 le nombre de Russes disqualifiés pour Sotchi dans le cadre du scandale de dopage institutionnel en Russie. **Rugby, Top 14,** *Le Parisien* : "Mignoni a tout d'un grand. Le manager de Lyon qui figure parmi les techniciens les plus en vue du moment, défie ce soir le RC Toulon, le club où il a tout appris". **Biathlon :** Justin Braisacz, 21 ans, a pris hier la deuxième place du sprint (7,5 km) d'Ostersund

(Suède), réalisant son 4e podium de Coupe du monde, derrière l'Allemande Denise Hermann.

Basketball, NBA : Donovan Mitchell (Utah) a réalisé la performance de la nuit lors de la victoire du Jazz sur les Pélicans de la Nouvelle-Orléans. Avec 41 points, il signe la meilleure performance de l'histoire de la franchise et d'un rookie en NBA depuis Blake Griffin en 2011. Golden State s'est imposé à Orlando. Memphis s'est incliné devant San Antonio. Après 3 défaites consécutives, Oklahoma s'est repris devant Minnesota. Chicago, dernier à l'Est, s'est de nouveau incliné (8e défaite de rang) et affiche un triste bilan de 3 victoires pour 21 rencontres disputées. **Classement, Conférence Est : 1.** Boston. 2. Cleveland. 3. Toronto... 13. Brooklyn. 14. Atlanta. 15. Chicago. **Conférence Ouest : 1.** Houston. 2. Golden State. 3. San Antonio... 13. Memphis. 14. Sacramento. 15. Dallas Mavericks.

Disparition : Le cinéaste français Alain Jessua, grand réalisateur des années 1970, et qui incarnait un cinéma noir et anti-système est mort jeudi à l'âge de 85 ans. **TV, Jeunesse,** *Le Parisien* : Apprendre à lire avec le gentil Yétili. **Johnny Hallyday,** *Le Parisien* : "L'état de santé de Johnny Hallyday, qui combat un cancer du poumon inquiète ses fans. L'un d'entre eux, habitant de l'Ain, n'a pas hésité à faire un don à sa paroisse pour demander une messe en faveur de son idole. **Polémique :"** Trop de bonnes notes pour ce film. *C'est tout pour moi* obtient des notes exceptionnelles sur le site *Allociné*. Il y a-t-il tricherie ?". **Télévision : "L**a blague de trop. Une plaisanterie de Tex à propos des femmes battues, racontée sur C8 jeudi soir a déclenché la polémique". **Musique,** *La Voix du Nord* : "Charlotte Gainsbourg livre *Rest*, un album au goût du risque. Après Air et Beck sur ses deux albums précédents, c'est avec le musicien électro Sebastian que Charlotte Gainsbourg a composé *Rest*. Elle a écrit les textes, parfois très intimes, de son premier album en français. **Livres :** Devenir végétarien pour les nuls. First Éditions Delcourt. **Le Parisien.** Pornographie : "La petite mort du dernier cinéma X de Paris. Le Beverley fermera en fin d'année. Dernier cinéma porno de Paris, il n'avait qu'un homologue en province". "À Grenoble, le Vox fait durer le plaisir".

Au programme. *Petit manchot deviendra grand ; Stars 80 triomphe ! Rugby, Top 14 : Toulon - Lyon* (Canal + et C8). *Échappées belles : "L'Inde des maharadjas" ; APB d'urgence ; Quand l'homo sapiens peupla la planète ; Sida, un héritage de l'époque coloniale ; Chroniques criminelles* (présenté par Magalie Lunel) ; *Les toqués* (Ingrid Chauvin) ; *À la maison pour Noël* (Virginie Efira) ; *60e anniversaire des Grammy awards. Kev & Gad : Tout est possible* (spectacle enregistré). *Déshabillons-les.*

Météo : Hivernale.

... Dimanche, 03 Décembre 2017.

Citations : "On n'est heureux que par l'amour." **Pierre Choderlos de Laclos** (1741-1803), écrivain français. **& :** "Les mythes et les contes de la littérature universelle renferment des thèmes bien définis qui réapparaissent partout et toujours". **Carl-Gustav Jung** (1875-1961). Médecin psychiatre suisse, fondateur de la psychologie analytique et penseur influent. Son œuvre est liée à la psychanalyse de Sigmund Freud, dont il a été l'un des premiers défenseurs mais dont il se sépara par la suite en raison de divergences théoriques et personnelles. **+ :** "La Terre est un gâteau plein de douceur". **Charles Baudelaire** (1821-1867), poète français.

Journée internationale des personnes handicapées.

Le Monde : "Michael Flynn l'homme qui fragilise Trump. États-Unis : Le Sénat vote la réforme fiscale. Géopolitique : L'Ouganda face à l'afflux des réfugiés. Santé : En Californie, la fièvre de la Vallée ~~(en cause, une "Maladie causée par un champignon")~~. & : Les nouveaux escrocs de l'identité. Violences sexistes : L'appel à Macron d'un collectif de féministes". Humour : Dix ans de "stand up à la française". *Libération Champagne* : Migrants, la vie et rien d'autre. Il faut voir "La mécanique des flux", le film coup de point sur le sort de ceux que l'on appelle "migrants". *Le Parisien - Aujourd'hui en France* : "Politique. Le juteux business des conférences. Sarkozy, Hollande, Fillon, Strauss-Kahn). Hier, Barack Obama donnait une brillante et lucrative conférence à Paris. Enquête sur une pratique qui peut rapporter très gros ~~(335 000 ?)~~. Alerte : Du lait infantile contamine des nourrissons. Strasbourg - PSG 2-1. La défaite qui jette un froid sur Paris. Séries télé : Le banc d'essai des nouveautés américaines. Météo : Quand la neige s'invite dans le sud de la France. Paris : Une reprise sous tension et sans tigres". *L'éditionfrance par Ouest-France* : "Les 20 ans de dimanche Ouest-France. États-Unis : Premier succès pour Trump. Notre invité : Alain Chabat". *Le Journal du dimanche* : "Ce qu'il a dit à Paris. Récit : Les coulisses de la visite éclair de Barack Obama. Tête à tête : Ses entretiens avec Macron, Hollande et Hidalgo. Superstar. Sa très chère conférence comme si vous y étiez. Enquête. Obamacron, inspirations et ressemblances. Plaisirs : Le Père Noël n'est pas une ordure. Bien être. La clinique où fondent les stars. Cuisine. Saint-Jacques, la coquille aux secrets". *La Voix du Nord* : "Justice. Querelles de voisinage, conflits du droit à la consommation... La Chancellerie recrute pour désengorger les tribunaux. Conciliateurs à la rescousse. Lille : Les politiques réagissent au sondage sur la maire de Lille. Musique : Immortel Marcel et son orchestre". *La Provence* : "Marseille cherche son centre. Réhabilité, le bas de la rue Paradis a été inauguré hier. Une nouvelle tentative séduisante pour relancer l'activité du centre-ville coincé entre les Terrasses du Port, le futur Prado-Vélodrome et les achats sur internet. Mais il faut aller plus loin. Sitcom : Les Alpes, star des séries télé pour Noël". *La Montagne Haute-Loire* : "Le foie gras plus rare et plus cher cette année. Hamon : "Génération.s" un nouveau nom pour préparer l'avenir du mouvement. Musique : Le nouvel album d'Orelsan en tête des ventes devant Sardou. Phénomène du rap, Orelsan frappe fort avec ses mots qui peuvent séduire autant le lycéen que le cadre d'une start-up. Star Wars : Les

"Héritiers de la force" se préparent à la sortie d'un nouvel opus". *La Dépêche du Midi* : "La bataille du cœur. Il y a 50 ans le Professeur Barnard réalisait la première greffe de cœur. Témoignages : ils vivent avec le cœur d'un autre. Recherche médicale : des avancées spectaculaires. Agriculture : Suspicion de grippe aviaire dans un élevage de canards du Lot-et-Garonne. L'invité. Julien Clerc : "Je ne vieillis pas". Toulouse. Coup de couteau : un pompier blessé. Terrorisme : Aurait-il pu empêcher le meurtre du père Hamel ? Quelques jours avant l'attaque de St-Etienne-du-Rouvray, Omar avait reçu une vidéo de l'un des terroristes. Il a été condamné à 5 ans de prison pour son silence. Rugby / Top 14 : Victoire historique de Castres à Toulouse. Météo : Retour à la normale après un samedi blanc". *Presse Océan* : "Le Père Noël sera jugé jeudi à Nantes. Procès insolite et spectacle garanti à la fac de droit. Accusé d'esclavagisme sur les lutins et de maltraitance sur les rennes, le Père Noël sera défendu par des ténors du barreau. Loire-Atlantique. Exilés de Calais : la vie un an après. Que sont devenus les migrants arrivés de la "jungle" et les habitants mobilisés pour les accueillir. Handball. Ligue des champions : le HBC épatant face au Barça". *Midi Libre* : "Infiltrés dans les troupes du Raid. Rugby à XV : La Rochelle détrône Montpellier. Philosophie. Lenoir : "Le pire ennemi de la joie, c'est la jalousie". Il sera en conférence demain à Montpellier. Sud-Est : Un manteau blanc qui met la pagaille sur les routes. Visite : Barack Obama, un ex-président américain à Paris. Avant une conférence sur l'innovation. Politique : Benoît Hamon lance Générations, son mouvement. L'ancien socialiste hier au Mans. Le Polygone. L'escalator n'est pas près de rouvrir". *Corse-matin* : "L'assemblée de demain se forge dans l'isoloir. & : Les premières piqûres de l'hiver. Des villages du centre coupés du monde, hier. L'alerte devrait être levée ce matin". *Sud Ouest dimanche* : "France Télévisions. Le grand malaise. Les journalistes vont mettre au vote une motion de défiance contre leur présidente. L'état veut 48 millions d'économies. France 4 et France Ô sont dans le collimateur. L'audiovisuel public pourrait être réformé en profondeur. Entretien : Manuel Valls éreinte la gauche. Espace : Ce que les météorites ont à nous dire". *L'Indépendant catalan.* "Histoire : La vérité sur le drapeau catalan". *L'Équipe* : "À eux l'exploit. Strasbourg 2-1 Paris-SG. Le promu alsacien a créé la sensation en dominant le PSG, qui ne parviendra pas à rester invaincu cette saison en Ligue 1. Montpellier 21h Marseille. L'OM s'attaque au verrou. Face à la meilleure défense de Ligue 1, Marseille doit trouver l'ouverture pour reprendre sa place de dauphin. Lille 1-0 Toulouse. Le LOSC sort du rouge. Biathlon : Coupe du monde. Fourcade rit jaune. Rugby : Top 14. La Rochelle 26-14 Montpellier. La Rochelle au sommet". *France-Guyane.* "**Attaqués** par des caïmans : ils témoignent". *France-Antilles Guadeloupe.* "**C**HU : une victime dans le coma. Un agent d'entretien, incommodé au moment de l'incendie au CHU, a été hospitalisé jeudi. Il est dans le coma. & : La ministre de la Santé fait la tournée des cliniques. Agnès Buzyn s'est rendue au CHU sinistré avant de faire la tournée des cliniques, où les malades ont été évacuées. Elle assure que l'État apportera son soutien financier. Ce samedi, un hôpital de campagne sera installé dans le parc du CHU. Basket-ball : Tony Parker ne viendra pas. La star française a annulé son jubilé prévu en juillet à Paris. Il ne sera pas non plus du voyage en Guadeloupe dans la foulée avec l'équipe de France. Détours destination en France. Destination Alsace. Chemins d'histoire, goût du terroir, noblesse de l'artisanat... Colmar, un condensé d'art de vivre alsacien. Monastère, chemin de croix, "mur païen", le mont Saint-Odile sur le sentier des pèlerins. Arts du feu, voyage au cœur de la magie des maîtres-verriers. *France-Antilles Martinique.* "**M**eurtre de Francette. Trois ans après, l'enquête bouclée. Social. Parc naturel : nouvelle mobilisation". *Les Nouvelles calédoniennes.* "**M**aison du père Noël : 25 ans de passion. Météo : La saison cyclonique a débuté. Faits divers un coup de filet à 18 millions de francs. Ouen Toro : La zone protégée étendue de sept hectares". *Le Quotidien de la Réunion et de l'océan indien* : "**8**e tour de coupe de France : Remettez ça ! Un an après son exploit face à Mulhouse, l'Excelsior tente de qualifier une nouvelle fois pour un 32e de finale de la Coupe de France cet après-midi face au Mans, équipe de National 2". *Version femina* : "**M**ode-Beauté. Osez les couleurs ! Un nouveau style pour égayer l'hiver. Alain Chabat : Le Père Noël, c'est lui ! & : Magique escale à Saint-Louis du Sénégal".

Nigéria : Un double attentat-suicide dans un marché hier matin, dans le nord-est du pays, a fait au moins 13 morts selon la police, 18 selon des sources locales. **Syrie :** La défense aérienne de l'armée syrienne a intercepté et détruit au moins deux missiles israéliens ayant visé une "position militaire" dans la province de Damas. **Mali :** Les soldats maliens tués fin octobre lors d'un raid de la force française Barkhane contre un groupe djihadiste dans le nord du pays étaient "bien des otages", malgré des doutes émis par Paris, a réaffirmé le président malien Ibrahim Boubacar Keïta. **Honduras :** Le pays a décrété l'état d'urgence dans la nuit de vendredi à samedi pour mettre fin aux manifestations de l'opposition qui se multiplient à travers le pays contre une "fraude" électorale lors de la présidentielle du 26 novembre. Le décret approuvé par le président sortant Juan Orlando Hernandez "restreint pour une période de dix jours (...) la libre circulation des personnes" entre 18h et 6h. **Allemagne :** Dans la douleur, les 600 délégués de l'Alternative pour l'Allemagne (AfD, extrême droite) ont reconduit Jörg Meuthen, 56 ans, seul leader depuis le départ fracassant de l'ex-figure de proue Frauke Perry, avant de lui adjoindre Alexander Gauland, 76 ans, patron du groupe parlementaire. **Bangladesh :** Le pape François s'est envolé à Dacca, concluant un voyage apostolique de 6 jours en Birmanie, puis au Bangladesh avec l'exode des Rohingyas en toile de fond. **Somalie :** Un mois et demi après l'attentat survenu le 14 octobre en Somalie, le dernier bilan a été revu à la hausse, avec 512 morts et 295 blessés. Ce jour-là, un camion piégé a explosé à Mogadiscio, devant le carrefour K5, un secteur très fréquenté de la capitale qui abrite des bâtiments officiels, des hôtels et restaurants. 2 heures plus tard environ, un second véhicule a explosé dans le quartier de Medina. Cet attentat n'a pas été revendiqué, mais les autorités n'ont aucun doute que les Chabab sont derrière cette attaque meurtrière. **Yémen :** De violents affrontements se sont poursuivis dans la capitale yéménite entre les deux composantes de la rébellion, les Houthis dénonçant un "coup de force" de l'ex-président Ali Abdallah Saleh qui s'est dit prêt à "tourner la page" avec l'Arabie Saoudite. Les combats entre les deux camps, qui contrôlent la capitale Sanaa, on fait des dizaines de morts et de blessés depuis mercredi sans qu'il soit possible de donner un bilan précis. Ils pourraient entraîner un nouveau front dans ce pays pauvre de la péninsule arabique, ravagé par la guerre depuis plus de 2 ans et qui connaît déjà "la pire crise humanitaire" de la planète, selon les Nations Unies. **Union Européenne,** *La Voix du Nord* : "Pour le ministre belge des Affaires étrangères invité aux "journées de Bruxelles", la zone euro doit vite montrer l'exemple d'une plus forte intégration avec des résultats concrets pour les citoyens. "Pour un public français, l'intérêt des "journées de Bruxelles" est d'entendre parler de l'Europe en sortant de l'éternel face-à-face franco-allemand et de se rappeler que l'Union est une affaire qui se construit à 28 et pas seulement à deux ! Le ministre des Affaires étrangères et ancien ministre des Finances du Royaume, Didier Reynders l'a rappelé vendredi tout en reconnaissant que l'élection d'Emmanuel Macron France a redonné un peu de couleurs à l'Europe après le coup de froid de Brexit". "Relancer l'Union avec des progrès sur les sujets de préoccupation des citoyens : la sécurité, la politique migratoire, la convergence sociale". "Quand Emmanuel Macron se targue d'avoir fait avancer l'Europe sociale au récent sommet social de Göteborg - le premier du genre depuis 20 ans -, le ministre belge refroidit ce bel enthousiasme : "Le sommet n'a accouché d'aucune décision concrète...". **États-Unis : D**onald Trump a engrangé dans la nuit de vendredi à samedi une précieuse victoire d'étape, avec l'adoption par le Sénat d'une réforme historique de la fiscalité et d'une gigantesque baisse d'impôts. Le texte, adopté de justesse par 51 voix contre 49 doit maintenant être harmonisé avec la version adoptée le 16 novembre par la chambre des représentants. Ce serait la première grande réforme du mandat du 45e président américain, qui n'a pas réussi à tenir son engagement d'abroger la loi sur le système de santé de Barack Obama cet automne. **& : B**arack Obama en visite à Paris, et François Hollande ont discuté hier de la question du climat, affichant la conviction que l'accord de Paris avait créer un mouvement "irréversible". L'ancien président démocrate des États-Unis s'est entretenu un peu moins d'une heure dans son hôtel avec l'ancien chef de l'État, après avoir déjeuner en privé avec Emmanuel Macron à l'Élysée.

Intempérie : La Haute-Corse était en alerte hier après-midi en raison des précipitations et des chutes de neige, qui ont précédemment balayé le sud de l'Hexagone, où le froid a tué un sans-domicile fixe de 57 ans au Grau-du-Roi. Ailleurs dans le Sud, et notamment dans le Var, le froid s'est accompagné d'abondantes chutes de neige. **France,** *La Voix du Nord* : "Le foie gras plus cher et moins abondant pour les fêtes". Malgré deux crises aviaires successives et l'abattage de millions de palmipèdes dans les élevages du Sud-Ouest et les Landes, il y aura bien du foie gras pour Noël et la Saint-Sylvestre mais en moindre quantité, et il sera plus cher". **&** : "**H**amon rebaptise son mouvement "Générations". L'ancien ministre de l'Éducation avait lancé son mouvement le 1er juillet. Depuis, plus de 550 comités locaux se sont créés et plus de 42 000 personnes ont rejoint le mouvement, selon son bras droit, député européen Guillaume Balas. **Nouvelle-Calédonie : É**douard Philippe invite les élus à préparer l'après référendum. Avec le judoka Teddy Riner, présent dans l'archipel, Édouard Philippe a incité les jeunes Calédoniens à s'inscrire sur les listes électorales". **Consommation : E**n raison de la "contamination par des salmonelles de 20 jeunes enfants âgés de moins de 6 mois dans 8 régions différentes", les autorités sanitaires demandent aux parents de ne pas utiliser 12 lots de laits infantiles commercialisés sous les marques Lait Picot SL sans lactose, 1er âge 350 g, Lait Pepti Junior sans lactose, 1er âge 460 g, et Lait Milumel, Bio 1er âge 900 g, sans huile de palme.

Enquête : Le corps d'un sexagénaire a été retrouvé cette semaine à l'état de squelette, dans le lit de son appartement à Bordeaux, plusieurs mois après sa mort très vraisemblablement due à des causes naturelles. **Agression : D**es gendarmes ont été blessés par arme à feu et hospitalisés, sans pronostic vital engagé, hier en Gironde, en intervenant sur une dispute conjugale à Auris, où un forcené s'est retranché plusieurs heures avant de se donner la mort.

Football, *Le Parisien* : Strasbourg - PSG... 2-1. "L'échec inattendu, le premier de la saison, concédé par les Parisiens à Strasbourg, interpelle et résonne comme un avertissement avant le déplacement de mardi à Munich". Paris restait sur une série de 18 matchs consécutifs sans défaites en L1. "Le match a duré 99 minutes !". Monaco - Angers... 1-0. Lille - Toulouse 1-0. Rennes - Amiens... 2-0. Troyes - Guingamp... 0-1. Nice - Metz... 3-1. **Classement : 1.** PSG, 2. Monaco, 3. Marseille, 4. Lyon, 5. Nantes... 18. Toulouse, 19. Angers, 20. Metz. **Classement des buteurs.** 17 buts : Cavani (PSG). 14 buts : Falcao (Monaco). 11 buts : Fekir (Lyon), Diaz (Lyon). **Angleterre :** Hauteur d'un match de haut niveau lors de la victoire de Manchester United face à Arsenal (3-1), hier, Paul Pogba a été expulsé directement pour un vilain tacle sur Hector Bellerin (74e). Il sera suspendu pour trois rencontres au minimum et manquera donc le derby contre Manchester City, dimanche prochain. **Allemagne,** *Le Parisien* : "Coman porte le Bayern. Avant de recevoir Paris, le Bayern Munich s'est imposé hier face au promu Hanovre (3-1) grâce à Kingsley Coman, hauteur du deuxième but, avant d'obtenir un penalty transformé par Lewandowski en fin de partie. Il a été remplacé à la 90e par Franck Ribéry, qui a effectué sa première apparition depuis 2 mois. Le Bayern compte six points d'avance en Bundesliga". **Espagne :** Critiqué en novembre pour avoir enchaîné 8 matchs de suite sans marquer avec l'Atlético de Madrid, Antoine Griezmann s'est bien rattrapé. L'attaquant a inscrit hier, son quatrième but en trois matchs. Cette nouvelle réalisation, survenue à la 88e minute, a permis aux Colchoneros de s'imposer sur le fil contre la Real Sociedad (2-1). **Blessure :** Souffrant d'une blessure au biceps fémoral de la cuisse droite, Samuel Umtiti, sera absent deux mois. **Coupe du monde :** "La Russie n'a pas la cote. Maintenant que les adversaires de la France pour le Mondial 2018 sont connus, les fans tricolores vont pouvoir organiser leur voyage. Ce séjour onéreux ne devrait pas attirer les foules". **Ligue 2 :** "Lens - Reims, une affiche de gala à l'heure du rôti". **Handball, Championnat du monde :** Plombée par une entame catastrophique (2 buts en 13 minutes), les Bleues favorites du groupe A, se sont inclinées dès leur premier match (23-24) contre la Slovénie. **Ligue des champions masculine :** Le HBC Nantes a battu Barcelone pour la première fois de son histoire (29-25) lors de la 10e journée, au terme d'un match de très haut niveau de son gardien Cyril Dumoulin.

Cette victoire permet à Nantes de conforter sa deuxième place dans la poule A, avec 3 points d'avance sur son adversaire du soir et sur les Allemands de Rhein-Neckar. **Biathlon : S**'il est déjà en tête du classement général de la Coupe du Monde, Martin Fourcade n'a pas encore réussi à débloquer son compteur de victoires. Le champion français a pris la seconde place du sprint d'Osterlünd (Suède), battu de moins d'une seconde par le Norvégien Tarjeï Bien, le frère de Johannes, qui, jeudi, avait remporté l'individuelle. **Haltérophilie : Le** Français Bernardin Matam a décroché la médaille de bronze dans la catégorie des moins de 69 kg des championnats du monde 2017 d'haltérophilie, vendredi, à Anaheim en Californie. 3e sur l'épreuve de l'épaulé-jeté (177 kg), il s'est également hissé à la 3e place du classement général avec un total de 318. **Ski alpin : Le** Norvégien Askel Lund Svindal a remporté la descente de Beaver Creek comptant pour la Coupe du Monde de la spécialité, hier. Les Français Adrien Théaux et Johan Clarey ont terminé 8e et 9e. Chez les filles à Lake Louise, l'Américaine Mikaëla Shiffrin s'est imposée dans l'épreuve de vitesse de la Coupe du monde. **Rugby, Top 14,** Le *Parisien* : La Rochelle prend le pouvoir. La Rochelle - Montpellier... 26-14. Toulouse - Castres... 31-41. Toulon - Lyon... 39-11. **Sports mécaniques, Formule 1 : Le** Monégasque Charles Leclerc, champion de GP2, a été titularisé aux côtés de Marcus Ericsson chez Alfa Romeo Sauber pour la saison prochaine. Issu de la même génération que les pilotes français Pierre Gasly et Esteban Ocon, Leclerc était également un proche de Jules Bianchi, décédé en juillet 2015.

Musique, Le *Parisien* : "Une voix et un cœur d'ange. Le contre-ténor Philippe Jaroussky a créé son académie pour offrir des cours de musique à des jeunes sans moyens". **TV : L'ancien** journaliste de BFMTV Frédéric de Lanouvelle vient d'être nommé porte-parole du ministère de l'Intérieur. Il débutera demain place Beauvau. Âgé de 38 ans, Frédéric de Lanouvelle a présenté le JT sur BFMTV pendant 9 ans avant de rejoindre l'émission 7 à 8 sur TF1 il y a 1 an. **&,** *La Voix du Nord* **: "Si** je ne suis pas virée d'ici 5 ans, peut-être que je choisirai moi-même de partir". Aux manettes du JT de France 2 depuis septembre, Anne-Sophie Lapix a révélé qu'elle ne souhaitait pas rester trop longtemps. "Les présentateurs qui restent 15 ou 20 ans à la tête d'un journal, c'est terminé. Nous ne sommes pas des stars". *Le Parisien* : "Tex s'excuse après sa blague sur les femmes battues". **Séries,** *Le Parisien* : "La rentrée américaine au banc d'essai". The good doctor, 4 étoiles. Dynasty, 2 étoiles. S.W.A.T, 1 étoile. Star Trek Discovery, 4 étoiles. Seal Team, 3 étoiles. Will and Grace, 4 étoiles. The Inhumans et The gifted, 1 étoile. Le Parisien, **Jeux-vidéo : "P**as de quartiers pour les nazis !". Wolfenstein 2 : The new colossus. "Plein les yeux, tu en prendras". Star Wars Battlefront 2. & : "La Switch tiend la route". "300 000 visiteurs à la Paris Games Week". **Le monde à l'envers,** *La Voix du Nord* : "Hello Kitty et Pikachu ambassadeur de Singapour à l'Exposition universelle". **& : "U**n homard aux couleurs de Pepsi". **+ : "P**our les fêtes de fin d'année, certaines statues du musée Grévin portent un pull de Noël. François Hollande, Angela Merkel, Donald Trump et Barack Obama n'y ont pas échappé. Michel Drucker, Kev Adams ou Leonardo DiCaprio non plus. On ne perd pas le Nord : "À la Cité de la dentelle et de la mode, à Calais, Napoléon en satin de soie".

Au programme : *Cinquante nuances de Grey* (Dakota Johnson, Jamie Dorman. Le Parisien : "Cinquante nuances d'ennui".) ; *Un voisin trop parfait* (Jennifer Lopez, Ryan Guzman) ; *Un moment d'égarement* (Vincent Cassel) ; *Marche à l'ombre* (Michel Blanc) ; *Quand la nostalgie fait recette ; Quand l'extrême-droite résistait - 1939-1945.* "À la Libération, les résistants sont les héros d'une nouvelle page de notre histoire". Capital. Enquête exclusive. Sleepy Hollow, la légende du cavalier sans tête* (Johnny Depp, Christina Ricci). *Robin Williams, "Un génie de comédie". Le trou normand* (Bourvil). *Waterworld* (Kevin Costner, Jeanne Tripplehorn). *Ce n'est pas sorcier. Maman, j'ai encore raté l'avion* (Macaulay Culkin). *Le huitième jour* (Miou Miou). *Comment Hitler a perdu la guerre du pétrole. Younger* (Série américaine sur Teva). *Joyeux Noël* (Diane Kruger, Guillaume Canet, Dany Boon).

Météo : Verglas.

Proverbe : "On se venge mieux d'un sot par le mépris que par les coups".

France Singles Top 100 Acharts, SNEP. Top 20 & More : 1. **Perfect.** Ed Sheeran. **2. Havana.** Camila Cabello and Young Thug. **3. Katchi.** Ofenbach and Nick Waterhouse. **4. Si t'étais là.** Louane Émera. **5. Dusk till dawn.** Zayn and Sia. **6. Feel it still. Portugal.** The Man. **7. What about us.** P!nk. **8. Mwaka Moon.** Kalash and Damso. **9. Rockstar.** Post Malone and 21 Savage. **10. Dommage.** Bigflo & Oli. **11. Reine.** Dadju. **12. Too good at goodbyes.** Sam Smith. **13. Échame la culpa.** Luis Fonsi and Demi Lovato. **14. Runnin' (lose it all).** Naughty boy ft. Beyoncé and Arrow Benjamin. **15. Caméléon.** Maître Gims. **16. What lovers do.** Maroon 5 and SZA. **17. Catchu Catchu.** Lartiste. **18. No roots.** Alice Merton. **19. Shape of you.** Ed Sheeran. **20. Par amour.** Dadju and Maître Gims. **33. Mic Drop.** BTS and Desiigner. New. **38. Oublie-le.** Dadju. New. **39. Seconde chance.** Dadju. New. **40. Orelsan.** Tout va bien. **47. Breathe.** Feder. Django. Dadju and Franglish.

... Lundi, 04 Décembre 2017.

Citation : "Toute action est déception, toute pensée implique erreur". **Raymond Queneau** (1903-1976). Romancier, poète, dramaturge français, cofondateur du groupe littéraire Oulipo. L'ouvrier de littérature potentielle est un groupe international de littéraires et de mathématiciens se définissant comme des "rats qui construisent eux-mêmes le labyrinthe dont ils se proposent de sortir". **&** : "J'ai connu des hommes de grand courage qui avaient peur de leur femme." **Jonathan Swift** (1667-1745), écrivain et satiriste irlandais.

1975 : 7 ans après la loi Neuwirth légalisant l'utilisation de la pilule contraceptive, celle-ci devient acceptable aux mineures de façon anonyme et gratuite dans les centres de planification familiale.

L'Humanité : "Climat, un paysan andin réclame justice. La démarche révèle une lame de fond citoyenne et appelle aussi à réévaluer le rôle de l'ONU et des négociations multilatérales. Amérique Centrale : La présidentielle confisquée au Honduras. Solidarité : Le traîneau des pères Noël verts parcourt le monde. Débats & controverses : Pourquoi les sciences humaines sont-elles si dévalorisées. Hommage : James Marson, l'homme qui ajustait aussi sa parole". *La Croix* : "Famille de djihadistes, quel retour ? La France dénombre près de 700 ressortissants, accompagnés de plus de 400 enfants en Syrie et en Irak. Éditorial, Jean-Christophe Ploquin : La marque Trump. Religion : Le pape estime avoir fait passer son message sur les Rohingyas. Spécial Dons : Le nombre de donateurs recule : Les révélations du 22e baromètre de la générosité des Français". *Le Parisien - Aujourd'hui en France : "Lait* contaminé. Tout ce qu'il faut savoir. 200 000 boîtes de lait infantile ont été rappelées par les autorité à cause d'une suspicion de contamination à la salmonelle. Une vingtaine de nourrissons ont été touchés. Trains : Une panne informatique paralyse Montparnasse. Reportage : En prison dans les couloirs de la perpétuité. Santé : Des cellules souches à la rescousse du cœur. Zoo de Beauval : Brigitte Macron vient baptiser le panda star. Supplément éco : Noël. Les géants de la logistique se préparent". *Libération* : "Laurent Wauquiez. Plus dure sera la droite. Les militants LR doivent élire la semaine prochaine leur nouveau patron. À défaut de rassembler, le président d'Auvergne Rhône-Alpes fait figure de favori. & : Patrick Henry, 40 ans de prison, mort à perpétuité. Les Haïtiens bannis d'Amérique, par Naomi Klein. Loi fiscale : Trump oublie ses promesses. Loin de favoriser les travailleurs américains, le texte qui pourrait être voté avant Noël creuse la dette, détruit l'Obamacare, réduit les prestations sociales, etc". *Le Figaro* : "Raz-de-marée des nationalistes en Corse. Au premier tour de l'élection territoriale, la coalition emmenée par Gilles Simeoni recueille 45,36 % des voix dans un scrutin marqué par une forte abstention. Syrie : LafargeHolcim dans la tourmente judiciaire. Arabie : pour moderniser son royaume le prince mise sur la jeunesse. Éditorial par Yves Thréard. Corse : le pari du réalisme. "Si Barcelone peut se passer de Madrid, l'île a besoin de Paris." Champs libres : Agnès Buzyn, caution de gauche d'un président classé à droite. Jacques Julliard. Napoléon, Guizot, Giscard... "Le césarocentrisme" d'Emmanuel Macron. Interview. François Gabart raconte son tour du monde Express. Le Figaro Oui Non : "Pensez-vous que la France puisse remporter la Coupe du monde de football en 2018 ? Non 63 %". *L'éditionfrance par Ouest-France* : "**L**e malaise enfle chez les policiers. Palestine : La génération sacrifiée. Lait infantile. Vingt nourrissons contaminés. Marin de l'année. Le titre pour Thomas Coville". *Les Échos* : "**T**rump engage une baisse massive des impôts. La Maison-Blanche est prête à ramener à 22 % le taux de l'impôt sur les sociétés. La réforme fiscale a connu un coup d'accélérateur avec l'adoption du texte par le Sénat. Aéronautique : Malgré les turbulences, Airbus vers "un nouveau record de production". & : Les licenciements économiques en baisse. L'analyse par Marjorie Cessac. "Voiture électrique : le pari fou de l'Inde". Internet : Amazon à l'offensive de l'intelligence artificielle. Le géant américain lance de nouveaux services pour son offre cloud. L'essentiel. Medef : une équation très compliquée pour Senard. Brexit : L'heure de vérité ce lundi pour Londres. Biosantech, l'espoir brisé d'un vaccin anti-sida. Entreprises & Marchés : À 40 ans le RER victime de son succès. Wendel est revenu à "des investissements ambitieux". Carnet : Des réussites qui font bouger le monde du vin. Communiqué : Esprit d'équipe. Créative. Opérationnelle. Où trouver les meilleurs économistes ? Réponse page 7". *La Voix du Nord* : **B**ande dessinée. Rencontre avec Philippe Geluck, l'auteur du chat. "Apporter du réconfort à travers mes bêtises". *La Provence Marseille* : "**L**es dessous de la tour. La Marseillaise, tour de Jean Nouvel, à Arenc, a fini de grandir avec ses 31 étages. Un chantier incroyable avec ses arbres plantés à l'intérieur ! Elle sera livrée dans un an. Visite guidée. L'édito : La culture, c'est beau et ça paie. Par Philippe Schmit. 8e arrondissement : Le lycéen agressé, privé de lycée ! Spectacles : Star 80 crève l'écran. Dernière page : Au centre Pompidou à partir du 13 décembre. César roi de Paris". **La Montagne Vichy** : "On apprend mieux moins nombreux. Vichy communauté : Plus de 2,8 millions d'euros de la Région pour des projets locaux. Téléthon : Les premiers remèdes nés de la recherche sur les maladies génétiques". **La Dépêche du Midi** : "Turbulences à la tête d'Airbus. Chantier Matabiau : Ça devient compliqué de circuler. Occitanie : De Sisqa à Regal, quinze ans de qualité alimentaire régionale. Haut-de-Garonne. Brexit : nos anglais ont le blues. Environnement : Premier resto zéro déchets à Toulouse. SNCF : Nouvelle panne à la gare Montparnasse. Publicité. Tissot : Style is automatic". **Presse Océan.** "Nantes-Bordeaux : Ligne SNCF sacrifiée. Au Stade Geoffroy-Guichard, hier : Le FC Nantes mal payé. Nantes : À la conquête de la 5e façade". **Sud Ouest** : "La taxe inondation se met en place. Gironde. Les communautés de communes peuvent décider d'une taxe pour lutter contre les inondations. Deux l'ont déjà fait. Reportage. Des militaires palois engagés au Mali". **Midi Libre** : "L'animal de cirque en voie de disparition ? Des maires ont choisi s'interdire les spectacles avec des bêtes sauvages. Le débat fait rage. Montpellier : À peine ouvert, le marché de Noël fait le plein. Malgré le froid, les Hivernales, nom officiel du marché, ont connu un vif succès pour leur premier week-end. Politique : Dans l'Hérault, la nébuleuse Macron œuvre dans l'ombre. Écoles : Bientôt une loi pour imposer le bio dans les cantines. Centenaire. Le jour où la Finlande a quitté la Russie pour l'Ouest. Football. Montpellier-OM, un nul au goût amer". **Corse-matin** : "Le raz de marée. La majorité sortante arrive largement en tête. Le front républicain droite-LREM n'aura pas lieu. Éliminé, le Front national ne siégera pas. Pour la première fois depuis 1982, les communistes disparaissent de l'hémicycle. & : Bulletins blancs en Centre Corse". **L'Indépendant catalan.** "Neige et skieurs en abondance. Concert. Déferlantes : Shaka Ponk triple la mise le 10 juillet. L'Indépendant catalan". **Nice-matin.** "Tueur à gages : Michel Lambin (à gauche) dit "le berger de Caussols", déjà condamné à 18 ans de réclusion, comparait à partir d'aujourd'hui devant la cour d'Assises des A.-M. pour l'assassinat commandité en 2002, de Robert Ludi, un gardien d'école d'Antibes". **Le journal du Centre** : "Pas question de payer ! Débat. Stéphane Bern, en charge d'une mission de sauvegarde du patrimoine culturel, avait suggéré de faire payer l'entrée des cathédrales. De quoi alimenter la polémique. Nièvre. Pour l'évêque de Nevers, il est impensable de mettre en place une telle suggestion. La cathédrale est un lieu ouvert gratuitement à tous. Cinéma : Faciliter les tournages dans la région". *Courrier picard* : "**L**a bataille du pain est relancée. Un boulanger de l'Oise pétitionne afin de pouvoir ouvrir les commerces 7/7 jours. Les avis des clients et des confrères sont partagés. & : Carambolage massif à cause du verglas sur l'A1". *Les Nouvelles calédoniennes* : "**L**e ton est donné. Le Premier ministre, Édouard Philippe, a mis les politiques calédoniens devant leurs responsabilités. Ce sera au congrès de fixer la date du référendum et d'élaborer la "question". Nouméa : 2 requins répérés près de la plage de Magenta. Faits divers : Une fillette de 2 ans tuée sur la route. Page éco : La rigueur fait trembler l'emploi. Foot : Le Vanuatu bat les Cagous aux Minijeux. Illuminations. C'est parti à Nouméa". *Le Quotidien de la Réunion et de l'océan indien* : "**L**e grand retour du mourounge. L'arbre de vie redécouvert. "Pied de bois trois caris" chez les anciens, le mourounge (ou mounroum) fait l'objet de nombreuses études mettant en avant, notamment, les vertus antioxydantes de ses feuilles. Excelsior - Le Mans : 2-3. Ce n'est pas passé loin. Rallye Réunion Sud : Bellon vainqueur, Law-Long champion". *L'Aube* : "**M**arie-Joséphine condamnée par la justice française. Un jugement de Salomon loin d'être stérile. Éditorial : Le Gabon à la croisée des chemins. & : Non à l'état sauvage de la République. Grogne du Syndicat national des magistrats du Gabon". *France-Antilles* : "**L**'hôpital de campagne est opérationnel. (...) La ministre de la Santé, Agnès Buzyn, a achevé sa tournée des établissements de soins. Elle a exprimé sa volonté que le CHU redevienne rapidement opérationnel. & : Mouvement de grève aujourd'hui et demain : stations-service, Pôle emploi...". *France-Antilles* : "**L**a dispute finit en meurtre. Éducation : Des élèves à la rencontre de l'Armée". *L'Équipe* : "**M**ontpellier 1-1 Marseille. L'OM résiste à tout. Deux décisions arbitrales controversées permettent à des Marseillais peu inspirés de préserver leur série de onze matches sans défaite en Ligue 1. En s'imposant à Caen (2-1), Lyon retrouve la deuxième place". *Midi Olympique* : "**S**pécial Oscars ~~du rugby~~.

#France2023 : Les secrets d'une victoire". *Midi Olympique Rouge* : "**P**aris s'éveille. Le Stade français s'impose avec la manière au bout d'un derby entamé tambour battant. Le Racing n'a pas résisté. Carnet noir : Décès de Jean Barthe. Dossier. Pourquoi le rugby français est devenu con". *La Voix des Sports* : **C**oupe de France. Bienvenue dans le grand monde. Vainqueur sans discussion (3-0) à Beauvais, Hazebrouck sera le seul club amateur nordiste au rendez-vous des 32e de finale. Il sera accompagné de Valenciennes, Boulogne, Dunkerque, Lens, vainqueur de Reims (3-2 ap.) hier, et des vingt équipes de L1. Tirage au soir ce soir. *Télé 7 jours* : "**S**oirée spéciale Fondation Abbé Pierre sur M6. Nolwenn Leroy. Animatrice de cœur. Doc événement : Johnny Hallyday. Les rencontres de sa vie". *Télé Poche.* **S**ophie Davant : "À 54 ans, on peut être une femme épanouie." & : Koh-Lanta, DALS, le meilleur pâtissier... La semaine de toutes les finales ! Coup de gueule : Véronique Jannot. "Pourquoi n'y a-t-il plus de saga ?". Noël : Et si vous fabriquiez votre déco. *À nous Paris* : "**É**tienne Daho. La pop sans limites".

Yémen : La capitale yéménite Sanaa a pris des airs de "ville morte", les craintes de nouveaux affrontements au sein du camp rebelle ayant amené de nombreux habitants à se cloîtrer chez eux, et les écoles et magasins à rester fermés. Hier, les forces loyales à l'ancien président Ali Abdallah Saleh ont bloqué plusieurs rues. Elles ont tenté de prendre le contrôle du quartier d'Al-Jaraaf, un bastion des Hourdis, où ces derniers ont renforcé leurs positions. **États-Unis,** *La Voix du Nord* : "Les États-Unis se retirent du Pacte mondial sur la migration. En septembre 2016, les 193 membres de l'Assemblée générale de l'ONU avaient adopté à l'unanimité un texte appelé Déclaration de New York pour les réfugiés et les migrants qui vise à améliorer à l'avenir leur gestion internationale". & : "Toujours pas de président au Honduras". **Outre-mer,** *La Voix du Nord.* "Halte à la pollution. La faune meurt, les enfants pleurent" : le pied à peine posé sur l'île de Lifou en Nouvelle-Calédonie, le Premier ministre a pu lire sur des banderoles la colère des habitants confrontés à une pollution aux hydrocarbures. Accueilli à la grande chefferie du Wetr, il s'est vu remettre un sac en plastique contenant des boulettes d'hydrocarbure que la mer ramène sur les plages de l'île depuis le 23 novembre, attribuées à un porte-conteneurs qui s'est encastré le 12 juillet sur un récif au sud-est de l'île de Maré. **Scandale : A**ccusé d'avoir abusé d'un adolescent dans les années 80, James Levine, mythique chef d'orchestre et directeur musical honoraire du Metropolitan Opera de New York, est la dernière personnalité de premier plan à être impliquée dans un scandale d'accusations, de harcèlement et d'agression sexuelles. La victime présumée, restée anonyme, a déclaré à la police de l'État de l'Illinois que les faits auraient débuté en 1985 quand il avait 15 ans et le chef d'orchestre 41 et se sont poursuivis 1993. "Nous sommes profondément troublés par les articles de presse sur James Levine" a réagi le Metropolitan Opera de New York. **États-Unis : D**onald Trump a nié, hier, avoir demandé au FBI d'abandonner l'enquête sur son ex-conseiller à la sécurité nationale Michael Flynn, inculpé dans l'affaire russe, contre-attaquant d'une salve de tweets éreintant la police fédérale avec une virulence inédite pour un président américain. **Égypte : U**ne collection de 27 statues fragmentées de la déesse égyptienne à tête de lionne Sekhmet a été découverte près des colosses de Memnon, à Louxor.

France : L'objectif de passer à 50 % de produits bio et locaux dans la restauration collective d'ici à 2022 fera l'objet d'une loi, a déclaré le ministre de l'Agriculture, Stéphane Travert, dans *Le Journal du dimanche*. Le fait de passer à 50 % de produits bio dans les cantines faisait partie des promesses de campagne d'Emmanuel Macron. Promesse qu'il a renouvelée lors de son discours de Rungis en octobre sur les états généraux de l'alimentation. **SNCF : "4** mois après une panne de signalisation qui avait causé une pagaille monstre à la gare Montparnasse, un nouveau problème technique a provoqué hier l'interruption totale du trafic. Celui-ci reprendra ce matin, après une panne de signalisation due à un "bug informatique" dans la mise en service, prévue ce week-end, d'un nouveau système permettant d'augmenter le nombre de TGV au départ de Montparnasse, a expliqué Alain Krakovitch, directeur général de SNCF Transilien. Tous les trains étaient concernés par cette panne. Dans la gare, les bornes automatiques étaient prises d'assaut pour échanger les billets, et les agents d'accueil de la SNCF étaient assaillis de questions de voyageurs partagés entre colère et impatience. L'ampleur de cette panne a été qualifiée "d'inacceptable", par la ministre des Transports, Élisabeth Borne, qui a convoqué aujourd'hui le PDG de SNCF réseau. **Virus : U**ne suspicion de foyer d'influenza aviaire (H5N8) dans un élevage de canards de Lot-et-Garonne, en quarantaine depuis vendredi, s'est avérée après analyse du virus "faiblement pathogène", mais les animaux devraient être néanmoins abattus. **France Télévisions : L**a présidente, Delphine Ernotte, présentera le 21 décembre au conseil d'administration du groupe France Télévisions, un vaste plan de réduction des dépenses d'environ 50 millions d'euros, passant notamment par la suppression de 180 postes à la faveur de départ à la retraite. **Économie,** *La Voix du Nord* : "Des espaces de travail partagés font revivre les biens communs".

Agression : Une enquête a été ouverte après la plainte pour agression sexuelle d'une enseignante d'un lycée d'Asnières-sur-Seine (Hauts-de-Seine) contre 5 élèves de son établissement. Les faits se sont déroulés le 23 novembre au sein du lycée Auguste Renoir, lors d'un exercice de confinement. **Avalanche : T**rois randonneurs portés disparus depuis samedi soir ont été retrouvés morts hier dans le massif de la Chartreuse en Isère. Les corps des deux dernières victimes ont été retrouvés sur la commune de Saint-Christophe-sur-Guiers, alors que le corps du premier randonneur a été retrouvé au pied de la Dent de Crolles, près de Grenoble. **Battue : U**n chasseur de 72 ans a été tué hier matin lors d'une battue au sanglier à Gassin (Var). La victime a été atteinte par la balle d'un autre chasseur, lui aussi septuagénaire, qui pensait tirer sur un sanglier.

Football, *Le Parisien* : "Tolisso, Rabiot. Les jeunes loups du milieu". Montpellier - Marseille... 1-1. Saint-Étienne - Nantes... 1-1. Caen - Lyon... 2-1. Classement : 1. Paris SG, 2. Lyon, 3. Monaco, 4. Marseille, 5. Nantes... 18. Toulouse, 19. Angers, 20. Metz. **Division 1 féminine : 1.** Lyon, 2. Paris SG, 3. Montpellier. **Fair play financier : M**oins de 2 mois après une première audition, les dirigeants du PSG sont de nouveau convoqués au siège de l'UEFA à Nyon (Suisse) dans le cadre de l'enquête sur le respect du fair-play financier, ce qui confirme une information du JDD. Le club parisien est visé depuis le 1er septembre par une enquête portant sur l'équilibre financier du PSG après le mercato pharaonique réalisé cet été. Les conclusions pourraient être rendues avant la fin de la saison. **Voile, Tour du Monde, L**'info en image : "Gabart fonce vers le record". **Biathlon :** Martin Fourcade s'est imposé lors de la poursuite à Ostersund (Suède) première étape de la Coupe du monde, reléguant ses adversaires à plus de 40 secondes. Le double champion olympique est en tête du classement général. Quentin Fillon-Maillet, 2e de l'individuelle jeudi, à signé un nouveau podium (3e). Chez les femmes, Justine Braisac a terminé deuxième de la poursuite et prend, elle aussi, la tête du classement général de la Coupe du monde. **Handball : B**attue samedi par la Slovénie pour son entrée en lice aux Championnats du monde, l'équipe de France s'est relancée hier avec une victoire contre l'Angola (26-19). Si les protégées d'Olivier Krumbholz ont une nouvelle fois eu du mal à s'exprimer en début de match, elles ont montré un bien meilleur visage en deuxième mi-temps. **Basketball, NBA : K**nicks - Magic... 100-105. Heat - Warriors... 95-123. Timberwolves - Clippers... 112-106. Thunder - Spurs... 90-97. Lakers - Rockets... 95-118. **Pro A : Le** leader Le Mans s'est incliné sur le parquet de Villeurbanne et partage désormais la tête du championnat avec Monaco. Classement : 1. Monaco, 2. Le Mans, 3. ASVEL, 4. Limoges, 5. Strasbourg. **Rugby,** *Le Parisien* : "Ce derby laissera des traces. En dominant le Racing (27-17), le Stade Français a peut-être enfin trouvé le match pour lancer sa saison. À l'inverse, c'est un coup d'arrêt pour laisser les Ciel et Blancs". Clermont - Agen... 35-26. Au classement : 1. La Rochelle, 2. Montpellier, 3. Lyon, 4. Racing 92, 5. Castres... 12. Brive, 13. Agen, 14. Oyonnax. **Disparition : J**ean Barthe, seul rugbyman à avoir été capitaine du XV (26 sélections) et du XIII de France (22) est mort à l'âge de 85 ans. Considéré entre 1953 et 1968 comme l'un des meilleures troisièmes lignes au monde, le natif de Lourdes a remporté trois titres de champion de France dans chaque discipline. **Voile :** **D**étenteur du record du tour du monde en solitaire, Thomas Coville a été honoré hier à Paris par une distinction encore jamais reçue, celle de marin de l'année. Le navigateur de 49 ans conclut de la plus belle des manières son année la plus faste, riche d'un record du tour du monde (49 jours 3 heures), d'un record de la traversée de l'Atlantique Nord (4 jours 11 heures) et d'une victoire le 13 novembre lors de la Transat Jacques-Vabre. Coville succède au palmarès à la véliplanchiste Charline Picon, médaillée d'or aux Jeux olympiques de Rio 2016. **Édition,** *LeParisien* : "Cinquante nuances" de marketing. Darker. E.L. James. Ed. JC Lattès. **Culture :** "**L**es Stars 80 face à leurs fans. Le film Stars 80, la suite, sur l'épopée de la troupe, sort mercredi. Nous avons assisté à 2 avant-premières". **CD :** *Gilbert chante Bécaud.* EPM **Musique.** **G**ilbert Montagné. **& :** "**T**ears for Fears à Paris". "Neil Young ouvre ses archives". "Un fond Jeanne Moreau pour le cinéma et le théâtre". **L'entretien,** *La Voix du Nord.* Philippe Geluck : "Je suis en résistance par le rire". "L'auteur de bande dessinée sort un 21e album centré sur le personnage qui lui a apporté la gloire : le Chat. Philippe Geluck est venu en voisin (il est belge), dans nos locaux, pour parler longuement de ce nouvel opus mais aussi de son quotidien de dessinateur". **En bref,** *Le Parisien* : "30 youtubers au Téléthon 2017". "Stranger things aura une saison 3".

Au programme : *La vengeance aux yeux clairs. No offense. Imitation game* (Keira Knightley). *48 heures. Mariés au premier regard. Portrait de femme* (Nicole Kidman). *Le Baraoké. Rock* (Nicolas Cage). *Tron, l'héritage. La mémoire dans la peau. Mandela : un long chemin vers la liberté. Un divorce de chien. Du vent dans mes mollets.*

Météo : Léger redoux.

Sondage, *LeParisien.fr.* "**S**elon vous Donald Trump va-t-il aller au bout de son mandat ? Non 53,6 %".

Proverbe : "**Q**uand on trouve son bonheur en soi-même, on fait peu d'estime de celui qui peut venir d'ailleurs." **& :** "**P**our la Sainte-Barbe, l'âne se fait la barbe". "À la Sainte-Barbe, le soleil peu arde".

... Mardi, 05 Décembre 2017.

Citation : "Quand la bouche dit oui, le regard dit peut-être". **Victor Hugo** (1802-1885). Poète, dramaturge, prosateur, dessinateur français. Personnalité politique et intellectuel engagé, il est considéré comme l'un des plus importants écrivains de la langue française. Il restera un personnage emblématique de la 3e République, honoré de funérailles nationales. Son corps repose désormais au Panthéon. **&** : « À Paris, il y a des impôts sur tout, on y vend tout, on y fabrique tout, même le succès ». **Honoré de Balzac** (1799-1850), écrivain et essayiste français.

Journée internationale des volontaires pour le développement économique et social.

1893 : La première voiture électrique fait son apparition. Ses batteries lui procurent une autonomie de 24 kilomètres.

Le Monde : "Wauquiez se place en chef d'une droite en ruine. Éditorial : Paris face au défi Corse. Migrants : Le ministre admoneste les préfets. Environnement : La pollution tue 12,7 millions de personnes par an. Israël : Le Premier ministre cerné par les affaires. Électronique : Le marché florissant des puces. Harcèlement : À l'université, le difficile combat contre l'impunité". **L'humanité.** "**Paradis** fiscaux : le double jeu de l'Europe. Montparnasse : la SNCF filialisée mise en accusation. Énergie : Linky, le compteur de la discorde. Proche-Orient : Quand Trump instrumentalise Jérusalem. Le président américain pourrait reconnaître la Ville sainte comme capitale d'Israël. Corse : La tentation du repli insulaire". **La Croix :** "**P**ourquoi la France attire de nouveau. La réputation du pays d'améliore auprès des investisseurs étrangers. Belgique : L'euthanasie se banalise depuis sa légalisation. Sciences & éthique : Les maisons de retraite se dotent de robots. Éditorial, Guillaume Goubert : Corse, le temps de la démocratie". **Le Parisien - Aujourd'hui en France :** "Lecture. La France bonnet d'âne de l'Europe. Politique : Le rapprochement des prisonniers corses à l'étude. Bayern Munich - PSG : Ces trois-là suscitent l'admiration générale. Chartres : Les sages-femmes tombent la blouse pour leur calendrier. Paris : La pub des JO déplaît aux défenseurs du patrimoine. Argent : L'épargne salariale ça vous tente ?". *Libération* : "**S**écurité nucléaire. La faille. Attaque aérienne, intrusions... Le parc français est vulnérable en cas d'attentat terroriste, comme l'a démontré Greenpeace lors d'actions spectaculaires. Mais le sujet reste tabou. Chirurgie : Des sexes sur mesure". *Le Figaro* : "**B**ousculé par l'affaire russe, Trump garde ses supporters. & : Au Yémen, l'ex-président Saleh tué par des rebelles houthistes. Ali Abdallah Saleh, qui a dirigé le Yémen pendant trente-trois ans a été abattu, lundi, au sud de la capitale Sanaa. Ses partisans y affrontent depuis cinq jours les miliciens chiites houthistes, leurs anciens alliés soutenus par l'Iran. + : Les jouets connectés accusés d'espionner les enfants. Élysée : Brigitte Macron cherche sa "juste place". Énergie. Gaz, électricité : les consommateurs peuvent faire jouer la concurrence. Élections : Les marcheurs gagnent leur première mairie. Brexit : Accord en vue sur l'Irlande. Éducation : Des internats pour des jeunes déscolarisés aux méthodes efficaces. Religion : La pensée "antijuive" de Luther dénoncée. Environnement : La pollution lumineuse gagne du terrain sur Terre. Bolchoï : Noureev est encore sujet à la controverse en Russie. Figaro Oui Figaro Non : Êtes-vous favorable à une limitation à 80 km/h de la vitesse sur les routes au lieu de 90 ? Non 77 %". *L'éditionfrance par Ouest-France.* "**B**rexit : l'accord se fait attendre. Assurances : Des contrats toujours plus chers". *Les Échos* : "**P**SA veut combler son retard dans l'électrique. Europe : La question irlandaise fait capoter l'accord sur le Brexit. Assurance auto : Quand la technologie fait baisser les prix. Pharmacie : Vive piqûre de rappel pour Sanofi. Les Philippines, le Brésil et l'OMS dénoncent le vaccin contre la dengue. L'essentiel : Un réformateur portugais à la tête de l'Eurogroupe. Entreprises & Marchés : Fnac Darty veut pousser ses avantages. E-Pub : Google et Facebook toujours plus puissants. Paris, future capitale du collatéral en Europe. Erasmus favorise les échanges publics privé. L'analyse de Guillaume Maujean : "Le bitcoin un enjeu politique". *La Voix du Nord* : "**Q**ui s'attaque aux boîtes aux lettres ? En deux mois, onze d'entre elles ont disparu dans les Weppes et le Mélentois. Roubaix. Pompiers agressés à coup de marteau : trois frères en garde à vue. On vous en dit plus : Alerte sur la disparition des oiseaux dans notre ciel. Main square : IAM, Nekfeu, BB Brunes, l'affiche s'étoffe !". *La Provence Marseille* : "**B**on business de Russie... Investissements russes : Les Tsars de Provence dans le collimateur. Plusieurs affaires de justice ciblent l'acquisition de luxueuses propriétés. Le milliardaires et sénateur russe Kerimov est jugé aujourd'hui par la cour d'appel d'Aix. & : Ruses russes. Par François Tonneau. & : Gemalto sous tension. Gémenos - La Ciotat. Lors de l'assemblée générale qui s'est tenue hier, les salariés du leader mondial de la carte à puce ont décidé de faire grève le 12 décembre, jour du comité d'entreprise et de l'annoncer d'un plan social qui devrait concerner 207 emplois. Justice : La vapoteuse au chanvre à la barre. Le plan com' fumeux des "inventeurs" marseillais. Football : OM. Germain, muet mais ambitieux". *La Montagne Tulle* : "**B**rive Laroche. Les entreprises poussent à l'ouest. Palazinges : Un octogénaire évacué par un voisin de sa maison en feu". *La Dépêche du Midi* : "**C**e que veulent les Corses. La large victoire des nationalistes aux élections territoriales relance le débat de l'autonomie. Routes : Peut-on contourner Toulouse ? Alors que l'État a lancé hier une étude sur l'engorgement routier de l'agglomération, Toulouse Métropole, le Département et la Région continuent à s'opposer sur la faisabilité et l'utilité d'une seconde rocade. Grippe aviaire : après l'inquiétude, le soulagement en Lot-et-Garonne. Gastronomie : Goujon sur le toit du monde. Politique : Ces quadras qui prennent le pouvoir. Laurent Wauquiez (LR) et Aurore Bergé (LREM). Cholestérol : Le coup de gueule des cardiologues". *Presse Océan*. "**C**aroussel : Les couacs du voyage à Nantes. & : Élisez les talents 2017. Nantes : L'arrêté ouvre la brèche à Atlantis". *Sud Ouest* : "**C**omment sortir du désert médical". *Midi Libre* : "**5** 000 € d'amende pour l'adjointe. Catalogne : 4 leaders séparatistes restent en prison. La justice espagnole a refusé de remettre en liberté certains dirigeants indépendantistes pour un "risque de récidive" avant les élections régionales du 21 décembre. L'Occitanie championne de l'emploi. Selon une étude de l'Insee publiée ce lundi, la région se hisse au premier rang de la création d'emploi en France avec une progression de 1,6 % en 2016. Une dynamique qui profite à l'ensemble du territoire français pour la première fois depuis 2006. Montpellier : Au cœur d'un stade ultra-sécurisé. Football. Montpellier Marseille : carton rouge pour l'arbitrage. P-O : À Tautavel, le musée sera rénové pour 2020". *Corse-matin* : "Le Front républicain explose. La droite et la gauche feront cavalier seul face à la majorité sortante, largement favorite. Aucune fusion ne se dessinant pour les Insoumis-communistes ou le Rinnovu, il n'y aura que quatre listes au second tour. Épisode neigeux : Les derniers villages retrouvent l'électricité". *L'Indépendant catalan* : "Tautavel aura son nouveau musée. Préhistoire. Une solution financière a été trouvée pour sauver le site qui sera rénové d'ici 2020. Corse : Vers une autonomie de l'île de Beauté. Perpignan : Une piste de ski en plein centre-ville". *Le dauphiné libéré.* "Avalanches : terrible début de saison. Après la mort de trois randonneurs à ski ce week-end en Chartreuse. Seyssinet-Pariset : Il avait laissé son fils ligoté dans les bois. Solidarité : Les français restent généreux même si les donateurs sont moins nombreux". *Le Berry républicain.* "Diplomatie : Brigitte Macron baptise le panda star. (...) "accomplissement d'un rêve". Football : La Berrichonne ira à Saint-Malo en Coupe de France". *Courrier Picard* : "La psychiatrie fait presque consensus. Proposition de loi Ruffin. François Ruffin, député France insoumise de la Somme, a rallié tous les partis à sa proposition de financement de la psychiatrie. Sauf en Marche. Explications. Amiens : Le futur bus trop étriqué pour les usagers. Amiens : Les projets urbains vus du ciel". *Les Nouvelles calédoniennes* : "Conservatoire. Grève en cours et examens reportés. Nouméa : Les pères Noël manquent à l'appel. Natation : Grousset champion de France du 100 m NL". *Le Quotidien de la Réunion et de l'Océan indien.* "Mobilisons-nous ! Le téléthon pour faire reculer la maladie. CHU : Les 150 suppressions d'emplois confirmés. Forum de Noël : Le jeu non-stop même la nuit. Football : Florent Sinama-Pongolle heureux en Thaïlande". *France-Antilles Martinique* : "Une course, mais l'amitié d'abord !". *France-Antilles Guadeloupe* : "L'UGTG tente de mobiliser. L'appel à la grève lancé par le syndicat mené par Élie Domota a été peu suivi, hier, que ce soit au CHU, dans les stations-services où dans les collectivités. Certains appellent encore à la mobilisation aujourd'hui. Le point secteur par secteur. Faits divers : Le corps d'un navigateur tombé en mer retrouvé. Pointe-à-Pitre. La colère gronde au lycée Carnot. Élection : Luigy Manyri, Mister Supranational 2018. Grand-Bourg : Marie-Antoinette Cellon donne son nom à l'école du bourg". *France-Guyane* : "**L**e feu sans allumettes de Pipo au Zéphyr." & : Condamnés pour avoir semé la terreur. Gabrielle Serville : "Le nouveau maire a trahi les électeurs". Saint-Laurent : Avis favorable à Bœuf mort. *L'Équipe* : "**R**edoux attendu à l'Est. Après le coup de froid de Strasbourg (1-2), les Parisiens se rendent à Munich pour réaliser un sans-faute dans leur groupe : six victoires en six matchs. Rugby : Affaire Laporte. Flessel saisit le Parquet". *Francefootball* : "**G**ardiens. Qui est le vrai n°1 mondial ? Technique : Strasbourg. Pour l'amour du jeu... Portrait : Sneijder. La cicatrice indélébile. Analyse : Bleus. Ce qui les attend. Ginola : "Si Neymar veut devenir Ballon d'or..." Technique. Strasbourg. Pour l'amour du jeu". *But ! Sainté* : "L'heure est grave". *Cosmopolitan* : "**L**a nouvelle vie de Miley Cyrus. Moins de stress, plus de zen... Trouver mon rythme pour passer une bonne année ! Couple : Un bon compromis vaut mieux qu'un gros clash. Célib. Je voudrais que les histoires durent plus de 72 heures". *Neon,* "**I**l faut tout essayer". "Le 1er numéro 100 % réalité augmentée. Scoop : La Terre est plate ! On y a rencontré ceux qui y croient. Expérience : J'ai été embauché comme cadreur sur un porno. & : Scannez cette page pour découvrir des bonus. Séries, événements, tendances... On a vu 2018 ! Et vous allez aimer".

Yémen : L'ancien président yéménite Ali Abdallah Saleh a été tué hier par des rebelles Houthis, quelques jours après la rupture de l'alliance entre les deux camps rebelles, à l'origine d'affrontements meurtriers dans la capitale Sanaa. La mort de l'ex-dirigeant de 75 ans dont 33 au pouvoir, pourrait constituer un tournant dans le conflit qui ensanglante le Yémen sans pour autant améliorer le sort des civils. Au centre de la "pire crise humanitaire au monde" selon l'ONU, cette guerre avive les tensions autour de la rivalité entre l'Arabie Saoudite sunnite et l'Iran chiite, accusé par Ryad de soutenir militairement les rebelles Houthis, ce que la République islamique réfute. **Corée du Sud :** La Corée du Sud et les États-Unis ont donné le coup d'envoi à leur plus important exercice aérien conjoint à ce jour, manœuvre qualifiée par le Nord de "provocation totale" quelques jours après le tir par Pyongyang d'un puissant missile. Ce dernier a été vu par un équipage de Cathay Pacific lors de sa rentrée dans l'atmosphère. **États-Unis :** Donald Trump doit se prononcer cette semaine sur l'épineux statut de Jérusalem, sous la pression du monde musulman, qui l'a mis en garde contre tous choix susceptibles de ruiner ses espoirs de relance du processus de paix. **Brexit :** Londres et Bruxelles n'ont pas réussi à finaliser un accord pour boucler la première phase de négociations sur leur divorce. **Belgique.** La justice belge rendra sa décision le 14 décembre sur l'extradition du président déchu de Catalogne, Carles Puigdemont, et de 4 autres dirigeants indépendantistes catalans. **Espagne :** La justice espagnole a décidé de maintenir en prison le vice-président catalan destitué Oriol Junqueras et trois autres inculpés dans la tentative de sécession de la Catalogne et de libérer sous caution 6 autres prévenus. **États-Unis :** Le président américain Donald Trump a dissipé toute ambiguïté et apporté un soutien clair au controversé candidat républicain au Sénat dans l'Alabama, Roy Moore, accusé par des femmes d'agressions sexuelles lorsqu'elles étaient mineures, il y a plusieurs décennies.

Le débat du jour par Hervé Favre, *La Voix du Nord*. "Veuillez nous excuser pour cette erreur de codage"... La SNCF promet d'améliorer l'information après la nouvelle panne géante à Montparnasse mais on attend surtout moins de "bugs". **France :** Le premier budget de la Sécurité sociale du quinquennat a été adopté par le Parlement. Celui-ci a adopté définitivement le projet de loi comportant des mesures controversées, telle que la hausse de la CSG, une baisse de l'allocation versée pour les jeunes enfants et une extension des obligations vaccinales. Selon le Gouvernement, CCSS, le déficit du régime général et du fond de solidarité vieillesse serait passé de 20,9 milliards en 2011 à 7,8 en 2016 (-4,4 prévu en 2017, -2,2 en 2018).

Pompiers : Le gouvernement a lancé une mission d'information destinée à jeter les bases d'ici le printemps prochain d'un plan de relance du volontariat chez les pompiers, qui concerne 80 % des effectifs mais peine à se renouveler. **Passeurs :** Un nombre record de 350 passeurs ont été interpellés cette année à la frontière franco-italienne près de Menton. Ce qui fait une moyenne de 1 par jour. **Assurances :** les assurances auto vont augmenter de 2 à 3 % de 2018. **Suicide.** Un policier de 42 ans, le père de 2 enfants, s'est suicidé hier au commissariat d'Alençon avec son arme de service. **Affaire Maëlys :** L'avocat de Nordahl Lelandais, l'homme suspecté d'avoir enlevé et tué la petite Maelys en Isère, a affirmé que la silhouette apparaissant sur une vidéo de surveillance n'était pas celle d'une enfant mais celle d'une femme.

Football, Amérique du Sud : Grâce à un but de Tulio De Melo à la dernière seconde, le club de Chapecoense termine 8e du championnat brésilien et se qualifie pour la Copa Libertadores, un an après le crash d'avion qui avait décimé cette équipe. Pour rappel, seules 6 personnes, dont 3 joueurs, avaient survécu à l'accident qui avait fait 71 morts. Le 29 novembre 2016, l'avion qui emmenait l'équipe vers sa première finale de Copa Sudamericana s'était écrasé dans les montagnes de Medellin en Colombie. **Bayern Munich – Paris SG,** Le Parisien : « La MCN à la conquête de l'Europe ». **Statistiques :** 46 buts en 21 matchs de Ligue des champions et de championnat pour le trio Mbappé (8), Cavani (23), Neymar (15). Soit 63,8 % des buts du PSG (72). C'est le trio le plus efficace d'Europe. **& :** « Les GG à la chasse au miracle. Antoine Griezmann et Kevin Gameiro viennent de marquer sept buts en trois matchs, à eux deux. Les deux attaquants français de l'Atlético Madrid se déplacent ce soir sur la pelouse de Chelsea. Pour se qualifier, ils devront non seulement s'imposer, mais aussi compter sur un nul ou une défaite de l'AS Rome sur la pelouse de Qarabag (Azerbaïdjan) ». **Rugby, Affaire Laporte :** "À la justice de trancher. Le ministère des Sports a transmis au procureur de la République le rapport de l'enquête de l'inspection générale visant Bernard Laporte, le président de la FFR". "Le président de la Fédération française de rugby a été informé hier soir qu'après avoir pris connaissance du rapport final de l'enquête de l'inspection générale le concernant, la ministre des Sports, Laura Flessel allait transmettre le dossier à la justice. Le ministère n'avait en effet pas d'autre choix que d'appliquer l'article 40 du code de procédure pénale stipulant que « tout fonctionnaire qui, dans l'exercice de ses fonctions, acquiert la connaissance d'un crime ou d'un délit est tenu d'en donner avis sans délai au procureur de la République ». Des irrégularités sont clairement apparues après les auditions des différents témoins lors de cette enquête diligentée le 30 août par le ministère des Sports après les révélations du « JDD ». Laporte a-t-il usé de sa position, fin juin, pour alléger les sanctions infligées au club de Montpellier, dont le président Mohed Altrad, également sponsor du XV de France, lui avait fait signer un contrat (dénoncé depuis) pour une série de conférences rémunérées ? À la justice de le dire désormais". **& : D**u 30 mai au 17 juin 2018, la France accueillera le championnat du monde des moins de 20 ans de rugby, qui aura lieu à Béziers, Narbonne et Perpignan. **Basketball, NBA : C**leveland s'est offert un 12e succès consécutif porté par le trio Wade, James, Love contre Chicago (113-91). Phoenix s'est imposé 115-101 contre Philadelphie. Son arrière Devin Booker, auteur de 38 points dimanche, a inscrit 46 points. Boston est sorti vainqueur de son affrontement face Milwaukee, malgré 40 points de Giannis Antetokounmpo. De nouveau mené (de 15 points) mais avec un Stephen Curry en grande forme, Golden State a pris le dessus sur la Nouvelle-Orléans. Les Warriors font cependant preuve de nervosité, multipliant les expulsions. Memphis a mis un terme à une série de 11 défaites consécutives, dominant Minnesota. Utah a écrasé Washington 116-69. De retour de blessure, Rudy Gobert a cumulé 4 points, 10 rebonds, 3 passes en 21 minutes. Malgré la défaite de Orlando, Evan Fournier a de nouveau inscrit 18 points. Frank Ntilikina a continué son apprentissage avec New York lors de la défaite des Knicks dans la salle d'Indiana.

Loisirs : "Bébel était inarrêtable". "Rémy Julienne, cascadeur revient sur ces années Belmondo, à l'occasion d'une soirée spéciale sur Paris Première et de la sortie inédite du "Casse" en DVD". **Le monde à**

l'envers, *La Voix Du Nord* : "Il invente un meurtre pour dormir au chaud". "On vous en dit plus. **Disparition des oiseaux.** "**A**ttention notre ciel se vide". **Jeux vidéo :** *Gran Turismo sport.*

Au programme : *Rendez-vous en terre inconnue.* "*Kev Adams chez les Suri*". *Réparer les vivants* (Tahar Rahim, Emmanuelle Seigner). *Sécurité nucléaire : le grand mensonge. La sentinelle* (Nicolas Cage). *Retour vers le futur III. Arthur et les Minimoys. DC : Legends of tomorrow. Peter Pan. La dame de fer* (Meryl Streep). *Beetlejuice. Les Gangsters de la République.*

Sondage *LeParisien.fr.* "**F**aut-il accorder plus d'autonomie à la Corse ? Non 63, 4 %.

Météo : La grisaille persiste.

Dicton : "Neige de décembre, c'est pour le jardin cendres".

... Mercredi, 06 Décembre 2017.

Citation : "La patience émousse peu à peu les aspérités les plus rudes ; que rien donc ne l'épuise en vous." **Hugues-Félicité Robert de Lammenais** (1782-1854), écrivain et philosophe français. Chrétien, il fut connu pour être ultramondain. **& : "L**a jouissance me paraît le but de la vie est la seule chose utile au monde". **Théophile Gautier** (1811-1872). Poète, romancier et critique d'art français.

1778 : Louis-Joseph Gay-Lussac voit le jour. Diplômé des Ponts et Chaussées, le physicien et chimiste émérite et l'un des pères fondateurs de la chimie atomique. Disparu en 1850, il repose au cimetière du Père-Lachaise et son nom est inscrit sur la Tour Eiffel.

Le Monde. "**S**mic : un rapport préconise la fin de l'indexation. Disparition : Jean D'Ormesson, l'élégant. L'écrivain est mort dans la nuit du 4 au 5 décembre, à 92 ans. Dans son œuvre et dans sa vie, il cultivait la politesse et la gaieté. Impôts : Apple va payer à l'Irlande les 13 milliards dus. Science & Médecine supplément : L'animal, un thérapeute au banc d'essai. Marie Curie, cette pionnière". **L'Humanité :** *"C*es procès politiques orchestrés par la dictature d'Erdogan. SMIC : Selon les économistes de Macron, 1150 euros par mois, c'est trop. Un aréopage d'experts sélectionnés par le pouvoir part en guerre contre le salaire minimum. Proche-Orient : Trump choisit Jérusalem contre les Palestiniens. La représentation diplomatique états-uniennes devrait quitter Tel-Aviv, a déclaré le président américain par téléphone à Mahmoud Abbas et au roi de Jordanie. Cinéma : À la campagne, la guerre en hors-champ de Beauvois. Hommage : Jean d'Ormesson, une plume à ne pas prendre à la légère. L'écrivain s'est éteint à 92 ans, après avoir joué sa partition au bal masqué de la vie. Débats & controverses : Quels moyens pour les droits des femmes ?". **La Croix : "Au** revoir et merci. Événement : Apprentissage de la lecture, la compréhension en première ligne. Monde : L'Irlande du Nord trouble les cartes du Brexit. Parents & enfants : Accompagner les jeunes dans leur découverte de l'actualité. Éditorial, Guillaume Goubert : Le bonheur d'un écrivain". **Le Figaro : "J**ean d'Ormesson 1925 - 2017. Au revoir et merci. Les hommages d'Emmanuel Macron et de Nicolas Sarkozy. Les témoignages de Marc Fumaroli, de Jacques Juliard et de Fabrice Luchini. Éditorial par Alexis Brézet : Jean d'O, l'enchanteur". **Libération : "P**aradis fiscaux. Des blancs dans la liste noire. & : Jean d'Ormesson à droite du paradis. CheckNews.fr : Mélenchon à la moulinette de la contre-enquête. Lancé il y a quelques mois par Libération, le site CheckNews répond aux questions des internautes sur l'actualité. Première sélection papier avec les nombreuses interrogations qui ont suivi le passage du leader de la France insoumise à l'Émission politique". **Le Parisien - Aujourd'hui en France : "L**imitation à 80 km/h. Le gouvernement va-t-il oser ? Sécurité routière. Pour tenter de faire baisser la mortalité sur les routes secondaires, les autorités réfléchissent à limiter la vitesse à 80 km/h. Disparition : Jean d'Ormesson. Son regard va nous manquer. Politique : Macron en Algérie pour une visite éclair. Société

: À Paris, la douche anti-SDF fait polémique. 75. Vélo en libre-service : le géant chinois investit à Paris. Bayern - PSG 3-1. Paris sauve l'essentiel. Famille : Bientôt des dons de congés pour les aidants ?". *L'éditionfrance par Ouest-France* : "**D'**Ormesson, l'amoureux de la vie. Éducation : Une dictée par jour à l'école primaire. Cinéma : Faites-vous plaisir avec Paddington". *Les Échos* : "**Le** transport aérien atteint des nouveaux sommets. Énergie : GE va imposer un nouveau plan social aux ex-Alstom. L'industriel américain a présenté un projet qui porterait sur 4 500 postes. Smic : Le gouvernement exclut toute réforme. Point de vue par Un collectif de dirigeants : "Gagner la bataille de l'attractivité". Cinéma : Paddington, la franchise à cash de Canal. Entreprises & Marchés : YouTube surveille davantage les contenus. Carmat a besoin de lever 52,9 millions en Bourse. Les banques veulent un produit d'épargne longue. La pierre enfin secouée par la tech. Publicité, Cougnaud : Construire selon nos exigences environnementales, pour nous c'est (éco)logique". *La Voix du Nord*. "**M**aisons de retraites : Le grand malaise. Grand âge. Le manque de moyens met les salariés à bout, perturbe les résidents et leurs familles. Métropole Lilloise. + 400 policiers depuis 2012 : le vrai du faux. Fourmies : L'histoire du chien Orca, relayée sur le web, a failli très mal tourner. Disparition : D'Ormesson a tiré sa révérence". *La Provence Marseille* : "**F**ourrière. Gare à la razzia ! Hier soir au Dôme : C'est l'Afrique qu'on "M". 8 000 personnes ont applaudi Matthieu Chédid et ses artistes maliens. Football. OM-ASSE (J-4). Pourquoi Rémy Cabella, prêté, ne jouera pas. L'édito : L'Immortel au paradis. "C'était bien", disait-il. Par Franz-Olivier Giesbert". *La Dépêche du Midi*. "**A**lgérie : devoir de mémoires. Haute-Garonne. Permis de conduire : ça dérape. Présence de l'ours dans les Pyrénées : l'État envoie une mission d'experts. Enquête. Lecture : la France bonnet d'âne ? Football. Le PSG, battu, finit tout de même premier". *Presse Océan* : "**N**antaise en Syrie. Ses parents arrêtés. & : 18 parcs-relais payants. Nantes. Campus occupé : oui à l'expulsion". *Sud Ouest*. "**G**ironde : les lauréats des Prix de l'éco. Bordeaux Aéroparc : Un plan de mobilité de 220 M€ pour désengorger le secteur. Disparition : D'Ormesson espiègle immortel. Social. Le revenu de base testé dans la région : et si ça marchait ? Publicité :

Guns N' Roses. Not in this lifetime tour". *Midi Libre* : "Jean D'Ormesson à jamais Immortel. L'écrivain et académicien s'est éteint à Neuilly-sur-Seine à l'âge de 92 ans. Montpellier : La rénovation de la dalle du Triangle estimée à 4 M€. Santé : L'Occitanie mobilisée dans la lutte contre le mal de dos. Un conseil se maintenir en activité. Harcèlement : Le Monde du sport miné par le tabou des violences sexuelles". Alimentation : "Nos chiens et nos chats souffrent aussi de la malbouffe". *Corse-matin* : "Guet-apens mortel à Poretta. Antoine Quilichini assassiné, Jean-Luc Cadaccioni très grièvement blessé, hier matin à l'aéroport de Bastia. Un autre homme a été touché par une balle perdue lors de ce règlement de compte lié au grand banditisme. Disparition de Jean D'Ormesson. Un immortel au paradis. La der. Territoriales : 4 listes pour un sacre joué d'avance". *L'Indépendant catalan* : "Montagne. Purissima sous la neige". *La Nouvelle République* : "Jean d'Ormesson le bien-aimé. Saint-Branchs : Le violeur présumé met fin à ses jours. Tours : Frelons asiatiques. La chasse en ville s'organise. & : Une classe pour les enfants autiste". *La Montagne Clermont-Métropole* : "Rouler sans permis le grand dérapage. Éducation : Les écoliers français mauvais élèves en lecture. Social : La retraite française, la plus longue et la plus confortable des pays riches. Indiscrétions : Plongez dans les coulisses de l'actualité locale. Littérature : Jean d'Ormesson, le doyen des Immortels est mort à l'âge de 92 ans. Aristocrate des lettres et écrivain du bonheur, Jean d'Ormesson aimait séduire, par le regard, par la rhétorique". *Dernières nouvelles d'Alsace* : "Jean d'Ormesson, immortel esprit français. & : Des paradis à l'index. Jérusalem un débat à vif. Strasbourg : Des cliniques au tribunal". *Le Berry Républicain* : "Le numérique est dans le pré". *L'Équipe* : "Alerte rouge. Trois jours après sa défaite à Strasbourg (1-2), le Paris-SG s'est à nouveau incliné, à Munich. Même si la première place du groupe est sauvée, ce deuxième revers de rang brise l'euphorie du début de saison et pose question pour la suite de la Ligue des champions. Rugby : Peramaure, l'homme qui a dit non à Laporte. L'ancien membre de la commission d'appel, qui fut premier à démissionner dans l'affaire Laporte, s'exprime pour la première fois depuis le début des faits. Jeux Olympiques : Dopage. La Russie enfin punie". *Les Nouvelles calédoniennes* : "Édouard Philippe fixe les règles. Le Premier ministre a proposé un chemin très balisé jusqu'au référendum et mis une nouvelle fois les politiques locaux devant leurs responsabilités. Blue boats : Un an de prison pour les capitaines. Social : Les retraités seront demain dans la rue. Sports : 4 pages spéciales Minijeux. Page santé : Les bienfaits des letchis". *Le Quotidien* : "La dialyse sang et or. Un secteur médical très concurrentiel et fort coûteux. Chaque année à la Réunion, la prise en charge des dialysés coûte 71 millions à la Sécu. État des lieux d'un "marché" très concurrentiel que certains demandent à réformer au nom des économies et du confort des patients. Centre de gestion : Quatre années de gaspillage et de copinage. Campagne cannière : Ralé-poussé à Beaufonds et débrayage à Bois-Rouge". *Charlie Hebdo* : "Les Corses ont voté comme des corses. Paris on t'encule. Climat : Le Sahara s'installe en Espagne". *Le Canard enchaîné.* "Ministère de la Santé : un mégamarché truffé de conflits d'intérêts". *L'Express* : "Edwy Plenel fondateur de Mediapart. L'homme qui divise la France. Il cristallise le débat. On l'adore où on le déteste. Le succès de Mediapart. Escort-girl à 16 ans : Un phénomène alarme, la police démunie. Luc Besson : Comment rebondir après Valerian. Beaux livres : Notre sélection". *Studio Ciné Live* : "Matt Damon. Rikiki mais géant dans Downsizing. &: Clooney- Damon. La dream team. Chabat tombe du ciel. Charlotte Gainsbourg vers le César ? 77 films critiqués. Bilan 2017. L'année en images". *Les cahiers Science & Vie Histoire et civilisations.* "L'occident et la nature. 2 000 ans de malentendus. La faute au christianisme ? La forêt, l'or vert du Moyen Âge. XIXe siècle : le grand saccage. La naissance de la pensée écologique. Dans l'intimité d'un soldat. Manger, dormir, marcher... une exposition plonge dans le quotidien des armées. Quipus, enfin lisibles ? Écriture en 3D, ces cordelettes conserveraient la mémoire du peuple inca ! Patrimoine. Quand faut-il reconstruire ? Conservation, reconstruction, restitution... le débat, passionné, n'est pas tranché". *Les Inrockuptibles* : "Polnareff. Son unique interview. Alors que paraît le coffret intégral qui retrace sa carrière, le chanteur nous a accordé un entretien rare et hilarant depuis son refuge de Los Angeles". *Loto Foot magazine,* "Manchester United vs. Manchester City : Ce derby peut valoir cher". *Gala.* "**B**al des débutantes. Essayage, protocole, secrets de beauté : plongée dans les coulisses. & : Kate & Meghan. Amies ou rivales ? Depuis l'annonce des fiançailles du prince Harry, la tension monte". *Sofilm* : "**J**im Carrey. Disjoncté, déprimé, bientôt ressuscité ?". *Le P'Tit Libé* : "**Q**u'est-ce que la Corée du Nord ? Que se passe-t-il dans ce pays ? Qui est Kim Jong-Un ?". *Le journal de Mickey* : "**E**xpose les tournois de chevaliers. Concours de l'Avent. 375 cadeaux à gagner". *Super Picsou géant* : "**L**a Bande à Picsou. 4 nouvelles aventures !".

Bruxelles : **L**es 28 pays de l'Union européenne ont adopté une liste noire de 17 paradis fiscaux assortis de sanction. Bahreïn, Barbade, Corée du Sud, Émirats Arabes Unis, Grenade, Guam, Îles Marshall, Macao, Mongolie, Namibie, les Palaos, Panama Samoa, les Samoa américaines, Sainte-Lucie, Trinidad et Tobago et la Tunisie figurent sur cette liste. Le Maroc et le cap-vert aurait pu se retrouver sur la liste noire. Une liste grise comporte 47 pays qui ont pris des engagements de bonne conduite en matière fiscale et font l'objet d'un suivi. Figure également sur la liste grise la Suisse, la Nouvelle-Calédonie, les petites îles liées au Royaume-Uni (Guernesey, Jersey et de Man), Andorre et le Liechtenstein. **Espagne** : **L**a justice espagnole a renoncé à demander à la Belgique l'extradition du président catalan destitué Carles Puigdemont, candidat aux élections régionales du 21 décembre, préférant attendre qu'il revienne de lui-même en Espagne pour l'arrêter. **Honduras. D**es milliers d'habitants défiaient hier l'état d'urgence pour exprimer la colère face aux suspicions de fraude lors du scrutin du 26 novembre. **Autriche. L**e mariage homosexuel a été autorisé en Autriche dans la Cour constitutionnelle, au plus tard pour 2019. **États-Unis** : **L**a Cour suprême a autorisé l'application dans sa totalité du décret migratoire de Donald Trump, une victoire pour le président qui défendait cette mesure controversée au nom de la lutte contre le terrorisme. **Royaume-Uni. 9** attaques terroristes ont été déjouées depuis mars au Royaume-Uni alors que 5 autres n'ont pu être évitées, tuant au total 36 personnes, selon la ministre de l'Intérieur britannique. **Roumanie. L**'ex-roi Michel 1er de Roumanie est décédé d'un cancer et d'une leucémie hier à l'âge de 96 ans. **Ukraine : L**'ex président géorgien Mikheil Saakachvili, devenu opposant au pouvoir ukrainien, a été interpellé hier après une perquisition à son domicile, à Kiev dans le cadre d'une affaire criminelle qu'il dénonce comme montée de toutes pièces sur ordre du président ukrainien pour Porochenko. Des sympathisants ont tenté de s'interposer et d'empêcher la police d'emmener Mikheil Saakachvili, jusqu'à monter sur le véhicule de la police. **Liban : L**e Premier ministre libanais Saad Hariri est revenu hier sur sa démission, un mois après une annonce choc depuis l'Arabie Saoudite qui avait pris de court le Liban et la communauté internationale. Le dirigeant libanais avait alors invoqué l'ingérence de l'Iran et du Hezbollah dans les conflits de la région, où Ryad et Téhéran s'affrontent par procuration. Cette décision devrait apporter un peu de répit au Liban, où cette démission avait fait naître la crainte d'une nouvelle période d'instabilité. Dans la foulée de cette rétractation, la France a officiellement annoncé qu'une réunion de soutien au Liban se tiendrait vendredi à Paris, en présence de M. Hariri. **La phrase : "M**onsieur Trump, Jérusalem est une ligne rouge pour les musulmans". "Du président turc Recep Tayyip Erdogan, également Président en exercice de l'Organisation de la coopération islamique (OCI). Ce dernier accentue la pression sur Donald Trump avant une décision attendue cette semaine du président américain sur l'épineux statut de Jérusalem. Le président turc a précisé qu'un sommet des 57 pays membres de l'OCI se tiendrait sous "5 à 10 jours" si Washington reconnaissait Jérusalem comme capitale d'Israël".

France, *Le débat du jour,* par Hervé Favre : "L'écrivain qu'on aimait et à droite et à gauche. Jean d'Ormesson, libéral convaincu, avait aussi une grande liberté de ton à l'égard de sa famille politique et son "manque de générosité". **Corse : 2** hommes fichés au grand banditisme ont été la cible d'une fusillade en Corse, devant l'aéroport de Bastia. L'un, Antoine Quilichini, a été tué sur le coup, et l'autre, Jean-luc Codaccioni a été blessé grièvement. Selon une autre source proche de l'enquête, les deux hommes ont été la cible de tirs d'une arme automatique et d'une arme de poing ce qui pourrait accréditer la thèse de 2 tireurs. Un 3e homme, âgé de 35 ans, a été légèrement blessé par balle à la fesse en tentant de fuir la scène en question. **Éducation, La** *Voix du Nord* : "Les enfants lisent de moins en moins bien, le ministre annonce une dictée par jour. Les compétences en lecture et compréhension de texte des écoliers français en CM1 sont en baisse. Le ministre de l'Éducation annonce plusieurs mesures pour redresser la barre". "Le plan du ministre et "hors sujet", a de son côté réagi le syndicat SE-UNSA. "La dictée par exemple ne fait pas travailler le sens : cela va peut-être rassurer l'opinion mais ce n'est pas la hauteur des enjeux", déplore son secrétaire général Stephane Crochet, qui plaide pour "un grand plan de formation initiale et continue ambitieux est inscrit dans la durée". **Nouvelle-Calédonie :** Le premier ministre Édouard Philippe a défini les étapes qui précéderont le référendum sur l'indépendance prévu d'ici novembre 2018, mesurant "les risques" de ce moment "sensible" pour le Caillou en paix depuis 30 ans. La formulation de la question posée par le référendum devrait avoir une utilité compréhensible et binaire, être "sans ambiguïté, compréhensible" et "binaire". Il a proposé la création d'un Comité des signataires de l'accord de Nouméa pendant "la première quinzaine de mars", et des discussions autour des compétences transférées où à transférer" de l'État français à l'archipel, de "la place de la Nouvelle-Calédonie dans le monde", et des "valeurs et projets qui font consensus".

Faits divers, Affaire Gregory : Le procureur général de Dijon, Jean-Jacques Bosc, a reçu au mois d'août dernier une lettre anonyme, émanant d'un corbeau, comme la famille de Grégory Villemin en recevait il y a 35 ans. **Escroquerie. 6** policiers ont été placés en garde à vue lundi à l'inspection générale de la police nationale. Ils sont soupçonnés d'avoir pris part à une escroquerie à la TVA montée par un ancien policier du commissariat de Mantes-la-Jolie et extradé du Portugal en octobre. **Évasion. U**n incendie dans le centre de rétention administrative de Vincennes, déclenché hier matin par des personnes retenues après une tentative d'évasion dans la nuit, a fait cinq blessés légers, donc 4 policiers. **Arrestation. 1** militant antifasciste Antonin Bernanos, condamné à 5 ans de prison dont 2 ans avec sursis pour avoir participé à l'attaque d'une voiture de police en mai 2016 à Paris, a été arrêté dans un appartement du XIVe arrondissement de Paris. **Condamnation.** La cour d'assises des Bouches-du-Rhône a condamné à 15 ans de prison un homme de 25 ans, auteur de coups de couteau mortels portés lors d'une bagarre à Marseille en août 2013 qui avait été suivie d'une agression à l'hôpital. **Prison.** Une assistante maternelle de 64 ans, a été condamnée à 3 ans de prison ferme, pour la mort d'un bébé de 5 mois dont elle avait la garde. **Chute :** Un randonneur de 29 ans, recherché depuis lundi, a été retrouvé mort dans le massif de Belledonne en Isère, victime d'une chute.

Football, Ligue des champions. Rossé 3 à 0 à l'aller, le Bayern Munich a pris sa revanche hier à domicile contre le Paris-Saint-Germain (3-1), sans parvenir à prendre la tête du groupe B mais en rappelant que même avec Neymar et Kylian Mbappé, la Ligue des Champions sera difficile à gagner. **&: C**SKA Moscou - Manchester United... 2-1. AS Rome - Qarabag Agdal... 1-0. Chelsea - Atlético Madrid... 1-1. FC Barcelone - Sporting Portugal... 2-0. Olympiakios - Juventus Turin... 0-2. **Déjà qualifiés :** Manchester United, FC Bâle, Paris SG, Bayern Munich, Chelsea, AS Rome, FC Barcelone, Juventus Turin, Manchester City, Besiktas JK, Tottenham Hotpurs, Real Madrid. **Eurosport.** "L'antisèche : Pour un prétendant, ce n'est pas suffisant". **& :** "**A**do mais seul au niveau, Mbappé n'en finit plus d'affoler les compteurs". **Handball.** Les Françaises ont écrasé le Paraguay (35-13) dans leur troisième match du Mondial, hier à Trèves en Allemagne. **Rugby,** Affaires, *Le Parisien* : "Laporte optimiste". **Cyclisme :** Le champion du monde slovaque Peter Sagan a renoncé à son appel devant le Tribunal arbitral du sport contestant son exclusion du dernier Tour de France, a annoncé hier l'Union cycliste internationale (UCI). Sagan a pourtant été dédouané de toute faute intentionnelle au vu de séquences. **&, Eurosport :** "Groupama s'allie à la FDJ pour passer un nouveau cap". **Olympiques 2024 :** "**P**révue initialement à côté de Bercy (XIIe), l'Arena 2 sera construite dans le XVIIIe arrondissement. L'enceinte de 7 500 places accueillera les tournois de 5basket et de lutte des Jeux Olympiques de 2024. **&**

: "**L**e CIO a exclu la Russie, soupçonnée de dopage institutionnalisé des Jeux en Corée du Sud (9-25 février). Les athlètes propres pourront concourir sous drapeau neutre. Si Poutine n'appelle pas tout simplement au boycott...". **Basketball, NBA :** John Wall blessé, Bradley Beal a inscrit 51 points lors de la victoire des Wizards contre Portland. Oklahoma a vaincu Utah. S'appuyant sur un nouveau plan de jeu (Anthony 4e homme), le Thunder semble reprendre pied. Lors de cette 3e victoire consécutive, Russell Westbrook a inscrit 34 points, accompagnés de 13 rebonds et 14 passes. Toronto a battu Phoenix.

Disparition, *Le Parisien* : "Au revoir et merci pour tout, Jean d'O. L'écrivain et académicien Jean d'Ormesson (1925-2017) est décédé dans la nuit de lundi à mardi à l'âge de 92 ans. Attaché au bonheur, il laisse une œuvre aussi élégante que conséquente". **Sélection** *Le Parisien* : *Au revoir et merci*, 1966. *Le vent du soir*, 1987. *Une fête en larmes*, 2005. *La Voix du Nord* : "Avoir des lecteurs 30 ou 50 ans après sa mort. Être écrivain, c'est ça". **France Télévisions,** *Le Parisien* : "Selon *L'Express*, le président de la République, Emmanuel Macron, a affirmé lundi devant les députés LaREM, membres de la commission des Affaires culturelles et de l'Éducation que télévisions et radios publiques étaient "la honte de la République". Des propos formellement démentis hier par l'Élysée. Ainsi que par plusieurs des invités de la soirée, qui rapportent tout de même "une interpellation ferme et énergique". **& *Nouvelle Star*,** *Le Parisien* : "Depuis son retour sur la Six, le télécrochet culte divise ses fans de toujours entre nostalgie de la grande époque et bonnes surprises". ***Le monde à l'envers,*** *La Voix du Nord*. "6 500 internautes achètent un château". "Des pingouins en plastique au zoo".

En salles : *Santa & Cie* (de et avec Alain Chabat, Audrey Tautou...). *Stars 80, la suite* (Patrick Timsit, Richard Anconina). *Seule la terre* (Josh O'Connor). *Makala* (documentaire). *Paddington* (de Paul King). *Un homme intègre* (drame iranien). *Tueurs* (policier franco-belge avec Olivier Gourmet). *We are X* (documentaire américano-britannico-japonais). *Les gardiennes* (Nathalie Baye, Laura Smet, Iris

Bry). *Bienvenue à Suburbicon* (réalisé par Georges Clooney avec Julianne Moore, Oscar Isaac).

Au programme : La *France face aux repentis du djihad. Une femme de ménage* (Jean-Pierre Bacri, Émilie Dequenne). *American music awards. Bruno Mars, 24 K Magic live at the Apollo. Kick-Ass 2* (Chloe Grace Moretz).

Breaking News : Johnny Hallyday est mort.

Météo : Moins de pluie.

Sondage *LeParisien.fr.* "Comprenez-vous l'engouement autour du bébé panda de Beauval ? Non : 75,4 %".

Saint-Nicolas. "Il vient prendre, pendant la nuit, l'avoine que les enfants offrent à l'âne, et les remplace par des chocolats". **Dicton :** "Nouvelle lune à Saint-Nicolas, dans les champs c'est du verglas". **Proverbe : "T**ant va la cruche à l'eau qu'à la fin elle casse".

... Jeudi 07 Décembre 2017.

Citation : "L'amour d'une famille, le centre autour duquel tout gravite et tout brille." **Victor Hugo** (1802-1885). Artiste, écrivain, poète et romancier.

1941 : L'aviation japonaise attaque la base américaine de Pearl Harbor dans les îles Hawaï. 18 navires sont coulés, 349 avions détruits ou endommagés, 2 403 personnes sont tuées, 1 178 blessées. Les agresseurs subissent la perte de 29 avions, d'un sous-marin de classe 1, de 5 sous-marins de poche pour 185 morts. Le même jour, les forces de l'empereur attaquent les Philippines, Hong Kong et la Malaisie. Les États-Unis sont précipités dans la seconde guerre mondiale.

Le Monde : "Johnny Hallyday. Une idole française. Le chanteur est mort dans la nuit du 5 au 6 décembre à son domicile de Marnes-la-Coquette, à l'âge de 74 ans. Sa carrière, commencée en 1959 et la mise en scène de sa vie racontent les époques, les modes et à leur manière la France. Il aura été la bande-son de plusieurs générations. Politique. Sondage : le bénéfice du doute profite à l'exécutif. États-Unis : Trump lance une guerre fiscale avec l'Europe. International : La Russie exclue des Jeux d'hiver pour dopage. Politique : Macron étrille France Télévisions". *L'Humanité* : "Johnny Hallyday. Une passion française". *La Croix* : "Jérusalem, Trump souffle sur les braises. Le président des États-Unis a reconnu hier soir la Ville sainte comme capitale d'Israël. & : Johnny, une éternelle jeunesse française". *Le Figaro* : "Adieu Johnny. Libération : Salut les copains. Le Parisien - Aujourd'hui en France : Légendaire. L'éditionfrance par Ouest-France : Johnny, l'idole éternelle. Commentaire : Un pyromane à la Maison Blanche. Agriculture : Bel préfère le lait sans OGM. Musiques actuelles. Onze groupes à voir au Trans". *Les Échos* : "Le TGV retrouve les faveurs des Français. Réforme. Zone euro : Bruxelles joue les équilibristes. Tiraillée entre Paris et Berlin, la Commission avance des propositions prudentes. Distribution : Steinhoff, maison mère de Conforama, dans la tourmente. L'action du groupe sud-africain s'est effondrée de plus de 60 % à Francfort. L'analyse de Michel De Grandi : "La menace du PC chinois sur les entreprises." & : Johnny Hallyday, l'histoire d'une idole française. Entreprises et Marchés : Les investissements verts de la France insuffisants. Le "Privacy Shield" sous le feu des critiques. Les géants bancaires grossissent encore. Auto. Comment Alpine se relance sans faire de pub". *La Voix du Nord* : "La dernière idole". *La Provence.* "L'édito par Franz-Olivier Giesbert. L'homme qui ne pouvait pas mourir. *La Montagne* : "La légende Johnny. La Dépêche du Midi : Générations Johnny". *Presse Océan* : "Il était une voix". Sud Ouest : "Nos années Johnny". *Midi Libre* : "Que je t'aime". Corse-matin & *L'Indépendant catalan* : "Noir c'est noir". *Les Nouvelles calédoniennes.* "La mort d'une idole. Johnny Hallyday s'est éteint à 74 ans des suites d'un cancer du poumon. L'émotion est énorme et les hommages se multiplient après le décès de ce véritable monument de la chanson française et du rock. Société : L'alcool va augmenter d'au moins 20 %. Gouvernement : Les membres ont leurs attributions. Grand Nouméa : Les déplacements passés au crible. Industrie : Se sortir du "tout-nickel". Minijeux : Enfin des médailles". *Le Quotidien de la Réunion et de l'océan Indien* : "Johnny et la Réunion, une histoire d'amour. L'annonce de la mort du rocker, décédé dans la nuit de mardi à mercredi, a fait l'effet d'une bombe. L'Élysée n'excluait pas, hier soir, un hommage national. Tram-Train : La Région ne paiera pas 169 millions d'euros à Bouygues. Alimentation : Les insectes sont l'avenir de l'homme". *France - Guyane* : "Mars 68 en Guyane. Le rocker, décédé hier, était venu chanter à Cayenne avec Sylvie Vartan. Des fans se souviennent. Césarienne : beaucoup de femmes n'ont pas le choix. Jeunesse : Une convention pour l'insertion. Martinique : La polémique Fanny J. & : Ces cadeaux qui font le buzz". *France-Antilles Guadeloupe* : "Meurtre à Pointe-à-Pitre. La victime laisse de troublants messages. L'adieu à Négoce : Que ce soit lors de la veillée mortuaire ou de ses obsèques, hier, les proches et les amis de l'accordéoniste Cazimir Iréné Reynoir, dit Négoce, ont été nombreux à lui rendre un dernier hommage. Page 2 et 3 : Des Guadeloupéens se souviennent de leur rencontre avec Johnny Hallyday. Vieux-Habitants : La chapelle Notre-Dame de Lourdes rouvre ses portes. Environnement : Anticiper les risques industriels". *France- Antilles Martinique* : "Agriculture. La terre notre mal aimé. Consommation : L'abattoir reprend du poil de la bête. Théâtre : Un "monstre" hante la scène de l'Atrium". *L'Équipe* : "Rallumer le feu. Après la défaite (1-3) à Munich, la direction du PSG prépare l'arrivée d'un nouvel entraîneur pour la saison prochaine. En attendant, l'objectif immédlat consiste à remobiliser les joueurs, les Brésiliens en particulier, pour surmonter la mauvaise passe. Rugby : Fédération. Blanco : "On est en pleine dictature". Football. Ligue Europa. Marseille 21 h 05 RB Salzbourg. L'OM ne veut pas valser. Disparition : Quand Johnny était l'idole du Dakar". *So Foot* : "Higuain ! Brest, le Real, ses gros loupés, Domenech, la Juve, CR7, El Pipita se met à table. Enquête : Cannabis bordel, mais pourquoi tout le monde fume en tribunes. Start-up : Comment un entrepreneur US veut révolutionner le foot. Yannick Carrasco. Le dribble au corps". *Challenge* : "**Qatar**, Arabie saoudite, Abu Dhabi, Koweït... Nos amis les émirs". *Le Point* : "**J**ean d'Ormesson 1925-2017. & : L'incroyable M. Snapchat. Spécial Champagne 38 pages". *Society* : "**C**ulte ! Et si vous passiez les fêtes avec Mariah ? Harcèlement : Le système Georges Tron face aux juges. & : L'empire Drahi en péril. Catalogne : Carles Puigdemont, le mauvais joueur d'échec. Le roi du Bitcoin vit au camping (mais plus pour longtemps). & : Dans les valises de Macron infiltré au cœur du voyage présidentiel en Afrique". *Valeurs actuelles* : "**J**ean D'Ormesson. 1925-2017. L'Immortel... et ses dernières confidences. Notre-Dame-des-Landes : Les secrets d'une évacuation à haut risque". *L'Obs* : "**C**omment rester laïque à l'école, au travail, à l'hôpital... Star Wars : Rencontre avec Luke Skywalker". *Politis* : "**E**nquête. Le saccage des prud'hommes. Élections en Corse. Un séisme. Prisonniers basques. Demain la paix ? Climat. Arrêtons d'investir dans la pollution ! Débat : Quelle organisation politique pour la gauche de transformation ?". *Paris Match* : "**J**ean D'Ormesson. L'enchanteur. Charmeur, érudit et facétieux. C'était l'écrivain préféré des français. Environnement : Alerte aux océans de plastique. Brigitte Macron : La diplomatie du panda". *Public* : "**Q**ue l'on t'aime Johnny ! Numéro spécial. Télé Star : C'était Johnny... Numéro hommage". *VSD* : "**L**e "monstre" fait le vide autour de lui. Depardieu flingue tout. Ses biens, ses potes, ses affaires, la France... & : Donald Trump. Kim Jong-Un. Qui a la plus grosse ? (bombe)". *Closer* : "**A**dieu Johnny. Laeticia et les filles ont veillé sur lui jusqu'au bout... Numéro hommage. Exclusif. Jenifer. Son oncle grièvement blessé dans une fusillade". *Point de vue* : "**H**arry triomphe... À six mois du mariage, la "Meghan mania" s'empare de la planète. Baptême en Suède : Gabriel, petit prince, archange et Séraphin. À Beyrouth. Le triplex époustouflant d'un collectionneur d'art. Interview exclusive : Claude Chirac se confie. L'anniversaire du président, les combats de Bernadette, leur vie après le deuil...". *Elle* : "**M**eghan Markle. À l'assaut de Buckingham. Le mariage qu'on attend tous ! Pourquoi Harry en est fou (et nous aussi). Bijoux : On accumule et on mélange ! Le mode d'emploi de bons combos. & : Lire ou jouir pourquoi choisir ? Le boom de la littérature érotique. Chaud bouillon ! Ultra simples, les plats réconforts de la saison. Parfums :

Choisir le bon pour soi et pour les autres". *Stylist* : "Quand ça commence à se voir que vous ne voulez plus fêter Noël". *Marie Claire* : "Le lien père-fille. La force et la liberté qu'il nous donne. Phénomène : Comment les applis changent nos vies. Affaire Tron : Un ex-ministre jugé pour viol. Natalia Vodianova : "Je ne connais pas le regret." Make-up : La bouche, le nouvel accessoire. + 28 rouges à lèvres décisifs". *National Geographic* : "Chine. Un siècle de photos". *Gourmand, 15 jours d'idées de saison* : "Saint-Jacques. Les nouveaux plats d'exception". *Les Veillées Des Chaumières* : "Fontaine, ma fontaine, eau froidement présente douce aux purs animaux, aux humains complaisants. Paul Valéry". *Valeurs actuelles.* "Hors-série. Numéro 13. Les mystères de Noël. De la nuit de la nativité à la magie de nos traditions. Tout ce qu'il fait savoir sur la naissance du Christ, son esprit, sa célébration et ses coutumes". *La Recherche Hors-série :* "Les plus grandes scientifiques. Einstein. Radioactivité. Newton. Tectonique. Darwin. Cuvier. Dieu. Big Bang. Galilée. Copernic. Abysses. XVIIIe. Leibniz. Conscience. Pascal. XVIe. Héliocentrisme. Pasteur. Lavoisier. Créationnisme". *GQ* : "Johnny Hallyday c'est un métier."

Le débat du jour, *La Voix du Nord* par Jean-Michel Bretonnier : "Donald Trump joue avec des allumettes. Il est parfois des promesses qu'il vaut mieux ne pas tenir. Dans l'intérêt général et malgré une partie de son électorat". **Turquie :** Le président de la Turquie Recep Tayyip Erdogan entame un déplacement historique en Grèce pour accélérer le réchauffement entre les deux pays voisins dans les relations continuent d'être malmenées par de profonds différends. **États-Unis :** Le président américain Donald Trump, a reconnu hier Jérusalem comme capitale d'Israël en dépit des mises en garde des dirigeants de la région, suscitant l'indignation de la communauté internationale. "Les vieux défis nécessitent une nouvelle approche" a prévenu le président américain avant de faire cette annonce historique. **Russie :** Vladimir Poutine se présentera pour un quatrième mandat à l'élection de mars 2018 dans laquelle une victoire de place serait la tête du pays jusqu'en 2024. **République Tchèque :** Le président Milos Zeman a désigné hier Andrej Babis, chef du mouvement ANO, vainqueur des législatives, pour prendre la tête du prochain gouvernement. Cet homme d'affaires milliardaire controversé de 63 ans, est parfois surnommé le "Trump tchèque". Ils se heurtent au refus de ses partenaires potentiels d'entrer en coalition avec lui. Nommé le 13 décembre, son futur gouvernement, qui doit comprendre des experts sans-parti, risque de ne pas obtenir la confiance du Parlement. Très sensible sur la question des migrants, M. Babis est déterminé à faire entendre la position tchèque sur le sujet au sommet européen dès 14 et 15 décembre. **Afrique : L**a mortalité liée au VIH/SIDA en Afrique de l'Ouest et du Centre est proportionnellement égale à plus du double (5,1 % contre 2,1 %) de ce qu'elle du reste de l'Afrique, dénonce Coalition Plus, un groupe d'ONG de lutte contre le sida. L'Afrique de l'Ouest et du Centre concentre à elle seule 20 % des nouvelles infections au VIH et 45 % des enfants naissant avec le virus dans le monde, alors qu'elle représente seulement 6 % de la population mondiale. **Europe : L**a Commission européenne a proposé au pays de l'UE de créer un Fonds monétaire européen pour mi-2019, dans le cadre d'une vaste réforme de la zone euro, annoncée de longue date. **Allemagne,** *La Voix du Nord.* Gouvernement allemand : "Angela Merkel la grande coalition". "Jérôme Vaillant, professeur émérite à Lille III, ne fait pas de pronostics avant le congrès du parti social-démocrate qui débute ce jour. Mais le SPD pourrait repartir à terme vers une alliance avec les chrétiens-démocrates. **Honduras : L**e président sortant Juan Orlando Hernandez, candidat à sa propre succession, a accédé à la demande de l'opposition d'un recomptage total des votes de l'élection présidentielle du 26 novembre pour écarter les accusations de fraude en sa faveur.

Diplomatie : Emmanuel Macron a effectué hier sa première visite en tant que président français en Algérie, où il a dit se rendre "en ami", refusant d'être "otage du passé" douloureux entre Paris et son ancienne colonie. Le président a fait un geste pour régler l'un des contentieux historiques entre les deux pays en annonçant qu'il était "prêt" à ce que la France restitue des crânes d'insurgés algériens tués au XIXe siècle et conservés au Musée de l'Homme à Paris.

Consommation, La Voix du Nord : " Le chariot ne bouge pas". **& :** À peine lancé, le logo nutritionnel Nutri-score est torpillé par plusieurs géants de l'industrie agroalimentaire. Ils ont lancé une puissante opération de lobbying. Une pétition citoyenne pour dénoncer la manœuvre est ouverte. **Enquête :** Le Bureau d'Enquêtes et d'Analyses pour la sécurité de l'Aviation civile oblige Air France à s'expliquer sur la sécurité de ses vols et de son personnel après trois décollages critiques en 5 mois à Bogota. Pour sa défense, Air France pointe "un problème de compétences techniques" chez ses contradicteurs. **Libération :** Au centre d'une vaste enquête pour blanchiment de fonds via l'achat de villas de grand luxe sur la Côte d'Azur, l'oligarque russe Souleïman Kerimov a échappé à la détention provisoire et va devoir verser 40 millions d'euros de caution à la justice française. **Affaire Rozon, Le Parisien** : "Incroyablement déçus. Sur les 150 candidats à voir passé les auditions devant le jury de La France a un incroyable talent, plus de la moitié ne seront jamais à l'antenne.

Football, Ligue des Champions. Liverpool - Spartak Moscou... 7-0. Maribor - Séville FC... 1-1. Feyenoord Rotterdam – Naples... 2-1. Real Madrid - Borussia Dortmund... 3-2. Tottenham - APOEL Nicosie... 3-0. **Clubs qualifiés pour les 8e de finale :** Manchester United, FC Bâle, Paris SG, Bayern Munich, Chelsea, AS-Rome, FC Barcelone, Juventus Turin. Manchester City, Besiktas, Tottenham, Real Madrid, Liverpool, Séville, Chakhtior, Porto. **Basketball, NBA :** Stephen Curry blessé, Kevin Durant a signé 35 points, 11 rebonds, 10 passes lors de la victoire des Warriors à Charlotte (87-101). Nicolas Batum a inscrit 15 points, 5 rebonds, 4 passes pour les Hornets. Privé de Jokic et Millsap, la raquette de Denver a été réduite en miette par DeMarcus Cousins (40 pts, 22 rbds, 4 pds, 4 blocks). Victoire 123-114 des Pélicans sur les Nuggets. Treizième victoire consécutive pour les Cavaliers de LeBron James. 101-95 contre Sacramento. 32 points, 11 rebonds, 9 passes. The King. Evan Fournier a inscrit 27 points lors de la victoire d'Orlando sur Atlanta. **Jeux Olympiques :** Vladimir Poutine a annoncé hier que les sportifs russes ne seront pas empêchés de participer aux JO de Pyeongchang sous la bannière olympique. Mardi soir, le Comité international olympique (CIO), avait décidé de bannir la Russie pour dopage institutionnalisé.

Au programme. *Liar : la nuit des mensonges. Johnny Hallyday, la France rock n' roll. Johnny Hallyday et son Taratata. Les saveurs du palais* (Catherine Frot, Jean d'Ormesson). *Le divan de Marc-Olivier Fogiel* (invité Jean d'Ormesson). *Attack the block. Yamakasi les samouraïs des temps modernes. Star Trek. Le cerveau* (Jean-Paul Belmondo). *Au revoir Johnny Hallyday. Johnny Hallyday : Parc des Princes 2003. L'Étrange Noël de Monsieur Jack. Millau, le viaduc de l'impossible. Peur primale* (Richard Gere).

Sondage *LeParisien.fr* : "Êtes-vous choqués par les dispositifs anti-SDF ? Oui : 61,3 %".

Météo : Pluie.

... Vendredi, 08 Décembre 2017.

Citation : "Réprimez, vous aurez moins à punir". **Duc Gaston de Lévis** (1719-1787). Militaire français, s'étant illustré en Nouvelle-France et ayant obtenu la dignité de maréchal de France. **& :** "Une amitié est perdue quand il faut penser à la défendre." **Charles Péguy** (1873-1914), écrivain français.

1966 : Les États-Unis et l'Union soviétique s'entendent sur le principe d'interdiction des armes atomiques dans l'espace.

Le Monde. "Jérusalem : le tournant diplomatique de Trump. Éditorial : Seul contre tous. Reportage : Au centre de santé de Courbat, le mal-être des policiers. Télévision : Russia Today, l'arme médiatique de Poutine. Débats. Cédric Villani : "L'échec d'APB est avant tout politique." Culture : Macron inquiète les spécialistes de l'art africain. Qatar : La visite du chef de l'État rapporte à la France 11 milliards d'euros de contrats. Algérie : Le président français veut "tourner la page du passé". Société : La délinquance se rapporte de plus en plus sur la sphère numérique. Le Monde des livres - Supplément. Les leçons d'autodéfense d'Elsa Dorlin". *L'Humanité des débats* : "Un président voyou défie le monde. La reconnaissance de Jérusalem comme capitale d'Israël par Trump est un déni du droit international. & : La Corse dans le piège nationaliste. Élections : Second tour du scrutin territorial, dimanche, entre une droite et un nationalisme libéral toujours pas affranchi de certaines de ses racines d'extrême-droite. Distribution : Colère et inquiétude chez Carrefour. Musique : MC Solaar, notre mutin de la langue". *La Croix* : "Proche-Orient, la paix en question. Après l'annonce de Donald Trump sur Jérusalem, les Palestiniens ne savent plus à quel plan de paix se raccrocher. Éditorial : Guillaume Goubert : Oser la parole. Économie : Yamal, le projet gigantesque de Total dans l'Arctique. Initiatives & solidarités : Les maraudes médicales de l'Ordre de Malte pour les sans-abri". *Le Figaro* : "Mgr Michel Aupetit, un médecin nommé archevêque de Paris. À 66 ans, l'évêque de Nanterre succédera le 6 janvier 2018 au cardinal André Vingt-Trois. Ancien médecin généraliste pendant onze ans à Colombes (Hauts-de-Seine), ce spécialiste de bioéthique, ordonné prêtre en 1995, n'a pas sa langue dans sa poche sur les questions d'éthique et de société. Jérusalem : Trump provoque un tollé à travers le monde. Impressionnante moisson de contrats pour la France au Qatar. Découverte : Little Foot, le plus vieil ancêtre de la famille humaine dévoilé en Afrique du Sud. Figaro littéraire : Quand les écrivains révèlent leurs secrets aux jeunes auteurs. Sondage : Wauquiez grand favori au pied d'argile. Ukraine : Saakachvili fait la révolution en Ukraine. Hommage : Johnny, les "Champs" pour un adieu. Justice : Les Sages vont trancher sur l'indépendance du parquet. Enquête : Le naufrage de la cité de la mode et du design. Figaro Oui Figaro Non : Approuvez-vous la mise en place d'une dictée quotidienne à l'école primaire ? Oui. 94 %". *Libération* : "Jérusalem au bord du gouffre. La décision de Trump d'imposer la Ville sainte comme capitale de l'État d'Israël rebat les cartes géopolitiques dans la région. Et pourrait provoquer des violences ce vendredi". Exclusif : Valeurs actuelles. Un "pacte de corruption". *Le Parisien - Aujourd'hui en France* : "Jérusalem. Le Hamas appelle à un nouveau soulèvement. Économie : Quand Macron arrive à vendre les Rafale. Escroquerie : Étudiants et dealers de fausse monnaie sur Internet. Paris, 75 : 700 000 € pour sortir les enfants de la rue. Football. Un cinquième Ballon d'or pour Ronaldo. Tourisme : Voyage en Lettonie, pays de l'Art nouveau". *L'éditionfrance par Ouest-France.* "Israël - Palestine : tension extrême. Point de vue : Apprendre des commémorations futures". *Les Échos* : "Comment les Bourses mondiales voient 2018. Le climat économique reste porteur. Mais l'inflation et les banques centrales pourraient changer la donne. Exportation : Macron signe 12 milliards de contrats avec le Qatar. L'émirat s'est engagé à commander 12 Rafale et près de 500 véhicules blindés. Le ratio recettes fiscales/PIB en 2016 : France 47,6 %. Danemark 47,2 %. Zone euro 41,3 %. Allemagne 40,4 %. Irlande 23,8 %. La France championne d'Europe de la pression fiscale. Les impôts et les cotisations sociales ont représenté 47,6 % du PIB en 2016. L'analyse par Benjamin Quénelle : Poutine face à l'usure du pouvoir. Dossier spécial. Devez-vous faire gérer votre patrimoine par un banquier privé ? Immobiliers, assurance-vie, transmission : ce qu'ils proposent. L'essentiel : Feu vert du SPD à des discussions avec Merkel. Orange à fond sur la fibre. Banques : Les règles post-crise finalisées. Arctique : Avec Yamal, Total parie sur le gaz low cost". *La Voix du Nord* : "Mort de Johnny. En attendant l'hommage. Souvenirs, souvenirs. Ces Nordistes étaient proches de Johnny. Ils témoignent. Décrochage scolaire : L'académie de Lille dans le bas du tableau. TV magazine : Les Miss régionales en Californie avant l'élection". *La Provence* : "Téléthon. Il a besoin de vous. Jules souffre du syndrome de Crigler-Najjar, maladie dont on ne dénombre qu'une vingtaine de cas en France. Faute de traitement, il passe entre 10 et 12 heures par jour sous la lumière d'une lampe bleue. Écoles. Marseille. Pas de demi-classes de CE1 en 2018. Enquête. Le terrorisme inquiète plus que le chômage. Dernière page : La pizza fait son entrée à l'Unesco. Ligue Europa. Le minimum syndical. Tenus en échec par Salzbourg (0-0) au Vélodrome, les Olympiens sont qualifiés pour les 16e de finale". *La Montagne Clermont-Ferrand* : "**E**n piste ! Jérusalem capitale : Le Hamas appelle à une "nouvelle intifada." Fuite : En Auvergne, un quart de l'eau potable n'arrive pas jusqu'au robinet". *La Dépêche du Midi.* "**M**oyen-Orient : l'embrasement. Technologies : Airbus faut appel aux gamers". *Presse Océan.* "**N**antes : le père Noël finalement acquitté. Nantes : Des métiers de passion". *Sud Ouest* : "**I**ls soignent leurs patients à distance. Gironde : Les tractopelles volées partaient à l'étranger. Football/Ligue 1 : Bordeaux veut retrouver confiance. *Midi Libre.* "**J**ohnny : l'adieu sera historique. (...) Il sera enterré sur l'île de Saint-Barthélemy où il passait ses vacances". Ballon d'Or. Cristiano Ronaldo aussi fort que Lionel Messi". *Corse-matin* : "**U**ne perfusion de 15 M € pour l'hôpital de Bastia. L'agence régionale de Santé débloque des fonds pour soulager la trésorerie de Falconaja. & : Derniers feux de la campagne. Défi : Un sillon de 1 200 km à travers les Alpes pour Piero Griscelli". *L'Indépendant catalan* : "**T**rump, le pyromane. Haut Vallespir : Du vin à la place des espadrilles. Perpignan : 32 jours de fête à l'espace Comteroux". *Les Nouvelles calédoniennes.* "**A**lcool : la taxe très mal perçue. & : En petits morceaux. Les blue-boats saisis sont démantelés à Nouville sur un chantier de déconstruction expérimental qui pourrait donner naissance à une filière. Faits divers : Portés disparus en ULM. Social : Des centaines de retraités en colère. Koné : Dans la rue pour sauver la culture". *Le Quotidien de la Réunion et de l'Océan indien* : "**E**nquête sur les bugs du mobile. Quand SFR essuie les plâtres de la haute technologie. Communications interrompues à répétition : SFR a vécu sa pire année du fait de la multiplication des perturbations de son réseau. Le leader de la téléphonie mobile explique ces désagréments par le remplacement de toutes ses antennes et affirme que tout sera résolu dans quelques jours". *France-Guyane* : "**L**a taxe de séjour étendue à toute l'Agglo". *France-Antilles Guadeloupe.* "**D**emande de réparation pour les crimes de l'esclavage : la décision rendue en février. Sortir : Une semaine Gospel en Karukera. France-Antilles Martinique : Se soigner seul, la grande tentation. Par la force de la précarité économique et la pression publicitaire des laboratoires, les malades ont de plus en plus recours à l'automédication. Un vrai danger de santé". Entretien. "Mode et cinéma : Noémie Lenoir au top". **L'Équipe : "L**e ballon dort. Ligue Europa. Marseille 0-0 RB Salzbourg. Atalanta Bergame 1-0 Lyon. Vitesse Arnhem 1-0 Nice. Au terme d'un match insipide, les Marseillais décrochent leur billet pour les seizièmes de finale. L'OM rejoint Lyon et Nice, battus hier soir mais déjà qualifiés. Rugby. Ibañez : "Les Bleus ne sont pas craints". Football. Ballon d'Or 2017. La manita de Ronaldo. **France football. "CR5** Ballon d'Or 2017. Entretien. Cristiano Ronaldo. "Je suis le meilleur joueur de l'histoire". Analyse : Pourquoi Mbappé peut faire de "BO" rêves". **Le Parisien (Week-end) : "J**ohnny Hallyday. Le repos du guerrier". **L'Express : "J**ohnny. Une vie rock'n'roll". **Le Figaro magazine : "A**dieu, Jean. Jean d'Ormesson 1925-2017". **Elle. "J**essica Chastain. "Je n'ai pas de plan de carrière. Je vis au jour le jour comme à vingt ans." **Psycho. "L**es clés pour éduquer nos garçons après #BalanceTonPorc". **Madame Figaro : "C**overstory. Riley Keough. La petite-fille d'Elvis Presley fait sensation". **Mariefrance. "C**'est décidé ! Je prends (vraiment) mon temps. Coupe. J'adore faire la fête, pas lui. Migraines. Halte à la prise de tête ! Solo et heureuse c'est possible ! Spécial Astro 2018. Amour, job, forme. Promis ça va bouger !". **L'ExpressdiX. "S**aveurs, champagne et menus plaisirs". Time Person of the year. "The silence breakers. The voices that launched a movement". **L'Obs : "N**uméro spécial Johnny Hallyday. 1943-2017". **Marianne : "L**es Immortels. Pourquoi ils font la France. Chaos à la SNCF. Pepy faut de la résistance". **La Tribune : "E**t si la finance sauvait le climat. Avec le Climate Finance Day et le One Planet Summit, Macron veut faire de Paris la place leader de la lutte contre le réchauffement climatique. Aérien : Les compagnies aériennes à l'aube du Big Bang. Mobilités : Pourquoi Uber incarne tous les vices de la Sillicon Valley". Entretiens. David Spector : "Macron devra se montrer plus juste." **Le nouvel Économiste : "F**abriques d'élites. Les secrets des classes préparatoires vers l'oligarchie et l'excellence. La troisième voie. Blairisme à la française. Le balancement entre libéralisme et social-démocratie sera-t-il suffisamment fédérateur pour donner au macronisme son corpus idéologique ? Avatar : Les banques centrales vent debout contre le bitcoin. Crypto-monnaies :

Un Nobel contre le bitcoin. Légitimité : Démocratie actionnariale : Et si les masses laborieuses votaient sur la stratégie des entreprises. Gouvernance. "Chief activist officer". Les patrons sont de plus en plus souvent invités à prendre position sur des questions de société. Dossiers : Économie sociale. Contrôles et labellisation des associations caritatives. Gestion privée : Défiscalisation sur les FIP et les FCPM". *Les Échos week-end* : "Lego superstar. Avec le nouvel épisode de Star Wars, en salle mercredi, les ventes du numéro 1 mondial du jouet vont s'envoler. Enquête sur le succès planétaire des petites briques danoises. Harvard. Le club des maîtres du monde. Biotech. Le magicien de la médecine nucléaire. Littérature : Marguerite Yourcenar, trente ans après. + Vins et champagnes. Bulles rosées, la guerre Bordeaux-Bourgogne. La sélection". *Guerres & Histoire* : "Vercingétorix pouvait-il battre César ? & : Bolivar, héros de la libération de l'Amérique du Sud". *Réponses photo* : "Portrait de rue. Une photographie sous tension à haute teneur en émotions". *L'auto-journal* : "Le grand retour des françaises. 1ers essais. Enfin au volant de nos nouvelles stars ! Alpine A110. DS7 Crossback. Dacia Duster. & : Vraiment accessible ? Le Jaguar E-Peace". *Auto moto* : "Nouveau Dacia Duster. Beaucoup mieux, pas plus cher. Tesla Roadster : La première supercar 100 % électrique". *TV magazine* : "Miss France 2018. L'élection d'une vie. Les 30 candidats à l'élection de Miss France 2018 ont visité la Californie pour un voyage inoubliable. Reportage et photos avant la grande soirée de samedi sur TF1".

Jérusalem : Des Palestiniens en colère ont affronté les soldats israéliens et brûlé un portait de Donald Trump hier, en protestation contre la décision unilatérale et risquée du président américain de reconnaître Jérusalem, capitale d'Israël. Les Palestiniens revendiquent l'Est de la ville, occupée et annexée par Israël, comme capitale de l'État auquel ils aspirent. Israël proclame, elle, toute la cité comme sa capitale "éternelle et indivisible". **États-Unis** : Attisés par les vents parfois violents d'un ouragan de type 1, les incendies poursuivaient leur propagation dans la région de Los Angeles. Le foyer le plus destructeur, le "Thomas Fire", a détruit près de 39 000 hectares et n'était hier contenu qu'à 5 %. Mercredi, 2 500 pompiers, 362 véhicules et 12 hélicoptères étaient mobilisés. **Bruxelles : S**elon une estimation de la police de la ville, 45 000 Catalans pro-indépendance se sont réunis pour manifester contre l'attentisme de l'Union européenne dans cette crise qui secoue l'Espagne. **Syrie :** La Russie a annoncé la libération totale du territoire syrien de l'emprise de l'État islamique. **Qatar :** L'accord conclu par la France avec Doha concernent 12 avions de chasse Rafale (incluant une option sur 36 autres), 50 Airbus A321 (option sur 30 autres), exploitation du métro de Doha et du tramway de Lusail et une lettre d'intention pour 490 véhicules blindés Nexter. En 2015, le Qatar avait acquis 24 rafales pour 6,3 milliards d'euros. **Londres : L**e cours du Bitcoin s'est installé largement au dessus du seuil des 15 000 dollars, franchi hier, pour la première fois de son histoire, après s'être envolé de plus de 50 % en une semaine. **Bruxelles : L**a République Tchèque, la Hongrie et la Pologne sont renvoyés par la Commission européenne devant la Cour de justice de l'UE pour ne pas avoir rempli leurs obligations dans le domaine de l'accueil des réfugiés. **Argentine : U**n juge a demandé l'arrestation de l'ancienne présidente argentine, Christina Kirchner, pour entrave à l'enquête sur l'attentat contre une mutuelle juive, au profit de l'Iran, responsable de 85 morts en 1994. **États-Unis :** Michael Slager, un ex-policier Blanc, a été condamné à 20 ans de réclusion pour avoir tiré sur Walter Scott, un Noir non armé, alors qu'il s'enfuyait en courant après une banale infraction au code de la route. **Sydney : L**e Parlement australien a adopté la loi sur le mariage gay, dernière étape avant sa légalisation, après une consultation nationale qui avait montré un très large soutien de la population à cette réforme. **Art : L**e tableau de Léonard de Vinci, Salvador Mundi, vendu 450,3 millions de dollars aux enchères en novembre dernier, va être exposé dans le nouveau Louvre d'Abou Dhabi.

Téléthon : Dans un contexte global de baisse des dons, la 31e édition du Téléthon, créé en 1987, a lieu aujourd'hui et samedi pour 30 heures de direct sur les chaînes publiques. Parrainé par la chanteuse Zazie, il sera présenté par Sophie Davant et Nagui. **France,** *La Voix du Nord*, Le débat du jour par Hervé Fabre : "Johnny

Hallyday, comment lui dire adieu ? *Hommage populaire* plutôt que funérailles nationales, la préparation de la cérémonie de samedi est bien une affaire d'État ! **Prison :** Environ 200 basques sont partis hier de la prison de Réau en Seine-et-Marne vers d'autres établissements pénitentiaires d'Ile-de-France, pour demander la fin du régime d'exception pour les détenus basques. **Dégradations :** Le maire de Manduel dans le Gard, a déposé une plainte après la dégradation d'une stèle érigée en hommage à Abel Chennouf, l'une des 7 personnes tuées par Mohamed Merah en 2012. **Meurtre :** Un homme de 30 ans a été tué par balle en pleine rue dans la nuit de mercredi à jeudi à Villejuif. **Économie :** General Electric a annoncé la suppression de 12 000 emplois dans sa branche Énergie dans le cadre d'un plan d'économies de 3,5 milliards de dollars jusqu'en 2018. Les États-Unis seront fortement impactés. La France est épargnée.

Football, Ballon d'Or : Cristiano Ronaldo (Real Madrid) devance Lionel Messi (FC Barcelone) et Neymar Jr (PSG). 7e, Kylian Mbappé (PSG) est devenu à 18 ans, le plus jeune joueur à inscrire son nom dans le top 10. N'Golo Kanté est 8e, Antoine Griezmann 18e, Karim Benzema 25e. **Euro 2020 :** Les organisateurs belges ne pouvant garantir la livraison dans les délais du stade en projet, l'UEFA a choisi de décidé de retirer à Bruxelles les quatre matchs de la compétition prévus sur son sol. Ils seront reprogrammés à Wembley (Londres). **Handball, Mondial féminin :** Les Françaises ont concédé le match nul dans les dernières secondes contre l'Espagne (25-25), sur penalty. **Basketball, NBA :** Victoire des Los Angeles Lakers sur les Philadelphia Sixers, 104-107, au terme d'une opposition entre 2 équipes jeunes et prometteuses. Houston s'est imposé à Utah, Washington à Phoenix. Après avoir enregistré l'arrivée de Jahlil Okafor, Brooklyn a vaincu Oklahoma City. **Rugby :** Le manager de Toulon, Fabien Galthié, et son homologue de Castres, Christophe Urios, ont été suspendus de banc de touche pour une durée de 4 semaines après leur altercation lors du match de la 11e journée. **Ski :** Max Burkhart, espoir allemand de 17 ans, est décédé suite à une chute à l'entraînement avant une épreuve du circuit nord-américain au Canada mercredi après avoir percuté un filet de protection mardi sur la piste de Lake Louise.

Au programme : *Pas de ça entre nous* (présenté par Arthur) ; *Le poids des mensonges* ; *Téléthon 2017* ; *L'odyssée* (consacré à la vie du commandant Cousteau, avec Lambert Wilson, Pierre Niney, Audrey Tautou) ; *Profession cinéaste* (présenté par Michel Denisot) ; *9 jours en hiver* ; *Le mini Noël des Borrowers* ; *Le retour du zap de la force* ; *Goodless* (série américaine sur Netflix).

Météo : ...

Sondage *LeParisien.fr* : "Selon vous, faut-il rendre un hommage national à Johnny Hallyday ? Oui. 55,5 %".

Proverbe : "À navire rompu, tous les vents sont contraires". **Dicton :** "Notre-Dame de l'Avent pluie et vent, tire ton bonnet jusqu'au dent". (Aujourd'hui est le jour de l'immaculée-conception de la Vierge Marie, appelée également Notre-Dame de l'Avent).

... Samedi 09 Décembre 2017.

Citation : "L'Humanité serait depuis longtemps heureuse si tout le génie que les hommes mettent à réparer leurs bêtises, ils les employaient à ne pas les commettre." **Georges Bernard Shaw** (1856-1950). Prix Nobel de littérature irlandais. Dramaturge, critique musical, essayiste, auteur de pièces de théâtre et scénariste. **& :** "Être vaincu parfois. Être soumis jamais". **Alfred de Vigny** (1797-1863), écrivain français.

1897 : La tension monte dans la bande de Gaza et provoque la première Intifada. Cette "guerre de pierres" marque le soulèvement de la population palestinienne contre Israël. Elle prendra fin avec la signature des accords d'Oslo, le 13 septembre 1993.

Le Monde. "**B**rexit : accord sur les préalables au divorce. & : Jérusalem à l'épreuve de la rue. La France devient une friche commerciale. États-Unis. Alabama : la campagne qui embarrasse les républicains. Chronique : Et la disparition de Johnny devint dévotion. Corse. En prison les affaires continuent. Planète : Mille milliards pour le climat. Idées : La démographie galopante, un risque écologique ?". **La Croix samedi & dimanche :** "**L**es promesses de la laïcité. À l'occasion de la Journée de la laïcité, le 9 décembre, "La Croix" revient sur cette notion, parfois controversée, qui permet pourtant de vivre ensemble dans une société ouverte. Comprendre. Le calendrier de l'Avent". **Le Figaro.** "**J**ohnny Hallyday : l'hommage du peuple. Des centaines de milliers de personnes suivront le convoi funéraire du rocker qui descendra les Champs-Élysées pour rejoindre l'église de la Madeleine. Des écrans géants permettront de suivre la cérémonie. & : La France dit adieu à Jean d'Ormesson. Éditorial par Étienne de Montety : "Jean et Johnny, la France a grandi avec eux." Jérusalem : La mise en garde de l'ancien chef du renseignement intérieur israélien. Jean-Pierre Chevènement : "La montée du nationalisme corse et le résultat des d'émissions de tous les gouvernements." Droite : Jour J pour la présidence des Républicains. Centre : Les radicaux s'offrent des retrouvailles. Migrants : À Paris, le sordide "trottoir des 40 000". Rugby : Les clubs français à l'épreuve du modèle anglais. Champagne. La mondialisation bouleverse le secteur. Champs libres : L'orthithérapie, une promenade au jardin sur ordonnance". **Libération :** "**L**a France de Johnny. L'hommage populaire grandiose organisé samedi en l'honneur du rocker couronne la ferveur qui a saisi le pays depuis son décès. Jusqu'à l'excès ? Week-end". Livres. Echenoz : "Si je n'écrivais pas, je m'ennuierais beaucoup." **Le Parisien - Aujourd'hui en France :** "**J**ohnny. Comment lui dire adieu. Paris. 75 : Sur les trottoirs, c'est tolérance zéro pour les deux-roues. Normandie : L'université de Caen crée une formation... au bizutage. Faits divers : 20 000 voitures volées par des as de l'électronique. Société. À Noël, même les chiens et les chats sont gâtés. Football. Face à Lille, le PSG doit réapprendre à gagner. Maison : Tsé & Tsé, les créatrices qui réveillent la déco". *L'éditionfrance par Ouest-France.* "Les Républicains : l'heure du choix. TGV pas chers : Le Ouigo fait des mécontents et des heureux". *La Voix du Nord* : "Et les nordistes de l'année sont... Lille : Un réseau d'ecstasy alimentant les soirées étudiantes démantelé. Téléthon. Trente ans de progrès pour commencer à soigner des maladies rares. Version Fémina. Charlotte Gainsbourg touchante et passionnée". *La Provence* : "Face aux lecteurs. Bruno Le Maire. "Je crois en l'industrie". Invité d'honneur des trophées de l'économie "La Provence", jeudi soir, le ministre de l'Économie a également consacré une heure à sept de nos lecteurs. Un entretien profond, direct, sur tous les sujets qui touchent aux grandes mutations industrielles. Le billet par Franz-Olivier Giesbert. "Bruno Le Maire n'est pas Christophe Colomb". OM. Le grand entretien. Florian Thauvin sur le divan. Belle-de-Mai. Deux pages spéciales. La Friche a 25 ans, ça se fête". *La Montagne Brive* : Brive future académie d'élite. & : Une marche blanche pour dénoncer les violences au foot. Latronche. Le cri de désarroi d'un père et de son fils depuis un pylône. L'arrivée du Père Noël a lancé les festivités de la fin de l'année. *La Dépêche du Midi* : Illuminations. Ce soir Toulouse allume le feu. *Presse Océan* : Mis en examen pour aide au terrorisme. Nantes hier : les parents de la djihadiste Margaux Dubreuil ont été mis en examen pour financement d'une entreprise terroriste. Ils lui auraient envoyé des milliers d'euros. & : Plus cher miroir d'eau. Loire-Atlantique : Au petits soins pour l'estuaire. Nantes : L'or vert s'enracine en ville. 682 000 plantes vivaces, massifs, arbres sortent tous les ans de la pépinière municipale. *Sud Ouest.* Électricité, gaz : payer moins, c'est possible. Consommation. La concurrence sur le marché des énergies fait rage. En changeant de fournisseur, le consommateur peut obtenir des réductions non négligeables. Notre dossier pour y voir clair. La population explose en Gironde. Démographie. Sur les 91 communes françaises à forte croissance, huit sont girondines. Avec des taux de + 10,6% à 39,5%. Football/Ligue 1. Bordeaux sombre face à Strasbourg (0-3) et s'enfonce... *Midi Libre.* Spécial d'Ormesson. Jean d'Ormesson : éloge d'un génie national. & : Décès de Johnny.

Un hommage hors normes sur les Champs-Élysées. (Photographie) Hallyday adulé au Festival de Cannes. Téléthon : Un week-end marathon pour 200 000 bénévoles. La Paillade. La future piscine Neptune dévoilée. *Corse-matin* : Enfants malades, Inseme pose un toit à Marseille. 128 000 €, un élan de générosité pour l'association qui offrira un logement aux familles corses. L'histoire : Pietrosu, le village où Johnny voulait se faire élire. Justice : Prison ferme pour agressions de prostituées à Ajaccio. *L'Indépendant Catalan* : Souvenirs catalans de Johnny dans une R5. Millas. 40 ans après, Jeanne et Ferrand racontent leurs soirées mémorables avec la star. & : L'hommage tout en simplicité à Jean d'Ormesson. Il ne voulait pas "d'épée, pas de croix". Juste un crayon à papier. L'image du président Macron, déposant l'objet sur le cercueil drappé de bleu, blanc, rouge de Jean d'Ormesson, restera l'image forte de l'hommage national rendu hier à l'immortel. Banyuls-sur-Mer : Un jeu qui a du goût. Vallespir : Un chasseur sauve une biche. Pastoralisme : États généraux en Ariège. *La Nouvelle République.* Lochois : des femmes accusent l'ex-religieux. Tours : Une avenue pour un proche des nazis. *Le Télégramme : U*n divorce à 45 milliards. Les négociations sur le Brexit ont abouti, hier, à un premier accord entre le Royaume-Uni et l'Union européenne. La facture évoquée pour ce divorce, du côté britannique, serait de 40 à 45 milliards d'euros. Mais il reste encore beaucoup de points à régler d'ici à Mars 2019. *Les Nouvelles calédoniennes* : Un plongeur perdu en mer. Son compagnon de chasse a été récupéré par les Fanc sur une langue de sable près de l'îlot Amédée. & : 6,5 millions braqués en plein Nouméa. Bangou : Prison ferme pour les pyromanes. Minijeux : Les filles brillent au tennis. *Le Quotidien de la Réunion et de l'Océan indien. T*éléthon. Objectif 600 000 euros contre la maladie. Marjorie, Jason et Maeva, le même espoir. *France-Guyane* : Le père Noël ouvre ses lettres. Pétards : Un risque explosif. Environnement. Une association pour ne plus jeter. Obsèques. Johnny inhumé à Saint-Barth. *France-Antilles Guadeloupe.* Eau : les avocats mettent la pression. L'ordre des avocats, par la voix du bâtonnier Bernard Pancrel, rappelle aux élus et autorités que "le droit à l'eau constitue un droit fondamental", reconnu depuis 2010 par les Nations Unies.

Portrait : Femme, pompier et capitaine. À 29 ans, Élodie Gustave est la première femme pompier professionnel, à accéder au grade de capitaine en Guadeloupe. Environnement : Record de déchets ramassés en mer et sur le littoral. *France-Antilles Martinique* : Trafic en import/export : 14 personnes arrêtées. Dès jeudi, France-Antilles révélait qu'une grosse affaire de trafic de drogue avait été mise à jour sur le port de Fort-de-France. Hier, le procureur a confirmé que 14 personnes, dont des agents au port, ont été arrêtées. Téléthon. Les enfants d'abord. Religion. La prière du "Notre Père" revisitée. *L'Équipe* : Attention fragiles. Paris 17h Lille. Sonnés par deux défaites consécutives, les Parisiens veulent retrouver leurs repères contre des Lillois remis en selle par deux victoires, mais à la situation encore précaire. Football. Ligue 1. Bordeaux 0-3 Strasbourg. Strasbourg par chaos. Marseille demain Saint-Étienne. L'OM prépare les soldes. *L'Équipe magazine* : PSG do Brasil. Inséparable, voir clanique, le groupe des Brésiliens du PSG a recréé à Paris un petit monde en VO, comme un remède au mal du pays. Voyage dans le quotidien pas tout à fait ordinaire de Neymar et de ses amis. Athlétisme : "C'était très dur d'être perçu comme le méchant". Justin Gatlin. *Midi Olympique Week-end* : Allumez le jeu ! Triple confrontation franco-anglaise ce week-end en Champions Cup avec la Rochelle - Wasps, Toulon - Bath et Clermont qui va défier les Saracens. Pour le remake de la finale 2017... Vous avez dit rock'n roll ? Affaire Laporte : La justice doit trancher. *Télé 7 jours* : Numéro spécial. Johnny l'idole pour toujours. *Gala* : 6 décembre 2017. Johnny. Il s'est éteint dans les bras de Laeticia. *Rock & folk.* Au service du rock'n'roll depuis 1966. Johnny Hallyday. Un hommage en images.

Jérusalem : 2 palestiniens ont été tués dans des heurts avec les forces israéliennes. Les Palestiniens étaient appelés hier en Cisjordanie occupée et dans la bande de Gaza à un "jour de rage". Des dizaines de milliers de personnes ont aussi manifesté dans différents pays musulmans, de l'Iran à la Malaisie, ainsi qu'au Proche-Orient et en Turquie. Dans la soirée, le système anti-aérien israélien Dôme de fer a intercepté une roquette tirée de la bande de Gaza sur

Israël. Des avions israéliens ont alors bombardé des positions militaires du mouvement islamiste Hamas dans la bande de Gaza. 14 personnes ont été blessés. **République démocratique du Congo :** **A**u moins 14 Casques bleus ont été tués jeudi dans l'Est du pays, théâtre d'un affrontement attribué au groupe armé ougandais musulman. **États-Unis :** **L**es pompiers de Californie tentaient de contenir les incendiés qui ravagent la région de Los Angeles tandis que de nouveaux foyers se sont déclarés à San Diego et à Santa Barbara, entraînant des évacuations en masse. **Brexit, T**heresa May : "En Irlande du Nord, nous garantissons qu'il n'y aura pas de frontières dures". La Commission européenne a assuré dans le dossier des droits des ressortissants expatriés que "les citoyens de l'Union vivant au Royaume-Uni et les citoyens britanniques installés dans l'UE à 27 conserveront les mêmes droits une fois que le Royaume-Uni aura quitté l'UE". Les deux camps se sont accordés sur une "méthodologie" de calcul, et non sur un montant de la facture du Brexit. Le Royaume-Uni devra verser les contributions prévues dans le budget de l'UE en 2019 et 2020, puis restera redevables des engagements pris dans les budgets passés mais pas encore réglés. Les estimations tournaient autour de 60 milliards d'euros ces derniers mois, quand le gouvernement May a estimé la fourchette entre 40 et 45 milliards d'euros. **Russie :** **L**e pays a inauguré son gigantesque site gazier Yamal en Sibérie arctique avec la participation du français Total et de la Chine. **Honduras :** **J**uan Orlando Hernandez, président sortant, a été réélu, entraînant la joie de milliers de sympathisants, défilant dans la capitale pour défendre "leur" victoire électorale non reconnue par l'opposition. Les partisans de l'Alliance de l'Opposition contre la Dictature (de la gauche) ont bloqué les accès de la capitale, demandant le recomptage des voix par des organismes internationaux indépendants.

Harcèlement sexuel : **E**nviron 222 000 adultes sont victimes chaque année de violences sexuelles, selon le ministère de l'Intérieur. Il souligne que seule une victime sur douze porte plainte. **Syrie :** **L**e Parquet a requis la mise en examen ainsi que le placement en détention provisoire de Bruno Lafont, PDG du cimentier Lagarge de

2007 à 2015, et a demandé le placement de Christian Herrault, son ex-directeur général adjoint chargé de la Syrie, sous contrôle judiciaire. Les 2 hommes avaient été placés en garde à vue mercredi dans le cadre de l'enquête sur les activités du cimentier en Syrie, mis en cause pour avoir pactisé avec l'État islamique entre novembre 2013 et septembre 2014, afin de maintenir une usine en activité dans une zone tenue par des djihadistes. **Politique :** Un élu frontiste marseillais Michel Cataneo a déposé plainte contre le sénateur du FN Stéphane Ravier, l'accusant de l'avoir forcé au cours d'un entretien musclé à démissionner de ses mandats sous la violence et les menaces. **Élection :** Le Conseil constitutionnel a levé les doutes concernant l'élection de Manuel Valls comme député de la 1ère circonscription de l'Essonne, validant le scrutin.

Transports : Le patron de SNCF Réseau, Patrick Jeantet, annonce une "profonde réorganisation" après les incidents survenus depuis l'été à la gare Montparnasse et la nomination d'un nouveau directeur général délégué placé sur "l'ensemble de la filière ingénierie et de la maîtrise d'ouvrage" au sein de l'entreprise. **Airbnb :** Les collectivités vont pouvoir appliquer au titre de la taxe de séjour sur les hébergements non classés, de type Airbnb, une part de 1 à 5 % hors taxe d'une nuitée par personne. Fruit "d'un travail collectif", l'Assemblée nationale a autorisé via un amendement à alourdir cette taxe.

Démantèlement : Un réseau de faux couvreurs qui a profité de la vulnérabilité de 235 personnes âgées, leur soutirant plus de 300 000 euros, a été démantelé cette semaine en Moselle et cinq personnes ont été écrouées. **& :** Un vaste réseau spécialisé dans le vol de voitures par "piratage électronique", qui serait parvenu à dérober "plusieurs milliers" de voitures à travers la France a pris fin dans le Gard. 12 personnes ont été interpellées, 8 incarcérées. **Viol :** Un homme de 34 ans a été condamné par la cour d'assises du Loiret à 15 années de réclusion criminelle pour avoir violé une femme âgée de 89 ans lors du cambriolage de sa maison.

Football, Suspension : Après un "résultat anormal" à un test antidopage, la vedette de l'équipe du Pérou, adversaire de la France au Mondial, Paolo Guerrero, a été suspendue un an par la commission de discipline de la FIFA. **Hors-jeu :** Son ancien agent Bruno Heiderscheild, lui réclamant 3,5 M€ pour des commissions non versées, Franck Ribéry, devra comparaître mardi prochain devant un tribunal de Munich. **Brésil :** L'ancien capitaine du Paris Saint-Germain, le Brésilien Rai a été nommé directeur sportif du Sao Paulo FC. **Handball, Mondial féminin :** Les Bleues ont gagné facilement leur dernier match de poule hier contre la Roumanie, privée de ses meilleures joueuses, 26 à 17. **Biathlon :** Martin Fourcade a terminé second du sprint 10 km, hier, à Hochfilzen, remporté par le Norvégien Johannes Boe. **Basketball, NBA :** Fin de série pour Cleveland après 13 victoires consécutives. Les Cavaliers se sont inclinés à Indiana (106-102). Nouvelle grosse performance de Kévin Durant et nouvelle victoire de Golden State, cette fois contre Détroit. Manu Ginobili a offert la victoire à San Antonio sur le parquet de Boston. Tony Parker a été efficace, cumulant 11 points, 5 rebonds et 4 passes en 19 minutes. **Sports mécaniques :** À la tête de la FIA depuis 2009, Jean Todt 71 ans, a été réélu à la présidence de la Fédération internationale automobile pour un troisième et dernier mandat de 4 ans. **Olympisme :** L'Assemblée nationale a validé hier la garantie de 1,2 milliards d'euros que la France devrait rembourser au Comité international olympique (CIO) en cas d'annulation des Jeux 2024 à Paris, une décision prise en dépit des interrogations des députés sur la responsabilité de cette annulation.

TV : L'animateur Tex (Les Z'amours) a été mis à pied après une blague sexiste par la société de production Sony Pictures Television.

Au programme : *Danse avec les stars ; Téléthon 2017 ; Mongeville (Francis Perrin, Gaëlle Bona) ; Mr. Wolff (Ben Afflek). Échappées belles : "Dublin, l'Irlande au cœur" ; Quand l'homo sapiens peupla la planète ; La télé de Valérie Lemercier ; La télé des Nuls ; Les toqués (Ingrid Chauvin). Rugby, Challenge cup : Brive / Connacht ; 60e anniversaire des Grammy awards ; La Story de U2.*

Météo : Retour des averses et localement de la neige.

Sondage LeParisien.fr. "Allez-vous faire un don pour le Téléthon ?" Non. 86,4 %.

Proverbe : "Avoir un ami c'est une seconde vie"... **Dicton :** "Si décembre et janvier ne font leur chemin, février fait le lutin".

... Dimanche, 10 Décembre 2017.

Citation : "Plaisir d'amour ne dure qu'un moment. Chagrin d'amour dure toute la vie". **Jean-Pierre Claris de Florian** (1755-1794). Auteur dramatique, romancier, poète et fabuliste français. **& :** "La Terre est ronde pour ceux qui s'aiment". Jean Giraudoux (1880-1944), écrivain et diplomate français. **1979 :** Le prix Nobel de la paix est attribué à mère Teresa pour son action en faveur des déshérités en Inde. D'origine albanaise, elle consacrera sa vie entière aux victimes de la pauvreté de la maladie.

Le Monde **:** "Les militants Les Républicains élisent sans illusions le futur chef de l'opposition. & : Incendies sans fin en Californie. Jérusalem : Washington isolé aux Nations Unies. Syrie. Lafarge : l'ex-PDG mis en examen pour pour financement du terrorisme. Harcèlement : Le cinéma français reste muet. Chine : La reconnaissance faciale envahit le quotidien. & : Quand Johnny Hallyday et Edgar Morin créaient les "yé-yé". Géopolitique : Les liaisons dangereuses entre Al-Qaïda et l'Iran. Migrants : Les tensions grandissent entre le gouvernement et les associations. L'époque. Ces passagers qui ne savent pas se tenir dans un avion". *Le Parisien - Aujourd'hui en France* **:** "Un grand cri d'amour. Johnny Hallyday. Près d'un million de Français se sont rassemblés hier à Paris pour dire adieu au chanteur disparu. Le récit d'une journée inoubliable". *L'éditionfrance par Ouest-France* **:** "L'immense hommage". *Le*

Journal du Dimanche : "L'adieu. Numéro spécial. Récit et images de l'homme à Johnny Hallyday. Le clan uni dans la douleur, l'émotion des fans. Les derniers mois de la star. Laeticia, la femme qui intrigue. Souvenirs, souvenirs, par Denis Tillinac. Enquête. Laurent Wauquiez, l'enfance d'un chef. Révélations : Comment du sucre français s'est retrouvé dans les bombes de Daech. Tour du monde à la voile. Gabart, cap sur le record". *La Voix du Nord* : "Immense. Du monde et de l'émotion pour l'adieu à Johnny. 14 pages spéciales. Piscines : Quel avenir pour les "Tournesol" ?". *La Provence* : "Communion nationale. Des dizaines de milliers de personnes, hier à Paris, aux funérailles de Johnny Hallyday. Drame rue Cazemajou (15e). Un homme périt dans l'incendie d'un camp de roms. Environnement : Quand les Marseillais récolteront leurs fruits et légumes sur les toits des immeubles". *La Dépêche du dimanche* : "Salut Johnny ! Entre 800 000 et un million de fans ont rendu hier sur les Champs Élysées à Paris un émouvant hommage populaire à Johnny Hallyday. Politique. Les radicaux actent leur réunification". *La Montagne Volcans* : "Emporté par la foule. Ferveur. Plusieurs centaines de milliers de fans de Johnny, dont des centaines de motards accompagnant le convoi funéraire sur les Champs-Élysées, sont venus rendre, hier, un dernier hommage à leur idole. Cérémonie : Johnny Hallyday était "une part de nous-mêmes, une part de la France", a déclaré le président Emmanuel Macron dans son éloge funèbre, à l'église de la Madeleine". *Presse Océan*. "Johnny Hallyday : immense hommage. Nantes : Dans les coulisses de la Cloche. Loire-Atlantique : La mode est aux poules anciennes. Des électeurs préservent des races oubliées, à découvrir ce dimanche au parc-expo à Nantes". *Midi Libre* : "Monumental. La Paillade : Un homme de 27 ans tué par balle. Maison de retraite : Des seniors qui se sentent "sur une voie de garage". Des témoignages forts des résidents". *Corse-matin* : "Le taux de participation enjeu du second tour. Si le scrutin paraît joué, l'abstention est scrutée par l'ensemble des lices encore en lice. Johnny : Souvenirs, souvenirs. Volley-ball. Ligue A. Les gaziers s'imposent dans la douleur". *L'Indépendant catalan* : "Requiem pour l'idole. À la fois émouvantes, populaires et officielles, les obsèques de Johnny Hallyday ont été grandioses hier à

Paris. Un moment d'histoire. Décourte : À Thuir, Noël dure un mois". *Sud Ouest Dimanche* : "Un hommage français. Cinéma. "La saga Star Wars est un mythe universel." Le nouvel épisode de la saga créée par George Lucas sort mercredi, Jean-Luc Sala décrypte les raisons du succès mondial. Bordeaux Tasting, cinq lieux et des grands vins. Football/Bordeaux. Les Ultras lâchent Gourvennec. Cahier Loisirs. L'Orient-Express est à l'heure". *L'Équipe* : "La revanche des intermittents. Football. Ligue 1. Paris-SG 3-1 Lille. Le PSG a renoué avec la victoire après deux revers consécutifs. Pastore et Di Maria, souvent remplaçants et critiqués, ont brillé. Les Parisiens sont champions d'automne. Marseille 21h Saint-Étienne. L'OM vise toujours plus haut. Ski Alpin. Géant. Pinturault réchauffe les cœurs".

Bagdad, *La Voix du Nord* : "Le Premier ministre irakien Hadler al-Abadi a annoncé la victoire sur le groupe djihadiste État islamique (EI) qui avait menacé en 2014, l'existence même de l'État irakien en s'emparant du tiers du territoire. **République démocratique du Congo :** "Les circonstances de la mort de 15 Casques bleus tanzaniens jeudi dans l'une des zones les plus troubles de l'immense République démocratique du Congo restaient encore à déterminer hier. L'assaut attribué aux miliciens ougandais musulmans de l'Allied Defense Force (ADF) dans la province orientale du Nord-Kivu, représente l'attaque la plus meurtrière contre la force onusienne déployée en RDC depuis 1999". **Ramallah : "D**eux Palestiniens ont péri dans les raids aériens israéliens sur Gaza en riposte à des tirs de roquettes, et plus de 150 ont été blessés lors de heurts en Cisjordanie occupée, 3 jours après la décision américaine de reconnaître Jérusalem comme capitale d'Israël. Le Fatah du président palestinien Mahmoud Abbas a enjoint les Palestiniens à "poursuivre la confrontation à l'élargir à tous les points où l'armée israélienne est présente" dans une déclaration publiée hier soir. Hier, des Palestiniens sont de nouveau descendus dans les rues de Jérusalem-Est et en Cisjordanie, territoire palestinien occupé par l'armée israélienne depuis 50 ans, ainsi que dans la bande de Gaza, pour protester contre la décision américaine. **Californie : Le**s gigantesques incendies qui ravagent depuis le début de la semaine la région de Los Angeles, restaient hors de contrôle hier, tandis que de nouveaux foyers se sont déclarés à San Diego et à Santa Barbara, entraînant l'évacuation de 212 000 habitants. Attisé par des vents violents, les incendies qui ont commencé lundi soir, on fait au moins un mort et réduit et réduit près de 60 000 hectares. **Belgique : U**ne vente aux enchères de dessins et planches d'Albert Uderzo, créateur d'Astérix avec René Goscinny, a été suspendue à Bruxelles après une plainte pour abus de confiance déposée par le dessinateur. **États-Unis : L'**élu républicain américain Trent Franks a brusquement démissionné de son poste de représentant au Congrès, alors qu'il était l'objet d'une enquête de la commission éthique de la Chambre des représentants après des accusations de comportements sexuels déplacés émanant de ses collaboratrices. **Grande-Bretagne : Le** ministre britannique des Affaires étrangères à Boris Johnson tentait de pousser à la libération d'une franco-britannique détenue depuis 2016 en Iran, à l'occasion d'une visite à Téhéran, marquée également par des discussions sur le nucléaire. Il s'agit d'une de la première visite d'un ministre britannique des Affaires étrangères en Iran depuis la signature en 2015 d'un accord historique entre Téhéran et six grandes puissances, dont la Grande-Bretagne, qui limite le programme nucléaire de Téhéran. **Nobel de la paix : S**urvivante du premier bombardement atomique de l'histoire et militante du désarmement, la Canadienne d'origine japonaise Setsuko Thurlow reçoit aujourd'hui à Oslo le prix Nobel de la paix, au nom de la Campagne internationale pour l'abolition des armes nucléaires (ICAN), organisation lauréate cette année et dont elle est ambassadrice. Née de parents pacifistes le 3 janvier 1932, elle était écolière quand se produit l'événement qui allait bouleverser sa vie et changer le monde à jamais : le bombardement atomique de sa ville natale, Hiroshima le 6 août 1945. Logeant dans un immeuble à 1,8 km de l'épicentre de l'explosion, elle y perdit plusieurs membres de sa famille.

France : Plusieurs milliers de personnes ont manifesté à Paris, à l'appel d'organisations et d'élus du Pays Basque, pour demander "la fin du régime d'exception pour les prisonniers basques". Ces manifestants réclament le rapprochement des 62 personnes détenues pour des délits ou des crimes liés au terrorisme basque, qui se trouvent actuellement dans 20 prisons à travers la France, "en moyenne à 600 kilomètres du Pays Basque". **Parti radical :** Après 45 ans de schisme, le Parti radical valoisien et le Parti radical de gauche se sont réunifiés à Paris en Mouvement radical, un mariage qui marque la suite de la recomposition politique autour de la majorité présidentielle. **Police :** Environ 200 policiers en civil, une rose blanche à la main, ont défilé en silence dans le centre d'Alençon afin de rendre hommage à l'un de leurs collègues qui s'est suicidé dimanche au commissariat de la ville avec son arme de service. **Logement :** Plusieurs centaines de personnes, dont l'actrice Josiane Balasko, ont manifesté à Paris contre le projet de réforme prévoyant une baisse des aides au logement, accompagnée d'une réduction des loyers dans le parc social.

Football. PSG - Lille... 3-1. Monaco - Troyes... 3-2. *Le Parisien* : Peut-on sauver le soldat Payet ? Recruté en janvier pour être la figure de proue du nouveau projet phocéen, l'international tricolore se révèle incapable de répondre aux attentes placées en lui. **Espagne :** Le Real Madrid s'est imposé 5 buts à 0 face à Séville. Cristiano Ronaldo a signé un doublé, fêtant dignement son 5e Ballon d'Or. Benzema est resté muet. **Allemagne :** Battu en Bundesliga par le Werder de Brême hier (1-2), Dortmund enchaîné un 12e match sans victoire toutes compétitions confondues (5 nuls, 7 défaites). **Mondial des clubs :** Al-Jazira qui participe à son premier Mondial des clubs, a battu les Japonais d'Urawa Red Diamonds 1-0 et aura donc l'honneur de croiser le fer avec les vedettes du Real Madrid. Dans l'autre quart, Pachuca a été poussé en prolongation avant d'obtenir son ticket pour le dernier carré aux dépens de Wydad Casablanca (1-0) et sera opposé au Gremio Porto Alegre. **Rugby, Champions Cup.** Glasgow - Montpellier... 22-29. Castres - Racing 92... 16-13. Toulon - Bath... 24-20. **Ski Alpin :** Le français Alexis Pinturault, a remporté hier le slalom géant du Val-d'Isère dont il était tenant. **Biathlon :** Martin Fourcade a pris la 3e place de la poursuite d'Hochfilzen (Autriche), hier, derrière Johannes Boe et Jakov Fak. Le sextuple tenant du gros globe de cristal n'a pu disputer la victoire finale, handicapé par 5 fautes au tir. **Patinage artistique : G**abriella Papadakis et Guillaume Cizeron ont remporté la finale du Grand Prix de patinage artistique, hier à Nagoya (Japon). Pour la 3e fois cet hiver, les danseurs français ont amélioré leur propre record du monde de (202,16 points).

Sortie, *Le Parisien* : "À Strasbourg c'est déjà Noël. On vient de nouveau à Lille ou à Toulouse pour sa réputation nationale, voire internationale. Tous les chemins mènent au marché de Noël de Strasbourg". **Expo : E**ffets spéciaux crevez l'écran ! **& : M**onet collectionneur. **Loisirs,** *Le Parisien* **: T**he Crown, quel joyau ! **Série. L**a deuxième saison de la production Netflix, consacrée à Elizabeth II, incarnée à merveille par Claire Foy, fascine encore davantage que la première". "C'est le temps de la désillusion". **Gulli. " d**ans la peau d'un dromadaire. L'animateur Alex Goude a vécu pendant 3 jours comme un camélidé au Sahara. Un défi (presque) digne de Mike Horn". **& : "M**arlène, glamour et libre. Icône provocante, Marlène Dietrich continue de fasciner à la Maison Européenne de la photographie (Paris) à travers 200 clichés". "Le petit Mozart de la voile. Le skippeur de 34 ans est en passe de battre le record du tour du monde en solitaire détenu depuis moins d'un an par Thomas Coville. Ce surdoué transforme tout ce qu'il touche en or". **Livres : D**eon Meyer. *L'année du Lion.* Denis Lahaye. *Correspondance Châtelet.* **"Dans l'actu. T**op. Jeanne Moreau : une fondation, un prix et une rue".

Au programme : *Le grand voyage du sapin de Noël. L'étoffe des héros* (Sam Shepard). *Quand la gauche collaborait - 1928-1945. Pour une poignée de dollars. L'escapade de Noël. Je suis une légende* (Will Smith). *Whipladh* (Miles Teller). *Le Concert* (Alexeï Guskov, Melanie Laurent).

Météo : Très perturbé.

Football, *Eurosport* : Après PSG - Lille (3-1), Kylian Mbappé raconte son but : "Le défenseur a voulu me découper". **Ligue 1 : P**aris SG - Lille... 3-1. Le PSG est sacré champion d'automne mais n'a pas rassuré. Monaco - Troyes... 3-2. Les Monégasques étaient menés 2 à 0 jusqu'à la 70e minute. **Marseille, L**e Parisien : "Peut-on sauver le soldat Payet ? Recruté en janvier pour être la figure de proue du nouveau projet phocéen, l'international tricolore se révèle incapable de répondre aux attentes placées en lui." **Ligue 2 : 1**6e du classement, l'AJ Auxerre s'est séparé de son entraîneur Francis Gillot. **Allemagne : 1**2e match consécutif sans victoire pour le Borussia Dortmund. Son entraîneur, Peter Bosz devrait être rapidement remercié. **Espagne : R**eal Madrid - FC Séville... 5-0. Cristiano Ronaldo a réalisé un doublé. Karim Benzema est resté muet. **Ski Alpin : A**lexis Pinturault a remporté le Géant de Val-d'Isère, dont il était tenant du titre. **Biathlon : R**omain Fourcade a pris la 3e place de la poursuite derrière Johannes Boe et Jakov Fak à Hochfilzen en Autriche. **Rugby, Champions Cup : D**éplorant 4 blessés à l'ouverture, Clermont alignera Toeava, novice au poste, sur la pelouse des anglais des Saracens, double tenant du titre. **Hier :** Toulon - Bath (Ang)... 24-20. Castres- Racing 92... 16-13. **Basketball, NBA : J**ames Harden, 48 points, a grandement contribué au 9e succès de Houston, leader de la Conférence Ouest, sur Portland. Les Trailblazers de Damian Lillard (35 points) menait pourtant de 12 points à moins de 9 minutes du terme de la rencontre. Défait lors de son dernier match, Cleveland s'est immédiatement repris dans le sillage de LeBron James (30 pts, 13 rbds, 13 pds) pour dominer Philadelphie (105-98). Celui que l'on nommait "The Chosen One" a été à l'origine des 21 derniers points de son équipe. Vainqueur de Phoenix, San Antonio a consolidé sa 3e place à l'Ouest. Oklahoma (Russell Westbrook en triple double) a dominé Memphis. Chicago (117-100 contre New York) a enchaîné avec un second succès, pour la 1ère fois cette saison. Nikola Mirotic a inscrit 19 points pour son deuxième match depuis son retour de suspension (23 matchs) et son altercation avec son coéquipier Bobby Portis. **Pro A : V**ictorieux à Dijon (77-99), Monaco s'est emparé de la première place et met la pression sur Le Mans, qui jouera lundi. Le champion en tire, Chalonsur-Saône, a décroché un troisième succès cette saison mais reste 18e et dernier du classement. **Patinage artistique :** Gabriella Papadakis et Guillaume Cizeron ont remporté la finale du Grand Prix de patinage artistique du Japon à Nagoya, améliorant pour la 3e fois leur propre record du monde (202,16 points).

Exposition : *Obsession Marlène* (Dietrich), Maison européenne de la photographie, 5-7 rue de Fourcy (Paris IVe).

Au Programme : *The Crown* (saison 2, Claire Foy interprète Elizabeth II) ; *Stars 80* (Richard Anconina, Patrick Timsit). *Zone interdite : "Paris dans les secrets de la capitale du luxe."* L'escapade de Noël ; *Le grand voyage du sapin de Noël* ; *Whiplash* (coup de fouet, film américain avec Miles Teller, J.K. Simons) ; *Le concert* (Alexeï Guskov, Dimitri Nazarov, Mélanie Laurent) ; *L'étoffe des héros* (Scott Glenn, Ed Harris, Dennis Quaid) ; *La première étoile* (Lucien Jean-Baptiste, Anne Consigny) ; *Je suis une légende* (Will Smith) ; *Waterworld* (Kevin Costner) ; *The Fall* (Gillian Anderson) ; L'*affaire O.J. Simpson* ; *Maman, je m'occupe des méchants ! Appelez-moi le père Noël*.

Météo : Tous aux abris !

Proverbe : "Ce ne sont pas les mauvaises herbes qui étouffent le bon grain, c'est la négligence du cultivateur."

France Singles Top 100 Acharts, SNEP, Top 20 & More : 1. *Je te promets*. Johnny Hallyday. 2. *Perfect*. Ed Sheeran. 3. *L'envie*. Johnny Hallyday. 4. *Quelque chose de Tennessee*. Johnny Hallyday. 5. *Vivre pour le meilleur*. Johnny Hallyday. 6. *Diego, libre dans sa tête*. Johnny Hallyday. 7. *Que je t'aime*. Johnny Hallyday. 8. *Requiem pour un fou*. Johnny Hallyday. 9. *Havana*. Camilla Cabello and Young Thug. 10. *Sang pour sang*. Johnny Hallyday. 11. *Allumer le feu*. Johnny Hallyday. 12. *Laura*. Johnny Hallyday. 13. *Marie*. Johnny Hallyday. 14. *Katchi*. Ofenbach and Nick Waterhouse. 15. *Si t'étais là*. Louane Émera. 16. *What about us*. P!nk. 17. *Le pénitencier*. Johnny Hallyday. 18. *Gabrielle*.

Johnny Hallyday. **19.** *J'oublierai ton nom.* Johnny Hallyday. **20.** *J'ai oublié de vivre.* Johnny Hallyday. **21.** *Dusk till dawn.* Zayn and Sia. **22.** *Tueurs.* Damso. **23.** *Feel it still.* Portugal. The Man. **24.** *Retiens la nuit.* Johnny Hallyday. **25.** *All I want for Christmas is you.* Mariah Carey. **26.** *Caméléon.* Maître Gims. **27.** *Petite fille.* Booba. **28.** *113.* Booba et Damso. **29.** *Dommage.* BigFlo & Oli. **30.** *Toute la musique que j'aime.* Johnny Hallyday. **32.** *Trône.* Booba. **36.** *L'hymne à l'amour Live 1995 Bercy.* Johnny Hallyday. **37.** *Ma gueule.* Johnny Hallyday. **40.** *Ça va aller.* Booba ft. Niska and Sidiki Diabaté. **41.** *Ridin'.* Booba. **43.** *Friday.* Booba. **47.** *Drapeau noir.* Booba. **48.** *Derrière l'amour.* Johnny Hallyday. **50.** *Noir c'est noir.* Johnny Hallyday.

... Lundi 11 Décembre 2017.

Citations : "**O**n ne reçoit pas la sagesse, il faut la découvrir par soi-même, après un trajet que personne ne peut faire pour nous, ne peut nous épargner." **Marcel Proust** (1871-1922), écrivain français. Son œuvre principale est *À la recherche du temps perdu*, publiée de 1913 à 1927. **& :** "**L**'architecture, c'est une tournure d'esprit et non un métier." **Le Corbusier** (1887-1965), architecte français.

1851 : Victor Hugo, chef de file du comité de résistance au coup d'État réalisé par Napoléon III le 2 décembre quitte Paris pour un exil en Belgique, qui se terminera en 1870 après l'abolition du Second Empire. 2016 : Un attentat à la bombe fait 27 morts et 49 blessés en pleine messe dans une église copte orthodoxe au Caire. Revendiquée par l'État islamique, c'est l'attaque la plus meurtrière contre les chrétiens d'Égypte depuis l'attentat d'Alexandrie en 2011.

Le Parisien - Aujourd'hui en France : "**O**ù va la droite ? Les Républicains. Élu hier président du parti, Laurent Wauquiez doit maintenant rassembler sa famille politique. Un casse-tête. Provence-

Alpes-Côte d'Azur. Les paquebots de croisière polluent trop à Marseille. Politique. Large victoire des nationalistes corses. Alimentation. La crise du lait infantile contaminé s'amplifie. Éducation. Chaque école ou collège aura bientôt sa chorale. Reportage. À Saint-Barth, dernière demeure de Johnny. 75 : La lourde facture du son et lumière de Notre-Dame. Supplément : Ils cumulent plusieurs métiers". *Le Figaro* : **"A**près sa large victoire, les défis de Laurent Wauquiez. Le président de la région Auvergne-Rhône-Alpes a été élu dimanche soir à la tête des Républicains, avec 76,64 % des voix. "Nous sommes au début d'une renaissance" a-t-il assuré. Éditorial par Yves Thréard : Le plus dur commence. (...) Wauquiez doit encore prouver qu'il a la stature d'un leader. Champagne : Aux États-Unis comme en France, le vin blond pétille sur les tables de fête. Le Figaro Santé. Autisme : Comment reconnaître le syndrome d'Asperger ? Ukraine : Mobilisation à Kiev pour la libération de Saakachvili. Moyen-Orient : Paris appelle Nétanyahou à faire un geste pour la paix. Arts : Quels lauriers pour César. Champs libres : La Russie est-elle le nouveau maître du monde arabe ?". *Libération.* Corse : "L'île prend le large. L'éclatante victoire des nationalistes aux territoriales dimanche ouvre la porte à des pourparlers tendus avec l'État sur l'autonomie corse. LR : Wauquiez dans un fauteuil. Élu à la tête de LR avec 74,6 % des voix dès le premier tour, le président de la région Auvergne-Rhône-Alpes qui a parfois flirté avec les idées de l'extrême droite, va devoir apaiser son discours pour ne pas faire fuie les cadres du parti. Roman Photo. Délice rétro à Marseille". *L'Humanité.* "Hôpitaux : les faux pas de la course au gigantisme. Manque de moyens, éloignement des populations, perte d'humanité... Les établissements géants en crise. Droite : Wauquiez en désespoir de cause. Oslo : Un Nobel contre la bombe atomique. Vietnam : La crevette se glisse entre mer et Mékong. La montée des eaux salines pousse à créer des bassins pour produite des crustacés de qualité propres à séduire l'Europe. Enquête. Débats & controverses : La lutte des classes a-t-elle encore un sens ?". *L'éditionfrance par Ouest-France* : **"R**etrait massif de lait infantile Lactalis. Commentaire : La droite à quitte ou double. Espagne : Le retour des expatriés économiques. Rencontre. Ellen

MacArthur compte bien changer le monde". *La Croix* : "Dans les ruines de Rakka. Notre reporter a suivi 'et retour des habitants chez eux. Au même moment, en Syrie et en Irak, la victoire contre Daech a été proclamée. Question : La finance est-elle l'ennemie du climat ? Entretien avec l'économiste Gaël Giraud". *Les Échos*. "Climat : sauver l'Accord de Paris. Deux ans après la COP 21, le One Planet Summit se tient ce mardi près de Paris. Les entreprises et les grandes métropoles prennent le relais des États. La place de Paris se mobilise lundi pour accélérer l'essor de la finance verte. Défense. Avion de combat : le bilan affligeant de la maintenance. Justice : Les juges accélèrent leur enquête sur Lafarge en Syrie. Après la mise en examen des cadres du cimentier, Lafarge SA est dans le viseur. Musique : Allié à Tencent, Spotify vise le marché chinois. & : Les pièges de la deuxième phase du Brexit. Entreprises & Marchés : Le plan mobilité du gouvernement. La fibre et le câble vont être d'avantages taxés. Filière voile : La Bretagne veut creuser l'écart". *La Voix du Nord* : "7 heures de galère. Calais. Ensablé, un ferry est resté échoué dans le port tout l'après-midi, bloquant les 313 personnes à bord. Lille : Le marché de Noël fermé et la grande roue arrêtée hier. Météo : La région balayée par la neige et la tempête". Rencontre. Guy Gilbert : "Ma religion est celle de l'amour". *La Provence Marseille*. "OM 3 - Saint-Étienne 0. Valeureux Germain. Valère Germain a inscrit hier ses deux premiers buts en Ligue 1 sous le maillot olympien et, on l'espère, définitivement lancé sa saison en bleu et blanc. Lyon (2e), Monaco (3e) et l'OM (4e) à égalité de points. & : La dernière séance du Train Bleu. Le train de nuit Nice-Paris est arrivé pour la dernière fois en gare d'Austerlitz dimanche matin. Il n'en partira plus. Jugée trop peu rentable, cette ligne mythique est abandonnée par l'État. Nous étions de ce dernier voyage. Onze heures de rails, de rencontres et de nostalgie. Retour sur une époque où le transport ferroviaire ignorait tout de la grande vitesse. La Madrague. Pollution des sols : ce que l'étude révèle. Éducation. Dès 2018, fini les portables à l'école. Santé : Gare à la e-cigarette parfum cannabis !". *La Montagne Creuse* : 1.400 coureurs ont bravé le loup blanc. Guéret. Le Trail du loup blanc a battu un nouveau record, ce week-end, pour sa onzième édition, en accueillant 1.400 coureurs sur les différents circuits. Ardu. Montées, casse-pattes, froid, pluie, vent : les plus valeureux ont rapidement fait la différence entre chemins et sous-bois. Limoges : Deux chiennes en psychiatrie pour aider les malades à Esquirol. Dossier. L'espace public s'écrit surtout au masculin selon Genre et Ville. Ils sont urbanistes, géographe ou philosophe et ils expliquent comment l'espace public est investi en priorité par les hommes. Sardent : Ultime récolte d'idées pour relativiser la Creuse. **La Dépêche du Midi.** Laits pour bébé : le retrait massif. Environnement. Recyclage : Toulouse peut mieux faire. Aéronautique : Des projets d'avions supersoniques plus rapides que le Concorde. Les projets d'avions se multiplient. Un prototype baptisé "Boom" sera capable d'emporter 55 passagers à 2469 km/h. **Presse Océan.** Aéroport : la pression monte autour d'Hulot. Notre-Dame-des-Landes : le ministre de la Transition écologique assure qu'il "prendra ses responsabilités", alors que les médiateurs vont remettre leur rapport mercredi. & : Fin de série à la Beaujoire. Malgré un but de Yacine Bammou, les Canaris ont concédé hier face à Nice (2-1) leur première défaite à domicile depuis le 12 août. Ils restent 5e en Ligue 1. Lire p. 2 et 3. Pourquoi ces entreprises investissent en Loire-Atlantique ? Nantes. Culture : femmes aux postes clés. **Sud Ouest :** Édouard Philippe veut "réparer le pays". Exclusif. Le Premier ministre a reçu "Sud Ouest" à Matignon pour expliquer sa politique : Code du travail, logement, formation. Aujourd'hui, il vient inaugurer la foire de Pau. & : Des Girondins pas très inspirés. Football. Malgré une heure de supériorité numérique face aux Lillois, les Bordelais ont fini sur un nul (0-0). Floirac : lever de rideau pour l'Arena. Spectacles. "Sud Ouest" a visité en avant-première la nouvelle salle livrée aujourd'hui et qui ouvrira ses portez le 24 janvier. 46 événements y sont déjà programmés pour 2018. Aérodrome de Léognan. Les colis de Cdiscount seront livrés par drone. Notre-Dame-des-Landes : la tension monte. Que le projet soit abandonné ou pas, les occupants de la zone à défendre campent sur leurs positions et refuseront de partir. Dordogne : La technologie pour mieux vieillir chez soi. Rugby/Coupe d'Europe : La Rochelle régale encore face aux Wasps. **Midi Libre :** Nîmes-Montpellier, le baptême de la LGV. Le premier train de fret a inauguré la ligne hier. En attendant les voyageurs en juillet 2018. Montpellier. Le refuge SPA améliore le quotidien de ses pensionnaires. Miss France. Alizée Rieu : "Je suis motivée à 200 % pour l'élection". Consommation : Bercy rappelle plus de 600 lots de lait infantile contaminé. *Corse-matin* : Victoire absolue. 16 pages spéciales. La liste Pè a Corsica obtient la majorité absolue dans la nouvelle assemblée. Les nationalistes rassemblent près de 13 000 voix de plus qu'au 1er tour. Le Premier ministre s'est entretenu avec Gilles Simeoni dès hier soir. *L'Indépendant catalan* : Les Déferlantes. Lenny Kravitz le 7 juillet à Valmy. Saint-Barthélemy. Johnny a rejoint son paradis. Économie : Transmission d'entreprise le défi des artisans audois. La Chambre de Métiers veille sur les 2 068 entrepreneurs audois qui ont plus de 55 ans. Narbonne. Fuite de gaz près des féeries de Noël. *Les Nouvelles calédoniennes* : Lifou malade de son lagon pollué. Les Drehu, dont l'économie est tournée presque exclusivement vers l'océan, sont très inquiets alors que près d'une centaine de kilos de boulettes d'hydrocarbure ont déjà été collecté. Incendies : Le plan Orsec déclenché pour le Mont Dore et Païta. ULM : Les recherches abandonnées. Page éco : Encourager les initiatives vertes. *Le Quotidien de la Réunion et de l'océan indien.* Secrets de ministre. Éricka Bareigts dévoile les coulisses du gouvernement. Première Réunionnaise à être devenue ministre, la Dionysienne a appris à se frotter à la réalité du pouvoir. Dans une série d'entretiens accordés au Quotidien, Éricka Bareigts accepte de nous livrer cinq épisodes de son expérience de ministre. EDF : Le compteur "intelligent" Linky arrive chez nous. *France-Guyane* : M.-L. Pinéra-Horth. "Étant intègre, je reste sereine." Le maire de Cayenne et présidente de la communauté d'agglomération du Centre littoral (CACL) évoque ses préoccupé du moment et ses projets. *France-Antilles Guadeloupe* : Saint-Barth dit adieu à Johnny Hallyday. Depuis samedi, les hommages rendus à l'artiste se succèdent. À Paris d'abord, et hier à Saint-Barthélemy. Ses obsèques seront célébrées sur l'île aujourd'hui. Ce week-end, c'était l'effervescence autour du cimetière de Lorient. *France-Antilles Martinique* : Dernière scène aux Antilles. Schoelcher : Et la lumière fut ! *L'Aube* **(Gabon)** : "Les magistrats sont corrompus". Déclaration fracassante et intime conviction de Me Francis Nkea Ns' dzigue. **L'Équipe** : Maxi profit pour l'OM. Ligue 1. Marseille 3-0 Saint-Étienne. Scénario idéal pour les Marseillais. Ils restent à un souffle du podium et Valère Germain, auteur d'un doublé, a enfin marqué. L'OM est prête pour le choc de ce dimanche prochain à Lyon. Amiens 1-2 Lyon. Un final de folie. Longtemps mené, l'OL a renversé la situation dans les dernières minutes. Handball. Championnat du monde femmes. France 29-26 Hongrie. Les Bleues tiennent leur quart. **Midi Olympique.** Le journal du rugby. Lundi. L'appel de Laporte. Via Serge Simon, Bernard Laporte va faire le tour des présidents de clubs et de leurs managers, afin de définitivement trancher le cas Guy Novès et de son staff à la tête du XV de France. Toulouse. L'équipe de 2019 prend forme. **La Voix des Sports** : On a rencontré Michel Seydoux onze mois après son départ du LOSC. "Je ne suis pas encore retourné dans un stade". **Le P'tit Libé** : Les jeux de société. D'où viennent les jeux de société ? Comment les fabrique-t-on ? Pourquoi les aime-t-on tant ? **Ecommerce, Le média du cross canal** : Emmanuel Grenier. P-DG de Cdiscount. Élu personnalité E-Commerce 2017. Cdiscount, 20 ans d'une aventure hors norme. Luxe : La révolution digitale en marche. **Télé Poche** : Julien Doré. 10 après Nouvelle Star, il triomphe sur scène. "J'ai arrêté d'avoir peur". Miss France : Qui sont les 30 candidates ? Notre guide complet. Confessions : Nolwenn Leroy. "J'ai promis à l'Abbé Pierre de poursuive son engagement." C'est fou ! La saga Star Wars en chiffres.

Armes nucléaires : "La destruction de l'humanité ne tient qu'à un coup de sang." Les militants antinucléaires ont reçu, hier à Oslo, le prix Nobel de la Paix, en présence des survivants des bombardements d'Hiroshima et Nagasaki responsables de 220 000 morts il y a 72 ans. **États-Unis** : Après avoir dévasté près de 63 000 hectares, les feux progressaient hier au nord de Los Angeles, menaçant Santa Barbara et la petite ville de Carpinteria. Les autres foyers de Californie semblaient, eux, sous contrôle. **Météo** : De fortes chutes de neige, des vents violents, du verglas mais aussi des précipitations ont touché la France, le Royaume-Uni et l'Allemagne, perturbant les transports, privant des milliers de foyers d'électricité. En Allemagne, le trafic aérien a été fortement perturbé. **Brexit.** Londres ne paiera pas sa facture de divorce estimée entre 40 et 45 milliards d'euros, à l'Union européenne, si elle ne parvient pas à conclure un accord commercial avec Bruxelles, a affirmé le ministre britannique chargé du dossier, David Davis. **Économie :** Le bitcoin, mère controversée des monnaies virtuelles, va acquérir ses lettres de noblesse avec les premiers échanges de produits en son nom sur un marché financier reconnu, installé aux États-Unis. **Société :** Daniel Middleton ou DanTDM de son pseudo, est devenu le youtubeur le mieux payé de 2017 avec presque 14 millions d'euros selon Forbes. Ce spécialiste du jeu vidéo "Minecraft" détrône le célèbre PewDiePie, qui malgré 50 millions d'abonnés, n'arrive qu'à la sixième place du classement. Les 10 youtubeurs les mieux payés de la planète cumulent ensemble 108 millions d'euros pour la période du 1er juin 2016 au 1er juin 2017, nets de charges et d'impôts. **Irak :** Les différents corps de l'armée ont défilé à Bagdad pour fêter la victoire militaire sur le groupe djihadiste État islamique, nouvelle annoncée la veille, par le Premier ministre Haider al-Abadi. **Venezuela :** Près de vingt millions d'électeurs ont commencé à voter pour désigner leurs maires, le président du pays, Nicolas Maduro, étant quasiment assuré de l'emporter face à une opposition morcelée, avant de postuler un second mandat, l'année prochaine.

France : Emmanuel Macron a appelé hier, depuis Paris, le Premier ministre israélien Benjamin Netanyahu à "des gestes courageux envers les Palestiniens", citant notamment "le gel de la colonisation" tout en condamnant "toutes les formes d'attaques" contre Israël. Le président français a rappelé sa "désapprobation des déclarations récentes du président des États-Unis, que la France juge contraires au droit international et dangereuses pour la paix", quelques jours après la reconnaissance par Donald Trump de Jérusalem comme capitale d'Israël. Des milliers de personnes ont manifesté, pour le 4e jour consécutif, au Moyen-Orient et à l'étranger pour protester contre cette décision du président américain. **Corse :** Les Corses souhaitent que leur langue soit officialisée dans la Constitution, acquérir à terme un statut d'autodétermination, un statut de résident corse, mais aussi un statut fiscal adapté. Bref, un statut à part. **Consommation :** En raison d'un risque de contamination par des salmonelles, Bercy a étendu les mesures de retrait et de rappel des produits infantiles fabriqués par le groupe Lactalis. 5 nouveaux cas de salmonellose ont été déclarés chez des nourrissons la semaine dernière, dont l'un avait consommé un lait de riz ne figurant pas parmi les produits rappelés par le groupe le 2 décembre. **Notre-Dame-des-Landes :** L'ancien Premier ministre Jean-Marc Ayrault, a affirmé que "passer outre le référendum" favorable à la construction de l'aéroport serait un "déni de démocratie", provoquant une réplique virulente de Ségolène Royal. **Transports :** En raison d'une grève des conducteurs à l'appel de 4 syndicats, le trafic des lignes A et B du RER sera perturbé demain avec un train sur deux aux heures de pointe et encore moins aux heures creuses.

Accidents : Samedi, dans le Gard, un chasseur de 47 ans a été tué par un autre chasseur lors d'une battue au sanglier. De plus, un homme qui chassait dans le même secteur, a été retrouvé mort noyé. **Explosion :** Une villa a été soufflée dans la soirée de samedi par une explosion sur la commune de Roquebrune-sur-Argens dans le Var, occasionnant d'importants dégâts collatéraux aux propriétés voisines. Son propriétaire a été grièvement blessé. **L'image surprise,** *La Voix du Nord* : "Mais de qui se moque-t-on ?".

Football, Ligue 1, Classement : 1. Paris SG (44 pts). 2. Lyon (35). 3. Monaco (35). 4. Marseille (35). 5. Nantes (27). 16. Toulouse (19). 17. Troyes (18). 18. LOSC (18). 19. Angers (15). 20. Metz (5...). *Le Parisien* : "**A**ouar, la nouvelle lumière de l'OL." **D1 Féminine : 1.** Lyon (30 pts). 2. Paris SG (28). 3. Montpellier (27). 10. Guingamp (9). 11. LOSC (8). 12. Marseille (3). **Incident :** Nouveau problème technique hier après-midi, au stade de la Licorne à Amiens. Moins d'une heure avant le début du match de Ligue 1 entre Amiens et Lyon, un projecteur s'est décroché. Par mesure de sécurité la tribune a ensuite été évacué. **Angleterre :** Manchester United - Manchester City... 1-2. Liverpool - Everton 1-1. Southampton - Arsenal... 1-1. Grâce au 14e succès d'affilée des Citizens, tombeurs des Red Devils à Old Trafford, Man City compte désormais 11 points d'avance après

16 journées. **Allemagne :** Peter Bosz, entraîneur du Borussia Dortmund a été limogé. Il est remplacé par Peter Stöger, technicien évincé de Cologne, dimanche dernier. **Espagne :** Bétis Séville - Atlético Madrid... 0-1. Villareal - FC Barcelone... 0-2. **Italie :** Naples - Fiorentina... 0-0. Milan AC - Bologne... 2-1. Chievo Vérone - AS Rome... 0-0. **Ski de fond :** Le Français Maurice Manificat a remporté le 15 kilomètre libre de Davos (Suisse). **Biathlon :** La Norvège s'est imposée sur le relai à Hochfilzen, sans les frères Johannes et Tarjei Boe, vainqueurs de 4 des 5 courses individuelles disputées cette saison. La France, privée de Martin Fourcade, a pris la 3e place. **Basketball, NBA :** En perdition à son arrivée à Indiana, Victor Oladipo s'est affirmé comme le patron des Pacers depuis le départ de Paul George. Auteur de 47 points, 7 rebonds, 6 passes décisives, il a mené sa franchise à la victoire contre Denver. La Nouvelle Orléans s'est imposée contre Philadelphie. Holiday (34 pts), Davis (29 pts) et Cousins (23) ont bien été aidés par les 18 passes décisives distribuées par Rajon Rondo. Sacramento a dominé Toronto. Boston, Detroit. Minnesota, Dallas. New York a souffert pour venir à bout d'Atlanta, avant dernier de la Conférence Est. **Blessure :** Nicolas Batum s'est de nouveau blessé au coude gauche (opéré en octobre). Il a du quitté ses coéquipiers prématurément. **Voile :** Après 36 jours et 1 heure, soit 5 jours de mieux que le record du tour du monde en solitaire de Thomas Coville, François Gabart a passé l'équateur hier, sur son trimaran Macif.

Télévision : À 16h30, les Minikeums seront de retour avec Normy, Riha, Keva, Loulou et Pog, les doubles enfantins de Norman, Rihanna, Kev Adams, Louane et Paul Pogba. **Humour :** Une journée chez ma mère, à la Nouvelle Eve (Paris IXe). **Publicité :** *Drôles de petites bêtes*. Kev Adams est *Loulou le pou*. Virginie Efira est *Huguette la guêpe*. Au cinéma le 13 décembre.

Au programme : *Les chamois* (François Berléand) ; *Jean Philippe* (Fabrice Luchini, Johnny Hallyday) ; *Stupéfiant ! "Spécial tout nu"*. *Cachez ce nu ! Une merveilleuse histoire du temps* (Stephen Hawking) ; *L'orange de Noël* (Jean-Yves Berteloot) ; *Touche pas au*

Grisbi (Jean Gabin) ; *L'ange bleu* (Emil Jannings, Marlene Dietrich) ; *Folle histoire de Jeff Panacloc*. *X-Men Origins : Wolverine* (Hugh Jackman) ; *La vengeance dans la peau* (Matt Damon). *Football féminin : Olympique Lyonnais - Paris Saint-Germain. Les hommes viennent de Mars, les femmes de Vénus 2. Axelle Laffont hypersensible. Hubert le chien* (Christophe Dechavanne). *L'Équipe enquête : "Olivier Giroud, le mal aimé". Alaska express. Noël à pile ou face* (Nikki DeLoach). *Tout est politique.*

Météo : Fallait rester couché.

Sondage *LeParisien.fr* **:** "Avez-vous été ému par la cérémonie d'hommage à Johnny ? Oui : 77,3 %".

Proverbe : "Chacun est le fils de ses œuvres".

... Mardi, 12 Décembre 2017.

Citations : « En religion, je n'ai aucune croyance." **François-René de Chateaubriand** (1768-1848), écrivain français. **& :** "Il faut de l'artifice pour se faire aimer ; il faut chercher avec quelque adresse les moyens d'enflammer, et l'amour tout seul ne donne point de l'amour". **Gabriel de Lavergne**, sieur de Guilleragues (1628-1685). Journaliste, diplomate et écrivain français.

1999 : Transportant plus de 30 000 tonnes de fioul en provenance de Dunkerque et à destination de Livourne, le pétrolier Erika fait naufrage au large du Finistère. 10 000 tonnes d'hydrocarbures iront polluer les côtes de Vendée et le littoral de Bretagne.

Libération (en couverture, Emmanuel Macron à vélo) : Écolo malgré lui. Face à la défection de Trump et au retrait des autres leaders européens, le chef de l'État, peu connu pour ses affinités vertes, a pris les commandes de la lutte climatique. Il organise aujourd'hui un sommet sur le financement de la transition. Agnès Buzin. "L'hôpital n'est pas une entreprise." La ministre de la Santé affirme vouloir une transformation de fond qui redonnerai confiance aux personnels ainsi qu'aux patients. Ce qui n'ira pas, concède-t-elle, sans décisions difficiles ". & : À France Télés, ça chauffe pour les chefs. Les rédactions du groupe public se prononcent ce mardi sur une motion de défiance contre leur présidente, Delphine Ernotte. Un appel à la grève a par ailleurs été lancé. Georges Tron jugé pour viol en réunion. Le maire de Draveil (Essonne) est accusé par deux employées municipales de les avoir violées lors de séances de "réflexologie plantaire". Il comparait avec son ex-adjointe au tribunal de Bobigny. *Le Figaro.* Climat : les entreprises montent en première ligne. La Finance et les entreprises au chevet de la planète. 2013-2017 : Les années les plus chaudes jamais enregistrées. Macron endosse le costume de sauveur de la planète. Les Américains mobilisés malgré le retrait de Trump. Laurent Fabius : "Nous ne regardons plus ailleurs mais le monde brûle toujours. La Finance Verte peut-elle sauver la planète ? & : Gare Montparnasse, les pannes à répétition ternissent la réputation de la SNCF. La limitation de vitesse à 80 km/h bientôt adoptée. Éditorial par Gaëtan de Capèle. L'écologie, une bonne affaire. Automobile : Le retour gagnant de la mythique Alpine. Cinéma : Quand Hollywood tremble face à l'assaut des GAFA. Droite : Après sa victoire Wauquiez cherche à ménager les sensibilités. Alabama. Avec Roy Moore, le trumpisme teste sa force. Éducation : Blanquer soutient l'uniforme à l'école. Football : Real-PSG, le pire en rêvant du meilleur. Patronat : Le Medef ferme la porte à une candidatures Sénard. Entretien : Rencontre avec Aznavour avant son concert à Bercy. Champs libres : En Chine, le pouvoir renforce son contrôle sur les religions. Figaro Oui Figaro Non : Pensez-vous que la Corse puisse un jour devenir indépendant ? Oui 64 %. *Le Monde.* Corse : l'État face au défi des nationalistes. Cahier spécial. Le climat en zone de turbulences. Tempête sur la planète. Justice : Georges Tron et ses "jeux" sexuels aux assises. Bitcoin : La Bourse de Chicago institutionnalise cryptomonnaie. États-Unis : Enquête sur les liens entre Trump et Wikileaks. *L'Humanité.* Climat : la grande illusion de la finance verte. Un "sommet" convoqué par Emmanuel Macron veut défendre l'économie verte, qui n'a jamais fait ses preuves. & : Une nouvelle victoire du Chavisme. Municipales. Le Parti socialiste uni et ses alliés remportent 22 capitales des 23 États. Une partie de l'opposition avait boycotté ces élections. *La Croix* : La finance se met au vert. Deux ans jour pour jour après l'accord de Paris, le "One Planet Summit" organisé par l'Élysée veut accélérer la transition vers une économie bas carbone. Monde : La diplomatie américaine en crise. Sciences & éthique : L'exploration du monde, une aventure inépuisable. *Le Parisien - Aujourd'hui en France* : Georges Tron. Un ex-ministre aux assises. Procès. L'ancien secrétaire d'État chargé de la Fonction publique, accusé de viols et d'agressions sexuelles, comparait ce mardi devant la cour d'assises de Seine-Saint-Denis. Les Républicains : Xavier Bertrand claque la porte ! Paris, 75. Grève des RER et quais fermés : gare au mardi noir ! Ligue des champions : Real - PSG, duel au sommet. *L'éditionfrance par Ouest-France* : Ouest-France en deuil. ("~~François Régis Hutin, un journaliste humaniste. Disparition. Homme de combats, de la lutte contre la peine de mort à la liberté de l'enseignement, il est décédé dimanche soir. Après 56 années au service de Ouest-France et de ses lecteurs~~"). Éditorial. Quand ces lignes paraîtront... Tempête. Ana a secoué toute la France. *Les Échos : S*ix questions sur l'ambitieux virage d'EDF dans le solaire. L'électricien prévoit l'équivalent de 40 000 terrains de football en solaire rn quinze ans. À l'occasion du One Planet Summit, les grandes entreprises françaises s'engagent. & : Atos lance une OPA à 4,3 milliers sur Gemalto. L'opération donnerait naissance à un poids lourd européen du numérique. Gestion d'actifs : L'Europe succombe à son tour à la vague des ETF ~~(ou FNB en français, fonds d'actions dont les parts peuvent être transigées en bourse, comme des actions)~~. La chronique de Jean-Marc Vittori : "Ce que disent les pannes de la SNCF". Fiscalité : La réforme américaine inquiète l'Europe. Entreprises et marchés : Défense. Le bond en avant de la Corée du Sud. Bruxelles insiste sur la télé sans frontières. Relations tendues entre les élus et leurs banques. *La Voix du Nord : T*empête, pluie, neige. La trilogie du chaos. Hauts-de-France. Foyers privés d'électricité, A16 fermée, automobilistes piégés, littoral perturbé...

Lille. Peut-on cadrer les publicités sexistes ? Politique : "Mon parti, c'est la région" : Xavier Bertrand quitte les Républicains. Lille. Pourquoi Martha Desrumaux, figure ouvrière, doit entrer au Panthéon. Supplément. 50 entrepreneurs de la région avec ce journal. *La Provence* : Hôpitaux de Marseille. Ça va saigner ! 800 à 1000 suppressions de postes et 400 soignants sont prévues. C'est le traitement de choc que réclame l'État pour accorder son aide financière à l'AP-HM. L'édito par Franz-Olivier Giesbert. Wauquiez, la brouette et les grenouilles. La Méditerranée déchaînée. Un spectacle époustouflant mais pas dénué de danger, hier sur la corniche submergée par les vagues. Certaines pouvaient attendre la hauteur des immeubles qu'elles venaient violemment heurter. Ligue Europa. 16e de finale. OM-Braga : les retrouvailles. *La Montagne Creuse* : Les fans de Star Wars s'arment de patience. Guéret. Les tiers lieux creusois sources d'inspiration pour la Croix-Rouge. *La Dépêche du Midi* : Un sommet pour sauver la planète. Elton John est à son Zénith. Obsèques à Saint-Barth : le cercueil de Johnny a été fabriqué en Ariège. Transports collectifs : Une nouvelle navette sans chauffeur. New York. Attentat terroriste près de Times Square. Un homme de 27 ans originaire du Bangladesh, a déclenché une bombe artisanale dans le métro. Il a été arrêté et hospitalisé. Trois personnes ont été blessées. *Presse Océan* : Détenu dans l'abbaye avant les assises. La cour d'assises de Nantes juge Philippe Fleury, 62 ans, pour le meurtre d'un jeune de 19 ans en 2014 à Joué-sur-Erdre. Il a attendu son procès 22 mois dans une abbaye. & : François Régis Hutin est mort à l'âge de 88 ans. Projet d'aéroport. Les expertises sont déjà en ligne. *Sud Ouest* : Les Chartrons, refuge rêvé des Parisiens. Les Chartrons, quartier le plus recherché par les Parisiens, qui vantent son côté "village". & : Le business de l'empire "Star Wars". Santé/Sport. Faut-il craindre les terrains artificiels. *Midi Libre* : Montpellier. La force créative est avec eux. Deux designers montpelliérains ont travaillé durant un an sur l'épisode 8 de "Star Wars". Édition : Le leader européen du livre photo est Héraultais. Béziers. LGV : polémique autour des affiches de Robert Ménard. *Corse-matin* : "Bâtir une société corse apaisée". Le plébiscite nationaliste redessine la carte politique insulaire. Dans un entretien,

Gilles Simeoni pose les conditions d'un new deal. Coup de tabac sur Ajaccio. La tempête hivernale cloue les avions au tarmac, laisse les ferries à quai et drosse les bateaux sur les rochers. Libération de la Corse. Il était le dernier des Goumiers. Territoriales le jour d'après. Gourault, Mme Corse du gouvernement. *L'Indépendant catalan.* Attaqués à leur domicile : le gang arrêté un an après. Villelongue-de-la-Salanque. Le braquage de la famille de commerçants aurait été commandité. Eyne. Migration : 140 505 oiseaux. *Libération Champagne* : Les mauvais comptes des apothicaires. Santé. En 2017, l'Aube ne compte plus que 95 pharmacies. Un diagnostic alarmant, notamment dans les zones rurales, où les officines souffrent. Romilly-sur-Seine : La Poste fermée à cause des fientes de pigeons. *Les Nouvelles calédoniennes* : Vale sous cloche en 2018 ? L'usine du Sud pourrait être mise à l'arrêt si aucun investisseur n'était trouvé avant juin 2018. C'est en tout cas ce qu'avance le PDG de Vale. & : Du lait pour bébé rappelé en urgence. Aujourd'hui votre magazine Femmes. & : L'horrible agression à la voiture Bélier. Incendies : La série noire se poursuit dans le Sud. Mer : Encore trop d'imprudences. Loisirs : Les bons plans pour chanter à Nouméa. Dumbéa. La commune a chassé les carcasses. Minijeux. Quatre pages spéciales. *Le Quotidien de la Réunion et de l'Océan indien* : Produits chimiques utilisés dans les collèges et les lycées. Une gestion sous surveillance. & : Après une nouvelle attaque. Bientôt des battues contre les chiens errants ? Jeux des îles 2018. La Réunion face à son destin. *France-Guyane* : Que deviennent les salariés d'Endel ? La grève entamée par certains employés n'a pas empêché le transfert de la fusée, hier matin. Les juges doivent toujours se prononcer sur deux contrats perdus par l'entreprise. Panique à Saint-Laurent. Trois enveloppes suspectes ont été trouvées hier à la mairie. Le bâtiment a été évacué, pour étudier ce qu'elles contenaient. *France-Antilles Guadeloupe* : Johnny. La fin du voyage. Faits divers. Vol de cochon en grosses cylindrées. *France-Antilles Martinique* : Marie-Jeanne crie au complot. Hommage : Des obsèques derrière le rideau. Fort-de-France. L'accordéon entre à l'école. *L'Équipe* : La main du diable. Ligue des champions (8e de finale). Real Madrid - Paris SG. Match aller le 14 février. Retour le 6

Mars. Malgré sa place de premier en phase de groupes, le Paris SG hérite dès les huitièmes de finale du pire adversaire : Le Real Madrid de Cristiano Ronaldo et Zinédine Zidane, vainqueur des deux dernières éditions. Football. Ligue 1. Les Grandes crises de l'automne (1/3). Bielsa à Lille : retour sur un fiasco. Avant Rennes (demain) et Saint-Étienne (jeudi), le premier épisode de notre série sur les clubs de L1 qui ont changé d'entraîneur. Rugby. Coupe d'Europe. Saracens 14-46 Clermont. Clermont frappe fort. *Elle* : Notre Johnny. Le phénix du rock. Le père tendre. L'icône de mode. Le séducteur absolu. Photos souvenirs et témoignages exclusifs. *Grazia :* Johnny. La fureur de vivre. Photos, récits, témoignages. Entretien post-mortem. Quand Johnny parlait de sa mort avec Bayon. *Industries Cosmétiques.* Corée : là où l'innovation est reine.

France : 50 000 foyers étaient privés d'électricité hier soir après le passage de la tempête Ana. 7 départements restent en vigilance orange, essentiellement dans le Sud. Les rafales de vent (l'Ouest du pays a été le plus touché), qui ont atteint les 140 à 150 km/h, provoquant des vagues risquant de submerger le littoral. **Europe :** Les intempéries ont frappé plusieurs pays de l'ouest de l'Europe. Elles ont tué une personne : une femme d'une quarantaine d'années tuée par la chute d'un arbre sur sa voiture au Portugal. 3 autres personnes ont été blessées. Du territoire portugais à la Belgique, les transports aériens ont été perturbés. Au Royaume-Uni, des centaines d'écoles sont restées fermées en raison du gel et de la neige. **États-Unis : Le** Sud de la Californie est toujours victime d'un gigantesque incendie qui a brûlé plus de 90 000 hectares de terre en une semaine. **Turquie : L'**auteur de l'attentat de la discothèque d'Istanbul, commis dans la nuit du Nouvel An 2017 et qui a fait 39 morts, pour la plupart des touristes étrangers, a commencé à être jugé par un tribunal du pays. **Inde : La** dynastie des Gabdhi ajoute une nouvelle page à son histoire avec la proclamation à la présidence du parti du Congrès (opposition) de l'héritier Rahul Gandhi. Ce fils, petit-fils et arrière-petit-fils de Premiers ministres indiens, âgé de 47 ans, succédera à sa mère d'origine italienne Sonia, qui occupait le poste de présidente du Congrès depuis 1998. **Venezuela : Le** triomphe du président

Nicolas Maduro aux municipales de dimanche, lui ouvre la voie à un nouveau mandat en 2018. Cette victoire a en effet exclu les principaux partis de l'opposition de la présidentielle. **On vous en dit plus,** *La Voix du Nord* : "Le CHAOS est la règle au Yémen." **États-Unis,** *Ouest-France.* "Californie : le bétonnage cause d'énormes feux". **Le Monde à l'envers :** **U**n dinosaure "très bizarre". L'"Halszka" vivait en Mongolie. **& :** "**D**eux sangliers au lycée."

Disparition : François-Régis Hutin, dernier des grands patrons de la presse régionale, est mort dimanche à l'âge de 88 ans. Il a présidé pendant un demi-siècle aux destinées de Ouest-France, premier quotidien de France fondé par son père et qu'il a transformé en imminent groupe de presse, conservant les valeurs chrétiennes démocrates d'origine. Il avait quitté en 2016 la direction opérationnelle du groupe pour se consacrer aux éditoriaux. Ils militaient pour l'accueil des migrants. "Monsieur le Président", comme il se faisait appeler, avait signé un éditorial en une de son journal intitulé : "Paix pour Jérusalem". **Énergie : L**e groupe EDF, pressé par le gouvernement d'annoncer un projet précis pour le développement des énergies renouvelables, a dévoilé un "plan solaire" sur quinze ans pour développer massivement le photovoltaïque en France. L'électricien souhaite atteindre 30 gigawatts de puissance installée dans le pays entre 2020 et 2035.

Airbnb : **D**epuis le 1er décembre, tout loueur de meublé touristique doit être enregistré et son numéro d'enregistrement doit figurer sur l'annonce en ligne afin de vérifier que les propriétaires ne dépassent pas la durée limite de 120 jours par an de location. **Industrie : U**ne pétition a été lancée par l'association L214, qui milite pour le bien-être animal et l'abolition de la viande, demandant au gouvernement d'interdire tout élevage de poules pondeuses en batterie d'ici à 2025. **Patronat : R**efusant de modifier les règles touchant à l'élection de son président, le conseil exécutif du MEDEF a rejeté la candidature du patron de Michelin, Jean-Dominique Senard pour succéder à Pierre Gattaz en juillet. **Social,** *Le Parisien* : "Jouer pour trouver du travail.

Pôle emploi a développé des outils numériques comme des *serious games* pour aider les chômeurs."

Justice : Un homme de 52 ans a été condamné à Nantes à 24 mois de prison dont 18 de réclusion ferme, pour avoir agressé sexuellement 7 jeunes femmes après les avoir droguées au moyen de chocolat trafiqué lors de trajets de covoiturage. **Faits divers,** *La Voix du Nord* : "Larossi Abballa a-t-il agi seul lors de l'assassinat d'un policier et de sa compagne dans leur pavillon de Magnanville en juin 2016 ? La question est posée avec la mise en examen d'un proche du tueur".

Football, Tirage des 8e de finale de la Ligue des champions : Juventus Turin (Ita) - Tottenham (Ang). Bâle (Sui) - Manchester City (Ang). Porto (Por) - Liverpool (Ang). Real Madrid (Esp) - PSG (Fra). Bayern Munich (All) - Besiktas (Tur). Chelsea (Ang) - Barcelone (Esp). FC Séville (Esp) - Manchester United (Ang). Shakhtar Donetsk (Ukr) - AS Rome (Ita). Ligue Europa, Clubs français : OM - Braga. OL - Villareal. Nice - Lokomotiv Moscou. **Fin de match houleuse e**ntre Manchester United et Manchester City. *Eurosport.* "*Zlatan, tu parles beaucoup, mais tu n'avances pas* : la phrase qui a tout déclenché". **Mexique : P**our la troisième fois en 3 saisons avec les Tigres, André-Pierre Gignac a remporté son troisième tournoi d'ouvertures du championnat du Mexique. Ils se sont imposés contre leur voisin de Monterrey dimanche. **Ligue 2 : N**îmes - Clermont... 2-1. Au classement : 1. Reims (41 pts). 2. Nîmes (37). 3. Lorient (32). 4. Le Havre (31). 5. Ajaccio (31). **Division 1 féminine : L**yon - Paris SG... 1-0. Les Lyonnaises ont désormais 5 points d'avance sur les Parisiennes. **Blessures : B**lessé face à la Lille, Adrien Rabiot sera indisponible pour les 3 derniers matchs de l'année du PSG. **Chronique d**e mauvaise foi par Yves Leroy, *Le Parisien* : "La Licorne, destination finale". **Rugby, Coupe d'Europe : C**lermont mené par un très bon Morgan Parra a mis fin à 2 années d'invincibilité européenne des Saracens (46-14), grâce à six essais et un triplé d'un Raka survolté. Après 3 victoires, les Auvergnats sont en tête de la poule 2 devant les Anglais, les Ospreys et Northampton. **Basketball,**

NBA : Plusieurs semaines après leur bagarre, Nikola Mirotic (24 points) et Bobby Portis (23 points) étaient de nouveau réunis lors de la victoire de Chicago 108-85 sur Boston. Houston a dominé la Nouvelle Orléans 130-123 avec 26 points 17 passes décisives de James Harden. Rajon Rondo a cumulé 13 points, 12 rebonds, 12 passes pour les Pélicans quand son coéquipier Jrue Holiday marquait 37 points. Houston n'a jamais perdu avec Chris Paul (soit 10 matches) et caracole en tête de la ligue. **Pro A, Classement : 1.** Monaco. 2. Le Mans. 3. Limoges. 16. Levallois. 17. Boulazac. 18. Chalon. **Handball :** William Acambray, l'arrière de l'équipe de France, a été victime d'une déchirure du tendon d'Achille gauche, dimanche, avec son club hongrois de Veszprem. Il ne disputera pas les championnats d'Europe de janvier en Croatie. Il a deux ans, déjà, il avait subi une rupture des ligaments croisés du genou droit.

People : La romancière J.K. Rowling a défendu le casting de Johnny Depp, pour le prochain film, *Les animaux fantastiques, les crimes de Grindelwald.* Les fans de la saga Harry Potter avaient demandé de modifier le casting, l'acteur ayant été soupçonné de violences conjugales par son ex-épouse, qui a depuis retiré ses accusations. **& :** Laurent Fontaine, soutien de première heure d'Emmanuel Macron, avait coaché les proches du candidat durant la campagne présidentielle. Si l'ancien présentateur de *Y'a que la vérité qui compte* officiait à l'époque gracieusement, il facture désormais ses séances de media training à hauteur de 1 500 € les 4 heures. **France Inter :** Patrice Bertin, aujourd'hui à la retraite, est accusé de harcèlement sexuel.

Au programme. *Star Wars Épisode 1 : la menace fantôme. Mardl 20h55 : La Syrie de Bachar El-Assad. Infrarouge : "Syrie, le cri étouffé". Crime à Martigues* (Florence Pernel) ; *Moonlight* (Mahershala Ali, 5 étoiles Le Parisien). *La sociologue et l'ourson. Terres extrêmes : Le Chili. Le meilleur pâtissier* (Julia Vignali) : *Finale "Le jardin extraordinaire". Les gangsters de la finance ; The expatriate* (Aron Eckhart) ; *First kill* (Bruce Willis, Hayden Christensen) ; *Handball féminin, Mondial, Quart de finale France /*

Monténégro ; Go fast (Roschdy Zem). *Un monde de jouets : "La magie des miniatures".* Le Grinch (de Ron Howard avec Jim Carrey) ; *Vivace* (de Pierre Bourdon avec Pierre Arditi) ; *Un vrai papa Noël (Jean-Marie Bigard) ; La Poste, le grand défi.*

Météo : Plus calme.

Sondage *LeParisien.fr* : "L'élection de Wauquiez à la tête de LR est-elle une bonne nouvelle pour la droite ? Non : 72,4 %".

Proverbe : "De la discussion jaillit la lumière".

Citation : "Il y a du bonheur dans tout espèce de talent". **Honoré de Balzac** (1799-1850). Écrivain français, romancier, dramaturge, critique littéraire et d'art, essayiste, journaliste et imprimeur. **& :** "Le temps mène la vie dure à ceux qui veulent tuer". **Jacques Prévert** (1900-1977), poète et scénariste français.

1560 : Michel de l'Hospital prononce le discours d'ouverture des états généraux à Orléans. Les trois ordres étaient convoqués au cours de l'été, la reine mère et régente Catherine de Médicis, qui essaient d'empêcher une guerre civile et religieuse.

Le Monde. Macron : "un choc" pour sauver la planète. Sommet de Paris. Le privé et les fonds souverains à la rescousse des États. Réforme de l'accès à la fac : pourquoi est-elle allée si vite ? Cinéma : "Star Wars VIII" de nouvelles forces pour une saga de 40 ans. Medef : Pierre Gattaz doit renoncer à ses pleins pour sa succession. Espagne : Madrid démantèle l'embryon d'État catalan. Débats. Élie Bamavi : la fin de règne annoncée de Benjamin Nétanyahou. Informatique. Thierry Breton à l'assaut de Gemalto. Le PDG du groupe Altice fait une offre de rachat du spécialiste des cartes à puce pour 4,3 milliards d'euros. *L'Humanité* : La ruée vers le bitcoin, symptôme de la folie spéculative. Assurance-chômage : la mise en garde au gouvernement. Social. Syndicats de salariés et organisations patronales rédigent "un socle de réflexion" commun. Santé. Lactalis, un père réclame la vérité. Droits de l'homme. Torture de migrants, Amnesty accuse l'UE. L'ONG rend public un rapport mettant en lumière le rôle des pays européens dans les sévices exercés en Lybie. Débats & controverses. Quel budget pour le développement économique et social ? Cinéma. Du courage ouvrier et de la barbarie des actionnaires. Film collectif, l'Usine de rien, présenté à Cannes, sort aujourd'hui. *La Croix.* Alep, un an après. Il y a tout juste un an, le régime syrien reprenait Alep au terme d'une très violente bataille. D'absence la ville, la vie reprend timidement. Cinéma. "Star Wars", stop ou encore ? Et les autres sorties de la semaine. *Le Figaro.* Notre-Dame-des-Landes : le casse-tête de Macron. Éditorial par Yves Thréard : Notre-Dame des embrouilles... & : Au Sahel, Paris mise sur l'appui des armées africaines dans la lutte contre les djihadistes. Les OPA d'Unibail ~~(centres commerciaux)~~ et d'Atos ~~(services informatiques)~~ mettent la Bourse en ébullition. Cinéma : Star Wars. Les derniers Jedi reviennent en force. Les Républicains : Laurent Wauquiez condamne le choix de Xavier Bertrand et dessine l'avenir. Moyen-Orient : Erdogan cherche à s'imposer comme le nouveau leader de la cause palestinienne. Tennis. Avalanches de blessures : 2017, l'année maudite. Fiscalité. Le bitcoin dans le viseur de Tracfin. Aéronautique. Tom Enders se prépare à quitter Airbus. Figaro Oui Figaro Non : "Êtes-vous favorable au port de l'uniforme à l'école ? Oui. 88 %". *Libération* : Notre-Dame-des-Landes : Jusqu'ici tout va bien. Un nouveau rapport, remis ce mercredi, et une décision repoussée en janvier... En prolongeant le suspense, le gouvernement radicalement divisé, ne s'épargnera pas une crise politique. Israël Horovitz. Rattrapé par le scandale. Le dramaturge américain, figure du théâtre contemporain, est accusé par neuf femmes d'agressions sexuelles. Libération publie le témoignage de l'une d'entre elles, alors jeune fille au pair et aujourd'hui avocate. Star Wars : Un nouveau tour de Force. *Le Parisien - Aujourd'hui en France* : Vous n'échapperez pas au mythe Star Wars. Cinéma. "Les derniers Jedi", nouvel épisode de la saga, sort ce mercredi dans les salles. Incontournable. Pays de la Loire. Des camions frigorifiques transformés en logements. Faits divers. Paris, 75 : De nouvelles aides pour les voitures propres. Enquête : Les liaisons dangereuses entre Solère et Urvoas. Roissy : le SDF disparaît avec le magot. Johnny Hallyday. À Saint-Barth, le pèlerinage des anonymes a commencé. Coupe de la Ligue : Le PSG veut sa revanche face à Strasbourg. *L'éditionfrance par Ouest-France.* N.-D.-des-Landes : enfin le rapport. Commentaire. Climat : ne plus attendre l'Amérique. Agroalimentaire : Triskalia-d'Aucy nouveau géant breton. Cinéma : Un 8e Star Wars tout en transition. *Le Canard enchaîné.* Macron promet de doubler le solaire minimum ! Pluie de crédits pour les énergies nouvelles. Un Macron climat. Oui-Oui à la SNCF. Sanofi boit la tasse. Le déontologue en est pour ses frais. Gattazina. La "Duchesse" et le "plombier". Cheikh en blanc. L'ex-garde des Sceaux a violé le secret judiciaire. Procès Fillon et procès Campion : deux à zéro pour "Le Canard". *Charlie Hebdo* (le retour de la "grande Faucheuse") : Numéro spécial Johnny. Vieilles canailles. À qui le tour ? N°1325. "Trouvez Charlie près de chez vous". *Nice-matin* : Le nouveau Star Wars sort aujourd'hui. Deviens Jedi. (...) À La Garde, il est désormais possible de s'initier au maniement... du sabre laser. *Les Nouvelles Calédoniennes* : Le bagne est leur histoire. Les *Nouvelles* éditent un livre événement qui regroupe les destins de 78 familles parus dans nos colonnes. Des femmes et des hommes qui parlent avec pudeur d'un héritage longtemps resté tabou. & : La dispute conjugale tourne au drame. Gouvernement. De nouvelles mesures contre l'alcool. Spectacle. Kavanagh de retour à l'Arène. Pages santé. Les bons réflexes pour ne pas gâcher vos vacances. *Le Quotidien de la Réunion et de l'océan Indien.* La pétition qui fâche les fidèles. Cérémonies hindoues de la fête de Karly. Une pétition en ligne avec 50 000 signatures circule pour réclamer l'interdiction des sacrifices d'animaux à l'occasion des cérémonies hindoues. Dans les rangs des fidèles les esprits s'échauffent. Confidences de ministre 3/5. Éricka Bareigts : aux frontières du réel. Insertion professionnelle. Le sport cible l'emploi. Jeux des îles. La

Réunion ira à Maurice. **L'Équipe :** Coupe de la Ligue. Rennes 18h45 Marseille. Crédit épuisé. Rudy Garcia souhaiterait céder l'attaquant grec Kostas Mitroglou dès le mercato d'hiver. Reste à convaincre la direction de l'OM, qui semble beaucoup moins pressée. Football. Coupe de la Ligue. Strasbourg 21h05 Paris-SG. Paris est prévenu. Handball. Championnat du monde femmes. France 25-22 Monténégro. Des Bleues bien lancées. **Les Échos.** Bill Gates : "Mettre l'innovation au service du climat". ~~La Fondation Bill et Melinda Gates va investir plus de 300 millions de dollars pour aider les fermiers pauvres à s'adapter aux changements climatiques.~~ Analyse par Jean-Marc Vittori : "Le nouveau visage du protectionnisme." Emploi : bras de fer sur la taxation des contrats courts. OPA : Avec Gemalto, Atos veut créer un géant du digital. Centre commerciaux : Unibail s'offre la Rolls des centres commerciaux. La première foncière européenne acquiert Westfield 21 milliards d'euros. Aéronautique : La direction d'Airbus déchirée par les affaires. Entreprises & Marchés : La concurrence n'est pas un tabou pour la RATP. Les épargnants n'ont pas pris le virage numérique. Gaz : One explosion fait bondir les cours. **La Voix du Nord :** Principe de précaution l'éternel contre-temps. Intempéries. Des déneigeuses en retard lundi, des transports scolaires annulés hier... Entre manque d'anticipation et mesures excessives. Lille. Encadrement des loyers : la chute vient d'ici. Politique : La droite régionale implose après le départ de Xavier Bertrand de LR. & : On vous en dit plus. Que faire si votre colis commandé sur le web s'est égaré. **La Provence Marseille :** La Mosquée du BD National fermée par le préfet. L'imam salafiste sur la touche. Le lieu de culte est sous le coup d'une sanction administrative. Des prêches radicaux y étaient prononcés. & : L'industrie provençale sous la pression de la mondialisation. César, c'est géant ! À partir d'aujourd'hui et jusqu'au 26 Mars, le Centre Pompidou consacre une grande rétrospective au sculpteur marseillais, mort en 1998. Nos deux pages spéciales sur l'événement. Hôpitaux de Marseille. Syndicats et médecins refusent la saignée. Cinéma. Saga Star Wars : paroles de fans. **La Montagne Brive :** Le livre d'emprunte aussi en numérique. Corrèze. Le produire local s'applique aussi à l'électricité. Brive. L'extension du Boulodrome fait des heureux. *La Dépêche du Midi.* Le gouvernement s'installe dans le Lot. 13 ministres se décentralisent pendant trois jours à Cahors et dans le département. Grand Sud : Le grand défi de Jacky l'Aveyronnais : courir 80 km pour fêter ses 80 ans. Cinéma : Star Wars machine à cash. Sortie aujourd'hui du nouvel opus de la saga créée par Georges Lucas. 40 ans après une pluie interstellaire de dollars. *Presse Océan.* NDDL : les médiateurs rendent leur copie. Nantes : Saveurs d'ailleurs. Orvault : Ils volaient les moutons et les tuaient pour la vente. Sports de glace. Nantes accueille les as du patinage. *Sud Ouest.* Grand-Parc : coup de jeune sur la cité. Bordeaux/Florac : Pont Simone-Veil, c'est parti pour 32 mois de travaux. Échillais (17). L'incinérateur à 90 millions privé d'autorisation. Girondins : la série noire continue. Sommet pour la planète : Qui est prêt à payer pour le climat. *Midi Libre.* Édouard-Philippe : "Nos centres-villes souffrent." Désertification, services publics... le Premier ministre veut doper les territoires. Environnement : À Paris, Macron appelle le monde à sauver le climat. Saga. Star Wars : la force d'un phénomène commercial. Football. MHSC : la coupe de la Ligue, un objectif. *Corse-matin :* Coup de filet antidrogue dans la région bastiaise. Page campus : Silence ! Ils tournent. *L'Indépendant catalan :* Les conducteurs de bus au bord de la crise de nerfs. Argelès-sur-Mer : La Ville a sa toile du Soleil. Procès pour viols : G. Tron dénonce un complot. Climat : Urgence absolue. *L'Humanité dimanche.* N° 589.14 au 20 décembre 2017. Johnny Hallyday. 1943-2017. "Rock'n roll héro". *01 net :* Batterie. Ce cœur qui fait battre la technologie. Muscler. Prolonger. Remplacer. Pour les fêtes, le Polaroïd revient. Vive, les logiciels d'occasion ! Des jeux vidéo pour aimer l'histoire. Un chromebook sinon rien. *La Tribune* : Florence Allouche-Ghrenassia. Présidente de Sparingvision. Élue femme de l'année par la Tribune. Entreprendre au féminin. *Gala :* Unis pour Johnny. Brigitte et Emmanuel Macron. Leur émouvant soutien au clan Hallyday. *Voici :* Laeticia Hallyday. L'adieu à son homme. À Saint-Barth, main dans la main avec Laura, l'épouse du rocker a accompagné Johnny jusqu'à sa dernière demeure... *Public.* Laeticia, David, Laura. Des tensions et des larmes. Les dernières volontés de Johnny déchirent déjà le clan

Hallyday ! *À nous Paris.* **"C**'est vrai, j'ai pris un peu d'âge, mais j'ai toujours un plastique de rêve." Kimmy, poupée d'occasion. *Friendly* : **N**uméro très chaud. Les pompiers sont là ! Calendrier 2018. 100 % hot !!! Exclu : Interview Fred Gourdon. Notre photographe préféré. Voyage : Stockholm. Destination gay par excellence. Dossier : peut-on rire de tout ? La fragile frontière entre humour et propos condamnables. *Cerveau & Psycho* : **L**a force de la non-violence. Des clés pour apaiser les relations avec les autres. Harcèlement sexuel. Le calvaire des victimes. Maternité : Le cerveau des mères se recâble. Selfies : Comment reconnaître les vrais narcissiques. *Science & Vie Junior.* **J**e ne suis pas un cerveau... Je suis une noix... Et j'ai toujours raison... Car je suis un cerveau ! Notre cerveau nous trompe... et rien ne peut l'en empêcher ! Smartphone : Notre visage comme mot de passe. Insolites : Les animaux délinquants pris sur le vif ! Portrait : Pilote de mini-jets à 15 ans. *Science & Vie découvertes.* **1**01 défis à te secouer les neurones. *Le Journal de Mickey* : **S**acré bonhomme (de neige). Animaux : Ils pourraient jouer dans Star Wars. Cadeau : Le double poster venu de la Galaxie.

France, One *Planet Summit*, La Fondation Bill et Mélinda Gates va consacrer 315 millions de dollars à la recherche en agriculture pour aider les plus pauvres notamment en Afrique, à s'adapter au changement climatique. La Commission européenne mobilisera 318 millions de dollars pour cet objectif. L'agence française de développement a signé dans le cadre d'un dispositif de 30 millions sur 4 ans un accord avec l'île Maurice, les Comores, le Niger et la Tunisie pour les accompagner dans leur approche des dérèglements (système d'alerte, lutte contre l'érosion...). La Banque mondiale a annoncé qu'elle prêterait 4,5 milliards USD sur 3 ans pour permettre à 150 villes d'y résister et qu'elle les aiderait à attirer des financements privés. L'assureur Axa a annoncé qu'il renonce à investir dans toute entreprise engagée dans la construction de centrales à charbon. Le groupe français compte aussi retirer près de 2,5 milliards d'euros d'investissements dans le secteur. Il va en parallèle accroître de 9 milliards ses investissements verts (infrastructure...) d'ici à 2020. **& : La** Banque mondiale ne financera plus d'exploration et d'exploitation de pétrole et de gaz après 2019. **Gaza : D**eux Palestiniens ont été tués dans la bande de Gaza lors d'une frappe menée par Israël, une affirmation aussitôt démentie par l'armée israélienne. **Autriche : U**ne explosion survenue hier matin au terminal gazier de Baumgarten, dans l'est de l'Autriche, a fait 1 mort et 18 blessés, faisant craindre des perturbations d'approvisionnements vers l'Italie et la Croatie, contribuant à doper le prix des hydrocarbures. **Russie : M**oscou a amorcé le retrait partiel de ses troupes déployées depuis 2 ans en Syrie. **OTAN : L**es pays membres de l'OTAN ont décidé de renouveler jusqu'en 2020 le mandat du secrétaire général, Jens Stoltenberg, sur fond de tensions avec la Russie de Vladimir Poutine. **Irlande : L**a menace d'une grève historique, la première en 30 ans, s'est précisée chez Ryanair, dont les pilotes italiens et irlandais prévoient de cesser le travail les 15 et 20 décembre.

20 Minutes **avec AFP.** "Vidéo. Le pape François recommande d'éviter le dialogue avec Satan. Religion. *Si tu commences à dialoguer avec Satan tu es perdu, il est plus intelligent que nous et il te renverse, te fait tourner la tête et tu es perdu. Non, va-t'en ! préconise le souverain pontife...*". **France : P**artenaires sociaux et gouvernement entament aujourd'hui des discussions en vue d'une réforme de l'assurance chômage. Le gouvernement poursuit plusieurs objectifs : couvrir les indépendants et indemniser davantage de démissionnaires. Il souhaite aussi introduire un bonus-malus sur les cotisations patronales pour pénaliser les entreprises qui par un excès de contrats courts coûtent cher à l'assurance chômage. Ces projets suscitent des inquiétudes chez les partenaires sociaux qui s'expriment d'une seule voix, syndicats et patronat confondus. **& :** "Une décision définitive "sur le projet controversé de Notre-Dame-des-Landes" sera prise au plus tard en janvier", affirme Emmanuel Macron dans un entretien au Monde, à la veille de la remise du rapport des médiateurs. **Médias : M**acron. "C'est un spécialiste de la communication politique", juge Duhamel. **Politique. L'**étau judiciaire se resserre autour du Front national : le parti de Marine Le Pen est à son tour mis en examen dans l'enquête sur les soupçons d'emplois fictifs d'assistants d'eurodéputés frontistes. L'affaire a connu une nouvelle étape le 30 novembre avec la mise en examen du parti comme personne morale pour complicité d'abus de confiance et recel de ce délit "à titre habituel", selon une source judiciaire. 17 eurodéputés ou ex-eurodéputés FN, dont la présidente du FN Marine Le Pen et son père Jean-Marie Le Pen, sont visés par l'enquête, qui porte sur au moins une quarantaine d'assistants. **Emploi : L'**emploi intérimaire en France sur un an, a augmenté de 15,9 % en 1 ans, soit environ 100 000 intérimaires supplémentaires. Cette forte augmentation permet à l'intérim de franchir la barre des 700 000 emplois. L'intérim représente environ 3 % de l'emploi salarié en France et ses effectifs sont plus élevés qu'avant la crise de 2008. Depuis début 2015, 195 000 emplois intérimaires ont été créés, ce qui représente près d'un nouveau poste sur 3.

Meuse : Un cimetière de regroupement, où étaient acheminés les corps de soldats morts pendant la Première Guerre mondiale avant de rejoindre leur dernière sépulture, a été mis à jour par hasard lors d'un chantier. Une découverte inédite. D'après le registre 864 soldats répartis dans 617 sépultures reposent dans ce cimetière de 2000 mètres carrés. Quelques 200 cercueils sont inaccessibles, enfouis sous la route et les remblais d'une construction. **Affaires : L'**ancien secrétaire d'État Georges Tron, accusé de viols en réunion à l'occasion de séances impromptues de réflexologie plantaire, est apparu déterminé à montrer qu'il était victime d'un "complot" au premier jour de son procès devant les assises de Seine-Saint-Denis. Il est accusé par 2 anciennes employées municipales de viols et agressions sexuelles avec la participation de son ancienne adjointe à la Culture Brigitte Gruel. **Vols : 3** personnes soupçonnées d'avoir commis des vols par ruse au domicile de 70 personnes âgées dans le grand Sud-Est de la France, pour un montant estimé à plus de 150 000 €, ont été placé en détention provisoire. **Décès : J**ean-Luc Codaccioni, un homme de 54 ans fiché au grand banditisme et grièvement blessé par balle mardi dernier devant l'aéroport de Bastia, est décédé à l'hôpital. **Enlèvements : 4** tentatives d'enlèvement de fillettes avaient suscité l'inquiétude au printemps à

Pontoise dans le Val-d'Oise. Un homme de 28 ans récemment condamné à de la prison pour agression sexuelle sur mineure, a été mis en examen dans cette affaire.

Ligue 1, *Le Parisien* : "Le club s'inquiète des tensions entre les supporteurs". **Coupe de la Ligue : A**près 7 défaites en 10 matchs de Ligue 1, Bordeaux s'est de nouveau incliné contre Toulouse (2-0). Monaco - Caen... 2-0. **DNCG :** **A**uditionné par la direction nationale du contrôle de gestion hier après-midi, les dirigeants lillois n'ont pas apporté les garanties financières suffisantes pour la saison en cours et ont été interdits de recrutement en vue du prochain mercato hivernal de janvier. Une décision susceptible d'appel. **& : "R**ibéry en guerre avec son ancien agent". **Basketball, NBA,** *Eurosport* : "LeBron James en NBA, c'est "Monsieur Propre". Jouer juste. 25 points, 17 passes, 2 tirs ratés, 2 ballons perdus. 42 points inscrits sur ses offrandes. Cleveland 123. Atlanta 114. **Course au MVP : J**ames vs. Harden ? **& : S**i Joel Embiid a pris le dessus sur Karl-Anthony Towns au cours de l'opposition entre Philadelphie et Minnesota, le joueur du match restera Jimmy Butler avec 38 points pour les Timberwolves malgré leur défaite face aux Sixers. Kawhi Leonard a réalisé son retour pour San Antonio, 2 mois après ses coéquipiers. Blessé au quadriceps, il n'avait plus joué de manière officielle depuis la 1ère rencontre de la finale de Conférence contre les Warriors. S'il est à créditer de 13 points (à 6/12) en 16 minutes, son retour a peut-être désorganisé les Spurs, battus 95-89 par Dallas. Le Français Frank Ntilikina a réalisé sa meilleure performance pour New York, éteignant le second choix de la draft 2017, Lonzo Ball (17 pts, 8 rbds, 6 pds en 40 minutes), pourtant inspiré. 13 points (record en carrière), 5 rebonds, 5 passes en 29 minutes. Le tricolore de 19 ans, 2e plus jeune joueur de la ligue, poursuit son apprentissage. Victoire de New York sur Los Angeles 113-109. Kristaps Porzingis a inscrit 37 points, cumulé 11 rebonds et 5 contres devenant le 1er joueur de l'histoire à compiler 35 points, 10 rebonds et 5 contre incluant 5 tirs primés. Au cours des autres rencontres, Brooklyn a vaincu Washington. **Mondial des clubs : L**es Brésiliens du Gremio Porto Alegre se sont imposés hier en demi-finale face au Mexicains de Pachuca, 1-0, après prolongation. Vainqueurs cette année de la Copa Libertadores, le Gremio affrontera en finale le vainqueur du match entre le Real Madrid et les Émiratis d'Al Jazira. **Handball, Mondial féminin, Quarts de finale.** France - Monténégro... 25-22. **Olympisme : U**ne semaine après la suspension de la Russie pour les JO d'hiver de Pyeongchang (Corée du Sud) du 9 au 25 février, les instances olympiques russes ont confirmé la participation de leurs athlètes sous bannière neutre et sous l'appellation à Athlètes olympiques de Russie. Le CIO discutera vendredi des conditions d'admissibilité des athlètes russes. Environ 200 d'entre-eux pourraient être éligibles. **Hippisme : H**appy cause et les diables belges.

France 2 : La plainte déposée par la journaliste Anne Saurat-Dubois, pour harcèlement sexuel et moral, contre Éric Monier ancien rédacteur en chef de France 2, aujourd'hui patron de LCI a été classée sans suite. **& : L**es journalistes de France Télévision ont adopté à une large majorité, la motion de défiance contre Delphine Ernotte, présidente des chaînes de télévision publiques à 83,77 % de 607 votants. **Inhumation de Johnny : "C**'est un peu moi qu'on enterre". "Chez Jojo Burger, on veille sur lui". **Plagiat : L**e Youtubeur Rémi Gaillard est accusé de plagiat, plusieurs vidéos du Montpelliérain sont très poches des sketchs de Trigger Happy TV une émission britannique.

En salles : *Drôle de petites bêtes* (animation). *La 2e étoile. Maria by Callas* (documentaire). *Soleil battant* (Ana Girardot, Clément Roussier). *Le crime de l'Orient Express. Lucky* (comédie dramatique avec Harry Dean Stanton).

Au programme : *On va s'aimer un peu beaucoup. La Gaule d'Antoine* (de et avec Antoine de Caunes). *The boyfriend, pourquoi lui ? En quête de santé. Conseil de famille. La proie* (Albert Dupontel, Alice Taglioni). *L'homme du président. Un admirateur secret. La belle de Noël. Maux d'enfants, mots d'adultes !*

Météo : Perturbé.

Proverbe : "Grain après grain la poule remplit son ventre".

... Jeudi 14 Décembre 2017.

Citation : "Sois familier, mais aucunement vulgaire." **William Shakespeare** (1564-1616). Poète, dramaturge et écrivain anglais, réputé pour sa maîtrise des formes poétiques et littéraire, ainsi que pour sa capacité à représenter les aspects de la nature humaine. **& :** "L'amour qui cherche à se démontrer, démontre seulement qui n'est plus amour. **Jacques Salomé** (né en 1935), psychologue écrivain français.

1960 : 20 pays signent la Convention relative à la création de l'Organisation de coopération et de développement économique. L'OCDE regroupe aujourd'hui 35 pays et publie régulièrement des études économiques, essentiellement concernant ses états membres.

Le Monde : Revers électoral pour Donald Trump et les ultraconservateurs en Alabama. Cyclisme : Contrôle antidopage "anormal" pour Froome. Airbus : Tom Enders et son numéro deux poussés vers la sortie. Justice : Vers une affaires Urvoas-Solère. Académie française : L'écriture inclusive divise les Immortels. États-Unis : Bientôt la fin de l'égalité devant internet. France Télévisions : Ernotte fragilisée sur tous les fronts. Enquête. Financement du terrorisme : Lafarge peu coopératif avec la justice. Constitution : Les députés font leurs propositions de réforme. Éditorial : En Syrie, une "pax Poutina" compliquée. *L'Humanité.* Territoires : face à l'austérité, le Lot fait de la résistance. Le gouvernement tient sa "conférence des territoires", contestée par les élus locaux à Cahors. Assemblée : Le Parlement menacé d'être mis au pas. Assemblée. Le projet porté par François de Rugy s'inscrit dans la volonté élyséenne d'affaiblir la représentation nationale. Aéroport Notre-Dame-des-

Landes : deux pistes pour un abandon. Brexit : Un ministre anglais sème le trouble. Le négociateur David Davis réduit la portée de l'accord conclu à la veille du Conseil européen. Débats & controverses : Comment favoriser l'apprentissage de la lecture ? Social : Une inspectrice du travail punie pour l'exemple. Éducation nationale : Jean-Michel Blanquer préfère la soustraction au mal de crâne. 2 600 postes budgétaires d'enseignants du public rayés d'un trait de plume. Motif ? Il n'était pas pourvu. Le rendez-vous des livres. L'enfer de Gaza passé au crible du roman noir. *La Croix* : Faut-il redéfinir l'entreprise. Les projets de réécriture de l'objet social de l'entreprise pour donner plus de poids aux salariés et aux enjeux environnementaux provoquent de vifs débats. Monde : Au cachemire, la révolte de la jeunesse. Religion : Les églises de Paris, casse-tête et trésor. *Le Figaro* : Macron veut briser le clivage droite-gauche en Europe. Le chef de l'État entend rebattre les cartes du jeu politique à Bruxelles et à Strasbourg pour asseoir son influence à l'occasion des européennes de 2019. & : Le nouveau plan loup suscite la colère des éleveurs. & : L'ex-ministre Jean-Jacques Urvoas passible de la Cour de justice de la République. Éditorial par Arnaud de La Grange : Dynamitage continental. Rassembler au centre tous les partisans de l'Europe. Figaro Littéraire : Les historiens explorent l'intime. Londres : Ces Européens expulsés du Royaume-Uni. Notre-Dame-des-Landes : La porte ouverte au réaménagement de l'actuel aéroport. Cyclisme : Froome peut-il tomber comme Armstrong. États-Unis : Trump met fin à la neutralité du Net. Champs libres. À Modane, où souffle le vent de l'innovation aéronautique. Figaro Oui Figaro Non : "Êtes-vous favorable à la construction d'un aéroport à Notre-Dame-des-Landes ? Non 58%". *Libération :* Centres-villes sinistrés. Faut-il interdire les zones commerciales ? Urvoas-Solère. Le secret de l'instruction bafoué. En transmettant au député des Hauts-de-Seine une note confidentielles sur l'enquête le concernant, l'ex-garde des Sceaux a fait un pas de côté qui pourrait l'envoyer devant la Cour de justice de la République. Notre-Dame-des-Landes. La dernière ligne droite. *Le Parisien - Aujourd'hui en France* : Laurent Wauquiez. "Je ne suis pas là pour plaire". Éducation : Redoubler une classe va redevenir fréquent. Paris, 75. SDF : le réseau des commerçants solidaires récompensé. *L'éditionfrance par Ouest-France.* Gaz en Arctique : un complexe géant. Point de vue. Le français n'est pas une langue morte. *Les Échos.* Brexit : bataille pour attirer à Paris les hauts salaires. Bercy prépare une réduction des charges pour les impatriés, qui vise notamment les banquiers. Un nouveau régime fiscal qui doit rendre Paris aussi compétitif que Francfort avant Mars 2019. Pucks. Gemalto rejette l'offre d'Atos et s'imagine aussi bien seul. "L'offre d'Atos n'est pas la bonne" déclare Philippe Vallée aux "Échos". Construction de prisons : le recours au privé dénoncé. La Cour des comptes fustige le coût des partenariats publics-privés. Entreprises & marchés. Vin : L'entreprise familiale érigée en modèle. *L'Équipe.* Cyclisme. Dopage. Le ciel tombe sur Froome. Après son contrôle "anormal" au salbutamol, le Britannique, sûr de son fait, se trouve désormais engagé dans une bataille juridique tandis que l'équipe Sky doit soigner son image écornée. Biathlon. Coupe du monde. Retour au Grand-Bo ! ~~Grand-Bornand.~~ Football. Coupe de la Ligue. Strasbourg 2-4 Paris-SG. Le PSG a pris sa revanche. & : L'OL et l'OM dehors. *La Voix du Nord : L*e bassin minier compte sur la parole de l'État. Habitat. Une zone franche, un plan de rénovation de 23 000 logements à 100 millions d'euros. On vous en dit plus. Comment la France verrouille son "secret défense". Liévin. Elle avait harcelé le père d'une victime du Bataclan, elle ira en prison. *La Provence.* Soupçons de dopage. Froome dans le rouge. & : Pas de calisson d'Aix "made in China". Éditorial par Benoît Gilles : "Maintenant fini de jouer". Coupe de la Ligue. Les Olympiens déjà sortis, l'arbitrage en question. Métropole. Budget 2018 : la grande gagnante est Aix-en-Provence. Assurance chômage : L'ultimatum du gouvernement. *La Montagne :* Jeux de guerre dans la Creuse. Presse : Les prix Varenne récompensent l'acuité du regard des journalistes. Noël : Jeux de société ou toupies parmi les cadeaux les plus offerts. *La Dépêche du Midi.* Chômage : la réforme choc. Le gouvernement a lancé hier la concertation sur son projet de réforme de l'assurance-chômage. Le point sur les principales mesures envisagées. Toulouse : les enseignes s'accrochent. Confrontés à l'explosion des grandes surfaces et à l'évolution des modes de consommation, les magasins de proximité ont du mal à survivre dans les centres-villes. À

Toulouse, les commerces résistent tant bien que mal. Toulouse. Elle se prostituait par amour. Science : Les premières ruches connectées. Aéronautique. Airbus : l'invivable guerre des chefs. **Presse Océan :** L'aéroport actuel remis en piste. Nantes métropole : Nantes sécurise sa ressource eau. Nantes : prison ferme pour avoir cassé le tibia d'un policier. FC Nantes : Aux petits soins des Canaris. **Sud Ouest.** Cantine : Payez-vous le juste prix ? Le nombre d'élèves mangeant à la cantine ne cesse de croître. En Gironde, certaines villes optent pour le tarif unique, d'autres pour la gratuité sous conditions. Bordeaux : Le petit commerce fleurit aux Chartrons. Cyclisme/Dopage : La carrière de Froome est en jeu. **Midi Libre.** Énergie verte : la région montre la voie. Au forum Energaïa à Montpellier, la société de demain se dessine. L'Occitanie se pose en modèle. Montpellier : La folie "Star Wars" s'empare des salles de cinéma. Les élèves du club Caméléon étaient présents hier, dès la première séance au Gaumont Multiplexe d'Odysseum. Cyclisme. Contrôle antidopage : Chris Froome plaide la bonne foi. **Corse-matin :** "Au gouvernement, on ne parle plus de dossier corse". Jacqueline Gourault, promue Madame Corse évoque les grandes lignées de son action. Fiera di Bucugnà, l'art et la manière. La plus belle vitrine agricole de Corse ouvre ses portés ce week-end et pour trois jours. San Fiurenzu : Une retraitée dans l'œil du cyclone pour des aides au séjour irrégulier. Ajacciu. Le cache-cache des commerçants avec les voleurs de déco de Noël. **L'Indépendant catalan.** Perpignan : les fêtes de fin d'année sous surveillance. Sécurité. Les préfets des P.-O. présentait le dispositif hier. L'opération sentinelle reste mobilisée. Catalogne. Le flou des élections. Turquie : Un sommet en réponse à Trump. **L'Est républicain :** "Scandaleux !". Saint-Vit. Brigitte Bardot en personne s'exprime sur les cas de vaches affamées à Saint-Vit. Bouleversée, elle veut gagner ce combat pour les sauver toutes. Besançon. Star Wars : les fans au cinéma dès 7h30. **Courrier picard :** "Papa Noël" chassé de l'église. Une chorale s'est vu interdire d'interpréter "Petit Papa Noël" dans l'église de Boves, près d'Amiens, ce 15 décembre. **Les Nouvelles calédoniennes :** L'attraction des vacances. La piste de pumptrack inaugurée hier à Sainte-Marie, la première en Calédonie, devrait satisfaire les amateurs de glisse et de deux-roues.

La demande en équipements de ce genre ne cesse de croître depuis quelques années. ULM : Le portrait des disparus. Hommage : Les Nouméens disent adieu à Johnny. *Le Quotidien de la Réunion et de l'océan Indien :* La volaille péi contre-attaque. Les poulets locaux se mettent au congelé. Si le poulet péi se met au congelé, c'est pour s'adapter aux nouvelles demandes du consommateur. C'est aussi pour réagir face aux importations. Saint-André : Epitech, l'école de la mondialisation. *France-Guyane :* L'année de rêve d'Alicia. La Guyanaise remet sa couronne de Miss France ce samedi au terme d'un parcours exceptionnel. Revivez en exclusivité des moments inédits. 4 pages spéciales. & : Le calme après les inondations. Météo France prévoit une accalmie après deux jours d'épisodes pluvieux intenses. Page 7 : Plus de sécurité en milieu scolaire. *France-Antilles Guadeloupe :* Muriel Pénicaud en Guadeloupe, aujourd'hui. La lutte contre le chômage et la formation au menu de la ministre du Travail. *France-Antilles Martinique :* Lourdes peines pour les passeurs. Le tribunal correctionnel a condamné deux ressortissants sainte-luciens, dont un qui est toujours en fuite, pour avoir participé au débarquement clandestin de 17 Cubains sur le sol martiniquais. *Femmes actuelles.* Présidence : "À l'Élysée mercredi 13 décembre, Emmanuel et Brigitte Macron ont reçu la visite de 500 enfants, du père Noël, des Kids United, de Mickey, Minnie et Dingo. Un bel après-midi de fête." & : "Nemo, le chien de Macron, couvert de cadeaux". *Le Point :* Islam, Moyen-Orient, Jérusalem... Le prince qui peut tout changer. Mohammed ben Salmane. Héritier du trône d'Arabie Saoudite. BD : Blutch, prix Wolinski. Sondage choc : La montée des préjugés en France. & : Requiem pour le passé simple. *Valeurs actuelles :* Viral, addictif, tabou. Enquête sur les ravages du porno. À l'école, sur Internet, dans les familles... Comment le fléau s'est répandu. *Marianne :* Révélations. Airbus au bord du crash. Un système corrompu. Une amende de plusieurs milliards. Une manipulation américaine. Internet : Comment protéger nos enfants du porno. Yassine Belattar : Faux comique, vrai danger. Spécial fêtes : Le whisky ça nous scotche ! Satan revient... Exorciste, un métier d'avenir. *Management :* "Pour moi, dans la vie, tout se négocie." Stéphane

Plaza. Ses secrets de négo. **Stratégies** : Inspirations. Place aux jeunes... Vieux ! Art of the lie. Post-vérité, post-publicité ? La gêne occasionnée. Parlez-vous biz-ounours ? **VSD** : L'adieu à Johnny. La douleur de Laeticia. **Stylist** : C'est à quelle heure qu'on tombe amoureux déjà ? **Rock & Folk** : 1977 - 1984. Du Post-Punk à la New Wave. Modernes romances. Royaume-Uni. États-Unis. France.

Chine : Le pays célébrait ce mercredi le 80e anniversaire du sac de Nankin par les troupes japonaises, en décembre 1937. Une mise à sac de la ville qui aurait fait 300 000 morts parmi la population civile chinoise. Lors d'une cérémonie présidée par le président Xi Jinping, des dizaines de milliers d'habitants ont respecté une minute de silence. **Turquie** : Le président turc Recep Tayyip Erdogan a décidé de soigner son image de défenseur des musulmans dans le monde. De fait, le chef de l'État turc a exhorté hier la communauté internationale à reconnaître Jérusalem-Est comme la "capitale de la Palestine". "J'invite les pays qui défendent le droit et la justice à reconnaître Jérusalem occupée comme la capitale de la Palestine" a-t-il lancé à l'ouverture d'un sommet extraordinaire de l'Organisation de la coopération islamique à Istanbul. Lors de ce sommet, consacré à la reconnaissance par Donald Trump de Jérusalem comme capitale d'Israël, Erdogan a qualifié l'État hébreu "d'État d'occupation" et "terroriste". **Extrait** : "Ces mecs jouent aux espions en utilisant des messageries soi-disant secrètes et ils se font prendre comme des bleus !". **Sahel** : La force antiterroriste du G5 Sahel a reçu de nouveaux soutiens financiers internationaux afin qu'elle puisse remporter au plus vite ses premières "victoires" dans la guerre qui "bat son plein" contre les djihadistes. Principale annonce de la réunion, la décision de l'Arabie Saoudite représentée par son ministre des affaires étrangères de contribuer à hauteur de 100 millions d'euros à cette force. Les États arabes unis qui comme Ryad sont soucieux de démontrer leur engagement sur le front antiterroriste ont annoncé pour leur part un financement de 30 millions d'euros à cette force, dont les besoins ont été évalués à 250 millions d'euros pour sa mise en place. Cette contribution s'ajoute à celle de l'Union européenne (50 millions d'euros) et des États-Unis (60 millions d'euros). "Nous sommes conscients que le temps nous est compté, qu'avec ce qui s'est passé au Moyen-Orient, avec la fin de la guerre en Syrie, il y aura un reflux (de djihadistes) vers nous", a dit Ibrahim Boubakar Keïta, président du Mali et du G5 Sahel. D'où "l'urgence aujourd'hui à faire en sorte que les forces du G5 Sahel aboutissent rapidement à des résultats concrets". **Royaume-Uni : V**ictimes de la rébellion d'une partie de son propre camp, la Première ministre britannique Theresa May a perdu à 4 voix près un vote crucial sur le Brexit au Parlement, exposant sa faiblesse à la veille d'un sommet européen. **États-Unis : L**e candidat démocrate au Sénat dans l'État de l'Alabama a réussi l'exploit de se faire élire dans ce bastion conservateur, battant un républicain controversé accusé d'attouchements sur mineures et qui était soutenu par le président Donald Trump. Le démocrate Doug Jones a battu l'ancien magistrat ultra-conservateur Roy Moore à l'issue d'une campagne virulente qui a captivé l'Amérique et va priver le parti au pouvoir d'un précieux siège à la chambre haute du Congrès.

France, *La Voix du Nord* : Le "Canard enchaîné" affirmait hier que Jean-Jacques Urvoas, alors ministre de la Justice a transmis en avril une note secrète à Thierry Solère, le renseignant sur une enquête dirigée contre lui. Une autre enquête pourrait être ouverte, contre Urvoas cette fois, pour violation du secret professionnel. **Paris : 3**7 ans après l'attentat qui avait fait 4 morts devant la synagogue de la rue Copernic à Paris, le parquet a requis le renvoi aux assises de l'unique suspect. Hassan Diab, estimant "qu'éléments à charge et à décharge" doivent être débattus lors d'un procès. Le parquet estime "les charges suffisantes" à l'encontre d'Hassan Diab, tout en relevant des "doutes", notamment sur sa présence à Paris au moment des faits. **Télévision : A**u lendemain d'un vote cinglant des journalistes de France Télévisions contre leur patronne Delphine Ernotte, une grève pour dénoncer des coupes budgétaires et la vaste réforme préparée par le gouvernement a été assez peu suivie au sein du groupe. **Presse : L**e constructeur Renault va prendre une participation de 40 % dans le groupe de presse de Challenges et

Sciences & Avenir, pour tester la création de contenus adaptés aux utilisateurs de voitures connectées.

Immigration : 4 retraités poursuivis pour avoir transporté en janvier des migrants en situation irrégulière près de la frontière italienne ont vu leur condamnation, une amende de 800 € avec sursis confirmée par la cour d'appel d'Aix-en-Provence. **Procès :** Un octogénaire poursuivi pour non-assistance à personne en danger pour avoir aidé sa femme dépressive à mourir a été définitivement relaxé, la Cour de cassation ayant rejeté un pourvoi au parquet général de Lyon. **Belgique :** Le procès de Salah Abdeslam qui devait se tenir toute la semaine prochaine, sera reporté pour permettre à Mr Sven Mary de prendre connaissance du dossier.

Football, Coupe de la Ligue. Strasbourg - PSG... 2-4. Angel Di Maria fut impliqué dans les deux premiers buts du PSG. Rennes - Marseille... 2-2. 4-3 aux T.A.B. Toulouse - Bordeaux... 2-0. Monaco - Caen... 2-0. Anger - Metz... 1-0. Amiens - Tours (L2) ... 2-1. Montpellier - Lyon... 4-1. Lille - Nice... 1-1. 2-3 aux T.A.B. **Prime :** Les footballeurs allemands percevront chacun 350 000 € de prime s'ils conservent leur titre de champion du monde cet été en Russie. **Mondial des clubs :** Le Real Madrid, grâce à un but de Gareth Bale à la 81e minute, a rejoint Gremio en finale du Mondial des clubs où il défendra son titre, après sa victoire poussive contre les Émiriens d'Al Jazira, 2-1, hier à Abou Dhabi. Ronaldo avait ouvert la marque de cette partie à sens unique où Benzema et Varane étaient titulaires. Hors-jeu : La Fédération anglaise a accordé à Manchester United et Manchester City jusqu'à demain pour s'expliquer sur les débordements après le derby dimanche remporté par City (2-1) mais qui s'est mal terminé : l'entraîneur adjoint des Citizens, Mikel Arteta, a dû recevoir des soins après une échauffourée entre joueurs et membres de l'encadrement des deux équipes dans un couloir d'Old Trafford. **Transfert :** Fabinho (AS Monaco) assure qu'il devrait quitter le club princier en fin de saison. **Basketball, NBA,** *Eurosport* : "Avec Paul, Houston est le plus sérieux concurrent de Golden State. NBA. Portés par un excellent Chris Paul (31 points), les Rockets ont décroché leur onzième victoire de suite en venant à bout des Hornets cette nuit. Forts en défense, extraordinaire en attaque, les Texans ont trouvé les recettes pour s'affirmer comme la meilleure équipe de la saison régulière". À l'occasion du retour de Paul George dans l'Indiana, Oklahoma s'est imposé face aux Pacers. Chicago a enchaîné une 4e victoire de suite (hier contre Utah). Nikola Mirotic a inscrit 29 points et pris 9 rebonds. **&, "Été 2018 : q**uelle destination pour LeBron James ?" Évoqué : Rester à Cleveland. Rejoindre Houston, Los Angeles (et les Lakers) ou Philadelphie. **Show : Le** All Star Game 2021 se disputera à Indianapolis, dans la Bankers Life Fieldhouse des Pacers. **Classement C**onférence Est : 1. Boston. 2. Cleveland. 3. Toronto. 4. Milwaukee. 5. Indiana... 13. Charlotte. 14. Chicago. 15. Atlanta. Conférence Ouest : 1. Houston. 2. Golden State. 3. San Antonio. 4. Minnesota. 5. Denver... 13. Phoenix. 14. Dallas. 15. Memphis.

Cyclisme, *Le Parisien* : "Froome s'en relèvera-t-il ? Contrôlé positif au salbutamol lors de la dernière Vuelta, le coureur britannique pourrait être suspendu plusieurs mois et manquer ainsi le prochain temps Tour de France". Christopher Froome a subi un résultat d'analyse anormal au salbutamol le 7 septembre à l'issue de la 18e étape du Tour d'Espagne. Ce jour-là, le Britannique avait dominer ses principaux adversaires pour la victoire finale. Mais la veille, il avait connu une petite défaillance dans une étape de montagne. Le Code mondial antidopage autorise le salbutamol par inhalation afin de traiter l'asthme. Et la concentration urinaire ne doit pas dépasser 1000 ng/ml. Or les urines de l'Anglais ont révélé une concentration de 2000 ng/ml... Froome a été informé du résultat le 20 septembre". **Boxe : T**yson Fury, autorisé à combattre à nouveau mardi par l'Agence britannique antidopage, pourrait retrouver sa licence professionnelle dès janvier 2018, a indiqué l'organisme qui gère la boxe professionnelle au Royaume-Uni. Fury avait été contrôlé positif à la nandrolone en 2015 et suspendu 2 ans. **Natation : L**ara Grangeon et Fantine Lesaffre ont décroché respectivement la médaille d'argent et celle de bronze au 400 m 4 nages aux Championnats d'Europe de natation en petit bassin, derrière la

Hongroise Katinka Hosszu, hier à Copenhague. **Rugby : Le** président du Rugby Club Toulonnais, Mourad Boujellal, a indiqué dans le magazine Challenges, souhaiter "faire rentrer un investisseur capable de développer la marque RCT et de bâtir un projet visionnaire par le club", qu'il avait annoncé vouloir vendre en septembre 2016 avant de se raviser. Boudjellal aurait mandaté l'avocat d'affaires Didier Poulmaire pour trouver un repreneur amené à le remplacer d'ici à 2019.

Loisirs, Le Parisien : "Trop cher *Danse avec les stars*. Le concours de danse de TF1, qui s'est achevé hier, à réaliser sa plus mauvaise saison. Il reviendra l'an prochain même si c'est l'un des programmes les plus coûteux de la télé". Le programme a beaucoup perdu "en image" cette année, selon un ancien-cadre de TF1. *La France a un incroyable talent* : "M6 cherche un nouveau méchant". "Avec l'éviction de Gilbert Rozon (ici dans la saison 10), les téléspectateurs découvrent un jury plus doux et enthousiaste". **& : P**aris va honorer Johnny Hallyday... et Mike Brant. La Ville donnera un nom de rue, de place ou de jardin à chacun des deux artistes. **Vie quotidienne : "L**a voiture qui se conduit... en fauteuil roulant. Enfin un véhicule pour les personnels à mobilité réduite !".

Au programme. *Liar : la nuit du mensonge. Les rivières pourpres* (Vincent Cassel). *Les Dassault - Une affaire de famille. La France a un incroyable talent. L'apollonide, souvenir de la maison close. Ahmed Sylla avec un grand A. Dans la ligne de mire* (Clint Eastwood). *Arthur et la vengeance de Maltazard. Quelques messieurs trop tranquilles. Le Dirlo* (Jean-Marie Bigard). Officier et gentleman.

Météo : Perturbée.

Proverbe : "Il sied au progrès de respecter ce qu'il remplace".

**... Vendredi, 15 Décembre 2017.**

Citation : "**E**n politique, il faut déjà beaucoup de cultures pour se contenter d'explications simples." **André Siegfried** (1875-1959). Sociologue, historien, géographe français, pionnier de la sociologie électorale. **& :** "**V**ieillir, ce n'est pas un boulot pour les poules mouillées". **Stephen King** (né en 1947), écrivain américain.

2000 : **L**a centrale nucléaire de Tchernobyl est définitivement fermée, 14 années après l'explosion de l'un de ses réacteurs qui contamina les trois quarts de l'Europe. Elle restera toutefois une menace pour des décennies.

**Le Monde.** Inégalités : enquête sur un fléau mondial. & : En France, un modèle protecteur. États-Unis : Avancée majeure pour la réforme fiscale de Trump. La Fed revoit ses prévisions à la hausse pour tenir compte des baisses d'impôts massives à venir. Royaume-Uni. Brexit : le Parlement aura son mot à dire. Politique : Des dizaines de députés En Marche ! saisis par le vague à l'âme. Éducation. Le bac nouvelle formule : trois épreuves et un grand oral. _**L'Humanité des débats.**_ Inégalités dans le monde : le rapport qui accuse. Le 1 % le plus aisé capte 27 % des richesses mondiales. Les écarts se creusent partout. Afrique du Sud : L'ANC plus divisé que jamais. Avant son congrès, qui débute samedi le parti de Mandela se déchiré pour la succession de Jacob Zuma. Handball : Le vent d'est souffle sur les Bleues. Musique : Ella Fitzgerald la grâce éternelle. _**La Croix :**_ Harcèlement, qu'en disent les hommes ? France : Le Cnil alerte sur les risques de l'intelligence artificielle. Monde : En Russie, le procès qui illustre les rivalités autour de Poutine. Éditorial, Guillaume Goubert : La course à la richesse. _**Le Figaro.**_ "**S**ans liberté de blâmer, il n'est point d'éloge flatteur", Beaumarchais : Comment Édouard Philippe imprime sa marque. Installé depuis près de sept mois à Matignon, le Premier ministre a su imposer son style fait de simplicité et de rigueur. Des gestes d'apaisement envers des collectivités divisées. L'hypothèse Édouard Philippe comme tête de liste aux élections européennes. À Cahors, "On dirait un temps de Normandie." & : Les quotas de migrants divisent à nouveau l'Europe. Collomb veut relancer les expulsions de clandestins. Éditorial par Laurence de Chatette : "Rocher de Sisyphe". (...) Nécessité d'une réforme ambitieuse. Musique : Le streaming, nouvel eldorado des artistes. Entreprises. Le CAC 40, révélateur de la puissance des multinationales françaises. Gauche. Hollande entend encore "porter des idées". Proche-Orient : Coup de chaud entre Israël et Gaza. Accident : Collision mortelle entre un train et un bus scolaire près de Perpignan. Paléontologie : Découverte d'un plésiosaure de 200 millions d'années. Spatial. Fusée réutilisable : Ariane prépare sa contre-attaque. Internet : Facebook veut déclarer ses revenus par pays. Inégalités : L'Europe limite la casse. Fukushima : Voyage au cœur des réacteurs. On zigzague entre des réservoirs d'eau contaminée et les cuves endommagées : six ans et demi après la catastrophe, la centrale a été nettoyée mais son démantèlement n'est prévu que pour 2041 ou 2051... Députémaires. Le cumul banni... ou presque. Ils ont dû choisir entre leurs deux casquettes, pourtant de nombreux parlementaires gardent la haute main sur leur ancienne mairie grâce à des subterfuges administratifs à peine cachés. Fox-Disney : Mickey grossit encore. La mégamajor dirigée par Bob Iger rachète pour 52 milliard de dollars la 21st Century Fox, studio hollywoodien mythique, propriété de Rupert Murdoch. Un deal pharaonique qui redistribue les cartes dans le milieu du cinéma. *Le Figaro Magazine* : Macron fait-il le job ? Économie, éducation, communautarisme... Macron fait-il le job ? *L'éditionfrance* : EDF entre énergie verte et nucléaire. Commentaire : Le Brexit à la mi-temps. Afrique du Sud : Féroce bataille pour le pouvoir. Rennes : L'adieu à François Régis Hutin. *Le Parisien - Aujourd'hui en France* : Tragédie au passage à niveau. Accident. Au moins 4 morts et une vingtaine de blessés graves : c'est le bilan de la collision entre un train régional et un bus transportant des collégiens hier à Millas, près de Perpignan. Télévision : Tex viré de France 2 à cause d'une blague douteuse. Logement. Marchands de sommeil : le plan de la gouvernance. Société : Les ados bientôt privés de réseaux sociaux ? Insolite : Johnny et Jean d'Ormesson ont un ancêtre commun. Football : L'entraîneur du PSG victime d'un cambriolage. Tourisme : L'île de la Réunion et ses merveilles volcaniques. Cahier central : Le e-commerce est entré dans notre vie. Paris, 75 : Qui est le mystérieux millionnaire du Loto ? (Week-end) : Les 50 français qui comptent. Sondage exclusif : Omar Sy, Emmanuel Macron et Teddy Riner, personnalités les plus influents de 2017. *Les Échos* : La croissance accélère partout en Europe. Télévision. Disney-Fox : la riposte d'Hollywood face à la Silicon Valley. Disney tente le deal le plus audacieux de son histoire en reprenant Fox pour 66 milliards de dollars. & : Brégier va quitter la direction d'Airbus. Il sera remplacé par le patron d'Airbus Helicopters. Chronique Eric Le Boucher : "Notre-Dame-Du-Brexit." L'essentiel. Santé : Le casse-tête du reste à charge zéro. Brexit : Les Européens ne baissent pas la garde. Entreprises & Marchés. Jouets : des achats de plus en plus tardifs. Rachel Delacour à la tête des "pigeons". La consolidation bancaire se fait désirer. La France empruntera 195 milliards en 2018. Interview : Jean-Dominique Senard, lauréat du Grand Prix de l'économie. *Le Nouvel Économiste* : Formation professionnelle. La bataille des compétences. De l'art et la manière de faire (beaucoup) mieux, parce que (très) différemment. De l'apprentissage à la reconversion des chômeurs, en passant par l'employabilité des salariés. Momentum ou Valeur. De l'efficience des marchés financiers. Ou comment réconcilier la finance préhistorique de grand-papa et la finance moderne de papa. Déjeuner avec Éric Cantona. Distribution. Le monstre Wallmart. L'hydre Amazon. Journalisme. Après Wikipedia, Wikitribune. La bataille de l'IA. L'intelligence artificielle taillée sur mesure pour les géants de la tech. Faut-il s'en inquiéter ? Désaveu républicain : Élection surprise en Alabama. Pour le parti démocrate, c'est Noël avant l'heureux, mais il faudra encore un peu attendre pour l'Épiphanie. Situation nette négative. La SNCF sous perfusion. Le service est payé deux fois par le client et le contribuable. Dossiers. Gestion privée : Un héritage pour une grande cause. *L'Indépendant catalan* : L'horreur. Millas : 4 collégiens tués au passage à niveau. Il était 16h06, hier, lorsqu'un train a percuté un bus scolaire entre Millas et Saint-Feliu-d'Amont. Le choc a été terrible et le bilan est très lourd : 4 collégiens ont été tués. Il y a 20 blessés dont certains en urgence absolue. *Midi Libre :* L'horreur à Millas. Quatre enfants morts et une vingtaine de blessés dans une collision entre un bus et un train hier près de Perpignan. Transparence : Les bons comptes font les bons députés. *La Dépêche du Midi* : Tragédie au passage à niveau. (...) Le Premier ministre s'est rendu sur place où les secours ont déclenché le plan blanc. Bronchiolite : Les urgences pédiatriques sont saturées. Déplacements : Avis favorable pour le plan mobilités 2030. Agriculture urbaine : Des potagers au pied des cités HLM. Cahors : 5 milliard pour relancer les centres villes. Edouard Philippe a annoncé hier à Cahors un plan de revitalisation des centres-villes. Cent million d'euros seront d'autre part investis pour réduire la facture numérique. Toulouse : Salon Regal : tous à l'école du goût. *La Voix du Nord :* La guerre des lunettes à bas coût. Santé. Une start-up lilloise bouscule ce marché juteux. Lille : IBM inaugure son campus et annonce 1000 emplois d'ici 4 ans. Pyrénées-Orientales : Quatre enfants tués dans un dramatique accident de car scolaires. TV Magazine : Les chevaliers du fiel vous feront passer Noël à Miami. *La Provence :* Nos si chers déchets. La Chambre régionale des comptes dénonce le coût des poubelles à Marseille : jusqu'à 50 € par habitant contre 35 € sur le plan national. Spectacle : Laurent Gerra, inimitable. Football : L'assistance vidéo arrive en Ligue 1. *La Montagne Creuse* : Plan de revitalisant. Le président Macron a invité les Creusois à proposer leur propre plan de revitalisation pour leur territoire. Et les Creusois l'ont pris au mot. Propos d'un montagnard : Sans foi ni l'oie. Comprendre : L'état de grâce est passé pour un État-providence concurrencé. Entre État régalien et l'État qui régale, il y a la place pour un État-providence plus efficient. Nature. La saison du ski démarre tôt cette année dans les stations du Massif central. La Souterraine : L'activité des plombiers a fortement progressé en 2017. Sainte-Feyre : La foire au gras va mettre les petits plats d'absence les grands. & : Essai transformé pour le pollinarium sentinelle. Creuse : Le Bilbo de Tolkien premier sur le métier à tisser d'Aubusson. *Presse Océan* : Rythmes à l'école. Le grand bazar. En Loire-Atlantique, 40% des élèves du primaires pourraient revenir à la semaine de 4 jours à la rentrée 2018... si les communes résolvent le casse-tête imposé. Nantes. Stade : les envies des supporters. Des tifos, des écrans géants, une crèche : les fans du FCN ont plein d'idées pour le projet YelloPark. &, Déchets : ça coince toujours.

Violences sur des policiers à Nantes : deux militants CGT condamnés. **Sud Ouest.** Girondins : qu'est-ce qui coince ? Tour du monde à la voile : Le Charentais Gabart a plus de cinq jours d'avance sur le record. **Corse-matin :** L'île sera-t-elle le cobaye des régions françaises ? Dans un texte, elles demandent à Paris d'écouter la volonté de dialogue de la Corse. La Banque de France a retenu son souffle. Une fausse alerte au gaz a mobilisé hier une quarantaine d'intervenants à Ajaccio. Ajacciu : Des hommes parlent de droits des femmes sur fond de polémique. **L'Équipe :** Enfin chez lui. Ligue 1. Marseille. Avec huit buts et autant de passes décisives cette saison, Florian Thauvin est devenu l'homme fort de l'OM. De quoi faire oublier un premier passage au club (2013-2015) contrasté et rêver de Coupe du monde avec les Bleus. Handball. Championnat du monde femmes. (Demi-finales) France 20h45 Suède. Des Bleues aux dents longues. Football. Ligue 1. Saint-Étienne 20h45 Monaco. Oscar Garcia s'explique. **Midi Olympique.** Le journal du rugby. Week-end. Le modèle rochelais. La Rochelle poursuit son bonhomme de chemin sur un tempo très néo-zélandais et n'en finit plus d'impressionner. Dossier. Mourad Boudjellal : Onze ans de mercato. Retour sur les plus beaux jours et les pires ratés du président recruteur du rugby club toulonnais. **Les Nouvelles calédoniennes :** La très grande majorité des élèves de terminale ont obtenu leur bac hier. Pour les autres, direction les rattrapages ou, parfois, le redoublement. Retrouvez tous les résultats ainsi que ceux des CAP et des BEP. & : Le budget du pays au régime sec. Santé : La lèpre est toujours présente. Justice : Guerre des collaborateurs à la Maison bleue. FLNKS : L'indépendance avec partenariat faut débat. Natation : Lara Grangeon vice-championne d'européens. Minijeux : La Calédonie certaine de finir à la première place. **Le Quotidien de la Réunion et de l'océan indien :** La grosse colère des hospitaliers. Le choix de la direction du CHU violemment critiqués. Région : Budget à la baisse et projets reportés. **France-Guyane :** Le mouvement de Mars-avril impacte les congés de Noël. Dans plusieurs agences de voyages, le constat est le même. Plusieurs ont dû renoncer à partir en vacances, la mobilisation de mars-avril ayant grevé leur budget. Harcèlement : des ambassadeurs à l'école. **France-Antilles Guadeloupe :** Visite de la ministre du travail. L'emploi des jeunes au cœur des priorités. Baie-Mahault. Crèche Bambinou's : vers le redressement judiciaire. Politique : Bernier quitte Les Républicains. Le dossier : Pourquoi étudier l'allemand aux Antilles ? *France-Antilles Martinique* : 137 000 euros dans sa valise. Le tribunal a condamné une jeune femme de 29 ans pour blanchiment d'argent lié à un trafic de drogue. Trinité : Bak la ka viré an dlo. Bak'La, un dispositif inauguré hier, a été installé pour franchir la rivière du Galion à son embouchure, au quartier Cité du Bac à Trinité. *Les Échos Week-end* : Moi, manager. Pour Emmanuel Macron, il n'y a pas de manager respecté qui ne soit aussi un manager d'État efficace. Une loi d'airain sous laquelle vivent tous ses proches. Smartphone : Qualcomm, des puces qui valent 130 milliards. Voyage : Ljubljana, écrin nostalgique de l'Europe. *Politis* : Domination masculine. 2017 année de la révolte. Jérusalem : Trump, les colons et les lobbys. *Ça m'intéresse Histoire.* Ces rebelles qui ont bousculé le monde. Spartacus, Jeanne D'Arc. Gandhi. Rosa Parks. Simone Veil. Rabelais... Ces rebelles qui ont bousculé le monde. Scythes : Les oubliés de l'histoire. Battez-vous ! Les codes d'un duel réussi. La famille a-t-elle toujours existé ? 1870-1930. Les folles nuits parisiennes. *Secrets d'histoire Hors-série* : Louis XIV. Le vrai visage du Masque de fer. L'affaire des Poisons, le règne de l'horreur. La Mauresse la fille cachée du Roi-Soleil ? *Science & Vie* : 10 défis de science pour le XXIe siècle. Vaincre le cancer. Nourrir 10 milliards d'humains. Domestiquer les robots. Découvrir une vie extraterrestre. Maîtriser la fusion nucléaire. Sauver la biodiversité. Inventer l'ordinateur quantique. S'approcher du big bang. Produire propre. Donner à la science sa juste place. *Sciences & Vie* : Questions Réponses. Comment prenez-vous vos décisions ? Plutôt cerveau gauche ou droit. Quel âge a votre mémoire ? 21 tests de science. Pour mieux se connaître soi-même. Êtes-vous chiffres ou lettres ? Comment percevez-vous le temps ? Êtes-vous logique ? Quel mangeur êtes-vous ? Quel créatif êtes-vous ? *Vanity Fair,* "Brillant dehors, MORDANT dedans". Les 50 Français les plus influents dans le monde. Notre classement 2017. N°1 Xavier Niel. Comment le bad boy des télécoms est devenu notre ambassadeur secret dans la Silicon Valley. Récit : Kim Jong-un. Quand le dictateur coréen fait exécuter son frère à l'aéroport. Rencontre : Philip Roth. "J'ai trouvé mieux que le sexe : la sieste". Et aussi : La mue de Camélia Jordana. La cure de Frédéric Beigbeder. Les blagues de Booba. Le kif de Xavier Dolan... "Nul vainqueur ne croit au hasard". Friedrich Nietzsche. Élu magazine de l'année. Prix SEPM Relay 2017. **Madame Figaro** : Cover story. Charlotte Gainsbourg. La métamorphose. **TV Magazine** : Les chevaliers du fiel Ami-ami. Le duo d'humoristes lance sa fiction Noël à Miami, sur C8. TV Magazine les accompagnés sur le tournage en Floride. Le crime fête Noël : Les Petites Meurtres d'Agatha Christie s'offre un épisode spécial sur France 2. **Closer** : Justin Bieber et Selena Gomez. 8 ans d'amour up & down ! Yesss !!! Ils s'aiment à nouveau. Kev Adams : "Je rêvais d'être Gad. Maintenant, je travaille avec lui".

Syrie : 23 civils d'une même famille ont péri dans des raids aériens de la collision soutenue par Washington sur un visage syrien tenu par le groupe État islamique dans la province de Deir Ezzor. **Irak : 3**8 djihadistes condamnés à mort pour terrorisme ont été exécutés par pendaison dans la prison de Nassiriya, au sud de l'Irak. **Somalie : A**u moins 13 policiers ont été tués dans un attentat suicide perpétré dans une école de police à Mogadiscio et revendiqué par les islamistes Shebab affiliés à Al-Qaïda. **Londres : P**rès de 1 500 personnes dont des membres du gouvernement et de la famille royale, ont pris part hier matin à une cérémonie multiconfessionnelle en la cathédrale Saint-Paul de Londres, pour rendre hommage aux victimes de l'incendie de la tour Grenfell survenue y a 6 mois. Avec 71 victimes recensées, 53 adultes et 18 enfants, la catastrophe de Grenfell est l'une des plus meurtrières qu'ait connues le Royaume-Uni depuis 1945. **Birmanie : A**u moins 6 700 Rohingyas ont été tués entre fin août et fin septembre au cours d'une opération de l'armée birmane, selon une estimation inédite publiée par Médecins sans frontières (MSF), qui estime que le bilan réel pourrait être encore plus lourd. Les chiffres ne couvrent que le premier mois des violences, mais l'exode de cette minorité se poursuit encore aujourd'hui. **Belgique :** la justice belge a prononcé la fin de la procédure visant Carles Puigdemont et 4 autres membres de l'exécutif catalan déchu qui s'étaient exilés comme lui en Belgique, conséquence du retrait à Madrid des 5 mandats d'arrêt européens. **Union européenne : L**es dirigeants de l'UE ont donné le feu vert à la prolongation pour 6 mois, des lourdes sanctions économiques décrétées contre la Russie pour son application dans le conflit ukrainien. **Aéronautique : D**elta Airlines a passé à Airbus une commande ferme de 1 000 avions moyen-courrier A321neo pour un montant de 12,7 milliards de dollars au prix catalogue, alors que le conseil d'administration du géant aéronautique se réunissaient dans une ambiance délétère sur fond d'affaires et de spéculation au sujet d'un départ de son tandem de direction franco-allemand. **États-Unis : D**isney va racheter une grande partie des actifs de la 21st Century Fox, le groupe de médias fondé par Rupert Murdoch, pour 52,4 milliards de dollars, dans une opération qui va bouleverser le paysage des médias, d'Hollywood à la Silicon Valley.

Millas : 4 enfants sont morts et une vingtaine de personnes ont été grièvement blessées dans une collision très violente entre un car scolaire et un train régional à un passage à niveau de Millas, dans les Pyrénées-Orientales. "Selon des témoins, le passage à niveau a fonctionné normalement mais il faut que cela soit confirmé par l'enquête", a déclaré la SNCF. **Le Débat du jour,** *La Voix du Nord* : "Relier la France périphérique au reste du monde". "Internet haut débit comme ballon d'oxygène pour des territoire oubliés de la mondialisation. C'est pour l'instant une promesse". **France : U**n montant de 90 euros a été voté par l'Assemblée nationale, représentant une contribution de l'État, visant à "favoriser l'accompagnement social, sanitaire, culturel et sportif des étudiants". Cette contribution entend renforcer la vie de campus, face à la très inégale répartition des ressources culturelles, sportives ou associatives sur le territoire". Seront concernés, tous les élèves et étudiants lors de l'inscription à une formation initiale de l'enseignement supérieur, boursiers exceptés. **& :** La garde des Sceaux Nicole Belloubet a présenté en conseil des ministres un projet de loi relatif à la protection des données personnelles qui adapte la loi informatique et libertés de 1978 du droit européen. Le texte prend acte du changement de cadre étendu à toutes les données des Européens et reprend de nouveaux droits prévus dans le RGPD, comme la portabilité des données. D'autres part, il remplace le système de contrôle à priori - avec des déclarations et des autorisations préalables - par un contrôle à posteriori, et il entérine le renforcement des pouvoirs de la Commission nationale de l'informatique et des libertés (CNL) ainsi que l'augmentation des amendes jusqu'à 20 millions d'euros ou 4 % du chiffre d'affaires annuel mondial. Le gouvernement a aussi fixé la "majorité numérique" à 16 ans, le consentement des titulaires de l'autorité parentale étant nécessaires pour que les données personnelles des enfants plus jeunes soient traitées par les services utilisés. Le RGPD donne aux États membres la possibilité d'abaisser ce seuil jusqu'à 13 ans. Concrètement "l'inscription sur Facebook supposera une autorisation des titulaires de l'autorité parentale pour les mineurs de moins de 16 ans", a expliqué la garde des Sceaux. Il en sera de même pour les réseaux sociaux Snapchat et Instagram. Jusqu'à présent Facebook "interdisait" l'inscription des mineurs de moins de 13 ans. **Gouvernement : L**e Premier ministre Édouard Philippe a défendu à Cahors le plan du gouvernement pour les zones rurales et les villes moyennes, qui se sentent laissées de côté. **Santé,** *La Voix du Nord.* "Levothyrox : plus d'ancienne formule au-delà de 2018". **Logement : F**ace à des bailleurs privés "très sélectifs", des personnes exposées au discrimination en raison de leur handicap, leur couleur de peau ou leur situation familiale renoncent à faire valoir leurs droits et se tournent vers le logement social, selon une enquête publiée hier. **Croissance : L**a Banque de France a relevé ses prévisions de croissance pour la France a 1,8% en 2017 puis 1,7% en 2018 et 1,8 % en 2019, en pariant notamment sur un redressement des parts de marché à l'international. **Front national : L**a présidente du FN, Marine Le Pen, a lancé un "emprunt patriotique" après la fermeture de plusieurs comptes bancaires du parti et de son compte personnel.

Faits divers : Un CRS s'est suicidé hier, dans la nuit à Saint-Brevin-les-Pins, en Loire-Atlantique. Ce policier a utilisé son arme de service pour mettre fin à ses jours. Cette mort porte à 49, le nombre des suicides dans la police cette année. **Nucléaire :** L'ouvrier d'une entreprise participant au démantèlement de la cuve du réacteur nucléaire souterrain de Chooz (Ardennes) a été exposé à une radioactivité dépassant le quart de la dose individuelle annuelle réglementaire. **Salvador,** *La Voix du Nord* : "Trente années de prison pour une fausse couche. Un tribunal a confirmé la condamnation à 30 ans de prison de Théodora Vasquez, 34 ans, victime d'une fausse couche pour laquelle a été jugée coupable d'homicide, dans ce pays à la législation anti-avortement parmi les plus strictes du monde".

Ligue 1 : Didier Drogba et Youri Djorkaeff ont été nommés, hier, ambassadeurs de la Ligue de football professionnel (LFP). L'ex-Marseillais et l'ex-Parisien accompagneront la Ligue dans son travail de promotion de la Ligue 1 à l'étranger. **Basketball, NBA :** Les jeunes pousses de Los Angeles n'ont pas démérité face à LeBron James et Cleveland. Défaite des Lakers 121-112. Karl-Anthony-Towns a été précieux lors de la victoire de Minnesota sur Sacramento avec 30 points, 14 rebonds, 5 passes et 5 blocks. Les Knicks se sont imposés sur le parquet des Nets. **Natation :** Les Bleus ont remporté une 3e récompense aux championnats d'Europe en petit bassin lors du relai 4 x 50 m 4 nages mixte, médaillé de bronze hier à Copenhague. Jérémy Stravius (dos), Théo Bussière (brasse), Mélanie Hénique (papillon) et Charlotte Bonnet (nage libre) ont nagé en 1'37"75. **Tennis, Fed Cup :** Thierry champion a été désigné entraîneur de l'équipe de France de Fed Cup, dont le capitaine reste Yannick Noah, a annoncé la Fédération Française, ajoutant que Mary Pierce quittait ses fonctions de vice-capitaine. Thierry Champion est également directeur du haut niveau au sein de la Fédération. **Voile :** Le trimaran d'Yves Le Blévec (Ultim "Actual") a chaviré dans la nuit de mercredi à jeudi au large du Cap Horn à la suite d'une avarie. Sain et sauf, il a pu être hélitreuillé, hier, par les gardes-côtes chiliens. Le marin français tentait depuis le 24 novembre un record inédit du tour du monde à l'envers.

Temps libre, *La Voix du Nord* : "Voyage sous les tropiques avec Gauguin l'alchimiste, au Grand Palais". **TV,** *Le Parisien* : À la suite de sa blague sexiste en direct sur C8, la production du jeu "les Z'amours" a rompu le contrat de l'animateur Tex. **Canal + Décalé.** *Calls.* "Une série... sans images". **Koh-Lanta : 3** femmes seront à l'honneur ce soir en finale, opposées à un seul homme. Ce qui reste un fait rarissime dans l'histoire de l'émission. **Russell Simmons : "C'**est une légende du rap américain. Âgé désormais de 60 ans, Russell Simmons a créé le label Def Jam dans les années 1980 et a découvert quelques artistes majeurs comme LL Cool J, les Beastie Boys et Public Enemy. L'ancien magnat du hip-hop vient d'abandonner ses fonctions dans des organisations caritatives après avoir été accusé d'agressions sexuelles par 3 femmes dans un article publié avant-hier dans le *New York Times.*

Au programme : *Dutronc, la vie malgré lui.* "*Dans l'éclair d'un claquement de doigts, d'un mouvement de hanches un peu heurté il y a 50 ans, Jacques Dutronc est devenu une idole*". *Van Gogh. Il a déjà tes yeux. Un enfant disparaît. Sting, l'électron libre. Handball féminin : France / Suède.* "*1/2 finale du championnat du monde*". *Ali Baba et les 40 voleurs. Il était une loi-ISF : une invention si française. Un enfant disparaît.*

Météo : Instable et fraîche.

Sondage *LeParisien.fr* **: "S**elon vous le redoublement est-il bénéfique pour les élèves ? Oui. 78,4 %".

Dicton : "Décembre trop beau, été dans l'eau." **Proverbe : "L'**envie d'y mettre trop rompt le sac".

... Samedi 16 Décembre 2017.

Citation : "Il faut se ressembler un peu pour se comprendre, mais il faut être un peu différent s'aimer. Oui, semblables et dissemblables...

Ah ! Qu'étranger pourrait donc être un joli mot !". **Paul Géraldy** (1885-1983). Poète et dramaturge français.

Le Monde. "Disney-Fox : révolution dans le divertissement mondial. & : Édouard Philippe à la reconquête des territoires. Environnement : Les vieux diesels dont l'Europe ne veut plus polluent l'Afrique. Enquête : Le château de ma mère. Yémen : Al-Qaida, dans l'ombre du conflit. Sports : Les faiblesses du patron du foot, Gianni Infantino pour la Turquie. Évasion fiscale : Vers la fin du secret bancaire au Panama. Russie : Le candidat Poutine et la parodie de campagne. Idées : La natation espagnole au miroir de la Catalogne". *La Croix samedi & dimanche* : Minorités en danger. À travers le monde, de nombreuses minorités sont victimes de discrimination. "La Croix" évoque le sort de six d'entre elles. Rencontre : Éric Cantona, la flamme du joueur. Balade : Dans les montagnes du Caucase. *L'éditionfrance par Ouest-France :* L'essor des courses au distributeur. Éditorial : Le cap sera tenu. Syrie : Raqqa libre mais en ruines. Drame de Millas : Les passages à niveau en question. *Le Figaro* : Le dernier combat d'Angela Merkel. Alors que des discussions pour former un gouvernement vont s'ouvrir avec le SPD, la chancelière allemande apparaît plus fragilisée que jamais. Ses adversaires et ses rivaux préparent déjà sa succession. Le SPD accepte des discussions de coalition avec la CDU. En coulisses, la course pour la succession d'Angela Merkel commence. & : Consulter des sites djihadistes n'est plus considéré comme un délit. Gastronomie : des fêtes sous le signe du respect des traditions. Entretien. Mgr de Sinety : "Johnny Hallyday s'inscrivait dans la culturelle chrétienne." PS : Les planètes s'alignent pour Najat Vallaud-Belkacem. Justice : Quand #balancetonporc fait dérailler le procès Tron. Santé : Les négociations sur les taris dentaires se compliquent. Portrait : Sabine Devielhe, la soprano qui rêvait d'ailleurs. Figaro Oui Figaro Non. Réponses à la question de vendredi : "Faut-il limiter les développements des centres commerciaux en périphérie des villes ? Oui. 86 %". *Libération* : Disney avale la Fox. Maousse. Le rachat de la 21st Century Fox par le mastodonte du divertissement bouleverse l'industrie et fait craindre une standardisation de l'offre culturelle. États-Unis : Trump s'attaque à la neutralité du Net. Justice : Fièvre et chaos au procès Tron. Voile. Gabart, le trimaran façon Formule 1. *Le Parisien - Aujourd'hui en France* : Allez les Miss, prenez la parole. Orthographe : Les profs pris au fait. Enquête. Il n'y a pas que les élèves qui ont des lacunes en français. Les enseignants aussi sont parfois défaillants. Millas : La polémique enfle après le drame du passage à niveau. Politique : Le patrimoine des ministres dévoilé. Société : Comment combattre le racisme antigros. Paris : La Cité de la mode cherche son second souffle. Maison : Les plantes stars de Noël. *L'indépendant catalan* : Pourquoi ? La tragédie de Millas a fait hier une nouvelle victime. Au lendemain de la collision entre un bus scolaires et un train à Millas, le choc est immense dans le département notamment à Saint-Feliu-d'Avall. Avec cette question : qu'est-ce qu'il s'est passé ? Selon les premiers éléments de l'enquête, la majorité des témoignages indiquent que la barrière du passage à niveau était abaissée. Mais la société de bus remet cette version en question. Le bilan s'est lui encore aggravé. *Midi Libre* : La douleur. Montpellier : Asics muscle son implantation locale. *La Dépêche du Midi* : Drame de Millas la polémique. Grand Sud : Les dernières bouteilles de la cuvée Johnny s'arrache près de Pézenas. Télévision : Des miss féministes ? Aéronautique : Changement à la tête d'Airbus. C'est Guillaume Faury qui devient numéro deux de l'avionneur européen. Il remplace Fabrice Brégier. Tom Enders est lui prolongé jusqu'en mars 2019. Enquête : Les Français préfèrent Noël au Nouvel An. *La Voix du Nord* : Handball. Les Bleues en final du Mondial ! Lille : Quatre jeunes percutés par un TER hier soir, deux étaient dans un état désespéré. Version Fémina : Hommage à Johnny : que l'on t'aime ! *La Provence* : Migrants. Aux frontières du réel. Nos reporters ont passé une nuit avec les réfugiés dans le col enneigé de Montgenèvre et avec les bénévoles qui les recueillent. Tragédie de Millas : Les barrières au cœur de l'enquête confiée au parquet de Marseille. L'interview : Maxime Lopez se met à table. *La Montagne Creuse* : Des Aubussonnaises qui font le buzz. Millas : Défaillance technique ou erreur humaine pour expliquer la tragédie ? Creuse : Les cantiniers prêts à cuisiner avec des produits locaux. & : Des ateliers où le français n'est plus une langue étrangère. *Presse Océan* : Exclusif. Simone Veil au Panthéon fin mai. L'entrée au Panthéon de la femme d'État et académicienne décédée le 30 juin se précise. *Sud Ouest* : **1** million de bénévoles au cœur de nos vies. Bordeaux : 49 carrefours à feux déjà supprimés. *Corse-matin* : Jacques Costa resserre les rênes au Parc naturel. *L'Équipe* : Il est chaud. Football. Ligue 1. Rennes 17h Paris-SG. Neymar, parti au Brésil, n'a pas disputé les deux derniers matchs. Le PSG compte sur sa star pour enrayer la bonne série des Bretons. Saint-Étienne 0-4 Monaco. Les Verts en plein chaos. Handball. Championnat du monde femmes. (Demi-finales) France 24-22 Suède. À une marche du paradis. Survoltées, les Bleues se sont qualifiées pour la finale et affronteront demain la Norvège, tenante du titre. *L'Équipe, Le magazine* : Entretien exclusif. Diego Simeone. "Sans le football, je meurs..." Son management par les émotions, le caractère de son Atlético, Griezmann, Guardiola, Zidane, l'émergence du PSG, son futur... l'entraîneur argentin n'élude aucun sujet. Portraits. 12 ans, leur vie de champion. Tendances : Disneyland Sporting Club. *Le Télégramme* : Le paiement digital décodé. Alimentation : Des pistes pour réduire le gaspillage. Molène : Deux ans ferme à l'incendiaire. *Les Nouvelles calédoniennes* : Le bac à 14 ans avec 20/20 en maths. KNS : Le 2e four revit. Justice : Violent, il est poignardé à dix reprises. Faits divers : Les recherches de l'ULM relancées. Sports : Les Minijeux ont tiré leur révérence. *Le Quotidien de la Réunion et de l'Océan indien* : Letchis. De l'export quand-même. Portrait. Maxime Roussaire. Chef du salé au royaume du sucré. *France-Guyane* : Des caïmans dans la ville & : Mikaël Mancée convoqué par la police. L'ancien leader charismatique de la mobilisation sociale sera entendu mercredi par ses anciens collègues dans le cadre d'une garde à vue après une plainte d'un commissaire pour violence. Accident mortel à l'Ouest : l'heure du procès. Le conducteur du camion qui a heurté le bus des jeunes catholiques, en juillet 2013 et un autre homme impliqué dans l'accident sont jugés. *France-Antilles Guadeloupe* : Un forcené abattu par un gendarme. *France-Antilles* : Justice. Pour un sac volé, il finit dans un coffre. Disparition de Magalie Méjean : "Il y a quelqu'un qui sait !". Demain, cela fera quatre ans qu'avait été signalée la disparition de la randonneuse Magalie Méjean (photo ci-contre). Une vingtaine de jours plus tard, son corps était retrouvé au pied d'une falaise. Une enquête sur une mort suspecte que ses parents (ci-dessus)), comme d'autres, refusent de voir d'éteindre. Religion : Gaëtan Présent devient prêtre. Solidarité : Et maintenant que faire sans le fourneau ?

Palestine : **4** Palestiniens ont été tués dans des heurts avec les forces israéliennes, lors d'une nouvelle journée de mobilisation contre la reconnaissance par Donald Trump de Jérusalem comme capitale d'Israël. **États-Unis,** *La Voix du Nord* : "La commission fédérale américaine des communications a abrogé, jeudi, le principe de "neutralité du Net", estimant qu'elle constitue un frein aux investissements. Ses détracteurs redoutent la création d'un "Internet à deux vitesses". L'éclairage de Damien Bancal, spécialiste des nouvelles technologies". "Et si le Net n'était plus neutre ? Un FAI pourrait proposer des offres différentes selon les contenus téléchargés, les applications utilisées... Certains destinataires seraient prioritaires dans la réception des données. Des services ou contenu pour être bloqués. Risque de hausse des prix des abonnements à Internet". **Grande-Bretagne : Le** prince Harry épousera sa fiancée, l'actrice américaine Meghan Markle, le samedi 19 mai à la chapelle Saint-George du château de Windsor, à l'ouest de Londres, a annoncé le palais de Kensington. Les fiançailles de Harry, 33 ans, avec Meghan Markle, 36 ans, divorcée, avaient été annoncées le 28 novembre. **Brexit : L**es 27 dirigeants de l'UE ont donné leur accord pour passer à la phase des négociations du Brexit avec le Royaume-Uni, ouvrant ainsi la voie aux discussions sur la future relation entre les deux parties. **Italie : A**mazon a signé un accord avec le fisc italien prévoyant le versement de 100 millions d'euros, après une enquête pour fraude fiscale. **Irlande : La** compagnie aérienne Ryanair propose de reconnaître des syndicats de pilotes, une concession qui lui a permis d'éviter une grève en Italie. **Russie :** **L**'ex-ministre russe de l'Économie de 2013 à 2016, Alexeï Oulioukaïev, a été condamné hier à 8 ans de camp à régime sévère pour corruption, à l'issue d'un procès qu'il a dénoncé comme un coup monté par un proche du président Poutine. À l'issue de ce procès, l'ancien ministre a été reconnu coupable "d'avoir reçu un pot-de-vin alors qu'il exerçait une fonction officielle", selon la juge Larissa Semionova. Il a été également condamné à une amende de 130 millions de roubles (environ 1,9 million d'euros), et la quasi-totalité de ses biens, voiture et domicile inclus, a été saisie. D'après les enquêteurs, il a été arrêté alors qu'il venait de recevoir un pot-de-vin de deux millions de dollars. **Autriche : L**e conservateur Sebastian Kurz et le parti de la liberté d'Autriche (FPÖ) ont annoncé avoir scellé un accord de coalition ouvrant les portes de la chancellerie au jeunes dirigeants chrétien-démocrate, signant un retour de l'extrême droite au gouvernement.

France : Le SMIC augmentera de 1,24 % au 1er janvier 2018, sans coup de pouce, a annoncé le ministère du Travail, ce qui le fait passer de 9,76 à 9,88 euros bruts de l'heure. Cette revalorisation mécanique portera le SMIC à 1 498,47 euros par rapport à 2017. En net, la hausse sera plus forte. Le ministère parle d'une "augmentation de 35 euros par mois et 428 euros par an". Le SMIC horaire net s'établira à 7,83 euros, soit 1 188 euros mensuels. **Logement : L**es propriétaires privés désireux de louer un logement répondent moins facilement à un candidat portant un nom d'origine maghrébine ou africaine, montre une étude publiée hier. Tragédie de Millas : Le pays compte un peu plus de 15 000 passages à niveau, dont 163 sont classés prioritaires à sécuriser.

Sites djihadistes : Le Conseil constitutionnel a censuré le texte de loi réprimant la consultation habituelle de sites djihadistes : pour les "Sages", cette mesure porte une atteinte excessive à la liberté de communication au nom de la lutte antiterroriste. **Réclusion criminelle : A**ux assises de Seine-Saint-Denis, un ouvrier portugais a été condamné à 25 ans de réclusion criminelle pour avoir assassiné son ex-femme de 60 coups de tournevis à la tête. **Justice : L**e procès pour viols en réunion de l'ex-secrétaire d'État Georges Tron a été ajourné hier par la cour d'assises de Seine-Saint-Denis. Le président, mis en cause pour sa manière de mener les débats, a indiqué que le renvoi était dû à l'impossibilité pour le procès de se dérouler dans les délais impartis. **Marseille : Le** tribunal administratif de la ville a validé la fermeture pour 6 mois, d'une mosquée salafiste, jugeant que "la provocation à la violence, à la haine ou la discrimination était établie".

Football, Ligue 1 : Saint-Étienne - Monaco... 0-4. **Fair-play financier. L'**UEFA a refusé hier la demande "d'accord volontaire" formulée par l'AC Milan, qui pourrait donc se voir imposer des sanctions. Avec des pertes cumulées de 255 millions d'euros sur les 3 dernières saisons, le club italien est très loin de respecter les critères du FPF, qui fixent à 30 millions d'euros le déficit maximum autorisé sur 3 ans. **Hors-jeu : F**aisant partie des nombreuses personnalités du monde du football sud-américain poursuivies par la justice américaine dans le cadre d'un vaste scandale de corruption, le président de la Fédération brésilienne, Marco Polo Del Negro, 76 ans, a été suspendu 90 jours à titre conservatoire par la justice interne de la Fifa. **Lille : Le** LOSC a mis un terme au contrat qui le liait à Marcelo Bielsa. Le nom de l'Espagnol, ancien entraîneur de Middlesbrough, est régulièrement cité parmi les possibles successeurs de l'Argentin. **Rennes,** Le Parisien : "Comment le PSG a changé Létang." (...) "Il a appris au PSG, parce que quand on te dit qu'il faut gagner tous les matchs, l'exigence n'est pas la même". Leonardo, qui avait recruté Olivier Létang au PSG en 2012". **Rugby, Champions Cup,** Le Parisien : "Les Racingmen disent adieu à Colombes". **Biathlon : H**ier lors du sprint du Grand-Bornand en Haute-Savoie, Martin Fourcade a de nouveau été dominé par le Norvégien Johannes Boe, victorieux de l'épreuve. **Handball Mondial féminin : A**près leur victoire face à la Suède en demi-finale du Mondial, 24 à 22, à Hambourg, les handballeuses défieront la Norvège pour le titre (comme les hommes il y a 11 mois). **Basketball, NBA : Le** leader de la Conférence Est, Boston, s'est incliné à domicile face à Utah (privé de Rudy Gobert au bout de quelques minutes de jeu). Houston a surclassé San Antonio (124-109). 10e triple double cette saison pour Russell Westbrook (27 pts, 18 rbds, 15 pds), le 89e de sa carrière. Le Thunder a vaincu

Philadelphie, ce qui représente la 17e victoire d'Oklahoma sur les Sixers. **Boxe,** *Le Parisien* : "Yoka doit encore se faire un nom". **Omnisport : C**ontestant la réélection de Denis Masseglia à la tête du CNOSF, Isabelle Lamour a été déboutée par le tribunal de grande instance de Paris. La présidence de la Fédération française d'escrime est condamnée à payer 2 000 € au CNOSF et 1 500 € à Masseglia. **Ski Alpin : L**a descente dames de Val-d'Isère, programmée ce matin, a été annulée en raison des importantes chutes de neige. À la place, deux super-G auront lieu ce week-end, l'un aujourd'hui, l'autre demain.

Temps libre, *La Voix du Nord*. "Songs of experience" : U2 se contente de faire le métier. **Écologie, *GQ*** : "**N**icolas Hulot possède 6 voitures" et pas moins de 8 véhicules à moteur. **Miss vs. Violences faites aux femmes,** *Le Parisien* : "Elles ont enflammé le Pérou". 29 octobre 2017 : "Mon nom est Camila Canicoba et mes mensurations sont 2 202 féminicides en 2 ans dans mon pays". Marlène Schiappa, secrétaire d'État chargée à l'Égalité entre les femmes et les hommes : "Les Miss peuvent sensibiliser les Français." **Humour :** *Laura Lane, Le diable est une gentille petite fille*. **Audiences : L**a dernière saison de Koh Lanta a été moins suivie depuis 2003, réunissant 5,5 millions de fidèles.

Au programme : Crèches sauvages ; *L'ombre d'un doute ; Élection de Miss France 2018 ; Le grand show de l'humour (Michel Drucker). Boxe : La conquête - Round 3 (Tony Yoka). Échappées belles ; 3 villes à la conquête du monde ; Nelson (spectacle). Rugby, Challenge Cup : Lyon - Stade Toulousain. Freedom : la story de George Michael. La reine des neiges (Hilarie Burton) ; Y-a-t-il un chien pour conduire le traineau ? Seuls face à l'Alaska.*

Météo : Vent glacial.

Sondage *LeParisien.fr* : "**F**aut-il restreindre l'accès des moins de 16 ans aux réseaux sociaux ? Oui : 89 %".

Dicton : "Quand il pleut à la Sainte-Alice, c'est souvent comme vache qui pisse". **Proverbe : "L**a barbe d'un vieillard est un abri".

... Dimanche 17 Décembre 2017.

Citation : "L'absence est à l'amoureux ce qu'est au feu le vent : il éteint le petit, il allume le grand." **Roger de Rabutin, Comte de Bussy** (1618-1693). Lieutenant-général des armées du roi Louis XIV, courtisan de la cour de France, philosophe et écrivain épistolaires, pamphlétaire, satiriques et libertin. Il fut membre de l'Académie française.

Le Monde. Migrants : Macron choisit la ligne dure. En campagne il évoquait "l'honneur de la France à accueillir les réfugiés". Éditorial : L'honneur de la France en jeu. Politique : Le président DRH. Autriche : L'extrême-droite au gouvernement. France : Inquiétude sur la dette des grandes entreprises. Danny Boon : Je ne serais pas arrivé là si... "je n'avais pas fait rire ma mère enfant". Afrique du Sud : L'ANC clôt l'ère Jacob Zuma. Justice : Le procès de Georges Tron est renvoyé. Brexit : L'Irlande a peut-être sauvé la face du Royaume-Uni. Danse : Une fantaisie sur le pouvoir de la peinture à Chaillot. Livre : Dassault de Marcel à Serge. *L'Equipe :* Un rang à tenir. Football. Ligue 1. Lyon 21h Marseille. Après les larges victoires de Monaco à Saint-Étienne (4-0) et de Paris à Rennes (4-1), les deux Olympiques s'affrontent pour compléter le podium. Malheur au perdant. Handball. Championnat du monde femmes (finale). France 17h30 Norvège. Un trône à reconquérir. Les Bleus rêvent de renverser les favorites norvégiennes pour décrocher un titre mondial qui les fuit depuis 2003. *Le Journal du Dimanche.* Immigration : ce que prépare Macron. Révélations : L'exécutif veut durcir le droit d'asile et augmenter le nombre d'expulsions. Turbulences : Pourquoi la majorité va se diviser sur ce dossier. Interview : Le directeur de l'office de protection des réfugiés alerte le gouvernement. Cahier

Paris : Les dessous de la Tour Eiffel vont changer. Notre-Dame-des-Landes : Les photos secrètes de la ZAD sur le pied de guerre. & : Quels livres pour Noël ? *Le Parisien - Aujourd'hui en France :* Peut-on (encore) rire de tout ? Le limogeage de Tex, l'animateur de France 2, pour une blague douteuse, pose la question des limites qui s'imposent aujourd'hui aux humoristes. Censurés ? Handball : Ce soir, les Bleues visent le titre de championnes du monde. Politique : Jean-Yves Le Drian, de la lumière à l'ombre. Paris : Quand Hidalgo recentre l'action de son équipe municipale. Concours : Nord-Pas-de-Calais. Miss France vient encore du Nord. Tendance : La mode du sapin de Noël suspendu. *L'éditionfrance par Ouest-France :* Gabart à l'heure de l'exploit. Miss France : Elle vient du Pas-de-Calais. Patrimoines : 11 ministres millionnaires. Ampli Ouest-France : Les Caennais de Bafang lauréats. *L'Indépendant catalan.* Millas : La conductrice de bus entendue hier. Les ombres de l'enquête. Patrimoine : Ministres et millionnaires. USAP. Dopage : suspendu deux ans, Sione Tau se confie à L'Indépendant. *Midi Libre :* Quel avenir pour les Français du jihad ? Des Héraultais sont détenus en Syrie. À Lunel, une famille réclame leur retour. Football : Montpellier, le gros couac face à la lanterne rouge. Beauté : Maëva Coucke, 23 ans, sacrée Miss France 2018. P-O. Drame de Millas : un département uni dans la douleur. À nos lecteurs : Comme nous l'avions annoncé le 1er décembre dernier, le prix du Midi Libre Dimanche passe à 1,90 €. Une augmentation de 10 centimes nécessaire pour maintenir notre indépendance éditoriale, ainsi qu'une information de qualité et de proximité. Merci de votre compréhension et de votre fidélité. Montpellier : De l'opéra au Corum. C'est la folie des manèges ! *La Dépêche du Dimanche :* Il y a 60 ans l'arrivée de la télé. En 1957, la région découvre mes premières émissions, après l'installation de l'émetteur du Pic du Midi. Le début d'une révolution dans les familles. En beauté ! La Miss qui venait du Nord. La nuit dernière à Châteauroux, la Lilloise Maëva Coucke, 24 ans, a été sacrée Miss France 2018 devant Miss Corse. Millas. Tout un village pleure ses enfants martyrs. Toulouse : Le Museum va immortaliser un lion. La Reynerie. Trafic de drogue : six ans de prison. Football : À Strasbourg, le TFC rechute. *La Voix du Nord :* Concours. Et de trois

! Maëva Coucke est notre nouvelle Miss France ! Lille. Marché de Noël : le spot pour déjeuner. Spectacle : Dany Boon au Zénith comme chez lui pour la passe de trois. Lille. Quatre jeunes percutés par un TER : Un mort et un blessé dans un état critique. *La Provence :* "eSport", le phénomène des jeux vidéo. Plus qu'un jeu d'enfant. Pratiquants (700 000 en France), public (1,7 million), business mondial (700 million de $), enquête sur la folie eSport qui a posé ses consoles à Arles. Le choc OL-OM à 21 h. La bataille olympique. & : Les Provençaux boudent-ils Noël ? Par François Tonneau. Tragédie de Millas. La polémique qui trouble le deuil. Au surlendemain de l'effroyable accident qui a ému la France entière, les investigations et les auditions se poursuivaient hier. Avec cette question cruciale : Les barrières du passage à niveau étaient-elles ouvertes, comme l'a affirmé la conductrice du car scolaire ou bien fermées comme le maintient la SNCF ? /Photo AFP. P.111. & : M.Pokora a enflammé le Dôme. Vaucluse. À 17 ans, il tue sa petite amie et se suicide. Mondial de handball. Les Bleues rêvent d'un deuxième titre. Cadeaux de Noël. Notre sélection 100 % Marseille. Miss France : Encore une Ch'ti ! *La Montagne :* **Le** Père Noël est arrivé chez lui à Sous-Parsat. Miss France : Anaïs Berthomier a défendu les couleurs du Limousin. Limousin : Un ouvrage de photos et de textes courts comme une ode à la région. Creuse : Retrouvez les indiscrétions de la semaine. La Saunière : Un repas pour rompre la solitude. *Presse Océan :* La grippe arrive en Loire-Atlantique. Nantes : Toujours fidèle à Jules Verne. Cahier sport : Le FCN veut prolonger sa belle série face au voisin angevin. Nantes : Un repas de Noël pour les migrants. *Sud Ouest Dimanche :* **Le** défi catalan. Élections. Jeudi, les élections régionales convoquées par Madrid devront désigner les 135 membres du parlement catalan, avec l'espoir de mettre un terme à la crise. Pour le moment, séparatistes et unionistes semblent au coude-à-coude. Girondins de Bordeaux : À Nice pour en finir avec la série noire. Voile/Record en solitaire. Gabart, l'incroyable tour du monde. Cahier Loisirs. Beaux livres à offrir. Sud Gironde : Le long chemin d'Éric et Francis pour pouvoir adopter Arsène. *Corse-matin :* **À** un cheveu. Miss Corse ne sera pas consacrée Miss France. Elle échoue de peu et hérite du titre de Première dauphine. & : La chancellerie écarte l'amnistie mais étudie le rapprochement. La question des prisonniers revient à l'ordre du jour. *Les Nouvelles calédoniennes* : Nouméa revêt ses habits de lumière. Jusqu'au 27 décembre, le centre-ville de Nouméa prend des airs féeriques. La place des cocotiers devient un labyrinthe de lumière jusqu'à 23 h 30, chaque soir. Un voyage à ne pas manquer. Page 2-3 : Les défis à venir de la glycérine. Incendies : Le lourd bilan de la saison des feux. Mont-Dore : Le marché de Noël fait le plein. Concours : Maëva Coucke est la nouvelle Miss France. *Le Quotidien de la Réunion et de l'Océan indien.* Le moringue à plus de 80 ans ~~(sport de combat originaire de Madagascar)~~. À la découverte de l'ancienne génération de moringueurs. Météos de l'extrême. Koh-Lanta dans l'océan indien. *France-Guyane* : Mikaël Mancée convoqué par la police. L'ancien leader charismatique de la mobilisation sociale sera entendu mercredi par ses anciens collègues dans le cadre d'une garde à vue après une plainte d'un commissionnaire pour violences. *Voici* : "Depuis le décès de Johnny Hallyday, des personnes en profite pour revendre à prix d'or sur Internet des objets ayant appartenu au chanteur. (...) Le JDD révèle ainsi qu'un homme proposait sur Le Bon Coin le jour de la cérémonie hommage un mégot ayant été en contact avec la bouche de Johnny Hallyday". Et bien d'autres...

France Singles Top 100 Acharts, SNEP. Top 20 & more : 1. Je te promets. Johnny Hallyday. **2. L'envie.** Johnny Hallyday. **3. Quelque chose de Tennessee.** Johnny Hallyday. **4. Vivre pour le meilleur.** Johnny Hallyday. **5. Requiem pour un fou.** Johnny Hallyday. **6. Diego, libre dans sa tête.** Johnny Hallyday. **7. Que je t'aime.** Johnny Hallyday. **8. Marie.** Johnny Hallyday. **9. Sang pour sang.** Johnny Hallyday. **10. Allumer le feu.** Johnny Hallyday. **11. Perfect.** Ed Sheeran. **12. Laura.** Johnny Hallyday. **13. Gabrielle.** Johnny Hallyday. **14. Le pénitencier.** Johnny Hallyday. **15. Toute la musique que j'aime.** Johnny Hallyday. **16. J'ai oublié de vivre.** Johnny Hallyday. **17. J'oublierai ton nom.** Johnny Hallyday. **18. Havana.** Camila Cabello and Young Thug. **19. Si t'étais là.** Louane Emera. **20. Retiens la nuit.** Johnny Hallyday. **48. Mirador.** Johnny Hallyday.

Basketball, NBA : LeBron James dominateur (60e triple double en carrière), Cleveland a dominé Utah. Houston et son duo Paul-Harden, s'est offert un 13e succès consécutif. Pour son retour au Madison Square Garden, Carmelo Anthony n'a pas brillé lors de la défaite d'Oklahoma à Paris.

... Lundi, 18 Décembre 2017.

Citation : "Dans les rapports humains, la bonté et les mensonges valent mieux que mille vérités". **Graham Greene** (1904-1991). Écrivain et scénariste britannique dont les œuvres explorent, tout en s'interrogeant sur le catholicisme, l'ambivalence morale et politique du monde moderne. **& :** "La fatalité triomphe dès que l'on croit en elle." **Simone de Beauvoir** (1908-1986), romancière, essayiste et philosophe française.

Journée internationale des migrants. 1944 : Fondé par le journaliste Hubert Beuve-Méry sur une idée du gouvernement provisoire Charles de Gaulle, le premier numéro du journal *Le Monde* sort en kiosques.

Le Figaro **:** Comment la France traque les islamistes radicaux. Face à une menace terroriste toujours aussi élevée, l'État a mis en place des dispositifs départementaux de détection des radicalisés pour repérer les individus dangereux. François Gabart pulvérise le record du tour du monde en solitaire. En 42 jours, 16 heures, 40 minute et 35 secondes, le prodige de la voile a établi un étourdissante record du monde en solitaire, abaissant de plus de 6 jours la marque établies en décembre dernier par Thomas Coville. Éditorial par Yves Thréard : Ne plus tolérer l'intolérable. Il faudra des années pour éliminer le radicalisme islamique. Figaro Santé : La douleur chronique en mal de prise en charge. Thales et Gemalto s'unissent pour former un géant de la sécurité numérique. Notre cahier spécial. Handball : Les

Françaises championnes du libre après s'être imposées face à la Norvège. Présidences : Sur France 2, Macron défend sa politique et son style. Européennes : Les partis face aux choix épineux des têtes de liste. Autriche : L'extrême-droite au défi du pouvoir. États-Unis : Quand le Pentagone chassait les ovnis. Urbanisme. Lyon : la mutation permanentes de l'ancienne capitale des Gaules. Champs libres : Le conflit oublié du Donbass. Figaro Oui Figaro Non : "Najat Vallaud-Belkacem ferait-elle une bonne première secrétaire du Parti socialiste ? Non. 83%. Total des votants : 78 667." *Libération* : Migrants. Les sommets de la honte. Accélérer les expulsions, durcir les conditions d'accueil, leur rendre la vie "infernale"... À l'heure où de nombreux étranger tentent de traverser les Alpes-Maritimes à pied au péril de leur vie, la gouvernance opte pour le tout-répressif. Macron. 40 ans c'est royal ! En célébration son anniversaire à Chambord, le Président confirme son goût pour le décorum. Handball : Les Bleues touchent leur graal. Autriche : La valse très brune. Portrait : Un jeu de Bonneton. Des hauts, des bas, "des castings qui n'aboutissent pas", et soudain Fais pas ci, fais pas ça... Page 30. *Le Parisien - Aujourd'hui en France* : Arnaques de Noël. Comment éviter les pièges. Cadeaux jamais livrés, annonces de location mensongers, plats de fêtes décevantes... Nos conseils pour échapper aux déceptions de fin d'année. Handball : Les Bleues sur le toit du monde. Économie : Bruno Le Maire assigne Amazon en justice. Transports : Une vignette pour mieux entretenir nos routes ? Voile : Gabart, un tour de la planète record en 42 jours. Santé : Ces objets connectés qui vous veulent du bien. Miss France : Maëva Coucke, 23 ans : portrait d'une battante. Paris, 75 : Bientôt des caméras de verbalisation dans les bus. *L'éditionfrance* : François Gabart le marin surdoué. Commentaire : Le moment Macron à l'international. Millas : Après le drame le temps du deuil. Handball : Les Bleues championnes du monde. *L'Humanité.* Autriche : cette tache brune que l'Europe banalise. & : Le gouvernement plein de riche. La parodie judiciaire du procès Tron. François Gabart, un record dans le vent. Voile. Le navigateur de 34 ans a pulvérisé le record du tour du monde en solitaire au terme de 42 jours et 16 heures de navigation autour du globe. L'indigne chasse aux réfugiés : Le projet de réforme du gouvernement durcit les conditions d'accueil. La solidarité avec les migrants se déploie de Menton à Briançon. *La Croix* : **Le** désenchantement des Palestiniens. Après l'annonce de Donald Trump sur Jérusalem, beaucoup de Palestinien semblent avoir perdu espoir de parvenir un jour à la paix avec Israël. Religion : Les jeunes ont peu d'apriori sur les religions. *Les Échos.* Privatisations : le plan du gouvernement. L'État veut réduite ses parts au capital d'ADP, de la Française des jeux et d'Engie. & : Le projet de loi Le Maire au printemps 2018 doit entériner ce changement. Sécurité numérique : Thales fait monter les enchères pour mettre la main sur Gemalto. Le spécialiste de l'électronique de défense propose 51 euros par action, contre 46 pour Atos. Chronique par Dominique Moïsi : Du Brexit au "Bregrets". & : L'épargne des Français va devenir plus "verte". Les assureurs-vie devront proposer des fonds dédiés au climat. L'essentiel. Taxe d'apprentissage : ce que prépare l'exécutif. Entreprises et marchés : Les traiteurs cherchent la recette miracle. Moins de dépréciation pour les entreprises. Récolte catastrophique d'oranges en Floride. *La Dépêche du Midi* : **C**hampionnes ! Les handballeuses françaises ont réalisé l'exploit de battre la Norvège (23-21). Toulouse. Gastronomie, produits de qualité : le pari gagnant du salon Regal. Création artistique : Papy Boom, le jeu vidéo avec des séniors. Élections. Catalogne : un scrutin décisif. Politique : Questions à domicile pour le président. E. Macron remonte dans les sondages. Publicité : Tissot. Style is automatic. *L'Indépendant catalan.* **M**illas : La conductrice du bus est "dévastée". Handball, biathlon, voile : la France qui gagne. Le Barcarès : S. Bonaly brille sur la glace. Catalogne : Fin d'une campagne électorale surréaliste. France : Macron assume sur France 2. Toujours populaire Miss France. *La Voix du Nord* : **M**aëva et le soir qui change une vie. Miss France 2018. Un supplément de 12 pages au centre du journal. Lille : Des violences à Fives après l'accident de TER. Handball : Championnes du monde, les filles rejoignent les garçons en plein lumière. On vous en dit plus. Comment éviter le sexisme des jouets arme commerciale, sous le sapin ? *Midi Libre* : **P**our les Restos du cœur, 140 baigneurs dans une eau à 9°C. Handball : L'exploit des Bleues championnes du monde. Drame de Millas : Saint-Féliu-d'Avall pleure la mort de ses cinq enfants. Catalogne : Indépendantiste en campagne depuis la Belgique ou la prison. **La Provence :** Comme des lions en cage. L'OM domine mais s'incline devant l'OL 2 à 0. & : On dira le Sud ? Avec l'appellation "Région Sud", Renaud Muselier veut faire oublier l'acronyme PACA. Le téléphérique à l'horizon 2020 ? Mondial de handball : Les "Expertes". Voile : Gabart, le héros des mers. Page santé : Les 7 commandements bons pour le moral. L'édito : "Le maître des horloges a donné l'heure." Par Franz-Olivier Giesbert. (...) "On se serait cru dans un épisode de House of cards". **La Montagne Clermont-Metropole.** Emmanuel Macron : "Je fais ce que j'ai dit". Interview. Pour le président, la guerre en Syrie sera gagnée en Février. & : Dans la douleur. Rugby. Six jours après son impressionnant succès à L'Indépendant (46-14), l'ASM Clermont a confirmé face aux Saracens en signant hier, une victoire au forceps (24-21) en dépit des sorties précoces sur blessures de Raka et Penaud. Europe : Leader de la poule 2 avec 5 points d'avance sur les Ospreys et sept sur les Saracens, l'ASM est proche de la qualification pour les quarts de finale qu'elle tentera de décrocher à Northampton mi-janvier. Propos d'un Montagnard : "Syrie : le martyre des gemmes. Quel avenir pour les milliers de femmes et jeunes filles (parfois des gamines) systématiquement violées dans les prisons de Bachar al-Assad ? **Presse Océan :** Meurtre dans la propriété familiale. & : Dubois choisit Lyon. Exclusif : en fin de contrat en juin, le capitaine du FC Nantes, qui s'est imposé hier face à Angers (1-0), portera les couleurs lyonnaises la saison prochaine. Loire-Atlantique : Polémique autour des synthétiques. Dangereux pour la santé ou pas ? **Sud Ouest :** Handball. Le triomphe au bout du suspense. Éducation. Rythmes scolaires : le retour en arrière. Bordeaux. Aéroport : le pari réussi de l'international. Football/Ligue 1. À Nice, les Girondins n'ont pas réagi. Les Girondins poursuivent leur inexorable série noire (1-0). **Corse-matin :** Les mille visages de la pauvreté en Corse. & : Elle a gagné le cœur des Corses. Eva Colas revient sur son titre de première dauphine. Sans amertume, mais avec grâce. Collectivité unique : L'autonomie réduite de Madame Corse. **Le Télégramme :** Dimanche de rêve ! & : Il y a 50 ans, la pilule était autorisée en France. **Le Quotidien de la Réunion et de** *l'océan indien* : Le maire de Saint-Denis à l'heure d'un premier bilan. Gilbert Annette face aux attaques. Alcool et vitesse : Un mort et un blessé grave sur les routes. Mondiaux de handball : Les Bleues héroïques. *L'Aube,* Gabon : Et voilà le roi Bongo 1er. *L'Équipe* : La deuxième étoile. Handball. Championnat du monde. France 23-21 Norvege. Quatorze ans après leur premier titres, grâce à une victoire héroïne sur les favorites norvégiennes, les Bleues sont à nouveau championnes du monde. En 2017, la France du g' handball aura triomphé chez les femmes comme chez les hommes. Bateau. Record du monde en solitaires. Gabart, tout sauf un hasard. Football. Ligue 1. Lyon - Marseille. Lyon à sa main. Profitant d'une énorme bourde de Steve Mandanda et d'un sans-faute d'Anthony Lopes, l'OL distance l'OM dans la course à la Ligue des champions. *Midi Olympique* : Clermont, c'est grand. *La Voix des sports* : Football. De mal en pis. Le LOSC est en crise, à tous les niveaux, après la débâcle à Dijon. *Le film français* : Margot Robbie Sebastian Stan & Allison Janney. Moi, Tonya. Golden Globes. 3 nominations. Meilleur film. Meilleure actrice. Meilleure actrice dans un second rôle. *Télé Star* : Jenifer. Pourquoi 2018 sera son année. Notre enquête. Johnny Hallyday : À Saint-Barth, les adieux de ses enfants. Fatigue, maux de tête... Comment se remettre des fêtes ? *Télé 7 jours.* Camille Lou. "J'assume tout". Mark Hamill. Star Wars. Les confidences de Luke Skywalker. *Le Nouveau Magazine Littérataire.* N°1. Les idées qui changent le monde ! Dossier. La Boétie, le véritable insoumis par Michel Onfray.

États-Unis : Faisant face au 3e incendie le plus dévastateur depuis 1932, des ordres d'évacuation ont été émis en Californie. Les vents et l'absence d'humidité risquent de propager, un peu plus, les feux qui ne cessent de faire rage. **Pakistan :** À une semaine de Noël, l'État islamique a revendiqué un attentat suicide, responsable d'au moins 8 morts et 30 blessés pendant une messe dominicale dans une église (pleine) de Quetta, au Sud-Ouest du pays. **Iran :** En raison d'une pollution atmosphérique très élevée depuis plusieurs jours, les autorités de la province de Téhéran ont ordonné la fermeture des écoles primaires hier et aujourd'hui (sauf d'en 3 villes). Téhéran compte 8,5 millions d'habitants. **Espace :** Une fusée Soyouz avec trois astronautes à son bord s'est envolée vers la Station spatiale internationale, pour une mission de plus de 4 mois, depuis les steppes du Kazakhstan. **Chili : A**lors que le pays votait au second tour de la présidentielle pour désigner le successeur de Michelle Bachelet, l'ancien chef d'État de droite Sebastien Piñera arrivait, selon les résultats partiels, en tête avec 54,29 % des voix. Il devance le socialiste Alejandro Guilier, qui a obtenu 45,71 % des voix. **Argentine : L**'amiral Marcelo Srur, chef de la Marine, a été limogé plus d'un mois après la disparition toujours inexpliquée du sous-marin ARA San Juan et de ses 44 membres à bord. Il est le plus haut gradé sanctionné. **Liban : U**ne Britannique travaillant au sein de l'ambassade de son pays à Beyrouth, a été tué dans des circonstances restant à préciser. Le corps sans vie de la jeune femme a été retrouvé samedi au bord d'une autoroute au nord de Beyrouth.

Popularité : Après une forte chute durant l'été, Emmanuel Macron voit sa cote de popularité passer les 50 % d'opinions favorables (52). Celle du Premier ministre, Édouard Philippe, atteint les 54 %. À la veille de son élection à la tête du parti Les Républicains, Laurent Wauquiez affiche une côte de popularité de 16 %. **Outre-mer : U**ne adaptation temporaire du Code du travail, à Saint-Martin, a été promise par la ministre du Travail Muriel Pénicaud, dans le but d'aider l'île à "redémarrer" son économie après le passage de l'ouragan Irma. **Zap.** *La Voix du Nord*, Le débat du jour : "Le casse-tête de la politique migratoire. Une politique migratoire d'ouverture suppose l'existence d'un consensus minimal. Ou de le créer." *Libération.* "**B**ilan. Macron sur France 2 : le leadership mis en scène." *Le Figaro.* **G**uillaume Tabard : l'interview de Macron sur France 2, "un art très giscardien de la communication". **Disparition : R**ené Lenoir, ancien secrétaire d'État de Valéry Giscard d'Estaing, est décédé à l'âge de 90 ans. Il avait fait de l'exclusion sous toutes ses formes l'un des combats de sa vie. Né le 21 janvier 1927 à Alger, ce haut fonctionnaire licencié en droit, diplômé d'études politiques de Paris, élève de l'école nationale d'administration, a occupé des postes réputés, dont celui de directeur de l'ENA. En 1975, il a présenté la première grande loi en faveur des personnes handicapées, prévoyant des dispositions comme une allocation d'éducation spéciale pour les mineurs, une allocation adulte handicapé pour les majeurs ou une assurance vieillesse pour les mères d'un enfant handicapé. **Télécommunications :** Faisant partie du paysage urbain depuis les années 70, les dernières cabines téléphoniques sont sur le point de disparaître des rues françaises. Elles rejoindront les musées. **Faits divers :** Deux hommes ont trouvé la mort à Toulouse après avoir tenté d'échapper à un contrôle de police alors qu'ils roulaient à bord d'un véhicule portant de fausses plaques d'immatriculation.

Football, Ligue 1 : Lyon - Marseille... 2-0. Nantes - Angers... 1-0. Nice - Bordeaux... 1-0. Au classement : 1. PSG (47 pts). 2. Monaco (38). 3. Lyon (38). 4. Marseille (35). 5. Nantes (30) ... 15. Bordeaux (20). 16. Saint-Étienne (16). 17. Toulouse (19). 18. LOSC (18). 19. Angers (15). 20. Metz (8). Division 1 féminine : OL - Guingamp... 4-0. PSG - Rodez... 6-0. **Classements : 1.** OL (36 pts). 2. PSG (31). 3. Montpellier (un match en retard, 31) ... 11. Guingamp. 12. Marseille. **Angleterre :** Victoire de Liverpool et Manchester United à l'extérieur. Espagne : Victoire du FC Barcelone. Le match du Real Madrid a été reporté. **Italie :** Victoire de la Juventus Turin sur la pelouse de Boulogne. Le Milan AC est tombé à l'extérieur contre le Hellas Vérone. **Biathlon :** Martin Fourcade et Justine Braisaz se sont imposés lors des mass start au Grand-Bornand, ultime journée de l'étape française de la Coupe du monde. Ski Alpin : Marcel Hirscher s'est imposé sur le géant d'Alta Badia en Italie pour la 5e année de suite. Les Français Pinturault et Faivre ont pris les 9e et 11e places. **Cyclisme,** *Le Parisien* : "L'affaire Froome affecte Bardet". **Voile,** Thomas Coville : "On fera bientôt le tour du monde en moins de quarante jours". **Basketball, NBA.** *Eurosport* : "LeBron réclame l'égalité entre les hommes mais il est bien au-dessus des autres". Message à Trump, nouveau triple double et victoire des Cavaliers à Washington. Longtemps en froid avec la franchise qu'il a mis en lumière, Vince Carter a été ovationné à l'occasion de son propable dernier déplacement à Toronto. Défaite de Sacramento contre les Raptors (108-93). **Pro A : 1.** Monaco. 2. Limoges. 3. Strasbourg... 13. Le Portel. 14. Levallois. Ligue féminine : 1. Bourges. 2.

Villeneuve-d'Ascq. 3. Basket Landes... 10. Nice. 11. Mondeville. 12. La Roche-sur-Yon. **Rugby, Coupe d'Europe :** Wasps - La Rochelle... 21-3. La Rochelle reste leader de la poule 1.

Culture : Isabelle Huppert a achevé son année à Rome en recevant hier le Prix Europe pour le théâtre, qui récompense ses "extraordinaires aventures" sur scène, après avoir reçu un César, avoir été nommée aux Oscars et récompensée par un Molière d'honneur. **Cinéma :** *Les derniers Jedi*, dernier épisode de la saga *Star Wars*, a réalisé le meilleur démarrage de l'année 2017 avec 504 000 entrées la première journée. Aux États-Unis, le film a engrangé 104,8 M$ lors de sa première journée, pour ce qui est le second meilleur lancement de l'histoire d'Hollywood. **Exposition,** *Le Parisien* : "L'exposition Christian Dior, au musée des Arts décoratifs, a atteint les 600 000 visiteurs et va ouvrir en soirée". **WTF :** RMC découverte va tourner *Nus et effrayés*. Un couple devra survivre nu, 21 jours sans assistance dans un milieu hostile. **Concours Miss France :** L'émission a réalisé 37,1 % de part de marché avec 7,44 millions de téléspectateurs. Le concours reste dans le top 10 des audiences de l'année.

Au programme : *Coup de foudre à Noël* (Tomer Sisley) ; *Nicolas Le Floch* (Jérôme Robart, Mathias Mlekuz, Lucie Lucas) ; *J'irai dormir chez l'homme qui brûle* (Antoine de Maximy au "Burning Man") ; *M. Pokora & Friends* ; *Eve* (Bette Davis) ; *Le grand bêtisier de Noël* ; *Ghost rider* (Nicolas Cage) ; *La mort dans la peau* (Matt Damon) ; *Festival de Liège, Gala dans la nouvelle scène* ; *10 choses à savoir sur Jamel Debbouze*; *Le médaillon de Noël* ; *Upside down* (Kirsten Dunst) ; *Alaska Express*.

Proverbe : "Le diable bat sa femme et marie sa fille".

Citations : "Il y a bien autant de paresse que de faiblesse à se laisser gouverner." **Jean de La Bruyère** (1645-1696). Moraliste français, célèbre pour son unique œuvre, Les Caractère ou les Mœurs de ce siècle (1688). **& :** "Il n'y a parfois aucune différence entre le salut et la damnation." **Stephen King** (né en 1947), écrivain français.

1964 : Les cendres de Jean Moulin sont transférées au Panthéon, sur décision du Général de Gaulle et d'André Malraux, ministre des affaires culturelles. André Malraux prononce un discours mémorable en hommage à l'ex-directeur du Conseil national de la Résistance.

Le Monde **:** Macron prépare son plan d'action pour 2018. Françoise Nyssen : "Faire de la culture un service public". Catalogne : Comment Ciudadanos a séduit les non-indépendantistes. Aéronautique : La rébellion des intermédiaires d'Airbus devant la justice. & : La "non-mixité raciale", nouvel antiracisme ? Politique : À droite, les stratégies d'opposition de Wauquiez varient. Écologie : EELV, "dépouillé" par les partis de gauche. Entretien : Le gouverneur de Californie fustige le déni climatique de Trump. Chili : Le conservateur Piñera redevient président. *L'Humanité.* **S**élection à la fac : bientôt la loi du profil. Hôpital : Le cri d'alarme de deux pédiatres. En situation de burn-out, deux médecins du CHU de Grenoble dénoncent le "discours comptable" de leur direction. Villeurbanne : Intervention citoyenne au profit des migrants. Face à l'inaction de l'État, des militants ont décidé de faire appliquer eux-mêmes le plan grand froid en occupant un immeuble pour héberger des réfugiés. Photographie : "Mali Twist, l'œil de Malick Sidibé. *La Croix* **:** Au cœur d'une prison surpeuplée. Éditorial, Guillaume Goubert : Organiser l'immigration. Monde : Un an après l'attentat de Berlin, l'Allemagne entre deuil et colère. Économie : Ryanair prête à reconnaître des syndicats de pilotes. Sciences & éthique : Que faire face à la pollution plastique en mer ? *Le Figaro* **:** L'Algérie paralysée par le règne de Bouteflika. Face à un président malade, qui s'accroche au pouvoir depuis plus de dix-huit ans, la jeunesse crie son désespoir et tente de s'inventer un avenir.

Éditorial par Arnaud de La Grange : "Au cœur des ténèbres d'Alger. (...) Que se passera-t-il quand l'heure de la succession sonnera ?". France : Le nombre de fonctionnaires a augmenté de 20 000 en 2016. Immigration : le projet du gouvernement fait tanguer les députés En Marche ! Jérôme Jaffré : "Emmanuel Macron veut s'emparer de tous les sujets y compris de l'immigration." Enquête : À l'heure du numérique, comment La Poste tente de se réinventer. LR : "L'égocentrisme" d'Emmanuel Macron agace la droite. Europe : Michel Barnier donne 90 jours à Theresa May pour clarifier ses choix. Justice : La Chancellerie crée un parquet national antiterroriste autonome. Santé : L'étrange poussée du diabète de type 1 chez les enfants. Rugby : Frédéric Michalak, clap de fin pour un artiste du ballon ovale. Figaro Oui Figaro Non : "Êtes-vous choqué qu'Emmanuel Macron ait été fêté son anniversaire à Chambord ? Non. 73 %". *Libération* : Emmanuel Macron en couverture. Paris drague la City. Mon amie c'est la finance. Le président a réaffirmé dimanche sa volonté de faire de la France une place forte financière. Après le Brexit, les lobbys s'agitent pour attirer à Paris les traders de Londres. & : Une Afrique du Sud à deux vitesses. Le tout nouveau patron de l'ANC, Cyril Ramaphosa, élu dimanche, a une marge de manœuvre étroite entre Zuma, un président impopulaire, et un pays en voie de paupérisation accélérée. Philippot s'installe chez Campion. (...) son ami forain. *Le Parisien - Aujourd'hui en France* : Combien vous coûte vraiment votre banque. Décryptage. Une étude que nous divulguons lève le voile sur le montant des frais bancaires qui seront versés par les particuliers en 2018. Animaux : Le chacal doré aperçu en France ? Loisirs, 75 : Les bons plans du "Parisien" pour vos spectacles. Les étoiles 2017 : Nos talents de l'année. Migrants : Toubon en guerre contre la circulaire Collomb. Faits divers. Maëlys : l'autre affaire qui pèse sur le suspect. PSG : Henrique se livre pour la première fois. Argent : La surcomplémentaire, indispensable ? *L'éditionfrance par Ouest-France* : Le rêve des migrants passe par Ouistreham. Point de vue : Une Europe plus forte qu'elle ne le croit. Afrique du Sud. Cyclisme : Accidenté il raconte son retour à la vie. *Les Échos* : Naissance d'un géant français de la cybersécurité. Le groupe de défense Thales s'offre le fabricant de cartes à puce

Gemalto pour 4,8 milliards d'euros. L'intention des actionnaires "est de conserver tous les actifs qui constituent Gemalto". Impôts : Ikea dans le collimateur de Bruxelles. & : "Le Brexit n'est déjà plus ce qu'il était". L'analyse de Gabriel Grésillon. Le gouvernement prépare un plan d'action pour réformer l'hôpital. Les fêtes de fin d'année dopent les paiements par carte bancaire. La Chine, nouvelle patrie des robots industriels. Bourse : Les gérants poussent les sociétés à investir. L'essentiel : Le nouvel ISF immobilier pourra alourdir l'impôt. Bruit : La France dans le viseur de Bruxelles. Intelligence artificielle : Des règles mais pas de loi. Entreprises & marchés : Les jeunes italiens reviennent à la terre. La chaîne d'info russe se lance en France. Les investisseurs en plein brouillard. *L'Équipe* : **À** fond sur Griezmann. Football. Transferts. Si son départ de l'Atlético de Madrid à la fin de la saison est quasiment acquis, Antoine Griezmann pourrait bien poursuivre sa carrière en Liga. Le Barça semble avoir déjà bien avancé sur le dossier de l'attaquant français. Bateaux : Record du tour du monde en solitaires. Gabart : "La vitesse est une drogue". Après quarante-deux jours de mer à très haute intensité, François Gabart détaille les sensations éprouvées sur son bateau. Handball : Équipe de France. Elles gagnent à être connues. Football : Ligue1. La faillite de la goal-line technology. Paris-SG : L'omniprésent Henrique. *La Dépêche du Midi.* **C**annabis : saisies record en Occitanie. Enquête. En 48 heure, policiers et douaniers ont saisi 1,6 tonne à Pribrac (31), 1,3 tonne à Sigean (11) et 1 tonne à Millau (12), multipliant les arrestations. TER de Millas : un sixième collégien décède des suites de ses blessures. Pyrénées-Orientales. Des témoignages font, par ailleurs, états d'incidents sur d'autres passagers à niveau sur cette même ligne de train. Rugby : Michalak tire sa révérence. Le Lyonnais et ancien Toulousain, meilleur réalisateur du XV de France, a annoncé hier qu'il arrêtait sa carrière. Politique : L'élection de Joël Aviragnet (PS) annulée. Faits divers : Les délis de fuite de plus en plus risqués. Affaire Maëlys : Lelandais suspecté dans une autre affaire. Baromètre La Dépêche : Forte hausse pour Macron et Philippe. *L'Indépendant catalan.* **D**rame de Millas : un sixième enfant succombe. Inondations du Réart : faut-il sacrifier les terres agricoles ? Pour lutter contre les inondations du

Réart et de l'étang de Canet-Saint-Nazaire, trois déversoirs sont prévus. Un aménagement qui en cas de crue, pourrait inonder 300 hectare de terres agricoles. Une association d'agriculteurs s'y oppose. **La Voix du Nord** : Centrale de Gravelines. Périmètre de sécurité élargi de 10 à 20 km, de Dunkerque à Calais. Lille. Fives : Un quartier sous tension après le drame. Élections : La prochaine Miss France devrait être élue dans la région mais pas sur la côte. Croix : Décathlon installerait 1000 salariés dans l'ancien siège des 3 Suisses. Chasseurs d'emploi : Quatre pages au centre de ce journal. **Midi Libre** : À Montpellier, les pionniers du cancer. L'institut de recherche en cancérologie célèbre ses 20 ans. Une référence. Commerce : L'éphémère, ça devient tendance. À Montpellier, notamment pour Noël, on compte de plus en plus de boutiques provisoires. Stupéfiants : Quatre tonnes de cannabis saisies en Occitanie. Drame de Millas : Un sixième enfant décédé et un collège traumatisé. Les obsèques auront lieu ce jeudi. Musique : Les disques à mette sous le sapin. Automobile : Le gouvernement dément le retour de la vignette. Une taxe sur l'essence serait envisagée. Handball : Retour triomphal des championnes du monde. Les Bleues reçues hier à l'Élysée. **La Provence** : Les élèves doivent-ils travailler plus ? Soutien scolaire, devoirs à la maison... Dès le primaire, les enfants sont soumis à la pression, le soir comme durant les vacances scolaires. Les professionnels sont divisés. Marseille pied au plancher : En amont du Grand Prix de France de Formule 1 "le 24 juin au Castellet", les bolides assureront le spectacle dans les rues de la ville. Un "roadshow" qui se tiendra probablement entre le Vieux-Port et Mucem. Un privilège seulement réservé à trois autres villes en 2018, Miami, Shangai et Rio. L'histoire Marseille : Il était doué... pour la culture du cannabis. Économie Marseille : Kissao, spécialiste des fruits exotiques. Politique Sondage : Hulot et Sarkozy, les préférés des Français. Société : Face aux migrants, Macron durcit le ton. Justice E-Commerce : Amazon rappelé à l'ordre par Bercy. Rugby : Fred Michalak arrête en fin de saison. OM - Troyes. Demain 20 h 50. Digérer au plus vite la bûche lyonnaise. Théâtre : Les paliers de décompression de Pierre Arditi. "L'être ou pas". Demain soir à l'Odéon. **La Montagne Creuse** : Quand la Creuse s'ouvre le dimanche. Contraception : La légalisant la pilule contraceptive fête ses 50 ans dans la défiance. Colère : Les éleveurs ovins vent debout contre le nouveau plan loup 2018-2023. Colère. Les syndicats agricoles ont boycotté la présentation de ce nouveau plan censé organiser la cohabitation avec le prédateur. Propos d'un montagnard : "Chapeau mou ! Le célèbre chapelier italien Borsalino est en faillite." Limoges : Il reconnaît avoir violé sa fille de 9 ans à l'entame des assises. La Souterraine : Le député constate la situation anormale de l'usine GM&S/LSI. Gentioux-Pigerolles : Ce territoire bio carbure au méthane du pré à l'assiette. La Souterraine : Le projet d'insertion qui faut de l'écologie un sapin de Noël. **Presse Océan : N**antes. La SNCF renforce la sécurité. Portiques, pièce d'identité pour monter dans un Ouigo... les usagers doivent anticiper. Une figure du banditisme corse arrêtée hier matin à la Baule. Nantes : Livrés même le dimanche. Depuis le 10 décembre, Chronopost livre les paquets à domicile le dimanche. **Sud Ouest. R**éfugiés : la France durcit le ton. Migrants : L'État demande aux préfets de multiplier les reconduites à la frontière. Les défenseurs des réfugiés sont en colère. Dans les grandes villes, les structures d'accueil sont débordées. Hôtellerie : Une auberge de jeunesse au cœur de Bordeaux. Bordeaux/Football : Pourquoi Malcom est indispensable. **Corse-matin : L**e grand banditisme dans le viseur de la PJ. Le petit Jésus crèche en mairie d'Ajaccio. La municipalité, qui est l'une des seules de France, assume cette "tradition". La Poste : Attention à l'arnaque aux courriers de Noël. Claude Erignac : Le président Macron à Ajaccio pour la cérémonie des 20 ans. **Courrier Picard : C**HU Amiens-Picardie. Défiguré après une opération ratée. **Le Télégramme : L**es géants du Net cible nos enfants. Cadeaux de Noël : Les coups de cœur du Télégramme. **Les Nouvelles calédoniennes : C**ambriolages en série sur les baies. Listes électorales : Mieux vaut s'inscrire. Politique : La Calédonie, terre de convoitises ? Politique. Rassemblement : l'inquiétude de Pierre Frogier. Environnement : Appelez le 16 pour sauver les dugongs. Tennis. Challenger : un tournoi prometteur. **Le Quotidien de la Réunion et de l'océan indien : É**lu d'une courte tête président du département. Mini majorité pour Cyrille Melchior. L'Étang-salé et l'Hermitage : Une promeneuse et un paddleboarder se noient. Rixe mortelle au tampon : Un couple en garde à vue. **France-Guyane** : Le courant ne passe plus entre EDF et la population. Les coupures d'électricité à répétition ces derniers mois, et encore dimanche soir, font monter la tension entre les maires et l'opérateur. Georges Othily : 7 janvier 1944 - 18 décembre 2017. L'ancien sénateur est décédé hier. Maire et conseiller général d'Iracoubo, il a été le premier président du conseil régional, de 1982 à 1992. **France-Antilles Guadeloupe** : Handball. Nos championnes à l'Élysée. Didier Assor tué par un gendarme. "Lacrymogène, taser, flash-ball, rien n'a fonctionné", précise le procureur. Économie : Norwegian. Le Canada en ligne de Mire. **France-Antilles Martinique** : Évolution statutaire. "Je n'ai pas de tabou". Dans une interview à France-Antilles, Annick Girardin, la ministre des Outre-mer, passe en revue les principaux sujets d'actualité et notamment la relance du débat institutionnel. Éducation : L'égalité des chances s'inscrit au lycée. Faits divers : Retrouvé après avoir renversé un policier. Emploi : Les nouvelles offres de la semaine. Beauté : Des bijoux pour les fêtes. **Le P'tit Libé** : Le conflit Israël-Palestine. Que se passe-t-il ? Pourquoi y a-t-il des Israéliens et des Palestiniens sur ce territoire ? Que représente Jérusalem ? **Psychologies** : Divan. Frédéric Lenoir. "J'ai guéri ce qui me rendait malheureux". Controverse : Les enfants hyperactifs le sont-ils vraiment ? Rebondir : Comment faire une force de nos échecs. Première séance : "Je n'arrive pas à avoir d'enfant". Dossier : Vaincre l'anxiété. Les 7 méthodes qui marchent vraiment. Et aussi : Un week-end de jeune chez soi. 5 rituels d'hiver pour la peau. **France football.** Mbappé : "Je n'avais pas prévu tout ça". Hadji. L'épatant "papy" résistant de Nancy. Mercato : Gonalons, Sakho et Ntep de retour en L1 ? Technique : Des verts dans le rouge. Duel : Le classico de Casemiro et Paulinho. **Nous deux** : Johnny éternel. Médecine douce. La camomille, une superplante. **Femme actuelle** : Hommage. On a toutes quelque chose de Johnny. **Maxi** : Joyeux Noël ! Régalez vos invités ! Restaurant solidaire : "Les petites cantines ont redonné un sens à ma vie".

États-Unis : Plusieurs personnes sont mortes dans l'accident d'un train qui a déraillé et terminé sa course sur une portion d'autoroute du Nord-Ouest du pays. Si aucun bilan officiel n'a été publié, au moins 22 blessés auraient été transportés dans des hôpitaux, parmi lesquels des automobilistes touchés par la chute de rames. 78 passagers et 5 membres d'équipage se trouvaient à bord du train. **Afghanistan :** Le groupe État islamique a revendiqué hier une attaque de plus de 4 heures contre le principal centre d'entraînement des services de renseignement afghans à Kaboul. Cette action s'est soldée par quelques blessés légers au sein des forces de l'ordre. **Le visage,** *La Voix du Nord* : "Sebastian Kurz. Peu de gens l'imaginaient surnager lorsqu'il est entré au gouvernement à 24 ans. Trop jeune, trop inexpérimenté. Nouveau chancelier autrichien et plus jeune dirigeant au monde, à 31 ans, Sebastian Kurz suscite désormais d'immenses attentes. Le "Wunderwuzzi" (enfant prodige) de la politique autrichienne a été investi hier à la tête d'une coalition gouvernementale scellée par son parti chrétien-démocrate (ÖVP), avec la formation d'extrême droite FPÖ. À une Autriche prospère mais insécurisée par la crise migratoire, le jeune dirigeant à la communication savamment orchestrée a surtout offert un discours de fermeté sur l'immigration combiné à une image de modernité". **Liban :** Soupçonné d'avoir tué une Britannique travaillant pour l'ambassade de son pays à Beyrouth, un chauffeur libanais de la société Uber a été interpellé. **États-Unis :** Après une panne géante d'électricité, le paralysant pendant 11 heures, l'aéroport d'Atlanta, le plus fréquenté au monde, peinait, hier, à retrouver une activité normale. **Chili :** Le Chili vire à droite après la large victoire du milliardaire conservateur Sebastian Piñera à la présidentielle, un changement de cap qui soulève l'enthousiasme des marchés mais aussi l'inquiétude sur l'avenir des réformes sociétales engagées par la socialiste Michelle Bachelet. **Honduras :** Le chef d'État sortant, le conservateur Juan Orlando Hernandez, a été déclaré officiellement vainqueur de l'élection présidentielle controversée du 26 novembre, à l'issue d'un recomptage des votes. Le résultat a aussitôt été contesté par le camp adverse. **Allemagne :** Les proches des victimes de l'attentat sur le marché de Noël de Berlin ont été reçus par Angela Merkel. La chancelière est critiquée pour son manque d'empathie et des négligences de la part des autorités.

France : Nicole Belloubet, garde des Sceaux, a annoncé hier la création d'un parquet national antiterroriste, sur le modèle du parquet national financier, afin de faire face à "une menace sans commune mesure" en France. Les attentats djihadistes ont fait 241 morts depuis 2015. **Enquêtes :** La Banque postale est visée par une enquête préliminaire pour des soupçons de manquements dans la lutte contre le blanchiment d'argent, au risque de financer le terrorisme. **& :** La cour d'appel de Paris a confirmé les mises en examen de cinq élus de droite, poursuivis dans une enquête sur de possibles détournements de fonds publics au Sénat. **Arrestation :** Jacques Mariani, considéré comme un héritier de la bande corse de la Brise de Mer, a été interpellé en Loire-Atlantique pour être entendu dans une enquête sur des soupçons d'extorsion de fonds. **Amazon :** Le ministère de l'économie a assigné en justice le géant américain, réclamant une amende d'environ 10 M€. Il lui reproche d'abuser de son pouvoir pour imposer des clauses commerciales trop contraignantes aux entreprises qui vendent par le biais de sa plate-forme en France. Cette assignation devant le tribunal de commerce de Paris fait suite à une enquête de deux années menées par la Direction générale de la concurrence, de la consommation et de la répression des fraudes, service de Bercy. **Fiscalité :** Soupçonné d'avoir bénéficié d'avantages fiscaux indus de la part des Pays-Bas, le Suédois Ikea, n°1 mondial de l'ameublement, est visé par une enquête de la Commission européenne. **Santé,** *La Voix du Nord*, On vous en fit plus : "À 50 ans, la pilule traverse une crise. **Affaire Maëlys,** *Le Parisien*. "Nordahl Lelandais : l'autre affaire. Le ravisseur et meurtrier présumé de la petite Maëlys a été placé en garde à vue hier matin. Les gendarmes enquêtent sur le sort d'un militaire de 24 ans qui s'est volatilisé en avril à Chambéry (Savoie)". **Canada :** La police de Toronto a annoncé que le milliardaire canadien Barry Sherman, fondateur du groupe pharmaceutique Apotex, et son épouse étaient morts par étranglement, sans éclaircir le mystère qui entoure ces "décès suspects".

Football, Ligue 2 : Lens - Tours... 2-0. **Classement : 1.** Reims (44 pts). 2. Nîmes (37). 3. AC Ajaccio (34). 4. Le Havre, 5. Brest, 6. Paris

FC (34) ... 18. Bourg-en-Bresse. 19. Quevilly-Rouen. 20. Tours. **Ligue 1 :** Laurent Blanc ne succédera pas à Marcelo Bielsa, aux commandes du LOSC. **Handball,** *Le Parisien* : "Le bonheur selon Krumbholz. Déjà titré en 2003 et revenu aux affaires il y a trente mois, le sélectionneur des Bleues savoure ce deuxième titre mondial avec sérénité." **Audience :** 4,3 millions de personnes ont suivi sur TF1 la finale du Mondial de handball France - Norvège (pour 24 % de part d'audience). Un pic à 6,9 millions a été enregistré au moment du sacre des Bleues. **Rugby, Blessures :** Le centre international Damian Penaud et l'allier fidjien Alivereti Raka, pressenti pour intégrer l'équipe de France lors prochain Tournoi des Six Nations, blessés contre les Saracens dimanche, seront absents respectivement, trois mois et jusqu'à la fin de la saison, a annoncé leur club Clermont. **Basketball, NBA :** Boston - Indiana... 112-111. Houston - Utah... 120-99. 14e victoire consécutive pour les Rockets. San Antonio - LA Clippers... 109-91 avec un bon Tony Parker. À la mi-temps de la rencontre opposant les Los Angeles Lakers à Golden State Kobe Bryant a été honoré, la franchise retirant le 8 et le 24, les 2 numéros qu'il avait choisi de porter en carrière. LA Lakers - Golden State... 114-116. **Cyclisme :** Le Mouvement pour un cyclisme crédible (MPCC) a demandé à l'équipe Sky de suspendre volontairement son chef de file, le Britannique Chris Froome, jusqu'à la fin de la procédure ouverte à l'encontre du quadruple vainqueur du Tour, dont un contrôle antidopage, sur la Vuelta, a indiqué un résultat anormal en raison d'une concentration de salbutamol.

Littérature : Le manuscrit *des 120 journées de Sodome du Marquis* de Sade et *les manifestes du surréalisme* d'André Breton, lots phares de la première vente du fonds Aristophil, ont été classés trésors nationaux, ce qui interdit leur sortie du territoire. **TV :** La chaîne d'information en continu considérée comme un organe de propagande pro Kremlin par Washington et pointé du doigt lors de la présidentielle par Emmanuel Macron émet officiellement en France. **Les Étoiles 2017 du *Parisien*.** Cirque : La troupe Le Roux. Théâtre : *Une vie sur mesure*. Comédie musicale : *Priscilla, folle du désert*. Humour : Jamel Debbouze. Découverte humour : Monsieur Fraize.

Étoile d'honneur : 5 *minutes de Paradis*, Bernard Lavilliers, Barclay. Album français : *Volver*, Benjamin Biolay. Album étranger : ÷ , Ed Sheeran. Espoir musical : Andréane Le May. Révélation : *La Vraie vie*, Bigflo et Oli. Électro : Martin Solveig. Tournée : *Ouï*, de Camille. Personnalité média : Anne-Sophie Lapix. Magazine Télé : *C à vous*. Divertissement : Mathieu Madénian et Thomas VDB. Série Française : *Capitaine Marleau*. Série étrangère : *This is us*. Bande dessinée : *Les gueules rouges*, de Dupont et Vaccaro, Ed. Glénat. Roman policier : *Ente deux mondes*, Olivier Norek, Ed. Michel Lafon. Roman français : *Ma reine*, Jean-Baptiste Andrea, Ed. de l'Iconoclaste. Roman jeunesse : *La fourmi rouge*, d'Émilie Chazerand, Ed. Sarbacane. Jeu vidéo : *Horizon Zero Dawn*. Film : *Patients*, de Grand Corps Malade. Film étranger : *Le Caire confidentiel*, de Tarik Saleh. Exposition : Anders Zorn (1860-1920).

Au programme. *Star Wars Épisode 2 : l'attaque des clones* (Hayden Christensen, Natalie Portman, Ewan McGregor) ; *Les grosses têtes ; Alcaline, le concert, Indochine ; Beauté cachée* (Will Smith, Kate Winslet) ; *Patagonie : L'île oubliée ; La tragédie des brigades internationales. Catalogne : l'Espagne au bord de la crise de nerfs. Kev Adams intime : le fan devenu phénomène ; La folle histoire de Jeff Panacloc ; Les yeux jaunes des crocodiles* (Julie Depardieu, Emmanuelle Béart. Grossesses miracles : elles se battent pour devenir mère. Hôtel Normandy (Helena Noguerra) ; *Un monde de jouets ; Le père Noël est une ordure ; Les enfants de Timpebach* (Adèle Exarchopoulos, Raphaël Katz). *Christmas battle : les illuminés de Noël ; Françoise Dolto, le désir de vivre* (avec Josiane Balasko) ; *Slumdog millionaire ; Jackie sans Kennedy*.

Météo : Sans neige.

Sondage LeParisien.fr : "Trouvez-vous que l'état des routes en France se dégrade ? Oui : 78 %".

Dictons : "**H**iver rude et tardif rend le pommier productif". **& :** "**D**écembre aux pieds blancs s'en vient, an de neige est an de bien." **Proverbe :** "**L**e temps de la réflexion est une économie de temps".

... Mercredi, 20 Décembre 2017.

Citation : "**J**e n'ai jamais eu de chagrin qu'une heure de lectures n'ai dissipé". **Charles Louis de Secondat, baron de La Brède et Montesquieu** (1689-1755). Philosophe et écrivain français des Lumières, il fut un jeune homme passionné par les sciences et à l'aise avec l'esprit de la Régence. Montesquieu est avec entre autres John Locke, l'un des penseurs de l'organisation politique et sociale sur lesquels les sociétés modernes et politiquement libérales s'appuient. Ses conceptions, notamment en matière de séparation des poules, ont contribué à définir le principe des démocraties occidentales. **& :** "**M**on corps est un jardin, ma volonté est son jardinier". **William Shakespeare** (1564-1616), poète et dramaturge.

1946 : À New York le boxeur Smith Walker Junior, alias Ray "Sugar" Robinson, bat Tommy Bell en 15 rounds et devient à 26 ans champion du monde des poids moyens. Celui qui doit son surnom à son charme et son élégance décrochera ce titre à 5 reprises.

Le Monde : **P**ourquoi le bitcoin inquiète la finance mondiale. & : Une famille trois regards sur la pilule. Conjoncture : De plus en plus de postes vacants, selon Pôle emploi. Politique : Ferrand-Rugy, duel au sommet de la Macronie. Brésil : Sous l'emprise des lobbys ultra conservateurs. Débats : Quelle télévision publique ? Bizutage : Des gadz'arts tatoués à la cuillère brûlante. Aujourd'hui au cinéma : Le portrait interdit. *L'Humanité.* **L**a "start-up nation" au pouvoir : Emmanuel Macron pris aux mots. Le chef de l'État utilise toutes les armes, y compris le langage, pour imposer les idées libérales. ~~Disruptif employé à tout va.~~ *La Croix :* **L**es Catalans face à leur destin. Après deux mois et demi de crise, les Catalans semblent plus divisés que jamais au moment d'élire demain leur Parlement. Parents & enfants : "Un Noël au 7 rue des Lanternes", un conte original de Thimotée de Fombelle. Cinéma : Le souffle épique de "La Promesse de l'aube". *Libération* : Blanquer le bulldozer. Portable, uniforme, dictée mais aussi dédoublement des CP ou Conseil scientifique... Du symbolisme au structurel, le ministre de l'Éducation attaque sur tous les fronts et se révèle très tacticien. Idées : Musulmanes et féministes. Cinéma : Portrait en abyme à la cour de Chine. Melvil Poupaud en prêtre français du XVIIIe chargé de peindre l'impératrice Qianlong : la fresque de Charles de Meaux décrit avec subtilité le jeu violent des apparences. *Le Figaro* : L'économie française portée par un vent d'optimisme. Le "Figaroscope" fête ses 30 ans de vie parisienne. Avec la baisse des impôts, Trump tient son premier succès majeur. Éditorial par Gaëtan de Capèle : La France n'est pas dans un peloton des mieux portants. Le Figaro étudiant : Nos conseils pour réussir un double cursus. Gouvernement : Les ministres s'accordent quelques jours de pause. Entretien. Peter Altmaier : "Macron me rappelle Arthur Rimbaud". Afrique : L'Éthiopie rongée par les violences interethniques. Sécurité : Près de 300 000 victimes d'atteintes sexuelles dans les transports en commun. Numérique. Mounir Mahjoubi : "Le Conseil national du numérique n'est ni un parti ni un lobby." Champs libres : La grippe aviaire, une épée de Damoclès sur la filière foie gras. L'aggiornamento ~~(volonté de changement, d'ouverture et de modernité)~~ de libéral de la France au grand jour. Figaro Oui Figaro Non (sondage des lecteurs du Figaro) : "Approuvez-vous le durcissement de la politique migratoire par le gouvernement ? Oui 92 %". *Le Parisien - Aujourd'hui en France* : Le fléau de la grippe au boulot. Décryptage. Le seuil épidémique a été atteint dans huit régions, obligeant les entreprises à s'organiser. Immobilier : Les prix continuent de grimper. XVe : La tour Montparnasse, le nouveau spot pour s'amuser. Animaux : Comment de nouvelles espèces sont découvertes. Football. Mbappé : joyeux anniversaire, champion ! Famille : Des poupées loin des stéréotypes. *L'éditionfrance par Ouest-France* : Garantir un revenu aux agriculteurs. Commentaire : La France des mal-logés. Union européenne : Un ultimatum lancé à la Pologne. Millas : La conductrice du car en garde à vue. **Le Canard enchaîné : L**e cadeau présidentiel aux migrants. Macron : "Pour Noël je vous invite à aller crécher ailleurs". Deux juges enquêtent sur des vélos de course truqués. 671 fraudes au Code du travail dans l'ancienne boîte de Pénicaud. & : Plus d'une corde à monarque. Miss France libère la femme. De l'Hulot dans le moteur. Bayrou se la pète. La dette a taux. Circulaires de rue. Une année révolutionnaire. Le 40e anniversaire royal. À Chambord, Macron écarte les journalistes... et préfère la langue de Blois ! **Les Échos : L**a reprise de l'économie française s'amplifie. L'Insee table sur une croissance de 1,9 % cette année et un rythme similaire d'ici juin 2018. De plus en plus d'entreprises font face à des difficultés de recrutement. Sidérurgie : Ascometal, un échec du patriotisme économique. Logement. Immobilier : un million de transactions en France. Jamais autant de logements n'avaient été vendus en une année. Les prix restent à la hausse. Obligations : Le marché de la dette au seuil d'un grand basculement. 2018 devrait être la fin d'une décennie de soutien massif des banques centrales et de 35 ans d'âge d'or obligataire. Internet : Facebook épinglé par le gendarme allemand de la concurrence. L'essentiel. Argentine : Les réformes votées malgré la grogne. Entreprises & marchés : Le plan de Brice pour l'économie circulaire. Les ventes de parfum devraient se stabiliser. Animation : XLAM met le feu à la bourse de Paris. L'identification digitale : Un défi pour les banques. Cameroun : Les grands projets dans les secteurs de l'eau et de l'énergie attirent les investisseurs étrangers et favorisent la croissance. Analyse par Anaïs Moulot. "Réseaux sociaux : alerte pour la santé". **La Dépêche du Midi. D**rame de Millas : La conductrice en garde à vue. Pour le procureur, les contestations vont "plutôt dans le sens d'une barrière fermée". Mais la conductrice du bus affirme qu'elles étaient ouvertes. Économie. Privatisations : le grand retour. Bercy aurait enclenché les préparatifs pour la privatisation en 2018 de trois fleurons de l'économie française : Aéroport de Paris, la Française des jeux et Engie. **Contraception : À quand la pilule pour les hommes ?** La pilule masculine peine à s'imposer. La pilule contraceptive a fêté hier ses 50 ans. Son utilisation est aujourd'hui en baisse. Les femmes réclament une pilule pour les hommes. Enseignement supérieur. Université fédérale de Toulouse : la dernière chance pour le label Idex. Après deux échecs, un nouveau projet vise à regrouper les universités toulousaines. Football / Ligue 1. TFC : manger du Lyon. Interview. BD : dans la peau de Pesquet. & : Les oubliés des décorations de Noël. *L'Indépendant catalan*. Millas : les premières pistes de l'enquête. Hier, avait lieu une reconstitution du drame de Millas sur les lieux de l'accident. Le procureur a ensuite rencontré les familles avant de tenir une conférence de presse pendant laquelle il a conforté l'hypothèse selon laquelle la barrière du passage à niveau était fermée tout, en se montrant encore prudent. Santé. Hôpitaux : satisfaction relative des usagers. *La Voix du Nord* : Tendance régionale. Un Noël parfumé à la bougie. Métropole Lilloise. Plan de déplacement urbains : ça sent le sapin. On vous en dit plus. Premier volet de notre enquête : Jihad, y a-t-il encore des revenants ? Lille. Ébats sexuels sur la piste du Network, le Web faut circuler la justice saisie ? Millas : La thèse de la barrière fermée. Montpellier. Comment le musée Fabre enrichit ses collections. Avec un budget annuel de 400 000 €, la politique d'acquisition du musée est "l'une des plus actives de France", selon Philippe Saurel. & : Le tour du monde des boules de Noël. Gastronomie : Borell, une étoile née sous le signe du poisson. Perpignan : Le tueur présumé de la gare va-t-il livrer ses secrets ? *La Provence* : À l'école on respire mal ! Une étude conduite à Marseille révèle une piètre qualité de l'air faute d'aération suffisante. La santé des enfants s'en ressent. Les 446 écoles publiques seront dotées d'un capteur de contrôle. & : Le cinéma Artplexe ouvrira dans 2 ans. Plein les miettes sur la Canebière ! Religion Marseille : L'abbé Fouque bientôt béatifié. Étude. Marseille, nouveau paradis des abeilles. Société : Faut-il avoir peur des bitcoins ? & : L'auteur s'était échappé de l'hôpital... en slip. Pizza épicée pour le braqueur en herbe. *La Montagne Clermont-Ferrand* : Neige abondante gare aux avalanches. Course-poursuite : Un forcené sème la panique autour de Vertaizon. Tir à l'arc : Titré aux JO de 1992, Flute revient sur ses années clermontoises. Clermont-Ferrand : Les stigmates des ordures ménagères sont toujours présents. *Presse Océan*. Nantes : ces juteux jetons de présence. Les quinze administrateurs de la TAN, les transports de l'agglomération nantaise, se partagent, chaque année, plus de 59 000 euros de jetons de présence. Nantes : Lutte contre l'incivilité. & : Il prend la place de son frère à la maison d'arrêt. + : Des catalans dans la tourmente. Avec la crise politique en Catalogne, l'association Casal Català Nantes n'a pas perçu sa subvention. *Sud Ouest.* Vol d'huîtres sur le Bassin : la traque. Gironde. Les vols d'huîtres sont répartis à la hausse en 2017, avec 8,2t déclarées volées. "Sud Ouest" a embarqué aux côtés des gendarmerie lors de patrouilles de surveillance. Immobilier : Bordeaux bat des records. Les appartements anciens sont devenus aussi chers à Bordeaux qu'à Nice. Logement. Depuis le début de l'année 2017, le prix du mètre carré dans l'ancien a augmenté de 12,1% à Bordeaux. Du jamais-vu. *Corse-matin.* Affaire Erignac : 20 ans pour une réconciliation. Quel sera le message délivré par Macron le 6 février ? La classe politique est dubitative. & : L'obélisque de la discorde. La stèle commémorant les présidents des départements inaugurée hier à Ajaccio. Politique : Quel avenir pour une droite qui a regardé passer le train nationaliste ? Haute-Corse : Retour sur une (trop) longue campagne de lutte contre le feu. *Courrier Picard.* SNCF : des passagers à cran. Amiens : On a testé UberEats pour vous. *Le Télégramme.* Fac : comment changer de voie. Feuilles mortes : la galère des trains de marchandises. Drogue en Bretagne : un inquiétant état des lieux. Porc breton : Naissance d'un nouveau géant de l'agro. *L'Est éclair :* De l'eau noire au robinet. *L'Équipe :* Football. Ligue 1. Paris-SG 20 h 50 Caen. Edinson Cavani a encore un match, ce soir, face à Caen, pour terminer meilleur buteur européen de l'année 2017. En cas de coup du chapeau, il dépasserait aussi Zlatan Ibrahimovic comme meilleur réalisateur de l'histoire du PSG. Rugby : Montpellier. Buts pour le PSG : 156 Ibrahimovic. 154 Cavani. Buts en 2017 : 53. Ronaldo, Messi, Lewandowski. 52. Cavani. 50. Kane. Tennis : Bartoli, l'incroyable retour. Quatre ans après avoir arrêté sa carrière Marion Bartoli annonce sa volonté de rejouer au plus haut niveau. Est-ce bien raisonnable ? Athlétisme : Dopage. Gatlin à nouveau éclaboussé. Vern Cotter : "Faire quelque chose de grand." *Les Nouvelles calédoniennes :* La future Fnac se dévoile. Justice : Les voleurs des baies condamnés. Rétro : Retour sur une année politique très chargée. Mont-Dore : Les citoyens viennent en aide aux secours. Hobie cat : Ils mettent les voiles sur l'Australie. Santé. Cadeaux : attention aux piles ! *Le Quotidien de la Réunion et de l'océan indien* : Le Tampon. La charrette bœuf se renverse : le gramoune meurt écrasé. Surf : Florès brille à Hawaï. Handball : Richardson entraîneur à l'instinct. *France-Guyane* : À l'approche des fêtes, mauvais temps pour les cochons. & : Le grand jour pour la Comté. Le squat de l'Afpa vidé. Macumba : un suspect arrêté. Dans la poubelle jaune : Je trie mes emballages cadeaux. *France-Antilles* : Le secret du vrai jambon de Noël. Justice : Il confond des gendarmes avec des membres de la Section Krim et ouvre le feu. Sécurité routière : Contrôles renforcés pendant les fêtes. Santé : Trop de chlordécone au menu. *France-Antilles Martinique* : Pilote martiniquais tué dans le crash. La famille se retourne contre Airbus. Politique, Déplacement du Premier ministre en Nouvelle Calédonie, *Les Nouvelles calédoniennes* : "Un Tokyo-Paris à 350.000 pour E. Philippe et sa délégation." Déclaration du Premier ministre sur RTL : *"Ça coûte redoutablement cher et j'en suis tellement conscient que j'essaie de faire en sorte, contrairement à ce que peut donner le sentiment de cette photographie sur le Tokyo-Paris, de limiter les frais*, selon lui. Le Premier ministre en veut pour preuve que son voyage en Nouvelle-Calédonie a coûté 30 % moins cher que le voyage similaire réalisé par Manuel Valls en 2016, selon Matignon". *L'Express* : Jésus vu par les juifs, les musulmans, les athées, les francs-maçons... Spécial 32 pages. L'âge de raison ? Emmanuel Macron fête ses 40 ans. Exclusif : Enquête sur l'artificier disparu du 13 Novembre. Pierre Desproges : Son humour plus vivant que jamais. *Les Inrockuptibles* : Best of 2017. Avec nos héros Catherine Deneuve, Yann Barthès, Damso, Juliette Armanet, Robin Campillo, Vimala Pons, David Lopez, Laetitia Dosch, Lomepal, Miossec, Lydie Salvare, etc. + Les classements des meilleurs albums, films, livres... *Trek magazine* : Numéro spécial. Sahara peut-on y revenir ? *Grand Reportages* : Spécial Sahara. Mauritanie Maroc Algérie. Merveilles du désert. Sécurité : Peut-on vraiment y retourner ? *Pour la science*, Édition française de Scientific American : Détecter la conscience. Enfin des outils pour mesurer les degrés de coma.

Portfolio : Voir les fleurs comme une abeille. Mathématiques : Le principe des tiroirs fait des prodiges. Biologique : Le Blob, cellule géante... et intelligente ! Astronomie : New horizons révèle les faces cachées de Pluton. *Science & Vie* : **B**ig Bang. Espace-temps. Galaxies... Trous noirs. Ils sont à l'origine de tout. Zealandia : Un 7e continent découvert. Greffes : La révolution de la peau transgénique. Sous-marins : Les projets les plus fous de la Royal Navy. & : Vigne. 8e primate. Peuple des caniveaux. Poliomyélite. Kheops. Memristor. Punaise de lit. Brosse à dents. Black mirror. Sommeil des méduses. *Science & Vie junior.* **H**ors-série. Les secrets de la Grande Pyramide. L'or des Incas. Le château du roi Arthur. Les 7 cités perdues. Le navire de Christophe Colomb. Les ruines de Troie... 25 merveilles du passé encore à découvrir. *Gala* : **E**mmanuel Macron fête ses 40 ans. Une côte d'enfer auprès des enfants. Miss France 2018 : Le fabuleux destin de Maëva. Gotha : Meghan Markle. La petite protégée d'Élisabeth II. *Le journal de Mickey* : **D**onaldville en fête ! & : Les animaux aussi se font des cadeaux. *Bilto* : **A**rythmie du trio a du cœur.

Séoul : **K**im Jong-Hyun, 27 ans, chanteur du très en vogue boys band SHINee, a été retrouvé mort dans une chambre d'hôtel de Séoul. Les enquêteurs ont retrouvé une briquette de charbon en train de brûler dans une poêle à frire, une méthode couramment utilisée pour se suicider dans cette société ultra-compétitive qui recense l'un des taux de suicide les plus élevés du monde. Le groupe SHINee avait fait ses débuts en 2008, et était devenu l'un des moteurs de la "vague coréenne" qui a vu la culture pop prendre d'assaut l'Asie. **Allemagne : L**e président allemand et la chancelière Angela Merkel ont reconnu, à l'occasion du premier anniversaire de l'attentat de Berlin, les défaillances de l'État pour prévenir l'attaque et dans sa mission de soutien aux victimes. Ils ont inauguré le mémorial aux victimes proche du marché dévasté un an plus tôt par le camion-bélier du Tunisien Anis Amri. L'attentat avait causé la mort de 12 personnes et une centaine de blessés. **L'Arabie-Saoudite : L**'Arabie Saoudite a intercepté un missile au-dessus de la capitale Ryad que les rebelles yéménites du mouvement des Houthis ont dit avoir tiré contre le palais Yamaha, la résidence officielle du roi Salmane. **Journalisme :** Soixante-cinq journalistes ont été tués dans le monde en 2017, dont cinquante professionnels, sept "journalistes-citoyens" (blogueurs) et huit "collaborateurs des médias", selon le bilan annuel de Reporters sans frontières (RSF). **Brésil : L**e magnat du bâtiment Marcelo Odebrecht a quitté sa cellule pour sa spacieuse villa où il va purger le reste de sa peine de dix ans de prison, au moment où de nouvelles révélations secouent son groupe au cœur d'un scandale de corruption ébranlant l'Amérique latine. **Vatican :** Le roi Abdallah II de Jordanie, reçu hier par le pape François, lui a offert un tableau représentant Jérusalem, où figurent le dôme du Rocher et l'église du Saint-Sépulcre dominée par sa croix. **Rome,** *La Voix du Nord* : "Défraîchi", "déplumé", "brosse à toilettes"... Le sapin de Noël de Rome, flétri bien avant le 25 décembre, est devenu la risée des internautes, à tel point que la mairie a décidé d'ouvrir une enquête pour déterminer les causes de cette agonie prématurée. Érigé sur la Piazza Venezia pour un coup de 50 000 €, le sapin était mort depuis le début. Ses racines ont été laissées dans les Dolomites et il est arrivé à Rome comme un simple tronc. **Religion,** *La Croix* : "La diplomatie du Pape François propulse l'Église catholique vers les blessures du monde." & : "Le pape François met en garde les étudiants japonais contre *la compétition excessive.*" "Le pape François compare la messe à *"une symphonie priante"*. "Le pape François et la *diplomatie de l'ambulance"*.

France. Les Françaises enceintes sont plus exposées au mercure et à l'arsenic que les autres Européennes car elles consomment plus de poissons et de fruits de mer, démontre une étude de Santé publique France publiée. **& : "'L**evothyrox : le procès au civil aura lieu le 1er octobre 2018". **Millas :** "L'enquête s'oriente "plutôt" vers une barrière fermée. **Politique : L**e PS a annoncé la vente de son siège parisien de la rue Solferino à Paris (VIIe) pour 45,5 millions d'euros à la société foncière Apsys. **Hydrocarbures : L**e Parlement a définitivement adopté, par un ultime vote à main levée de l'Assemblée nationale, le projet de loi sur la fin de la recherche et l'exploitation des hydrocarbures en France d'ici 2040. **Croissance :**

L'INSEE a de nouveau relevé sa prévision de croissance pour 2017, portée de 1,8 % à 1,9 %, de l'économie française gardant la cadence amorcée depuis fin 2016. Le produit intérieur brut (PIB) devrait ainsi augmenter de 0,6 % sur les trois derniers mois de l'année, puis progresser de 0,5 % au premier trimestre 2018, avant de ralentir légèrement à 0,4 % lors du deuxième. Le taux de chômage devrait reprendre sa baisse, jusqu'à 9,4 % mi-2018. **Santé,** *Le Monde* : "Le risque cardiovasculaire progresse fortement chez les femmes". **Région,** *La Voix du Nord* : "Une scène d'ébats sexuels dans la discothèque fait le tour du Web. Dimanche, le rappeur Lacrim était en showcase au Network. Pendant son concert, un couple s'est livré à des actes sexuels sur un canapé à côté du bar. Filmés, ces ébats ont été largement diffusés sur les réseaux sociaux. Le patron de la discothèque va saisir la justice". ***La Voix du Nord.*** "Hôpital : les repas et la sortie toujours pas à la hauteur pour les patients".

Affaire Maëlys. La garde à vue de Nordhal Lelandais, meurtrier présumé de la petite Maëlys en Isère, a été prolongée dans le cadre d'une enquête sur une autre disparition mystérieuse, celle d'un jeune militaire en avril à Chambéry en Savoie. **Enquête :** L'ancien ministre de l'Intérieur de Nicolas Sarkozy, Brice Hortefeux, est visé par une enquête préliminaire pour détournement de biens publics par une personne dépositaire de l'autorité publique. **Assassinat :** Michel Lambin, déjà condamné pour un assassinat et accusé par plusieurs témoins d'une série de meurtres aujourd'hui prescrits, a écopé à Nice d'une peine de réclusion à perpétuité, assortie de 22 ans de sûreté, pour meurtre d'un gardien d'école.

Le débat du jour par Hervé Favre. "L'important c'est de participer". "Très majoritairement favorables aux JO 2024, les députés veulent s'assurer des retombées pour les entreprises locales et les habitants". **Football,** *La Voix du Nord* : "Peur sur le LOSC". "Une équipe sans coach". "Une direction sans patron". "Des supporters à bout". "Une DNCG agacée". **& :** "Lens dit adieu à l'Atlético Madrid, Solferino devient seul maître à bord". Dans un communiqué publié hier, Lens a confirmé que l'Atlético Madrid n'était plus actionnaires du club, désormais uniquement possédé par la société d'investissement Solferino et son propriétaire Joseph Oughourlian". **Hors-jeu :** La LFP (Ligue de football professionnel) qui a reçu les dirigeants de la société GoalControl au sujet des défaillances de la Goal-Line technology, l'a informé "de la possibilité de résilier son contrat", à la fin de saison faute "d'amélioration du système". **Ski Alpin :** Mikaela Shiffrin s'est offert un 34e succès en Coupe du monde à l'occasion du géant à Courchevel. La prodige américaine a contenu le retour de la Française Tessa Worley, deuxième à 99 centièmes. **Tennis :** Marion Bartoli, 33 ans, qui avait mis un terme à sa carrière en août 2013, un mois après sa victoire à Wimbledon, a annoncé son retour sur le circuit professionnel pour le mois de mars. **Basketball, NBA :** Après 5 défaites de suite face aux Cavaliers, Giannis Antetokounmpo et Mikwaukee sont parvenus à vaincre Cleveland. LeBron James a inscrit 39 points (meilleur marqueur de la partie). Nouvelle défaite pour Anthony Davis (37 pts) et la Nouvelle-Orléans à Washington. Des rumeurs envoient l'intérieur à Boston. Philadelphie s'est incliné dans sa salle face à Sacramento. Zach Randolph, 36 ans, est à créditer de 27 points. **Blessures :** Absent depuis plusieurs semaines en raison d'une blessure à la cheville, Stephen Curry ne prendra pas part au Christmas Day lors duquel Golden State sera opposé à Cleveland.

Disparition : Entré à RTL en 1963, Jean Breton, le monsieur météo de la chaîne, est décédé. *Le Parisien :* "Cyril Hanouna a changé nos vies". "C8. 21 heures. Il y a un an, l'animateur de "Baba Noël" a offert une maison à Céline et ses trois enfants. Nous sommes retournés sur place près de Melun".

En salles. *La promesse de l'aube* (Le Parisien : "Du très grand spectacle". Avec Charlotte Gainsbourg, Pierre Niney, Didier Bourdon, Jean-Pierre Daroussin...). *Garde alternée* (Didier Bourdon). *Tout là-haut.* "Comment Kev Adams a dévalé l'Everest. Dans Tout là-haut, film d'aventures très réussi, le comédien joue les surfeurs des neiges. Grâce à plusieurs trucages techniques qu'il nous révèle". The Florida

Project". Ferdinand. *Jumanji : Bienvenue dans la jungle* (Dwayne Johnson, Jack Black, Kevin Hart, Karen Gillan).

Au programme : *On va s'aimer un peu, beaucoup... Sardou, le film de sa vie. In Situ, là où bat le cœur de l'économie. Le champ des possibles. La nouvelle star* (finale en direct). *La ferme du boulanger. Pelle le conquérant. Baba Noël, la grande régalade. Au cœur de l'étrange. Julien Doré, le concert événement. En territoire ennemi 4 : opération Congo. Faubourg 36. Adieu Berthe ou l'enterrement de Mémé. L'homme du président 1 et 2* (Chuck Norris). *The last kingdom. Vintage mecanic.*

Sondage : "Les banques ont-elles fait des efforts pour réduire les frais facturés aux clients ? Non. 94,7 %".

Météo : Brouillards.

Dictons : "Au vingt de Noël, les jours rallongent d'un pas d'hirondelle." **&** : "Année de givré, année de fruits". **Proverbe :** "Les grands diseurs ne sont pas les grands faiseurs".

... Jeudi, 21 Décembre 2017

Citation : "Celui qui veut faire un emploi sérieux de la vie doit toujours agir comme s'il avait vivre longuement et se régler comme s'il lui fallait mourir prochainement." **Émile Littré** (1801-1881). Médecin, lexicographe, philosophe et homme politique français. Il est surtout connu pour "le Littré", dictionnaire de la langue française. **&** : "Aimer, c'est perdre le contrôle". **Paulo Coelho** (né en 1947), romancier et interprète brésilien.

1958 : Conformément à la Constitution de la Ve République entrée en application le 8 octobre, un collège de parlementaires élit Charles de Gaulle président de la République pour 7 ans. Le Général nomme son fidèle camarade Michel Debré Premier ministre.

Le Monde. **R**éforme fiscale : victoire politique pour Trump, inquiétudes pour l'Europe. ~~Baisse d'impôts de 1 450 milliards de dollars sur 10 ans.~~ Audiovisuel public : que veut Macron ? Corée du Sud : Le suicide d'un chanteur sème émoi et colère. Enquête : Être athée dans un monde musulman. Migrants : La politique du gouvernement divise la majorité. Justice : Débat piégé sur l'âge du consentement sexuel. Crédit Lyonnais : Un procès pénal sur l'arbitrage entre l'État et Tapie. *L'Humanité* : **C**atalogne, les urnes pousseront-elles au dialogue ? Les tenants de l'indépendance et ceux de la "punition" de la région ne dégageraient pas de majorité nette, selon les sondages. Territoires : Paris-Normandie, une ligne sur de mauvais rails. *La Croix* : **L**es cadres ne sont plus ce qu'ils étaient. Une négociation s'ouvre aujourd'hui pour redéfinir leur statut. Religion : Rencontre entre Emmanuel Macron et les responsables religieux. Livres & idées : Shakespeare et Venise, un voyage au bout du pinceau. À la résidence de l'Abbaye : "Voir mon fils à Noël, je ne veux pas d'autre cadeau." *Le Figaro* : **L**'unité de l'Espagne se joue en Catalogne. PMA : les associations craignent d'être écartées du débat. Macron plane dans les sondages, Philippe dans les turbulences. Le Figaro littéraire : **M**ichael Lonsdale donne vie aux contes de Noël des plus grands écrivains. Brexit : Comment May a réussi à survivre à son "annus horribilis". Arabie-Saoudite : Des rebelles houthistes tirent un missile sur Riyad. Religion : Emmanuel Macron "à l'écoute" des religions au nom de la laïcité. Biodiversité : Protéger la nuit, un enjeu pour la nature. Figaro Oui Figaro Non. "Croissance : trouvez-vous que l'économie française va mieux ?". *Libération* : **C**atalogne. C'est reparti pour un tour. Jeudi idées et essais : Jeux vidéo, une exception culturelle. Viols sur mineurs : quelle prescription ? Après la mission confiée à Flavie Flament et dans le contexte post-Weinstein, le débat sur l'allongement du délai de prescription de vingt à trente ans fait débat. La gauche toujours dans le flou. 62 % des Français estiment que le clivage gauche-droite n'est plus pertinent, selon notre sondage Vivavoice, alors que le fossé idéologique se creuse entre le PS et la France insoumise. *Le Parisien - Aujourd'hui en France* : Affaire Maëlys. L'ombre d'un tueur en série. Crimes. Mis en examen pour la disparition de la jeune Maëlys, Nordhal Lelandais est à présent poursuivi pour l'assassinat d'un militaire de 23 ans. Enquête sur un inquiétant suspect. Faits divers : Polémique sur le dealer à l'immunité diplomatique. 75, Bois de Boulogne : Le meurtrier présumé de la femme démembrée arrêté. Interview. Benoît Hamon : "Macron a été valsifié." Sécurité routière : Les routes à 80 km/h arrivent à toute vitesse. Automobile : Les grosses cylindrées ciblées par les députés. *L'éditionfrance par Ouest-France* : Grâce aux migrants. Un village italien de Calabre revit. *La Dépêche du Midi* : Haut-Garonne. Entreprises : le coût des bouchons. Le temps c'est de l'argent... Tous les jours, les embouteillages condamnent les Toulousains à passer 34 minutes de plus que nécessaire dans leur voiture. Pour les entreprises, la facture finit par être salée. Tarn : Le Festival des lanternes illumine les nuits gaillacoises. *L'indépendant catalan* : La conductrice du bus mise en examen. St-Féliu : le temps du recueillement. *La Voix du Nord* : Deuxième volet de notre enquête. Jihad y a-t-il encore des revenants dans la région ? Armentières. Émotion à Saint-Jude : une collégienne de 12 ans s'est donné la mort chez elle. Football : Avec un nul, Lille évite le pire... pas la crise. *Midi Libre* : Montpellier. La fac de lettres se modernise. Violences : Agressions sexuelles dans les transports : une étude alarmante. *La Provence* : L'OM à la fête ! Ligue 1 (19e journée) OM 3 - Troyes 1. Emmenés par un super Luiz Gustavo, les Olympiens finissent 2017 en boulet de canon. Et restent au contact de Monaco et Lyon. OM Association : Démission, le dernier mot de Foucault. & : Micro-brasseurs, maxi-plaisir. Événement : La coupe d'Europe s'expose au Mucem. Du foot à l'entreprise : La leçon de courage d'Abdoulaye Fassassi. *La Montagne Clermont-Ferrand* : Vols en série avant les fêtes. Puy-de-Dôme. Les cambriolages et les vols à main armée visant les commerces se sont succédé, ces dernières semaines. Le phénomène récurrent à l'approche des fêtes, s'est encore accentué cette année. Sécurité : Pour faire face à cette hausse, la préfecture a demandé une "vigilance accrue" aux forces de l'ordre, renforcées pour l'occasion par des réservistes. Propos d'un montagnard : "On aura tout vu. Pourquoi s'embêter à rajouter du citron ou du vinaigre à l'échalote dans nos huîtres quand on peut les déguster déjà aromatisées ?". & : À Clermont des tuk-tuk se faufilent dans les rues pour vos déplacements. *Presse Océan.* Loire-Atlantique : le 115 est débordé. Le 115, numéro d'urgence des sans-abris, est très sollicité. Il reçoit 250 appels quotidiens mais seules une vingtaine de places d'hébergement sont disponibles chaque jour. & : Apprendre à bien vieillir. Nantes : Il a fait allégeance à Daesh au lycée. *Sud Ouest.* Girondins : où s'arrêtera la chute ? Justice : Le patrimoine de Mamère dans le viseur. *Corse-matin* : Ajacciu. Une enquête ouverte pour viol après une tentative de suicide. Manif Reims-SCB. Boules de pétanque explosives : l'affaire rebondit en cassation. Un quartier, une vitrine : Sur le vieux port de Bastia, le commerce a le vent en poupe. *France-Guyane.* Jour de carence : la fin d'un privilège pour les fonctionnaires ? *France-Antilles Guadeloupe* : Des cadeaux pour des détenus. *France-Antilles Martinique* : Escroquerie au logement. La prison pour habitat. Consommation : La fête de tous les goûts. *Les Échos.* Renault : comment Ghosn prépare sa succession. Le conseil d'administration va nommer en février un successeur au dirigeant franco-brésilien. Le PSG gardera un pied à Billancourt mais prendra du recul d'un point de vue opérationnel. Consommation. Alimentation : l'exécutif va limiter les promotions. L'exécutif prépare un texte destiné à lutter contre les prix trop bas. Uber et les VTC rattrapés par la régulation. Décryptage Nicolas Richaud : "Nintendo, l'immortel du jeu vidéo." Télécoms : Xavier Niel se lance à la conquête de l'Irlande. L'essentiel. Budget 2018 : la dépense va croître plus vite que prévu. Bruxelles sort l'arme lourde contre Varsovie. Avec la réforme fiscale, Trump lance son mandat. Entreprises & marchés : Nouvel épisode dans l'affaire Tapie. Audiovisuel public : des coopérations renforcées. La CDC se saisit de l'avenir de CNP et de La Poste. Matières premières : Ce que réserve 2018. *L'Équipe :* Presque parfait. Ligue 1. Paris-SG 3-1 Caen. Cinquante points à la trêve, neuf de plus que ses poursuivants, Monaco et Lyon. Le PSG a réalisé un début de saison canon, à l'image de sa victoire tranquille, hier contre Caen. Monaco 2-1 Rennes. Monaco a du caractère. Marseille 3-1 Troyes. L'OM finit bien. Rugby. Goze : "Le rugby français a besoin de retrouver de la sérénité". *Les Nouvelles calédoniennes* : La pollution agace Magenta. & : Les résultats du bac et du brevet. Santé : La dengue a fait 11 morts en 2017. Dumbéa : L'interminable chantier avenue Becquerel. Pouembout : Les lettres des enfants au père Noël. *Le Quotidien de la Réunion et de l'océan Indien* : La liberté en fête. Célébration du 20 Desamb. Des concerts, des défilés, la fête dans les rues. Sans oublier la symbolique : la liberté pour plus de 60 000 esclaves que comptait l'île de la Réunion en 1848. Paddle dans le lagon. Une réglementation trop floue. *La Tribune* : "Macron veut s'offrir son *Air Force One*".

Le débat du jour, *La Voix du Nord* par Jean-Michel Bretonnier. "La commission européenne se fait violence. Première dans ce cas, la Pologne est visée par une procédure qui met en cause "un risque clair de violation grave de l'État de droit". **Espagne,** *La Voix du Nord* : "Drôle d'ambiance électorale en Catalogne". "Le bras-de-fer entre le pouvoir central de Madrid et les dirigeants destitués de la communauté autonome de Catalogne est allé trop loin en octobre. Pour revenir à la raison démocratique, le débat se poursuit aujourd'hui dans les urnes avec des élections régionales anticipées". **Royaume-Uni :** Le vice-premier ministre britannique Damian Green a annoncé son départ du gouvernement, après avoir admis avoir menti sur la découverte d'images pornographiques sur son ordinateur il y a dix ans. Mis en cause pour harcèlement sexuel dans la foulée du scandale Weinstein, il avait aussi été accusé d'avoir détenu un compte pornographique "extrême" sur son ordinateur de parlementaire en 2008, ce qu'il a nié catégoriquement comme les autres accusations. **Corée du Nord :** Le secrétaire d'État américain Rex Tillerson et la ministre canadienne des Affaires étrangères Chrystia Freeland ont annoncé une réunion de diplomates du monde entier le 16 janvier à Vancouver sur la Corée du Nord, estimant qu'une "solution diplomatique est essentielle et possible". **Ouganda :** Les députés ougandais ont voté la suppression de la limite d'âge pour être élu président, ouvrant la voie à une nouvelle candidature en 2021 du chef de l'État, Yoweri Museveni, 73 ans. **États-Unis.**

Washington. Le Congrès a adopté la plus grande baisse d'impôts depuis 31 ans offrant au président Trump la première grande réforme de son mandat. Dès février, les familles paieront en moyenne 1 600 dollars d'impôts sur le revenu en moins l'an prochain. L'impôt sur les sociétés sera réduit de 35 à 21 % et baissera tout le barème de l'impôt sur le revenu, à un coût de 1 500 milliards de dollars pour les finances publiques sur la prochaine décennie. **Culte : Le** cardinal Bernard Law, décédé hier à 86 ans, fut l'une des sommités les plus respectées de l'Église catholique américaine avant de tomber en disgrâce en 2002. Le scandale avait éclaté lorsque le cardinal, alors archevêque de Boston, avait reconnu un prêtre, Paul Shaney, en dépit de nombreuses preuves d'attouchements sexuels sur des enfants. Une enquête du "Boston Globe" avait permis de révéler comment la hiérarchie catholique locale, avec à sa tête le cardinal Bernard Law, avait de manière systématique couvert des abus sexuels commis par quelques 90 prêtres à Boston au cours de plusieurs décennies. Il a ensuite vécu discrètement au Vatican jusqu'à sa mort. **Brexit. La** Première ministre britannique Theresa May a déclaré que la date du Brexit pourrait être "exceptionnellement" décalée au moment où la Commission européenne propose que la période de transition post-Brexit s'achève fin 2020.

France : L'inspection du travail a constaté 671 infractions au Code du travail chez Business France, au moment où cet organisme était dirigée par l'actuelle ministre du Travail, Muriel Pénicaud. **Concurrence : L'**autorité de la concurrence a sanctionné le laboratoire pharmaceutique Janssen France et sa maison mère américaine Johnson and Johnson à hauteur de 25 millions d'euros pour "dénigrement" de médicament générique à partir de 2007. Janssen France est intervenu pour "empêch(er) puis limit(er) le développement des médicaments génériques de Durogésic", un puissant antalgique qu'il commercialisait. **Économie. Région.** *La Voix du Nord.* "Dans le débat sur le prix des lunettes, les opticiens indépendants voient rouges".

Faits divers : Après la petite Maëlys, Nordhal Lelandais est soupçonné de l'assassinat du caporal Arthur Noyer, une accusation qui va conduire les enquêteurs à rouvrir les dossiers des disparitions non élucidées dans la région". "Des recherches sur internet avec les mots clés "décomposition d'un corps humain" ont été retrouvées dans son téléphone. **Collision : U**n jeune homme de 22 ans, passager d'une voiture de gendarmerie qui a dérapé, a trouvé la mort sur une route en Haute-Loire. **Affaire Grégory : U**n mois après sa femme Jacqueline, Marcel Jacob, mis en examen avec son épouse pour le rapt mortel de leur petit-neveu Grégory en 1984, a été autorisé à rentrer chez lui. **Réclusion criminelle : U**n homme a été condamné en appel à 15 ans de réclusion criminelle pour viol aggravé. Il avait abusé d'une aide-soignante après l'avoir droguée au GBL, un solvant dérivé du GHB, "la drogue du violeur". **France : 9** ans après s'être vu accorder un peu plus de 400 millions d'euros, Bernard Tapie a été renvoyé en correctionnelle pour "escroquerie" et "détournement de fonds publics", dans l'affaire de l'arbitrage controversé qui devait solder son litige avec le Crédit lyonnais. **Millas : L**a conductrice quadragénaire du car scolaire entré en collision le 14 décembre avec un train à Millas, tuant 6 collégiens, a été mis en examen pour homicides et blessures involontaires après son audition par deux magistrats instructeurs.

Football, *Le Parisien* : "Pastore. La dernière du premier de cordée ? Ligue 1 (19e journée). L'argentin a peut-être disputé son dernier match avec le PSG hier soir. Il a confié à certains de ses partenaires qu'il allait quitter Paris". PSG - Caen... 3-1. "Pas de jaloux chez les dauphins. Statut quo en haut du classement. Les cinq premiers ont conclu 2017 sur une victoire". Toulouse - Lyon... 1-2. Marseille - Troyes... 3-1. Monaco - Rennes... 2-1. Amiens - Nantes... 0-1. Lille - Nice... 1-1. Metz - Strasbourg... 3-0. Angers - Dijon... 2-1. Bordeaux - Montpellier... 0-2. Guingamp - Saint-Étienne... 2-1. Classement : 1. PSG, 2. Monaco, 3. Lyon, 4. Marseille, 5. Nantes... 18. Lille, 19. Angers, 20. Metz. **Saint-Etienne :** Jean-Louis Gasset a été nommé entraîneur de Saint-Étienne en remplacement de Julien Sablé. **Contrats : L**'international français Benjamin Pavard a prolongé d'un an son contrat avec le VfB Stuttgart, jusqu'en 2021. **Ligue 2 :** **L'**ancien entraîneur de Nancy, Pablo Correa a annoncé hier son arrivée à la tête de l'AJ Auxerre, actuel 17e de Ligue 2. Correa, 50 ans, a dirigé Nancy de 2002 à 2017, avec une brève parenthèse avec Evian Thonon Gaillard. **Marseille :** **L'**animateur de télévision Jean-Pierre Foucault, 70 ans, a quitté la présidence de l'association de l'Olympique de Marseille qu'il occupait depuis 1997. **Italie :** **"D**es Tifosis attaquent la justice. Un groupe de supporteurs de la Lazio de Rome a lancé une action en justice contre l'arbitre du match perdu face à Torino et contre son assistant vidéo. Ils les jugent coupables de deux erreurs d'arbitrage. Selon les avocats des supporteurs, ces derniers ont été lésés dans leur droit à pouvoir vivre leur passion sportive. **Dopage :** **La** suspension d'un an infligée à Paolo Guerrero pour dopage a été réduite à 6 mois et l'attaquant péruvien pourra donc disputer le Mondial 2018 dans le groupe de la France. **Basketball, NBA :** **M**algré 51 points de James Harden, Houston est tombé contre Los Angeles. Le rookie Kyle Kuzma a inscrit 38 points pour les Lakers. Lors de son retour à Boston, le pivot canadien Kelly Olynyk, a réalisé sa meilleure performance en carrière avec 32 points et 6/8 à 3 points, offrant la victoire à Miami dans le Massachusetts. Chicago s'est imposé pour la 7e fois consécutive. **Handball, Division 1 masculine : 1. M**ontpellier, 2. Nîmes, 3. Paris... 12. Cesson-Rennes, 13. Tremblay. 14. Massy. **Tennis,** *Le Parisien* : "Bartoli revient avec des objectifs élevés". **Jeux olympiques 2024 :** "Le comité d'organisation s'installera dans le 93". **Paralympiques :** **La** suspension du comité paralympique russe (RPC) a été maintenue et une décision sera prise en janvier sur sa participation aux Jeux 2018 de Pyeongchang. Le comité international paralympique a décidé de maintenir une mesure provisoire permettant aux athlètes russes de participer sous bannière neutre aux épreuves qualificatives dans quatre sports d'hiver : ski alpin, biathlon, ski de fond et snowboard. **Sports mécaniques, WRC : S**ébastien Loeb, nonuple champion du monde des rallyes WRC, retiré du circuit depuis 2012, va disputer trois rallyes en 2018 avec Citroën, au Mexique, en Corse et en Catalogne, a confirmé le constructeur français. **Rugby, Top 14,**

Racing 93 : Jacky Lorenzetti. "La U Arena, ce n'est pas de la fierté, c'est du bonheur".

TV : Avec 29 % des suffrages (Sondage *OpinionWay* à paraître dans *TV Magazine*), Nagui a été désigné animateur préféré des français. Michel Cymes arrive en seconde position (28,9 %), Élise Lucet devient de son côté, la première femme à accéder à ce podium (24,5 %). France 2 place donc 3 de ses employés au 3 premières places. **CSA,** *Le Parisien* : Le Conseil supérieur de l'audiovisuel (CSA) monte au créneau sur le traitement des femmes dans les médias. C'est d'abord un canular téléphonique diffusé dans l'émission C'Cauet, le 9 décembre 2016, qui n'est pas passé. Hier, le gendarme de l'audiovisuel a prononcé à l'encontre de la radio NRJ une "sanction pécuniaire" de 1 M€ pour avoir diffusé "des commentaires avilissants relatifs au physique d'une femme, victime d'un canular, ainsi que des insultes et des propos dégradants concernant sa vie intime". Le CSA ajoute que le "caractère prétendument humoristique de la séquence" ne pouvait pas "exonérer l'éditeur de sa responsabilité", "la victime ayant été publiquement humiliée et placée dans une situation de détresse et de vulnérabilité manifeste". En apprenant la sanction, NRJ a rappelé "que l'animateur a[avait] quitté le groupe en juillet 2017" et annoncé former un recours devant le Conseil d'État estimant cette sanction "injuste et disproportionnée". Par ailleurs, le CSA a mis en demeure France Télévisions pour la séquence controversée ayant opposé le 30 septembre la chroniqueuse Christine Angot et l'ex-députée EELV Sandrine Rousseau sur les violences faites aux femmes dans *On n'est pas couché*. L'institution critique notamment un "choix trompeur". **Loisirs. P**rogramme du 31 décembre à l'Arc de Triomphe : 23 heures pré-show ; 23 h 40 projection lumineuse sur l'Arc de triomphe *Voyage d'un chat à Paris* ; *Minuit : final pyrotechnique*. Gratuit. **Livres, L**a *Voix du Nord*. "La Tête et le cou" : la Russie racontée par les femmes. <u>"Nous avons un discours fantasmé de la femme surpuissante qui n'aspire qu'à être sous la protection d'un mari, mais qui en réalité n'est pas prête à abandonner une once de son pouvoir"</u>. "Une amie russe m'a dit un jour : "Je viens de trois pays, celui où je vis n'est pas celui où je suis née et pas celui où j'ai grandi". Elle parlait de la Russie". **Le Monde à l'envers,** *La Voix du Nord* : "Partis sans payer, ils remboursent le restaurateur par courrier". **& : "D**es mouchoirs à base de caca de panda".

Au programme : *Dirty dancing* (épisode 1, 2, 3). *Le seigneur des anneaux : la communauté de l'anneau. La grande librairie. Love actually. Top of the lake - China Girl. L'amour est un crime parfait. Les chevaliers du fiel : "Noël à Miami". Les chevaliers du fiel : "Noël d'enfer". Mon pire cauchemar* (Isabelle Huppert). *Moi, moche et méchant. La bûche* (Sabine Azéma, Emmanuelle Béart). *Arthur 3 - La guerre des mondes. Arthur et la vengeance de Maltazard. Sherlock. Pinot, simple flic. Le père Noël est une ordure. Sauver Venise. Shall we dance ? La nouvelle vie de Monsieur Clark* (Richard Gere). *Hercule Poirot. Tout est politique.*

Sondage *LeParisien.fr* : "**K**ylian Mbappé est-il le meilleur joueur français du moment ? Oui : 60 %".

Météo : Grisaille.

Hiver. Dicton : "Si l'hiver est chargé d'eau, l'été n'en sera que plus beau." **& : "S**aint Thomas apporte l'hiver dans ses bras".

... _Vendredi, 22 Décembre 2017_. *"Ça pique vraiment".*

Citation : "Je préfère être détesté pour ce que je suis plutôt que d'être aimé pour ce que je ne suis pas". **Georges Simenon** (1903-1989), écrivain belge francophone.

1988 : Au Brésil, Chico Mendès, figure emblématique de la lutte ouvrière contre les propriétaires terriens pour la préservation de la forêt amazonienne et de ses ressources naturelles, est assigné par des tueurs à gages.

Le Monde : L'Europe veut sanctionner les violations de l'État de droit en Pologne. Arbitrage Tapie : Compromissions et contradictions à tous les étages. Paris, place forte des ventes aux enchères. & : Puigdemont ou "la diagonale d'un fou de l'indépendantisme. Politique : Macron de plus en plus populaire à gauche. Enquête : Le mystérieux crash d'un DC-6 suédois. **L'Humanité des débats : À** Piacenza, avec les forçats de Noël d'Amazon. En Italie, dans un entrepôt du site de vente, les salariés se révoltent contre l'exploitation. Histoire. 1967, le réveil ouvrier et les premières flammèches de Mai 68. GE Hydro, le sabotage d'une filière. Énergie. La branche hydraulique de General Electric supprime 345 emplois à Grenoble. La stratégie globalement ressemblée à une casse industrie. **La Croix : N**oël, simplement. Cinq personnes témoignent de leur façon de vivre Noël joyeusement et sobrement. Question du jour. Jusqu'où prendre en compte la maltraitance animale ? Monde : Le fragile progrès des Kurdes en Syrie. Placement : Le rapport qui s'attaque aux avantagés de l'assurance-vie. & : Les indépendantistes catalans en passe de conserver la majorité absolue. Le rush des dernières courses de Noël s'annonce animées. L'essentiel : Les seuils sociaux à nouveau en débat. Les finances locales entrent en zone trouble. Le patron de l'Otan salue l'engagement de la France. Entreprises & Marchés : Lactalis rappelle tous ses laits infantiles. Les films de Noël s'offrent une seconde jeunesse. Grand entretien : Le patron d'Yves Rocher se pose en anti-Mosanto. **Le Figaro.** Élections en Catalogne : le choc indépendantiste. La victoire des séparatistes replonge l'Espagne sans la crise. & : Éclatée, la droite se cherche face à Macron. Hausse des impôts : Bercy remet en cause les chiffres de l'Insee. Éditorial par Vincent Trémolet de Villiers. La grande captation. Les électeurs de droite au centre du jeu. Michel Sardou : "Je ne croyais pas à la chanson, ça a duré cinquante ans." Afrique : Derrière des meurtres l'État congolais. Religion : Le pape François recadre la Curie romaine. Faits divers. Affaire Lelandais : ces autres disparitions qui intéressent la justice. Football : À mi-parcours, le championnat de Ligue 1 en pleine extase. Automobile : Daimler met la main sur chauffeur Privé. Réforme : Françoise Nyssen adresse une feuille de route aux patrons de l'audiovisuel public. Champs libres : La méthode suédoise pour survivre aux longues nuits d'hiver. Figaro Oui Figaro Non : "Vol Tokyo-Paris : l'utilisation d'un avion par Édouard Philippe pour 350 000 euros vous choque-t-elle ? Oui. 66 %." *Libération* : **D**ette, retraites, affaires, pannes... La SNCF sort les rames. Point d'orgue d'une année 2017 où les déconvenues se sont accumulées, la société a été mise en examen jeudi. François Gabart. Rédacteur en chef de "Libé". Numéro spécial avec le navigateur recordman du tour du monde en solitaire. Enquête : Le boom du "c'est moi qui a fait". Y a-t-il trop de députés et de sénateurs ? *Le Parisien - Aujourd'hui en France* : **H**arcèlement sexuel. La révolte des lycéennes. Des adolescentes ont pris la parole, hier, dans le Val-d'Oise, devant leur lycée pour dénoncer les comportements dont elles sont victimes à l'intérieur même de l'enceinte scolaire. Votre offre week-end : 10 villes lumières en fête. Reportage : Avec les policiers qui traquent les corrompus. Interview : Quand Anémone règle ses comptes. XV de France : Novès viré par Laporte. Paris, 75 : Le père Noël justicier est devenu une vraie vedette. *L'éditionfrance par Ouest-France* : **V**otre pouvoir d'achat va-t-il augmenter ? *Les Échos.* **C**ac 40 : les secrets d'un trentenaires. Créé en 1987, l'indice fête ses 30 ans. Sa capitalisation a été multipliée par 20. Trois décennies de mutations françaises. *La Provence* : **M**arseille, ton savon fout le camp. Alors que le label "Indication géographique protégée" - que les producteurs locaux appellent pourtant de leurs vœux n'est pas près de voir le jour, la concurrence s'organise. Bien loin de la Provence. Course-poursuite à 100 à l'heure sur la corniche. Le vigile s'agrippe au capot sur 2 km ! Par Éric Miguet : La Provence en terrain glissant. La leçon d'Édouard Philippe. Visite très politique du Premier ministre, hier, dans des établissements scolaires "modèles" du Rouet, de Sainte-Marthe et de la Fourragère. Face à lui, des élus et des enfants attentifs. Noël 2017 : les sans-abris sont en danger de mort. Environnement : Saint-Baume, 8e parc régional. Catalogne : La majorité absolue aux indépendantistes. **Midi Libre** : **À** Saint-Féliu, l'adieu déchirant aux enfants. Handball : Montpellier bat Paris et file vers le titre de champion de France. Montpellier. 7e ville de France, c'est officiel ! Tourisme : La fréquentation en France renoue avec les sommets. *Sud Ouest* **B**ordeaux Rive Gauche. Les petits secrets de nos députés.

Bordeaux Métropole. Circulation : les solutions d'urgence des élus. Rugby/Équipe de France. Brunel, manager de l'UBB, pourrait bien remplacer Novès. **La Voix du Nord** : Point-colis c'est la folie ! Lille : La future piscine sera-t-elle la plus profonde du monde ? Le Portel : Elle a survécu à une interruption médicale de grossesse : Heïly, la petite miraculée. TV Magazine : Nagui, l'animateur préféré des Français. **La Dépêche du Midi.** Catalogne : majorité indépendantiste. Drogues : ce qui circule à Toulouse. La Région vote un plan pour passer à 100 % d'énergie positive d'ici 2050. Drame de Millas : "Un abîme de douleur". Toulouse : Une start-up invente le nez connecté. Films publicitaires : Le père des Publivores s'en va. Outrages : Identifié par la caméra de l'hélico. Faits divers. Estelle Mouzin : l'ombre de Lelandais. Estelle Mouzin a disparu le 9 janvier 2003. En 2003, le suspect de l'enlèvement de Maëlys était militaire à moins de 150 km du lieu de l2 disparition de la petite fille. Les parents demandent un élargissement de l'enquête. Sécurité. 80 km/h sur les routes : la pression monte. **L'Indépendant catalan** : Saint-Féliu pleure de ses enfants. Poignantes obsèques de quatre victimes. Assemblée : Le budget 2018 adopté. Melbourne : La voiture fonce dans la foule. Ille-sur-Têt. Eau : ça ne coule pas de source. Vallespir. Nouvelle star : Xavier sur la "voix royale". **La Montagne Tulle :** Corrèze. Les commerces sous bonne garde. Noël : Comment cuisiner écolo pendant des fêtes de fin d'année. Propos d'un montagnard : Manger des pommes ! Tulle : La biodiversité au menu des écoliers de la Croix de Bar. Tulle : Les promeneur du Net accompagnent les jeunes sur la Toile. **Presse Océan :** Léa disparue depuis 9 jours. Nantes hier : Léa Petitgas, âgée de 20 ans, n'a plus donné signe de vie depuis le mercredi 13 décembre au soir, les enquêteurs n'excluent aucune piste. Nantes : Dalì s'expose à la Rosière. Plus de 300 œuvres du peintre espagnol seront visibles du 26 décembre au 31 mars 2018 à Nantes. Varades : Une collégienne renversée. Hier matin, une jeune fille de 11 ans qui se rendait au collège à vélo a été renversée par un poids-lourd. FC Nantes : Waldemar Kita est un président heureux. **Corse-matin :** L'Insee confirme la bonne santé du tourisme. Vivaldi prend ses quartiers d'hiver. Le violoniste Bertrand Cervera à la rencontre des écoliers des Jardins de l'Empereur. Collectivité unique

: Chambre des territoires, c'est trois fois non. Parc naturel : Des agents mobilisés pour le président. *L'Est républicain*. Miss : le grand déballage. Franche-Comté. L'élection de Miss Franche-Comté est-elle truquée ? C'est ce qu'affirme plusieurs prétendantes à la couronne. *Les Nouvelles calédoniennes* : Ensemble disons stop à la violence. Le rapport accablant. Selon une étude réalisée sur l'ensemble sur l'ensemble du territoire français, la Calédonie pulvérise tous les records en termes de violences faites aux femmes. 19 % des Calédoniennes sont concernées. Une victime témoigne. Pollution : La province des Îles porte plainte. Faits divers : Flashé à 166 km/h sur la Savexpress. Province Sud : La guerre des collaborateurs n'est pas finie. Melbourne : Des piétons fauchés par une voiture folle. *Le Quotidien de la Réunion et de l'océan Indien* : Chaque année des cadeaux en dernière minute... Le rush de Noël. Plaine-des-Cafres : La "maison de l'horreur" rouvre. *France-Guyane* : Un militaire se tue par accident avec son arme. & : Arrêtée au collège avec un revolver. *France-Antilles Guadeloupe* : Les prix flambent sous les guirlandes. Le panier 2017 n'est à la fête. Avec une différence de +35 % pour le panier martiniquais par rapport à celui de l'hexagone, la fin de l'année va grever quelques porte-monnaie. Justice : L'escroc se cache derrière sa maîtresse. Sécurité : Attention aux faux billets. *France-Antilles Martinique* : Pluie de cadeaux sur Saint-Martin. Air Caraïbes et ses partenaires, dont France-Antilles, ont procédé à la distribution de nombreux cadeaux collectés pour les enfants de Saint-Martin. Le moment se voulait magique avec l'arrivée du père Noël, spectacle de Cactus Cho et même de la neige. Dossier : Idées cadeaux pour les retardataires. *L'Équipe : F*ootball. Transferts. Le marché de Noël. Rugby. Équipe de France. Brunel remplace Novès et attend Galthié. Bernard Laporte, président de la Fédération, a décidé d'écarter Guy Novès de la tête des Bleus. Il sera remplacé par Jacques Brunel, qui pourrait être assisté de Fabien Galthié. *L'Équipe le magazine* : Kopa, éternel au Réal. Sport US. La révolution Kaepernick. **Midi Olympique Week-end** : Novès c'est fini ? Cris & chuchotements. Montpellier : Goosen en 2018, Fofana en 2019. Top 14. Première à la U Arena. Frédéric Michalak. Chanson de gestes : Le lyonnais a annoncé lundi sa retraite à la fin de cette saison. Retour sur toute une époque à travers quelques hauts faits d'arme de cet enfant de la balle. *L'Obs* : La grande histoire de Jérusalem. Ils vont faire 2018. Vincent Cassel. Mélanie Thierry. Kylian Mbappé. Elena Ferrante. Silvio Berlusconi. Christine Angot. Laurent Wauquiez. Rihanna. Steven Spielberg. Zabou Breitman. Et 30 autres personnalités. *Le Point* : La Perse. De Cyrus le Grand à l'Iran d'aujourd'hui. Darius. Persépolis. Chiisme. Ispahan. Le réveil d'une extraordinaire civilisation. *Valeurs actuelles* : Général de Villiers. "Mes valeurs pour la France". Entretien exclusif. *Marianne* : La grande histoire du panache français. Bravaches, insolents, inflexibles, casse-cou, flamboyants, flibustiers, éloquents, losers magnifiques ou victorieux modestes... Justice : Les méthodes de voyou d'un ministre. Macron : Voyage dans cette France qui s'impatiente. *VSD :* Macron intime. Proche du couple élyséen, Philippe Besson nous raconte son président. Un jeune homme qui vient de fêter ses 40 ans. "Je veux expliquer, inspirer, montrer un cap". François Gabart : Le petit prince des océans. Meghan Markle : La future femme d'Harry dévoilée. *Les Échos Week-end* : Thomas Pesquet. Retour sur Terre. Comment est la vie terrestre quand on a côtoyé les étoiles ? Glorieuse, mais elle donne malgré tout envie de repartir. Europe : Le passeport, poule aux œufs d'or de Chypre. Voyage : En croisière dans l'Antarctique. *Le nouvel Économiste* : Ondes de choc radiophoniques. Rénovation de l'Assemblée. L'esprit de la Ve remis en cause ? La diminution du nombre de parlementaires avec une dose de proportionnelle va accélérer la fin de la bipolarisation, au détriment de l'alternance gauche-droite. Inégalités : Les thèses discutables de Piketty. C'est l'alourdissement de l'endettement qui explique l'appauvrissement net des administrations, et non pas les privatisations et un supposé investissement public insuffisant. Crypto-monnaie : Le bitcoin, un actif spéculatif, pas encore risque systémique. 435 % sur 30 ans. L3 CAC 40 aurait pu mieux faire. Les performances du CAC 40, honorables, sont néanmoins très inférieures à celles d'indices étrangers. À qui la faute ? *Le Figaro magazine* : Noël à Jérusalem. Une ville sous haute tension. Sur les pas du Christ. *Paris Match* : 2017. Thomas Pesquet. L'étoffe des héros. 196 jours dans l'espace. Reportage : La Zad sur le pied de guerre. Maëva Coucke. La nouvelle miss France. François Gabart. Le maître des océans. **Infrarouge : K**ev Adams tutoie les sommets. **Madame Figaro : C**over story. Julia Roberts l'irrésistible. **Elle : P**lus mère que star. Rencontre avec Michelle Williams. "Je veux que ma fille soit fière de moi." Mode : Le nouveau chic des dessous noirs. Beauté. Sur les lèvres ou sur les yeux. La touche Glitter, mode d'emploi. Humeur. Cadeaux foireux, enfants monstrueux, notre guide de survie pour les fêtes. **Stylist : D**evenez son attraction... **Public : S**coop Iris Mittenaere. Elle a largué Kev ! Tiphanie : "Marvin m'a fait vivre un enfer !" **Voici : L**aeticia Hallyday. Pour ses filles, elle tient bon. Kev Adams : Il a largué Miss Univers. Bye bye Iris. Salma Hayek : Weinstein était un monstre. Maëva Couke, miss France 2018 : "Mon petit ami est fier mais il a un peu peur.". **L'auto-journal : P**remier match. Alpine déjà au niveau de Porche ? Spécial Noël. Faites-vous plaisir ! **Jeux vidéo magazine : O**n l'aime un peu, Goku, à la folie ! Dragon Ball Fighter Z. Monster Hunter World : La saga culte débarque enfin sur PS4, Xbox One et PC. Super Mario Odyssey, AC Origins, Star Wars Battlefront II... Tous ces secrets que vous n'avez pas vus. Spider-Man, Death stranding, dreams... Toutes les exclus PS4 en 2018 ! PlayStation Now. Que vaut le Netflix du jeu vidéo ? Bons streams. 10 hits pour le prix d'un.

Philippines : Les secouristes s'affairaient hier pour retrouver des dizaines de passagers portés disparus après le naufrage d'un ferry de 251 personnes à son bord. **Corée du Nord :** Un soldat nord-coréen a fait défection vers la Corée du Sud en traversant la zone démilitarisée (DMZ) qui divise la péninsule. **Corée du Sud : A**u moins 29 personnes ont péri et 26 ont été blessées hier dans l'incendie d'un immeuble à Jecheon dans le centre de la Corée du Sud. **États-Unis : L**e pays a essuyé à l'assemblée générale de l'ONU, une large condamnation de leur reconnaissance de Jérusalem comme capitale d'Israël, après avoir multiplié les menaces financières contre les pays opposés à leur position.

Économie, *La Voix du Nord* : "L'INSEE prévoit une hausse d'impôt, le gouvernement réplique avec un simulateur". "Selon l'Insee, les prélèvements obligatoires sur les ménages augmenteront de 4,5 milliards d'euros en 2018". "Les contribuables pourront aussi calculer leurs potentiels gains de pouvoir d'achat l'an prochain, en 2019 et sur la durée du quinquennat". **Routes : "Vi**tesse limitée à 80 km/h : la mesure pas encore décidée, un argumentaire déjà envoyé aux préfets". "Des économies de carburant". "La France est confrontée à une hausse ininterrompue de la mortalité routière qui s'est accrue de 3,5 % en 2014, de 2,3 % en 2015 "avant de stabiliser en 2016 (+0,15 %)". **Automobile : 8**75 000 véhicules du constructeur allemand Audi ont été rappelés en Europe en raison de risque d'incendie lié au chauffage additionnel. Près de 250 000 Audi avaient été rappelées en octobre aux États-Unis pour le même problème. **Levothyrox : L**a société pharmaceutique Merck Serono a annoncé que 100 000 nouvelles boîtes de l'ancienne formule du Levothyrox étaient disponibles en France et que 100 000 autres étaient en cours d'acheminement pour début 2018. **SNCF : L**a SNCF a été à son tour mise en examen pour "blessures et homicides involontaires", 2 jours après sa filiale Systra, dans l'enquête sur le déraillement d'un TGV en Alsace en 2015 qui avait fait 11 morts. **Vol : U**n homme a dérobé mercredi un collier en or et diamants estimés à 560 000 euros dans la joaillerie de luxe Messika, rue Saint-Honoré à Paris. **France : L**a contamination aux salmonelles de laits infantiles produits par le groupe laitier français Lactalis a débouché hier sur le rappel de l'ensemble de la production depuis février dernier de l'usine incriminée, qui va subir des mesures de chômage technique pour une durée indéterminée. L'entreprise a rappelé 720 lots supplémentaires de laits, s'ajoutant à 625 lots déjà retirés ces deux dernières semaines. **Saint-Féliu d'Avall. D**ans un village des Pyrénées-Orientales balayé par un vent froid, plusieurs milliers de personnes ont assisté, la plupart devant un écran géant, au dernier hommage du village aux 6 victimes de l'accident de car scolaire avec un TER. Après la cérémonie, la foule s'est dispersée, visages gravés et en larmes dans un silence total. Les corbillards ont ensuite traversé le village avant une inhumation dans la plus stricte intimité.

Politique : Hier, le Huffington Post s'appuyant sur des documents remis par l'opposition municipale à Béziers, a révélé que Robert

Ménard, le maire de la ville, a engagé pour frais de justice (avocats et huissiers) pour plus de 570 000 euros et ce en à peine trois ans de mandat. Des défenses qui en plus, profiteraient à un cabinet d'avocats basé à Paris. Conflit avec des journaux, des associations, des particuliers, contentieux avec du personnel municipal. La liste des procédures engagées par le maire de Béziers, connu pour ses campagnes de communication, controversées, explique l'importance des sommes dépensées. **Faits divers, *La Voix du Nord*** : "Nordahl Lelandais, un "Dr Jekyll et Mister Hyde". Les différentes facettes de cet ex-militaire passionné de chiens de 34 ans, gentil pour les uns, violent pour les autres, intriguent les enquêteurs".

Football, Ligue 1 : "4 garçons dans le vent. Leur talent a éclaté au grand jour. Et dans le sillage de Kylian Mbappé, Aouar, Léa-Skilli, Terrier et Lo Celso ont insufflé une cure de jouvence à la Ligue 1". **Hors-jeu, "*Le Parisien*"** : "Les fumigènes lyonnais ciblés. Bruno Genesio, l'entraîneur de l'OL, a lui aussi "craqué" un engin pyrotechnique". **Classement Fifa :** La France reste 9e du classement mensuel Fifa publié hier, dont le podium, inchangé, est toujours Allemagne-Brésil-Portugal. Les adversaires des Bleus lors des poules du prochain Mondial en Russie, le Pérou le Danemark et l'Australie, sont respectivement 11e, 12e et 38e. **Ligue 1, *La Voix du Nord*** : "Fair-play financier oblige, le PSG ouvre sa salle des ventes". *Eurosport* : "Classements budgets. La Ligue 1 ne prête qu'aux riches". **Bordeaux :** Jocelyn Gourvennec, coach de Bordeaux, a été sauvé par le président de M6, actionnaire majoritaire des Girondins de Bordeaux, malgré des résultats catastrophiques. **Allemagne :** Le Bayern Munich a prolongé jusqu'en 2023 le contrat de son attaquant français de 21 ans, Kingslay Coman, formé au Paris Saint-Germain. **Rugby, XV de France :** Le président de la Fédération française de rugby Bernard Laporte a décidé d'écarter Guy Novès de son poste de sélectionneur du XV de France et de le remplacer par le manager de Bordeaux-Bègles, Jacques Brunel, selon plusieurs médias. Cette décision de remplacer en cours de mandat un sélectionneur constituerait une première dans l'histoire du XV de France, qui débutera le Tournoi des six nations le 3 février contre l'Irlande.

Laporte devrait officialiser le nouveau mercredi. **Rugby, Top 14,** *Le Parisien* : "Sortez couverts ! Les Racingmen inaugurent à leur tour la U Arena, leur nouveau domicile ce soir à Toulouse. La pelouse synthétique de ce stade fermé promet une révolution, selon eux". **Dopage :** L'Agence mondiale antidopage (AMA) a levé hier la suspension du laboratoire antidopage français de Châtenay-Malabry, après une contamination d'échantillons décelée fin août. L'Agence française de lutte contre le dopage (AFLD) avait signalé cette contamination due à des prélèvements sur des bodybuilders très concentrés en stéroïdes, provoquant la suspension des analyses au sein de l'unique laboratoire antidopage français". **Basketball, NBA :** Grâce à 32 points de Michael Beasley, New York s'est imposé contre les Celtics. Souvent rejeté, il a été acclamé par le public. Kyrie Irving a inscrit 34 points. Chicago a cédé contre Cleveland. Isaiah Thomas serait sur le point de faire son retour. Après une nouvelle victoire Toronto revient sur Boston. DeMar deRozan a inscrit 45 points (record en carrière). Utah a vaincu San Antonio.

Anniversaire, *Le Parisien* : "Hanouna appelle Macron en direct". **TV :** "On s'est trompé de Nouvelle Star. Yadam (à gauche) a écrasé de son talent cette nouvelle édition de la Nouvelle Star... mais c'est le sympathique Xavier qui l'a emporté". M6, Un toit pour rire. "La Six au secours des mal-logés". **Entretien** *Le Parisien* : "Le showbiz, la politique, Johnny. Quelques jours avant d'arrêter définitivement sa carrière, Anémone, 67 ans, défouraille à tout-va". "Mais qu'on me lâche le pull !". **Temps libre,** *La Voix du Nord.* "Rétrospective à Paris : Irving Penn sculpte le monde dans son studio".

Au programme : *Les petits meurtres d'Agatha Christie. On refait le boulevard* (Pierre Palmade). *Rogue One : A Star Wars Story* (avec Felicity Jones. 4 étoiles Le Parisien). *Independance Day Resurgence* (Liam Hemsworth). *Rire pour un toit. Leur combat pour un toi. Une souffleuse de verre. La vie secrète des chats. Auto : course sur glace. Dark* (série allemande sur Netflix).

Sondage *LeParisien.fr* : "Comprenez-vous la fermeté du gouvernement sur les migrants ? Oui : 87,7 %".

Météo : Grisaille, humidité...

Dicton : "En décembre fais du bois et endors-toi." & : "Tel Avent, tel printemps." Proverbe : "On ne prend pas un vieux singe au lacet".

... Samedi, 23 Décembre 2017.

Citation : "Si l'on doit aimer son prochain comme soi-même, il est au moins aussi juste de s'aimer comme son prochain." **Sébastien Roch Nicolas de Chamfort** (1740-1794), poète, journaliste et moraliste français. & : "**N**e rien faire, ça peut se dire. Ça ne peut pas se faire !". **Raymond Devos** (1922-2006), humoriste français.

1978 : Le vol 4218 Alitalia s'abîme en mer lors de son approche de Palerme alors qu'il attendait des instructions de la tour pour atterrir. L'accident fera 108 victimes en tout, 10 survivants du crash ayant succombé à leurs blessures.

Le Monde. Catalogne : les indépendantistes renforcés. Débats : La crise des États-nations. Harcèlement : le collège peu armé face à une réalité méconnue. Diplomatie : L'ONU et Trump se déflent sur Jérusalem. Alimentation : L'image de Lactalis écornée par la crise de la salmonelle. Société : Les associations face à la pénurie des hébergements d'urgence. Chronique : La culture est une marchandise. Technologie : Apple soupçonné de pratiquer de l'obsolescence programmée. *La Croix* : Joie de Noël. Trois mois après les cyclones, les îles de Saint-Martin et de la Dominique célébreront Noël comme une victoire sur la dévastation. Spiritualité : Noël, d'autres images de Dieu. *Le Figaro* : Après Daech, un Noël d'espoir pour les Chrétiens d'Orient. Six mois après la reprise de

Mossoul, des milliers de familles irakiennes, exilées par la guerre, sont rentrés pour commémorer la Nativité, malgré l'incertitude qui plane sur leur avenir. & : Comment la rivalité entre les deux patrons d'Airbus a conduit à leur départ forcé. Catalogne : Dialogue de sourds entre Rajoy et les indépendantistes. Star Wars : L'incroyable business de "la guerre des étoiles". Gastronomie : La place de la Madeleine, nouveau lieu de la Russie à Paris. Exécutif : Le président de la République sacrifice à la trêve des confiseurs. Moyen-Orient : Emmanuel Macron refuse de reconnaître l'État de Palestine. Sécurité routière : L'alcool au volant, source d'accidents à travers l'Europe. Conjoncture : La dette publique française se maintient à des niveaux astronomiques. Culture : Plus de mille candidats au loto du patrimoine. Éditorial par Étienne de Montety : Renaissance. "Les chrétiens d'Irak étaient un million dans les années 80." Figaro Oui Figaro Non : "Approuvez-vous la privatisation du contrôle et de la verbalisation du stationnement dès 2018 ? Non 80 %". Publicité : "Soft is the new strong". Éric Bompard Cachemire Paris. Photographie retouchée. La douceur es4 une force. *Libération* : Le Libé des solutions. Emploi, éducation territoires. Un numéro spécial initiatives. & : C'est à manger près de chez vous. Vente à la ferme, marchés paysans, coopératives... Les Amap ont fait des petits et les circuits courts du mouvement locavore essaiment jusque dans les cuisines des chefs et les cantines scolaires. Catalogne : Les indépendantistes font de la résistance. Et aussi : Le revenu de base fait des heureux. La sorcellerie de Noël. Oreiller, vêtements, plug anal : des objets trop connectés. *Le Parisien - Aujourd'hui en France* : Le boom des produits inusables. Tendance. Vêtements, voitures, électroménager... les consommateurs ne veulent plus de l'obsolescence programmée des objets. Johnny Hallyday : 600 000 albums vendus deux semaines après sa disparition. Van Gogh : La véritable histoire de l'oreille coupée. Politique : Les députés soumis à six mois de rythme effréné. Rugby. Brunel à la tête du XV de France... la drôle d'idée ! Société : Attention aux selfies qui vous mettent en danger. Maison : Quand la déco s'inspire de la montagne. ... Transports, 75 : Profitez de la déco des HLM pour vous garer plus vite. *L'éditionfrance par Ouest-France* : Noël. Boulangers : Tout n'est pas fait à la maison. Catalogne : La région toujours dans l'impasse. **L'Équipe :** La saison des marrons. Rugby. Équipe de France. L'intimité entre Bernard Laporte et Guy Novès ne pouvait que conduire au divorce avec la faillite sportive des Bleus. Retour sur une année d'aigreur et de chausse-trapes avant l'officialisation mercredi prochain de Jacques Brunel comme sélectionneur. Football. Ligue 1. OM. Eyraud : "Marseille dérange". Espagne. Real Madrid 13h FC Barcelone. Crucial pour le Real. **La Provence :** Marcel Rufo. Il nous fait du bien ! Face aux lecteurs. Le célèbre pédopsychiatre est invité de "La Provence". Il livre ses espoirs pour la jeunesse et nous encourage à vivre plus fort. Négligence ou violences à la pouponnière de Montolivet ? Le calvaire de Lyana, cinq mois. L'édito par Philippe Schmit. Vive le Moyen-Âge ! Les champions de Marseille : Près de 300 athlètes issus d'une trentaine de disciplines ont été honorés par la cité, hier, au palais omnisports Marseille Grand-Est. Alors que dans quelques heures la ville tournera définitivement la page de Marseille-Provence 2017 capitale européenne du sport. Concert au Dôme : Pourquoi ils adorent tous le rappeur Jul. Société : Gestion des migrants, le débat sans fin. Dernière page. Disney, derrière les films, la philo. **Midi Libre.** Population urbaine : Montpellier au 7e ciel. Avec 282 243 habitants selon l'Insee, elle devient la septième ville la plus peuplée de France. Montpellier : Le marché de Noël s'attend à mieux. Après une semaine morose les commerçants espèrent que les vacances vont booster les ventes. Transports. Trains régionaux : vers un meilleur service en Occitanie. Montpellier : Les Miss ont joué les "Top gun". Catalogne. Rajoy-Puigdemont : le bras de fer se poursuit. Tourisme : Un début de saison idéal dans les stations de ski. **Sud Ouest :** Gastronomie. Champagne : notre guide pour bien choisir. Bordeaux : la der de la patinoire. Mag : Noël. C'est aussi plein d'histoire. **La Voix du Nord :** Miss France répond à nos lecteurs. Lille : 120 aînés isolés ont partagé un repas de Noël. Football : Christophe Galtier nouvel entraîneur du LOSC. Lecelles : Pourquoi le corps d'une défunte est-il retenu depuis un mois à l'hôpital ? Fémina : Lambert Wilson, acteur pour continuer à rêver. **La Dépêche du Midi :** Un réveillon aux saveurs occitanes. Haute-Garonne. Courses de Noël : le boom des colis. Top 14 : Le Stade manque le coche. Catalogne : Face à Madrid le défi des séparatistes. Santé. Vaccination : la piqûre de rappel. **L'Indépendant catalan** : Les élections confirment la fracture catalane. Banyuls-sur-mer. Cuisine : le rougail de boudin. Macron. Réveillon avec les soldats. Eurodéputés : Louis Aliot mis en examen. Conflits : Réunir régime syrien et rebelles. **La Montagne Tulle** : La Corrèze mobilise contre les sangliers. Dégâts : Poussés par la météo hivernale à rechercher ailleurs leur nourriture, les sangliers commettent des dégâts notamment dans les zones de pâturages. Actions : La Fédération départementale de chasse chargée des indemnisations, veut contenir les populations par des actions soutenues. Propos d'un montagnard : "Juste à temps pour les Fêtes. Imaginez la surprise qu'à dû avoir ce chercheur en écologie urbaine qui a trouvé, au pied d'un charme, une truffe sauvage... sur les toits de Paris ! (...) D'ordinaire, le petit champignon noir pousse dans les mêmes régions que la truffe noire du Périgord. Pour rejoindre la Dame de Fer, le périple a dû être sacrément long". **Presse Océan** : Le beau Noël des e-commerçants. Saint-Nazaire : Un couple âgé retrouvé mort. Les octogénaires vivaient dans des conditions déplorables mais ils refusaient toute aide. **Corse-matin. A**griculture : une chambre avec vue sur la polémique. Ajaccio, Chorale I Maistrellli. Des voix pures pour une douce nuit. Petralba. Braquage à domicile : les deux agresseurs repartent bredouille. Biguglia : Un piéton meurt fauché sur la 4 voies. Cismonte : Conflit social express à la CPAM. **Nice-matin** : Suède grand luxe. À Nice l'hôtel Boscolo Park de l'avenue de Suède a été vendu au groupe belge City Mall. D'ici à 2020, l'établissement va être transformé en palace 5 étoiles. Le site reprend goût au luxe avec la venue d'une dizaine d'enseignes haut de gamme. Tourisme : La Côte d'Azur fait le plein pour les fêtes. Conflit : À Nice Gym, l'ambiance est au pugilat. Nice : La mosquée En-Nour dénonce un corbeau. Football. Bilan : comment le Gym a redressé la barre. **Le journal du Centre** : La maternité fermée. Cercy-la-Tour : Le Père Noël va faire du saut à la perche. **Courrier picard** : Des colis par milliers. Amiens : Les sentinelles du marché de Noël. Page 5 : Le bébé tombé du quatrième étage est sain et sauf. Football : Gurtner, rempart et taulier de l'Amiens SC. **Le Télégramme** : Au volant pensez à eux ! **Les Nouvelles** *calédoniennes* : Joyeux Noël. La rédaction des Nouvelles vous souhaite un bon réveillon en famille ou entre amis. Faits divers : SOS Médecins pris pour cible à Saint-Louis. Camp-Est : Un surveillant passé à tabac par des détenus. Politique : Le gouvernement Germain fixe son cap. Païta : Les habitants ne veulent plus des sonoristes. *Le Quotidien de la Réunion et de l'océan Indien.* La Réunion 2017 en images. Une année d'actualité dans le rétroviseur. En mission en Guyane. Un soldat réunionnais victime d'un tir accidentel. Saint-Gilles-les-Hauts : Deux hommes cagoulés braquent le PMU. Portrait : Camille Bruyas, l'ultra-gagnante. *France-Guyane* : 3 jours de fête. & : Des lycéens en pleine forme. *France-Antilles Guadeloupe* : Ils passent Noël en croisières. Éducation : 44 postes supprimés dans les collèges et lycées à la rentrée 2018. *France-Antilles Martinique* : Noël famille et solidarité. Anicet Roisier va renouveler son amour aujourd'hui à Dam, son épouse qu'il a rencontrée lors de la guerre au Vietnam en 1949. Une épouse désormais aveugle très diminuée à laquelle il se dévoue corps et âme. Noël aux sargasses. Ce n'est pas vraiment la joie pour les habitants du Sud Caraïbe avec le retour par vagues des algues sargasses. Une situation particulièrement pénible à Pointe Savane au Robert. *La Tribune* : CES Las Vegas. La poule aux œufs d'or ? Ces startups des régions françaises qui font le buzz. Que reste-t-il du One Planet Summit ? Finance : Vers des "stress tests" climatiques. *Télé 7 jours*, "Chaque semaine le magazine le plus lu de France". Ingrid Chauvin. Femme de l'année 2017. Pari réussi pour "Demain nous appartient" sur TF1. Maëva Coucke. Une Miss France déterminée ! Bonne année 2018. *Loto Foot Magazine* : Liga. Le Clasico de la dernière chance. Avec onze points de retard sur le leader barcelonais le Real doit s'imposer dans le plus grand rendez-vous du football mondial, samedi à 13h, au risque de voir son rival prendre une avance déjà décisive dans la course au titre de champion.

Le Débat du jour, *La Voix du Nord* par Jean-Michel Bretonnier. "La concurrence des souverainetés en Europe. À qui le peuple doit-il conférer ses pouvoirs ? À la région, à la nation, à l'Europe ? Et qui sera plus efficace ?". **Jérusalem :** Le président palestinien Mahmoud

Abbas a déclaré, à l'issue d'un entretien avec Emmanuel Macron et au lendemain d'une condamnation assez large par l'Assemblée générale de l'ONU de la décision du président américain Donald Trump du 6 décembre, reconnaissant Jérusalem comme capitale d'Israël, que les Palestiniens n'accepteront "aucun plan" de paix proposé par les États-Unis au Proche-Orient. **Espagne,** *La Voix du Nord* : "Les indépendantistes catalans face au défi de former un gouvernement. Forts de leur victoire aux élections régionales, les indépendantistes catalans devaient relever hier le défi de reprendre le pouvoir, alors que les dirigeants restent en exil ou en prison et que Madrid maintient son intransigeance". "Mariano Rajoy refuse de rencontrer Carles Puigdemont". **Philippines : A**u moins 3 personnes ont péri et 6 sont portées disparues dans des inondations et des coulées de boue dans le sud des Philippines, frappé par la tempête tropicale Tembin. La côte Est de l'île de Mindanao, deuxième plus grande de l'archipel, était balayée hier avant l'aube par des rafales soufflant à 125 km/h et des pluies torrentielles. **Honduras : L**es États-Unis ont reconnu la réélection du président du pays, Juan Orlando Hernandez, provoquant l'abandon de l'opposant Salvador Nasralla qui contestait sa victoire lors de ce scrutin controversé. **Ouganda : L**'armée a annoncé avoir lancé des attaques contre des camps, dans l'est de la RDC, de rebelles ougandais musulmans du groupe Allied Defence Forces, accusés d'avoir tué 14 casques bleus début décembre dans cette région. **Corée du Nord : L**e Conseil de sécurité a adopté à l'unanimité, grâce au soutien de la Chine, une résolution imposant de nouvelles sanctions à la Corée du Nord en particulier des restrictions aux importations de pétrole, crucial pour ses programmes de missiles nucléaires. **États-Unis : L**e président américain Donald Trump a promulgué la baisse des impôts pour les entreprises et les ménages adoptée par le Congrès cette semaine, et qui s'appliquera en 2018. **Belgique : L**e bouillant secrétaire d'État belge à la migration, le nationaliste flamand Theo Francksen, a présenté ses "excuses" au Premier ministre Charles Michel, après avoir critiqué ses propos sur la gestion controversée du rapatriement des migrants soudanais en situation irrégulière.

France, *La Voix du Nord* : "Du monde sur les routes, dans les trains et les aéroports". "Les tarifs du gaz augmenteront de 6,9 % en janvier". **Économie,** *La Voix du Nord* : "Vrai krach ou correction passagère ? Le bitcoin boit la tasse. Krach pur et dur ? Ou correction passagère d'une monnaie virtuelle erratique ? Le bitcoin dégringolait hier, presque aussi brutalement qu'il a flambé ces dernières semaines, sans que les experts de la finance ne sachent vraiment l'expliquer". "Il suffit que quelques gros poissons vendent pour que le cour d'une cryptomonnaie décroche". **& :** La dette publique de la France s'est établie à 2 226,1 milliards d'euros au troisième trimestre 2017, en baisse de 5,5 milliards par rapport au trimestre précédent, a annoncé l'Institut national de la statistique et des études économiques, qui a révisé son estimation de croissance pour le troisième trimestre, de 0,5 % à 0,6 %.

Perpétuité : Ali Kaabouche, 31 ans, a été condamné à Besançon à perpétuité pour avoir en 2013, torturé à mort un brocanteur de 63 ans, afin de lui faire avouer où il avait caché 50 000 euros en liquide. Il a annoncé son intention de faire appel. **Enquête : D**es juges d'instruction français enquêtent sur la société Nexa Technologies (ex-Amesys), soupçonnée d'avoir vendu du matériel de surveillance au régime du président égyptien Al-Sissi pour l'aider à traquer ses opposants. **Faits divers : U**n migrant albanais se trouve dans le coma après s'être pendu dans sa chambre du centre de la rétention administrative du Canet à Marseille. **Condamnation : M**ohamed Benabdelhak, figure du grand banditisme connu pour une spectaculaire évasion et tentative avortée en Belgique, a été condamné à 13 ans de prison ferme pour trafic de cannabis. **Justice : L**ouis Aliot, l'un des vice-présidents du Front national a été mis en examen pour "abus de confiance" dans l'affaire des emplois présumés fictifs d'assistantes de députés européens du parti d'extrême-droite.

Football, Hors-jeu : L'avocate française d'Angel Di Maria a annoncé hier l'abandon des poursuites judiciaires à son encontre. L'argentin était soupçonné jusqu'ici d'optimisation ou d'évasion fiscale après les révélations du dossier Football Leaks, fin 2016. Des soupçons "pas constitués", explique l'avocate. Le reste de l'enquête se poursuit et pourrait concerner, notamment, Javier Pastore, soupçonné des mêmes fraudes. **Ligue 1 :** **C**hristophe Galtier succède à Marcelo Bielsa, écarté après seulement six mois de présence sur le banc de Lille. Le LOSC (18e de L1) a annoncé hier soir dans un communiqué avoir trouvé un "accord de principe" avec l'ex-coach de Saint-Étienne (51 ans), libre depuis cet été. Le contrat sera finalisé "avant la reprise de l'entraînement de l'effectif professionnel", a précisé le club. **Ligue 2 : 2** sénateurs ont demandé à rencontrer l'ambassadeur de Chine en France pour faire part de leurs "inquiétude légitimes" face à la situation administrative du FC Sochaux, propriété du groupe chinois Ledus. La situation du club de L2 est incertaine après la liquidation judiciaire en août 2017 de la filiale française de la société chinoise, qui a racheté le FCSM en 2015. **Espagne, Liga,** *Le Parisien* : "Le Real Madrid et Zidane au pied du mur". **& :** **L**'entraineur argentin Eduardo Berizzo, qui avait repris ses fonctions à la tête du club andalou le 15 décembre après avoir été opéré d'un cancer de la prostate fin novembre, a été démis de ses fonctions par le Séville FC. Le club, actuel 5e du championnat d'Espagne, a justifié cette décision en raison "des mauvais résultats". **Sports,** *Le Parisien*, "Série 1/7. Nés quelque part". Luis Fernandez : "Certains se moquent mais ils ne connaissent pas mon histoire". "Ils sont nés à l'étranger et ont fui ou quitté leur terre natale pour s'installer en France. Un pays dont ils ont porté les couleurs dans le monde entier et dont ils parlent avec passion". **Rugby, XV de France,** *Le Parisien* : "Brunel, quelle drôle d'idée ! La nomination du manager bordelais, 64 ans, un proche de Bernard Laporte, à la place du sélectionneur Guy Novès, renvoie l'image d'un président omnipotent dans une Fédération bouclée à double tour". **& :** "**B**aptême réussi pour le Racing 92. Le club francilien qui évoluait pour la première fois dans sa nouvelle enceinte de la U Arena à Nanterre (ici, Teddy Thomas) a souffert hier soir mais s'est imposé face à Toulouse (23-19). **Dopage : A**vec 11 nouveaux sportifs (dont 2 médaillés d'argent en luge à Sotchi) suspendus à vie hier par le Comité international olympique (CIO), ils sont désormais 43 athlètes à être sanctionnés depuis 2016 et la mise au jour d'un dopage institutionnalisé en Russie lors des JO de Sotchi. **& : C**yclisme

: "Prudhomme veut une réponse rapide pour Froome". **Basketball, NBA :** Face aux Los Angeles, Kevin Durant et Golden State se sont imposés pour la 11e fois consécutive. Malgré un deuxième match consécutif à plus de 50 points de James Harden, les Houston Rockets (toujours privés de Chris Paul) se sont inclinés pour la seconde fois en 2 matchs, hier sur son parquet face aux Los Angeles Clippers. Milwaukee a dominé Charlotte et pointe à la 4e place de la conférence Est. Oklahoma, grâce à un tir à 3 points de Russell Westbrook à 2 secondes du terme de sa rencontre contre Atlanta, s'est offert une 3e victoire de rang. Le Thunder est 5e à l'Ouest. Detroit s'est imposé contre New York au Madison Square Garden. **Conférence Est : 1.** Boston, 2. Toronto, 3. Cleveland, 4. Milwaukee, 5. Detroit... 13. Orlando, 14. Chicago, 15. Atlanta. **Conférence Ouest : 1.** Golden State, 2. Houston, 3. San Antonio, 4. Minnesota, 5. Denver... 13. Phoenix Suns, 14. Memphis Grizzlies, 15. Dallas Mavericks.

Loisirs, *Le Parisien* : "On s'arrache les disques de Johnny. Deux semaines après la mort d'Hallyday, ses enregistrements et l'album de reprises de ses chansons se sont vendus à près de 600 000 exemplaires". **& : "S**a famille reste à Saint-Barth". **+ : "E**t Van Gogh se trancha l'oreille... C'était le 23 décembre 1888. *Dans l'Oreille de Van Gogh*, l'historienne Bernadette Murphy apporte de nouvelles révélations sur cet épisode de la vie du peintre maudit". **Musique, *La Voix du Nord* :** *Aftermath*. Eminem. "Eminem a élargi au maximum son horizon hip-hop en flirtant beaucoup avec le rock et la pop".

Au programme : *Les 12 coups de Noël. Prodiges. Meurtres sur le lac Léman. Mr Wolff* (Ben Affleck). *La reine des neiges*, "Joyeuses fêtes avec Olaf". Mont-Saint-Michel, "Le labyrinthe de l'archange". *L'énigme des Bélugas. Samedi soir à Pigalle* (Thierry Ardisson). *Ardisson : la totale ! Marvel : Agent Carter. Fort Boyard. La Story d'Eminem. La fiancée des neiges.*

Météo : Douce.

Sondage *LeParisien.fr* : Trouvez-vous mérité le titre de "pays de l'année" décerné à la France par "The Economist"? Non : 58,3 %.

Proverbe : "Quand les brebis enragent, elles sont pires que les loups".

... Dimanche, 24 Décembre 2017.

France Singles Top 100 Acharts, SNEP 2017. Year chart : 1. *Shape of you*. Ed Sheeran. **2. *Despacito*.** Luis Fonsi and Daddy Yankee. **3. *I feel it coming*.** The Weeknd and Daft Punk...

France Albums Top 150 Acharts, SNEP. Year 2017. Top 30 : 1. *L'Everest*. Soprano...

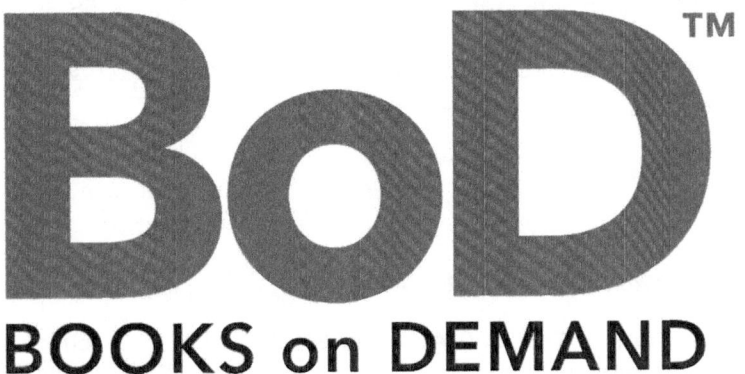